진리와 정당화

철학 논문집

나남
nanam

윤형식

성균관대 법학과 졸업
독일 트리어대학교, 베를린자유대학교, 브레멘대학교에서 철학, 정치학, 역사학,
그리스 고전문학 공부
독일 브레멘대학교 철학 석사 및 박사
경희대학교 인류사회재건연구원 연구교수
독일 브레멘대학교 철학과 초빙교수
한국문학번역원 사업1팀장, 참여정부 대통령비서실 행정관,
한국정책방송원(KTV) 원장 역임
현재 프리랜서 철학자
주요 저서 및 논문으로 *Semiotische Tätigkeitsphilosophie. Interner Realismus in neuer
    Begründung*(《기호학적 활동철학. 내적 실재론의 새로운 정초》), "퍼스 기호철
    학의 기본사상과 얼개", "토의민주주의와 시민사회 ─ 참여민주주의의 논의이론적
    정초", "아리스토텔레스의 중용론과 '중용적 합리성'의 의사소통이론적 이해" 등

나남신서 1374

진리와 정당화
철학 논문집

2008년 12월 30일 발행
2008년 12월 30일 1쇄

지은이_ 위르겐 하버마스
옮긴이_ 윤형식
발행자_ 趙相浩
발행처_ (주) 나남
주소_ 413-756 경기도 파주시 교하읍
    출판도시 518-4
전화_ (031) 955-4600 (代)
FAX_ (031) 955-4555
등록_ 제 1-71호(79.5.12)
홈페이지_ http://www.nanam.net
전자우편_ post@nanam.net

ISBN 978-89-300-8374-4
ISBN 978-89-300-8001-9 (세트)
책값은 뒤표지에 있습니다.

나남신서 · 1374

진리와 정당화

철학 논문집

위르겐 하버마스 지음 | 윤형식 옮김

■ ■ ■ ■

옮긴이 머리말

이 책은 위르겐 하버마스(Jürgen Habermas)의 *Wahrheit und Recht-fertigung. Philosophische Aufsätze* (Frankfurt am Main: Suhrkamp, 초판 1999, 확장판 2004)를 번역한 것이다. 2004년도 확장판에 추가된 제6장 "가치와 규범"을 제외한 나머지 부분은 1999년도 초판을 대본으로 하여 번역하였다. 책의 편제는 확장판을 따랐다.

이 책은 하버마스 스스로 말하고 있다시피 《인식과 관심》(*Erkenntnis und Interesse*, 초판 1968, 확장판 1973) 이후 그가 소홀히 하였던 순수 이론철학적 문제들, 그의 표현을 빌리자면 자연주의와 관련한 존재론적 문제와 실재론과 관련한 인식론적 문제에 대해 다룬 철학논문집이다. 그가 이 순수 이론철학적 문제들을 뒷전으로 밀어놓은 동안 이룩한 학문적 성취에 대해서 따로 언급할 필요가 있을까? 그의 《의사소통행위이론》(1981)과 논의이론(*Diskurstheorie*)적 법이론 및 민주주의이론을 개진한 《사실성과 타당성》(1992)은 이미 20세기의 고전으로 자리 잡았다.

그가 30여 년 동안 순수 이론철학적 문제들을 제쳐두고 의사소통이론의 입론과 발전에 매진한 것은 분명 《인식과 관심》에서 얻은 결론,

즉 "근본적 인식비판은 오직 사회이론으로서만 가능하다"는 결론에 따른 이론적 실천이었을 것이다. 그리고 이 이론적 실천을 성공적으로 마무리한 다음, 이미 사회이론의 입론과정에서 그 타당성과 효용성이 입증된 형식화용론을 무기 삼아 뒷전으로 미뤄둔 이론철학적 문제들에 대한 '철학적' 해명을 시도한 것이 바로 이《진리와 정당화》이다. 이 책을 이미 손에 든 독자에게 역자가 중뿔나게 역자 서문에서 책의 내용을 요약하고 그 의의를 평가하는 것은 참람한 일이다. 게다가 하버마스 자신이 이 책으로 묶인 논문들의 상호 연관관계와 맥락에 대해 따로 긴 서론을 써서 상세하고 명료하게 정리, 설명하고 있으니 역자가 나설 이유는 더더욱 없게 되었다. 그래서 역자는 번역과 관련하여 독자 여러분께 사전에 알려드리는 것이 좋다고 생각되는 내용 몇 가지를 말씀드리고자 한다.

문화권을 달리하는 서양의 학문적, 아니 좁혀서 철학적 개념들이 우리 한자문화권으로 이식되는 과정에 대한 비판적 고찰은, 역자가 과문한 탓이라면 다행이겠지만, 여전히 미답의 영역이다. 서구문물에 대한 적극적 개방과 수용이 빨랐던 일본이 큰 역할을 했을 것이라 추정할 뿐이다. 어쨌든 일제의 식민통치를 겪으면서 주로 일본을 통해 서양철학을 수용한 우리는 물론 일본이 앞서 축적한 번역의 성과의 덕도 보았겠지만 그 와중에 그들의 오역과 함께 우리말로는 전혀 뜻이 닿지 않는 엉뚱한 용어들을 전문용어로 받아들여 생고생을 자초한 경우가 적지 않다.

a priori를 우리말로 "선천적"(先天的)으로 옮겨놓고는 이건 철학 전문용어라며 그대로 받아들일 것을 '강요'한 것이 얼른 생각나는 대표적 사례이다. 또 다른 표본적 사례로는 라틴어 intellectus의 번역어인 Verstand 내지 understanding을 '오성'(悟性)으로 옮긴 것을 들 수 있다. 우리가 아는 한 적어도 '오'(悟)는 돈오돈수니 돈오점수니 하는 불

교 개념에서 볼 수 있듯이 도(道) 따위를, 어쩌면 형식논리 같은 것엔 구애받지 않고 단박에 깨치는 것을 뜻하는 한자인데, 이것을 형식논리적 규칙에 따라 사유하는 인간의 개념적 인식능력을 가리키는 말의 생경한 번역어로 쓴 것은 언어의 협약적 성격을 감안하더라도 참으로 받아들이기 어렵다. 이 책에서는 이 말들을 각각 '전험적'(前驗的)과 '지성'(知性)으로 옮겼다. 이 책에서도 역자가 의식하지 못하는 사이에 이와 유사한 실책이 저질러지지는 않았을까 하는 걱정이 든다. 서양 개념을 우리말로 번역한 초창기 역사를 비판적으로 재구성하면서 잘못된 것, 부적절한 것을 바로잡는 연구가 보다 활성화되길 기대해 본다.

서양철학 2,500년의 역사는 그들 언어 간의 번역의 역사이기도 하다. 그리스어, 히브리어, 라틴어, 아랍어 등 근대 이전의 상호 개념번역의 역사는 차치하고라도 중세 지식인들의 "영어"라 할 라틴어에서 새로이 성립하는 근대 서양 각국의 문자어들로의 번역과 또한 이들 문자어들 간의 상호 번역의 역사는 서양 인문서를 우리말로 옮기는 사람들에게 종종 큰 골칫거리를 제공한다.

'표상'(表象)은 독일어 Vorstellung을 옮긴 말인데, 이 독일말은 우리의 정신 앞에 직접적으로 나타나 있는 것(*obiectum mentis*)을 지칭하는 라틴어 repraesentatio의 번역이다. 그런데 가령 근세의 영어와 프랑스어에서는 이 개념을 칭하는 말로 representation을 쓰지 않고 idea 내지 idée란 용어를 썼는데, 이것은 통상 우리말로 '관념'(觀念)으로 번역된다. 그런데 이제 독일어 Vorstellung을 다시 영어로 번역하면서 representation을 쓸 경우, 이 representation을 우리말로 무엇으로 옮겨야 적절할 것인가?

문제는 수십 년 전부터 다시금 이 representation이란 말을 영미권에서 외적 실재를 정신(*mind*) 내부에서 인지적으로 재현하는 것을 가리키는 말로 주로 사용하면서 더 심각해졌다. 왜냐하면 이 representation을 둘러싼 논쟁이 언어가 이 mental representation과 갖는 관계 및 기능에 대한 물음으로 번지면서 언어의 representational function이 주요한 주제 중 하나가 되었고 이 말이 다시 독일어로 번역되면서 Darstellungsfunktion der Sprache라는 표현으로 나타나게 되었으니 말이다. Darstellung은 물론 representation의 훌륭한 독일어 번역이지만, 문제는 Darstellung이 통상 우리말로 '서술'로 번역되었기 때문에 위 용어를 우리말로 '언어의 서술적 기능'으로 번역할 수밖에 없다는 것이다. 그런데 우리말 서술에는 재현이라는 의미가 그다지 크게 부각되지 않는다. 그럼 그냥 '언어의 재현적 기능'으로 옮기면 될 것 같은데, 영미권의 저자들과 논쟁하는 하버마스는 또한 영어식 표현을 그대로 사용하여 Repräsentationsfunktion이란 용어도 사용한다. 이러한 사실상의 영어식 표현법(Anglizismen)은 라틴어로 사유하던 전통 속에서 교육받은 독일 지식인들에게는 별 거부감 없이 받아들여지는 듯하다. 물론 독일 내에 이에 대한 우려와 경고의 목소리가 없는 것은 아니지만 말이다. 어쨌든 이런 이유로 이 책에서는 '서술'(Darstellung)과 '재현'(Repräsentation)이, '언어의 서술적 기능'과 '재현적 기능'이 같이 쓰이게 되었다.

이와 유사한 문제는 Aussage와 Aussagesatz, Proposition과 Satz 등과 관련하여서도 나타난다. 철학적으로 '명제'와 '명제문'은 엄밀히 구분된다. 예를 들어 한국어 명제문으로 표현된 명제 "이 식탁은 노란색이다"는 영어와 독일어로는 각기 다른 명제문들("This table is yellow"; "Dieser Tisch ist gelb")로 나타나지만 표현된 명제는 동일한 것이다. 이 차이를 비트겐슈타인은 "사실들의 논리적 그림(像)이 사유(Gedanke)"이고 이 사유를 감각적으로 지각 가능하게 표현한 것이 Satz라고 설명한다. 바로 앞에 설명한 명제와 명제문의 구분을 비트겐슈타인의 말에 적용하면 '사유'가 '명제'에, Satz가 '명제문'에 해당한다. 그

런데 명제문은 바로 명제를 표현하기 때문에 통상 '명제'라고 약칭한
다. 그래서 철학적으로 Satz는 대개 '명제'로 번역되는데, 문제는 이른
바 일상언어학파의 등장 이후 화용론이 부각되면서 독일어로 명제를
지칭할 때 주로 의미론적 용어인 Satz보다는 Aussage를 더 선호하는
경향이 나타났다는 사실이다. Aussagesatz는 명제와 명제문을 구분해
야 할 필요가 있을 때 등장하게 된다. Aussage 내지 Aussagesatz는
영어 statement의 번역어로 간주되고, Satz는 영어 proposition에 대응
하는 번역어인데, 이 경우에도 영어식 표현법을 채택하여 독일어로 그
냥 Proposition이라 사용하기도 한다. 이 모두 하버마스가 이 책에서
동원하는 용어들이다. 역시 골칫거리다. 이 책에서는 마찬가지로 독일
어에서의 기표상의 차이를 존중하여 각각 '진술'(*Aussage*, 영어: *state-
ment*), '진술문'(*Aussagesatz*)과 '명제'(*Satz*, *Proposition*, 영어: *proposi-
tion*)로 옮겼다. 그리고 프레게를 따라 비트겐슈타인이 Gedanke라 칭
한 것은 그냥 '사유'로 옮기면 그야말로 '사유'라는 비교적 익숙한 일반
용어와 혼동될 우려가 크기 때문에 '사유[내용]'이라고 옮김으로써 이
것이 특수용어라는 표식을 남기는 방식을 택했다.

  끝으로 pragmatisch(*pragmatic*)란 용어는 문맥에 따라 두 가지로 옮
겼다. 일반적 의미의 '실용적'이라고 옮긴 경우도 있지만, 이 용어가
언어학적 화용론(*Pragmatik*)의 형용사로 사용되는 경우에는 당연히 '화
용론적'으로 옮겼다. 또한 pragmatisch는 이 책에서 '실용주의'로 번역
한 Pragmatismus의 형용사로 사용되기도 하는데, 다행히도 하버마스
는 실용주의의 형용사로는 항상 pragmatistisch라는 용어를 따로 사용
하기 때문에 혼동의 여지가 줄었다. 그런데 흥미로운 것은 독일어나
영어로 기표가 같은 '실용적'과 '화용론적'의 근원적 근친성이다. 그래
서 그런지 '화용론적' 전회는 '실용적' 성격을 강하게 띠어서 심지어 '실
용주의적' 전회를 추동하는 듯하다. 하버마스나 퍼트남, 로티 등이 모

두 각기 차이는 있지만 어쨌든 일정하게 '실용주의'를 표방하게 된 이유도 여기에서 찾아볼 수 있을 것 같다. 이 동일한 말의 서로 다른 세 우리말 번역어가 갖는 공통분모에 유의할 필요가 있다는 것을 말씀드리고 싶다.

자신이 번역하는 책의 학문사적 중요성을 인식하고 확신하는 번역자라면 누군들 번역에 혼신의 힘을 쏟지 않겠는가? 앞에 구구히 서양철학서의 우리말 번역이 갖는 어려움들을 변명 삼아 쏟아냈지만 혹여 있을지 모를 오역과 우리말답지 못한 어색한 번역의 책임을 누구에게 전가하겠는가! 그런데 이럴 경우, 역자의 천학비재를 탓하며 독자 여러분의 질책에 겸허히 고개 숙이는 길 밖에 없을까 두렵다. 왜냐하면 역자의 글에 통상 등장하듯이 있을지 모를 오류는 다음 기회에 수정하겠다는 말을 자신 있게 하질 못하겠기 때문이다. 요즘 같은 시대의 흐름에서 이 책이 과연 재판을 찍게 되어 수정의 기회를 가질 수 있을 것인가?

언제 인문학이 시대의 각광을 받은 적이 있었을까마는 그래도 일정하게 존중은 받았던 기억이 있다. 아마도 멀게는 서울 올림픽, 가깝게는 이른바 IMF 외환위기로 상징되는 시대적 격변 이후 직접적으로 돈벌이와는 상관이 없어 보이는 것들에 대한 사회적 면박과 푸대접이 어린아이들의 눈에까지 가림 없이 비쳐지면서부터였을까, 가벼움과 쾌락이 진지함과 취미를 몰아내고 전 국민의 "연예인화"가 마치 누군가의 음모처럼 대세를 이룬 듯하다. 심지어 모든 진지한 것에 똥침을 놓는 것이 자유를 추구하는 일이고 진보인 것처럼 취급되는 시대가 되었다. 물론 이렇게 시절이 하수상해도 언제나 진지함을 찾는 사람들은 있게 마련이라고 위로를 해보지만, 이 역자부터도 저 시대의 대세를 핑계 삼아 학문의 무력함을 비웃으며 일탈의 삶을 산 지 벌써 수 년이 되었다. 이제와 돌이켜보면 참으로 부끄럽고 안타깝기 그지없다.

이 책의 초판이 독일에서 출판된 지 얼마 안 되어 번역의뢰를 받아 초판의 번역이 끝난 것이 2001년 말경이었고 초교를 본 것이 2002년이었다. 그리고 역자의 일탈이 시작되었다. 초교상태로 6년을 묵혀둔 것은 무엇으로도 변명할 수 없는 무책임의 극치이다. 이미 오래전부터 이 번역본의 출간을 예고했던 출판사로서는 참으로 난감한 상황이었을 것이다. 그렇게 오랜 세월이 흐른 후에 불쑥 찾아와 책을 출판하자고 요청하는 역자의 후안무치를 너그러운 마음으로 용서해 주시고 이런 '시대적' 난국 속에서도 이 책의 출판을 결심한 나남출판 조상호 사장님과 여러 가지로 큰 배려와 도움을 주신 출판사 관계자 여러분께 진심으로 감사의 인사를 드린다. 그리고 혹여 이 책의 출간예고를 보고서 오랫동안 기다렸을 독자가 계시다면 머리 숙여 깊은 사죄의 말씀을 드린다.

수년간의 일탈을 마감하고 다시 학문의 언저리로 돌아온 요즘 역자가 처한 모든 상황으로 봐선 전혀 그럴 수 없는데도 한편으론 이상하게 즐겁다. 무엇보다 생존하는 철학자 가운데 가장 배울 것이 많고 진심으로 존경하는 하버마스의 번역서로 여러분들께 인사드리게 되어 기쁜 마음이 앞서는 요즘이다. 지금 힘든 시대이지만, 고난이 깊어지고 박해가 심해지는 만큼 더더욱 희망을 놓을 순 없다. "현재라는 십자가에 드리워진 장미가 탈색되기는 하였으나 아직 시들지는 않았으리라"(이 책, 283쪽)는 희망이 전망으로 바뀌는 데에 바로 이 참으로 진지하고 용기 있는 진보적 지식인이자 통찰력 있는 학자의 학문적 성과가 분명 기여하는 바가 많을 것이라고 확신한다.

2008년 10월
윤 형 식

진리와 정당화
철학 논문집

차 례

일러두기

1. ( )는 원문에 있는 ( )이거나, 원문을 그대로 병기할 때 사용하였음.
2. 〔 〕는 (1) 역자가 보충한 것, (2) "상호이해〔의사소통〕"처럼 서로 교체가 가능한, 상응하는 말, (3) "어휘〔체계〕"처럼 "어휘" 혹은 "어휘체계"로 번역이 가능하고 이를 밝히는 것이 독자들에게 더 도움이 된다고 생각되는 경우에 사용함.
3. 역자가 보충한 주는 앞에 '옮긴이 주:'라고 표시를 해두었으며, 그 밖의 모든 주는 저자의 주임.
4. 고딕체는 원문에서 이탤릭체로 강조된 부분임.

언어화용론적 전회 이후의 실재론

　이 책은 1996년에서 1998년 사이에 쓰여진 철학논문들을 한데 모은 것으로서 《인식과 관심》(*Erkenntnis und Interesse*) 이후 방치했던 주제들을 재조명하고 있다. 마지막을 제외한 모든 논문들은 내가 《인식과 관심》 이래 소홀히 하였던 이론철학의 문제들을 다룬다. 물론 내가 1970년대 초 이래 발전시켜온 언어화용론(*Sprachpragmatik*) [1] 도 진리와 객관성, 실재성과 지시(*Referenz*), 타당성과 합리성이라는 기본개념들 없이는 가능하지 않다. 이 이론은 규범성의 정도가 매우 높은 상호이해 [2] 개념에 의존하고, 논의를 통해 이행가능한 타당성주장과 형식화

---

1) J. Habermas, *Vorstudien und Ergänzungen zur Theorie des kommunikativen Handelns*, Frankfurt a. M. 1984; 같은 이, *Nachmetaphysisches Denken*, Frankfurt a. M. 1988, Teil II, 63~149; 또한 J. Habermas, *On the Pragmatics of Communication*, Cambridge, Mass. 1998과 M. Cooke, *Language and Reason*, Cambridge, Mass. 1994 참조.

2) 옮긴이 주: '상호이해'는 독일어 Verständigung을 번역한 것으로, 이 말은 일반적으로 누구에게 무엇을 '알린다'는 의미와 나아가 알린 내용에 대해 상대방의 이해 내지는 동의를 구한다는 의미를 함축하며, 또한 라틴어 계통의 전문어인 Kommunikation(의사소통)과 동의어로 쓰이기도 한다〔이 관계는

용론적 세계가정(假定)들을 가지고 작업하며, 발화행위의 이해를 그 합리적 수용가능성의 조건과 연관시킨다. 하지만 나는 이러한 주제들을 이론철학의 시각에서 다루지 않았다. 이때 나의 주된 관심은 존재자의 존재에 대한 형이상학적 관심도 아니었고, 대상 혹은 사실의 인식에 대한 인식론적 관심도 아니었으며, 더욱이 진술문(Aussagesätze)의 형식에 대한 의미론적 관심도 아니었기 때문이다. 나에게 언어학적 전회가 중요하게 부각된 것은 이러한 전통적 문제들과의 연관 때문이 아니다. 언어화용론은 의사소통행위 및 합리성 이론의 성취에 도움을 주었다. 나아가 비판적 사회이론의 토대가 되었으며, 도덕과 법 그리고 민주주의에 대한 논의이론적 이해의 길을 열어주었다. 3)

우리말에 있어서 예를 들어 '알리다'와 '통지(通知)하다', '돈'과 '화폐'와 같은 고유어와 한자어 간의 관계와 유사하다]. 하버마스의 의사소통행위 이론에서 Verständigung은 "어떤 발언의 타당성에 대해 의사소통 참여자들이 의견의 일치를 보는 것", 즉 그 발언의 내용을 이해하고 그것이 '말이 된다'는 것을 인정하는 것으로서, 동의(Einverständnis)와 구분된다. "동의는 발화자가 자신의 발언에 대해 제기하는 타당성 주장에 대한 간주체적 인정"을 의미한다(J. Habermas, *Theorie des kommunikativen Handelns*, Bd. 2, Frankfurt a. M. 1981, 184). 따라서 상호이해는 내재적으로 동의를 지향하지만, 엄밀히 말해 발화행위에 있어서 협동적 해석과정만을 의미한다. 그래서 상호이해는 발화행위를 통해 의사소통 참여자들 간의 행위조정을 의도하는 상호작용 유형인 의사소통 '행위'의 구성요소이지, 의사소통행위와 같은 것이 아니다. 의사소통과 의사소통행위를 구분하는 하버마스 역시 일반적 언어사용관례에 따라 Kommunikation과 Verständigung을 같은 의미로 사용하고 있으며, 이런 연관 하에서 그는 의사소통행위를 '상호이해지향적 행위'(*verständigungsorientiertes Handeln*)라고도 칭한다. 이 두 개념쌍이 같은 의미를 갖지만, 여기서는 우리말의 문맥상 가능한 한 각각 '의사소통'과 '상호이해', '의사소통행위'와 '상호이해지향적 행위'로 다르게 옮긴다. 그 이유는 독일어에서 이 두 개념쌍이 갖는 기표적 차이를 그대로 존중하기 위해서이다. 영어로 Verständigung은 통상 mutual understanding으로 번역된다.

3) 옮긴이 주: Diskurs(*discourse*)는 우리말로 '담론', '담화', '언술', '논술' 혹은 '논변' 등 다양하게 번역되고 있으나, 여기서는 황태연 교수(하버마스,

　　이런 이유로 이론전략상 어느 정도 한쪽으로 치우치는 양상이 초래
되었는데, 여기 실은 논문들로 이 일방성을 바로잡으려고 한다. 이 논
문들의 중심주제는 이론철학의 두 근본문제이다. 첫 번째 문제는 자연
주의(*Naturalismus*)에 관한 존재론적 문제로서, 어떻게 언어적으로 구
조화된 ─ 그 안에서 우리가 "언제나 이미" 언어능력 및 행위능력을 가
진 주체로서 존재하는 ─ 생활세계가 갖는, 참여자 시각에서 볼 때 우
회불가능한 규범성과 사회문화적 삶의 형식의 자연사적 발전이 갖는
우연성을 조화시킬 수 있는가를 묻는다. 두 번째 문제는 실재론에 관
한 인식론적 문제로서, 우리의 기술(記述)과는 무관하며 모든 관찰자
에게 동일한 하나의 세계에 대한 가정이 "적나라한" 실재에 대한, 언어
를 매개로 하지 않은 직접적 접근은 우리에게 허용되어 있지 않다는
언어철학적 통찰과 어떻게 통합될 수 있는가를 묻는다. 물론 나는 이
주제들을 지금까지 발전시킨 형식화용론적 시각에서 다룰 것이다.

　《도덕의식과 소통적 행위》, 나남 1997, 33쪽 참조)의 제안에 따라 '논의'
(論議)로 옮긴다. 그의 말대로 위의 역어들은 우리의 일상언어에 뿌리를 두
지 않은 생경한 조어들인데다가, Diskurs 개념이 갖는 대화논증적 상호성과
이론 및 실천 간의 공용성을 공히 담아내지 못하고 있는 반면, '논의'는 위의
조건들을 충족시키고 있다. 비록 '논의'라는 역어가 현대사상의 논의구도에
서 강력한 영향력을 행사하고 있는 discourse 이론가인 푸코(M. Foucault)
가 제시하고 있는 바의 discourse 개념이 담고 있는 또 다른 의미, 즉 일정
한 사회적 영향력과 사건적 물질성을 띠고서 말해지고 쓰여지는 논리적 사
유(체계) 단위라는 의미를 표현하기에는 어색하지만, 우리가 여기서 논의하
는 하버마스적 개념을 표현하는 데는 적절하다고 생각된다.

18

I. 의사소통인가 서술4)인가?

프레게(G. Frege)가 감각, 표상 및 판단에 대한 정신주의적 분석방식을 언어적 표현의 의미론적 분석으로 대체하고 비트겐슈타인(L. Wittgenstein)이 언어학적 전회를 철저히 밀고 나가 패러다임 변화로 이끌어 간 이후, 5) 흄과 칸트의 인식론적 문제들은 새로운 화용론적 의미를 취할 수도 있었을 것이다. 물론 그랬더라면 이 문제들은 생활세계적 실천의 맥락 속에서 의사소통이론 및 행위이론의 문제들에 대해 가졌던 우위를 상실하게 되었을 것이다. 그러나 언어분석 철학 역시 전통적인 설명순위를 탈피하지 못하였다. 여전히 이론이 실천보다, 그리고 서술이 의사소통보다 우위를 차지하고 있다. 그리고 의미론적 행위분석은 그에 선행하는 인식분석에 의존한다.

의식철학은 여전히 플라톤주의의 영향에 사로잡혀〔정신〕외적인 것보다는 내적인 것을, 공적인 것보다는 사적인 것을, 논의를 통한 매개

---

4) 옮긴이 주: 서술은 Darstellung의 번역이다. 독일어 Darstellung은 철학적으로, 특히 존재론과 인식론의 영역에서 라틴어 repraesentatio의 번역어로 사용되기도 하고, 아리스토텔레스의 미메시스(*mimesis*) 개념의 번역어 등으로 사용되기도 한다. 현대 영미 인식론에서 representation은 주로 우리의 인식이든 언어를 통한 서술이든 추정상 실재하는 어떤 것의 '재현'으로 파악한다는 의미로 사용되며, 하버마스도 이런 맥락에서 Darstellung 개념을 사용하면서 현대 영미철학자들과 논쟁하고 있다. 그래서 하버마스는 언어의 기능을 논하면서 언어의 서술기능(*Darstellungsfunktion der Sprache*) 내지 재현기능(*Repräsentationsfunktion der Sprache*)을 같은 개념으로 혼용하고 있다. 이 책에서는 Darstellung과 Repräsentation의 독일어 기표(記標) 상의 차이를 나타내기 위하여 각기 '서술'과 '재현'으로 번역하되, 경우에 따라 문맥을 고려하여 Darstellung을 '서술적 재현'으로 번역한다.

5) M. Dummett, *Ursprünge der analytischen Philosophie*, Frankfurt a. M. 1988.

보다는 주체적 체험의 직접성을 우선시하였다. 인식론이 제일철학의
자리를 차지한 반면, 의사소통과 행위는 현상의 영역에 속하게 되어
부차적 위상을 그대로 간직하였다. 의식철학에서 언어철학으로의 이행
이후 자명해진 것은 이 설명단계상의 위계질서의 역전이 아니라 평준
화였다. 왜냐하면 언어는 서술과 의사소통에 똑같이 사용되고, 발화
(發話) 자체가 간(間)인격적(*interpersonal*) 관계의 산출에 사용되는 하
나의 행위형태이기 때문이다.

그래서 일찍이 퍼스(Charles Sanders Peirce)는 의미론주의적 협소
화를 피하여, 표상과 대상 간의 관계를 대체하는, 명제와 사실 간의 2
항적 관계를 3항적 관계로 확장하였다. 대상을 지시하고 사태를 표현
하는 기호는 화자(話者)와 청자(聽者)의 해석을 필요로 한다.6) 나중
에 오스틴(Austin)에 접목하는 발화행위이론은 어떻게 발화행위의 표
준형태('Mp')에서 명제적 구성요소의 세계연관 및 사태연관이 발화수
반적7) 구성요소의 간주체적 연관과 착종되는지를 보여주었다. 발화행
위는 화자와 청자 간의 간주체적 관계를 만들어내는 동시에 세계에 대
한 객관적 연관 속에 들어 있다. "상호이해"를 언어에 내재하는 텔로스
(*Telos*)로 파악하면 서술과 의사소통 및 행위의 근원적 동등성〔동근원
성〕이 부각된다. 우리는 세계 내의 무엇에 관하여 다른 누구와 의사소
통한다. 서술로서 그리고 의사소통적 행위로서 발화는 세계와 수신자
(受信者)라는 두 방향을 동시에 지향한다.

---

6) K.-O. Apel, "Die Logosauszeichnung der menschlichen Sprache," in:
H. G. Bosshardt (Hg.), *Perspektiven auf Sprache*, Berlin, N. Y. 1986,
45~87.

7) 옮긴이 주: '발화수반적'은 illokutionär를 옮긴 말이다. 이 책에서는 오스틴
의 저서 *How to do Things with Words*를 우리말로 옮긴 김영진 교수의 제
안에 따라 locutionary, illocutionary, perlocutionary를 각각 '발화적', '발
화수반적', '발화효과적'으로 옮긴다(J. L. 오스틴, 《말과 행위》, 김영진 옮
김, 서광사 1992 참조).

그럼에도 불구하고 분석철학의 '주류'는 언어학적 전회 이후에도 진술의 우위성과 진술문의 서술기능의 우위성을 고수하였다. 프레게가 정립한 진리의미론 전통이나 러셀과 빈(Wien) 학단의 논리경험주의, 콰인(Quine)에서 데이빗슨(Davidson)에 이르는 의미이론이나 셀라스(Sellars)에서 브랜덤(Brandom)에 이르는 의미이론은 모두 언어분석이 진술문 내지 주장을 전형적인 경우로 취급해야 한다는 입장에서 출발한다. 중요한 예외인 후기 비트겐슈타인과 (게오르그 헨리크 폰 브리트[8] 같은) 그의 비정통파 제자들을 제외한다면, 분석철학은 다른 수단에 의한 인식론의 연속에 머물렀다. 의사소통이론과 행위이론, 도덕이론과 법이론의 문제들은 여전히 부차적 중요성을 갖는 문제들로 이해됐다.

이에 비해 마이클 더밋(Michael Dummett)은 서술과 의사소통 간의 관계에 대한 물음을 명시적으로 제기한다.

> 당연한 말이지만 언어는 두 가지 주요기능을 갖는다. 의사소통 수단으로서의 기능과 사유의 매개수단으로서의 기능이 그것이다. 그래서 둘 중 어느 것이 으뜸가는 기능인가 라는 물음이 불가피하게 제기된다. 언어가 의사소통 수단이기 때문에 사유의 매개수단으로도 사용될 수 있는 것인가? 아니면 반대로 사유의 매개수단이어서 생각을 표현할 수 있기 때문에 우리 생각을 다른 사람들에게 전달하는〔의사소통하는〕데 쓰일 수 있는 것인가?[9]

더밋이 보기에 이 양자택일적 물음은 잘못 설정된 물음이다. 서술기능에 대해서 의사소통 목적이 따로 독립해서는 안 된다는 것이 확실하다. 그럴 경우 의사소통에 대한 지향설적(志向說的) 왜곡이 생겨나기

---

8) Georg Henrik von Wright, *The Tree of Knowledge*, Leiden 1993.
9) M. Dummett, "Language and Communication," in: 같은 이, *The Seas of Language*, Oxford 1993, 166~187, 여기 인용된 부분은 p. 166.

때문이다(a). 그러나 마찬가지로 서술기능이 의사소통 목적과는 무관하게 파악될 수도 없다. 그럴 경우 명제이해의 인식적 조건들을 시야에서 놓치기 때문이다(b).

(a) 어떤 화자가 'Kp'라는 주장을 할 경우 그가 이 주장과 결합시키는 것은 단지 수신자로 하여금 그가 'p'를 참이라고 믿고 있으며 수신자에게 이 점을 알리고 싶어한다는 것을 알게 하려는 (그라이스와 써얼이… 말하는 바의) 의도만이 아니다. 오히려 그는 수신자에게 'p'라는 자신의 생각보다는 'p이다'(that p)라는 사실을 전달하고자 한다. 화자는 청자가 단지 자신의 견해를 인지하는 것만이 아니라 자신과 같은 견해에 도달하도록, 즉 자신과 의견을 함께 하도록 하는 발화수반적 목적을 추구하는 것이다. 그러나 이것은 오직 'p'에 대해 제기한 진리주장의 간주체적 인정이라는 토대 위에서만 가능하다. 화자는 오직 발화행위의 인식적 기능을 충족시킴으로써만, 즉 수신자가 화자 자신의 주장을 타당한 것으로 수용함으로써만 자신의 발화수반적 목적을 이룰 수 있다. 그런 점에서 성공적 의사소통과 사실의 서술 간에는 **내적 연관**이 존재한다. 10)

(b) 언어가 갖는 인식목적에 대한 진리의미론적 강조는 언어가 갖는 의사소통 목적만을 따로 독립시키는 지향설적 입장에 마치 거울에 비친 상처럼 대립한다. 진리의미론적 견해에 의하면 우리가 한 명제를 이해한다는 것은 그 명제가 참일 때의 사태가 어떤 경우인지를 아는 것이다. 그런데 해석이 필요치 않은 진리조건의 직접적 파악은 언어사용자에게 허용되어 있지 않다. 그런 까닭에 더밋은 한 명제를 참으로 만드는 조건이 충족되어 있는지를 해석자가 **인식할 수 있는** 상황에 대한 앎의 중요성을 주장한다. 이 인식적 방향전환과 함께 이해의 준거

---

10) 써얼의 지향설적 입장에 대한 아펠과 나의 비판(in: E. Lepore, R. v. Gulick (Eds.), *John Searle and his Critics*, Oxford 1991, 17~56) 참조.

점은 유아론(唯我論)적으로 접근가능한 진리조건으로부터 해석되어야
할 명제를 참이라고 주장할 수 있는 조건으로, 그리하여 그 명제를 공
공연하게 합리적으로 수용가능한 것으로 정당화할 수 있는 조건으로
옮겨간다. 11) 한 명제를 주장할 수 있는 조건에 대한 앎은 그 명제가
참임을 뒷받침하기 위해 제시될 수 있는 근거들의 종류와 관련된다.
한 표현을 이해한다는 것은 누군가와 무엇에 대해 의사소통하기 위해
그 표현을 어떻게 사용할 수 있는지를 아는 것이다. 그런데 한 명제를
이해하는 것이 오직 합리적으로 수용가능한 발언에서 그 명제를 사용
하는 조건을 고려함으로써만 가능하다면, 언어의 서술기능과 의사소통
의 성공조건 간에는 반드시 내적 연관이 존재해야 한다. 12)

(a)와 (b)로부터 나오는 결론은 서술기능과 의사소통기능은 상호전
제 관계에 있으며, 따라서 근원상 동등하다는 것이다. 이와 동일한 견
해를 채택함에도 불구하고 더밋 같은 저자도 분석철학 주류의 논조를
따른다. 더밋 자신의 의미이론은 주로 고전적인 인식론 문제를 언어철
학적 패러다임으로 번역하는 데 기여할 뿐, 주목할 만한 정치적 참여
에도 불구하고 결국 실천철학적 물음은 뒷전으로 물러나 있다. 13) 더밋
의 경우 이러한 강세설정은 후기 비트겐슈타인이 취했던 이론금욕적
태도(Theorieabstinenz)에 대한 — 납득할 만한 — 유보적 입장을 통해서
도 설명된다. 비트겐슈타인은 진리의미론으로부터의 화용론적 전향을
언어분석에 대한 체계적 주장 일반에 대한 거부와 결합시켰다. 하지만
생활세계 전체의 언어적 구성을 참작하고 상이한 언어기능을 동등하게
고려하는 화용론이 반드시 반(反)이론적 태도를 취해야 하는 것은 아

11) M. Dummett, "Truth and Meaning," in: Dummett (1993), 147~165.
12) J. Habermas, "Zur Kritik der Bedeutungstheorie," in: Habermas (1988), 105~135.
13) A. Matar, *From Dummett's Philosophical Perspective*, Berlin, N. Y. 1997.

니다. 그러한 화용론은 (비트겐슈타인의 제자들처럼) 언어학적 현상학의 소소한 치료법적 기술에 스스로를 한정시킬 필요도 없으며,[14] (하이데거의 제자들처럼) 플라톤주의적으로 소외된 문화의 획기적 극복을 목표로 삼아야 할 필요도 없다.

그런데 분석철학 정통파를 특징짓는 이론적 문제제기의 우위성은 동일하게 언어철학의 해석학 분파에서도 관철되었다. 이것은 해석학이 해석자와 문화형성[교육]에 강력한 힘을 행사하는 전통 간의 대화로부터 출발하고, 그런 까닭에 서술수단으로서의 언어보다는 언어의 의사소통기능에 더 많은 관심을 가진다는 점에서 보면 놀라운 일이다. 르네상스 이래 해석학은 또한 수사학의 발자취를 따라 전개되어 왔기 때문이다. 그러나 이 방면에서도 딜타이(Dilthey)가 정신과학적 이해의 객관성을 방법론적으로 확보하고자 한 이래로 언어의 서술기능에 대한 관심이 우위를 획득하였다. 그리고 마침내 이해라는 근본특징을 갖는 존재자의 현존태(現存態)에 대한 하이데거의 물음과 함께 세계 전체에 대한 언어적으로 표명된 선이해에 관한 의미론적 관심이 부상하였다. 언어사용의 세계내적 측면이 언어의 세계개창적(世界開創的, *welter-schließend*)[15] 기능 뒤로 물러나게 된 것이다.

언어분석의 협소화는 프레게와 러셀이 언어분석을 진술의 의미론으로 한정함으로써 시작되었다. 해석학 쪽에서도 이에 상응하는 협소화가 나타났는데, 소속 언어공동체의 선(先)존재론적 세계해석을 범주적으로 미리 규정된 궤도로 이끄는 언어적 세계상(世界像)의 의미론으로

---

14) E. v. Savigny, *Die Philosophie der normalen Sprache*, Frankfurt a. M. 1969.
15) 옮긴이 주: '언어의 세계개창적 기능'은 세계에 대한 우리의 인식적 접근이 이른바 객관적인 지각을 통해서 이루어지는 것이 아니라 우리의 언어에 의해 구조적으로 규정된다는 후기 하이데거의 언어관을 표현하는 개념이다. 하이데거는 존재가 현상하는 장소가 바로 언어라고 주장하면서(언어는 "존재의 집"이다) 언어가 세계를 '여는' 기능을 갖는다고 보았다.

24

의 협소화가 그것이다. 가다머(Gadamer)는 《진리와 방법》에서 "이해"
에 대한 딜타이의 정신과학적 방법론을 후기 하이데거의 존재사적(存
在史的) 사상의 시각에서 비판한다. 권위적 전통의 진정한 체득은 해
석자와 그의 대상을 배후에서 결합시켜 주는 선행적 세계해석에 의존
한다는 것이다. 아펠과 나는 언어의 세계개창적 기능의 이러한 독립화
에 대하여 해석학을 다시 형이상학상 절제된 역할로 되돌리는 인식관
심이론으로 응수하였다. 16) 하지만 《인식과 관심》도 인식론적 문제제
기의 우선성에 의해 규정되어 있었다.

그런 까닭에 《인식과 관심》에는 《의사소통행위이론》으로의 발전과
정에서 뒷전으로 밀려나게 된 주제들이 아직도 전면에 드러나 있었
다. 17) 이론철학의 근본문제들에 대해 《인식과 관심》은 약한 자연주의
와 선험화용론적 인식실재론의 입장에서 답변하였다. 그러나 직접적인
언어화용론적 논증이 시도됨으로써 비판적 사회이론을 인식론적으로
정당화할 필요성이 사라지게 된 이래 이 주제들은 퇴색했다. 18) 그 뒤

---

16) J. Habermas, "Erkenntnis und Interesse"(1965), in: 같은 이, *Technik
und Wissenschaft als 'Ideologie'*, Frankfurt a. M. 1968, 146~168. K. -O.
Apel, "Szientistik, Hermeneutik, Ideologiekritik"(1966), in: 같은 이,
Transformation der Philosophie, Frankfurt a. M. 1973, Bd. Ⅱ, 96~127.

17) 아펠은 보다 꾸준하게 이 관심을 실현시키려고 노력하였다. 그 이유는 그의
《철학의 변형》 프로그램이 오늘날까지도 칸트적인 선험철학의 건축술을 따
르기 때문이다. 아펠이 《선험화용론적 입장의 입증을 위한 논의들》의 11~
13장(*Auseinandersetzungen in Erprobung des transzendentalpragmatischen
Ansatzes*, Frankfurt a. M. 1998, Kap. 11~13)에서 말하고 있는 [그와 나
사이의] 차이점들의 보다 심층적인 원인은, 내가 보기에는, 내가 "약한" 자
연주의를 택한 데 있다. 하지만 나는 이 서론의 틀 안에서 아펠의 면밀한 반
론들에 상응하는 논의를 개진할 수는 없다.

18) "방법론과 인식론이 사회이론적 토대 분석의 왕도로 바람직하다는 전제"에
대한 나의 회의에 대해서는 J. Habermas, *Zur Logik der Sozialwissen-
schaften*의 개정증보판 서문(Frankfurt a. M. 1982, 9 ff.) 참조.

로 나는 인식의 선험적 조건과는 무관하게 상호이해지향적 행위의 화용론적 전제들을 분석하였다.

　이 언어이론의 전제하에서 나는 이제 그간 방치되었던 칸트주의적 실용주의의 문제들을 다시 다루려고 한다. 이미 언급한 것처럼 형식화용론은 사회학적 행위이론에 대한 요구로부터 나온 것으로, 화자가 비판가능한 타당성주장을 제기하고 청자로 하여금 합리적 동기에서 나온 입장표명을 취하도록 하는 발화행위의 사회통합적 구속력을 해명코자 한 것이다. 그런 까닭에 형식화용론은 서술기능의 분석에 있어 비교적 낮은 해명수준을 보인다. 그러나 프레게의 진리의미론으로부터 발전되어 나온 의미이론들에 비해 형식화용론은 보다 폭넓은 연구시각을 갖는다. 형식화용론은 모든 언어기능을 똑같이 고려하고, 2인칭 인격들이 상호간에 제기한 타당성주장에 대한 입장을 표명할 때 행하는 비판적 역할을 올바로 조명한다는 장점을 갖는다.

II. 내용과 주제설정

여기 실린 논문들은 언어학적 칸트주의의 궤적을 좇는 실용주의적
인식실재론의 문제들에 대한 새로운 관심의 표현이다. [19] 첫 번째 논문
이 해석학에서 형식화용론으로의 발전과정을 상기시킨다면, [20] 의사소
통적 합리성 개념에 대한 발화행위론적 해명은[21] 언어적 세계개창과
세계내적 학습과정 간의 해명되지 않은 상호작용에 관심을 돌린다. 세
계내적 학습과정은 다시금 세계에 대한 실천적 대처, 즉 대처행동
(*Coping-Verhalten*)에 뿌리박고 있는데, 이 대처행동의 문제해결력은
행위의 목적론적 합리성과 서술의 인식합리성의 결합에서 기인한다.

이어지는 논문은 내가 보기에 가장 발전된 수준의 분석철학적 언어
화용론을 전개하고 있다고 여겨지는 이론에 대한 비판적 논의이다. [22]
로버트 브랜덤(Robert Brandom)은 개념적 규범들의 객관성을 간주체
적으로 공유된 "근거 제시와 수용의 실천"이라는 시각에서 설명하기 위
해 윌프리드 셀라스(Wilfrid Sellars)의 추론적 의미론을 차근차근 단계
적으로 논의화용론과 결합시킨다. 하지만 브랜덤은 결국에는 간주체적
으로 공유된 생활세계와 객관세계 간의 경계를 무너뜨리는 개념실재론
이라는 대가를 치르고서만 인식실재론적 직관에 충실할 수 있게 된다.
이와 같이 경험의 객관성을 상호이해의 간주체성에 동화시키는 것은

---

19) 마타(A. Matar)는 '반(反)실재론적'이라고 지칭되는 마이클 더밋의 구성주
   의를 '언어학적 칸트주의'라고 특징짓고 있다. 더밋의 '반실재론'은 주로 '형
   이상학적 실재론'을 거부코자 하는 동기들로부터 비롯된 것이며, 퍼트남이
   전개한 '내적 실재론'의 입장과 결합가능하다. Matar (1997), 53~57 참조.
20) 이 책 85쪽 이하 참조.
21) 이 책 129쪽 이하 참조. 이 논문은 *Zeitschrift für philosophische Forschung*,
   Bd. 50, 1996, 65~91에 게재되었던 것임.
22) 이 책 173쪽 이하 참조.

헤겔의 유명한 논증방식을 상기시킨다. 그 다음에 이어지는 논문에서 나의 관심사는 왜 헤겔이 인식주체의 탈선험화의 진로를 설정했으면서도 그 후 객관적 관념론으로 이행하였는가에 대한 의문이다. 23)

그 다음에 리처드 로티(Richard Rorty)의 신실용주의에 대한 메타비판적 논의는24) 나에게 간주체적으로 공유된 생활세계와 형식화용론적으로 가정된 객관세계 간의 상보적 관계를 탐구하는 계기를 제공해준다. 실용주의적 인식론의 입장을 취한다는 점에서 로티와 나는 합치하지만, 다른 한편 나는 로티의 맥락주의에 반대하여 보다 강한 인식적 요구주장의 타당성을 관철시키기 위하여 로티의 강한 자연주의를 약화시킨다. 진리지향성은 행위의 맥락과 논의의 맥락에서 상이한 역할을 떠맡는다. 이 차이를 고려하여 나는 진술의 진리성과 합리적 주장가능성을 — 그것이 거의 이상적인 조건하의 주장가능성일지라도 그렇다 — 이전보다 더욱 뚜렷하게 구분하고, 오래 전에 이미 행해졌어야 할 인식적 입장의 진리개념에 대한 수정을 시도하였다. 돌이켜보건대 논의이론적 진리개념은 도덕적 판단 및 규범의 타당성이라는 특수한 경우를 과도하게 일반화한 데서 기인한다. 물론 도덕적 당위의 구성주의적 이해는 규범적 올바름에 대한 인식적 이해를 요구한다. 하지만 우리가 실재론적 직관에 충실하려면 진술의 진리개념을 이와 같은 의미의 거의 이상적인 조건하에서의 합리적 수용가능성 개념에 동화시키지 말아야 한다. 이 점이 나로 하여금 그 다음에 이어지는 논문에서 '진리'와 '올바름'을 보다 정확하게 구분토록 하는 동기가 되었다. 25)

---

23) 이 책 231쪽 이하 참조.

24) 이 책 287쪽 이하 참조. 로티의 실용주의적 전회에 관한 나의 논문(*Dtsch. Z. Philos.*, 44, 1996, 715~741)은 R. Rorty, "Sind Aussagen universelle Geltungsansprüche?"(*Dtsch. Z. Philos.*, 42, 1994)에 대한 답변이다.

25) 이 책 373쪽 이하 참조. 이 논문은 *Dtsch. Z. Philos.*, Bd. 46, 1998, 179~208에 발표되었던 것임.

힐러리 퍼트남(Hilary Putnam)과 나는 칸트적 실용주의의 추진방향
을 공유하는데,26) 이 칸트적 실용주의는 근거들에 의해 촉발되는, 언
어능력 및 행위능력을 갖는 주체들이 학습할 수 있다는—심지어 보다
장기적 시각에서 보면 "학습하지 않을 수 없다는"—선험적 사실에 근
거한다. 보다 정확히 말해 이들은 세계와의 교류라는 인지적 차원에서
와 마찬가지로 상호교류의 도덕인지적 차원에서도 학습한다. 동시에
선험적 문제제기는 이 오류가능한 학습과정의 최상의 결과조차도—그
로부터 귀결하는 바가 매우 의미심장한—우리의 통찰에 머무를 뿐이
라는 탈형이상학적(*nachmetaphysisch*) 의식을 표출한다. 참인 진술 역
시 오직 사회문화적 삶의 형식 일반을 통해 우리에게 열려지는 인식가
능성만을 실현시킬 수 있다. 이 통찰은 우리에게 형이상학 이후의 철
학적 사유가 갖는 한계를 깨우쳐 준다. 헤겔식의 역사철학과의 결별은
마지막 논문이 보여주듯이27) 이론과 실천의 관계도 변화시킨다. 이 결
별은 철학자들에게 민주적 헌정질서를 갖는 복잡사회의 분업이 그들의
정당한 공적 영향력 행사에 부과하는 한계를 지킬 것을 촉구한다.

*

논문 모음은 당연히 일관된 기획 아래 서술된 단일 저술의 장들보다
이해하기가 어렵다. 그래서 나는 이 서론에서 보다 체계적으로 다루어
졌어야 할 문제들에 대해 적어도 부연설명이나마 제시하고자 한다. 내
가 《인식과 관심》에 대한 비판에 대해 1973년 그 책의 문고판에 붙인
후기(後記)로 대응하였을 때는28) 토머스 쿤(Thomas Kuhn)에 의한 탈

---

26) H. Putnam, *The Many Faces of Realism*, LaSalle, Ill. 1987; 같은 이,
    Pragmatism, Oxford 1995.

27) 이 책 431쪽 이하 참조. 또한 J. Habermas, "Ancora sulla Relazione fra
    Teoria e Prassi," in: *Paradigmi*, xv, 1997, 434~442도 참조.

경험주의적 과학이론으로의 전회가 이미 시작된 뒤였다. 하지만 당시 나는 맥락주의의 관철이 갖는 철학적 함의를 아직 조망하지 못하고 있었다. 그 후 6년 뒤에야 비로소 리처드 로티는 인식론의 실용주의적 전회를 이끌어내었고,29) 나는 이 전회에서 모든 차이점들에도 불구하고 나 자신이 의도하는 바들 또한 발견해낼 수 있었다. 이러한 배경 하에 나는 우선 이 전회가 칸트의 선험적 문제제기를 어떻게 변화시켰는지를 개괄하고자 한다(Ⅲ).

이 변형의 대상이 된 것은 무엇보다도 칸트의 경우 아직도 인식 가능성의 우회불가능한 조건들에 시간을 초월한 예지계적 위상을 확보해 주었던 관념론적 배후전제들이다. 그런데 선험적 조건이 더 이상 인식의 "필수적" 조건이 아니라면, 그것이 우리로 하여금 인간중심적 의미에서 우연적이고 시각상 축소된 세계관을 채택하게끔 확정하는 것을 배제할 수 없다. 그리고 선험적 조건이 시간상의 출발점을 갖는다면 이론건축술상 결정적인, 세계와 세계내적인 것 간의 차이가 희미해지게 된다(Ⅳ).

이미 고전적 실용주의는 칸트와 다윈을 조화시키고자 하였다. 미드 (G. H. Mead)와 듀이(John Dewey)의 견해에 따르면 문제해결적 행동의 탈선험화된 조건들은 자연사적으로 발생한 우리의 사회문화적 삶의 형식 자체의 특징을 이루는 실천들에 구현되어 있다. 그렇다면 선험적 문제제기는 그 고유성을 상실하지 않은 채 자연주의적 시각과 결합가능한 형태를 획득해야 한다(Ⅴ).

자연의 발생적 우선성이라는 존재론적 가정은 또한 정신과는 독립적인 객관적 세계라는 인식실재론적 가정을 취하도록 강제한다. 그러나 언어철학적 패러다임 안에서는 재현적 인식모델과 명제와 사실 간의 대응에 의존하는 고전적 형태의 실재론은 더 이상 유지될 수 없다.

28) J. Habermas, *Erkenntnis und Interesse*, Frankfurt a. M. 1973, 367~417.
29) R. Rorty, *Philosophy and the Mirror of Nature*, Princeton, N. J., 1979.

다른 한편 실재론적 견해는 언어화용론적 전회 이후에도 어떻게 우리
가 상이한 이론적 기술(記述)들 하에서도 동일한 대상을(혹은 동일한
종류의 대상들을) 지시할 수 있는 지를 설명해주는 지시(Referenz) 개
념을 불가피하게 요구한다(VI). 나아가 실재론적 견해는, 세계와의
교류(Weltumgang)는 언어로 삼투(滲透)되어 있다는 전제하에서 어떻
게 진술의 진리성과 이상적 조건하에서의 정당화된 주장가능성 간의
차이가 유지될 수 있는지를 설명해주는 비(非)인식적 진리개념을 요
구한다(VII).

반면 우리는 도덕 및 법 이론에서는 규범적 올바름에 대한 인식적
개념을 고수해야 한다. 물론 논의윤리학(Diskursethik)은 칸트적 전통
일반과 마찬가지로 윤리학에서의 형식주의에 대한 잘 알려진 반론들에
직면해 있다. 하지만 이것은 도덕인식론적 논의의 주제가 될 수 없
다.[30] 여기서 나는 칸트 윤리학의 탈선험화와 함께 첨예하게 제기된
문제 하나에만 국한하고자 한다. 즉, 단지 합리적 판단형성의 조건 및
도덕적 행위의 요구가능성의 조건을 목표로 삼는 실천 자체는 무엇에
서 그 자체의 도덕적 지향방향을 찾을 수 있는가 하는 문제 말이다.
그래서 나는 마지막 논문에서 이론과 실천의 관계라는 주제를 도덕적으
로 자기지시적인 행위의 정치적 불확실성과 관련하여 다시 한 번 다루고
자 한다. 이것은 나에게 칼오토 아펠이 이와 관련하여 제안한 구상에
대한 메타비판적 논의의 기회를 제공할 것이다(VIII).

---

30) J. Habermas, "Treffen Hegels Einwände gegen Kant auch auf die Dis-
   kursethik zu?," in: 같은 이, *Erläuterungen zur Diskursethik*, Frankfurt
   a. M. 1991, 9~30 참조.

Ⅲ. 선험적 문제제기 — 실용주의를 따라서

선험철학은 〔칸트의〕 유명한 정식화에 따르면 "대상들을 〔다루는 것이〕 아니라, 전험적(前驗的)으로 가능한 한에서 대상들에 대한 우리의 인식방식을" 다룬다. 31) 선험철학은 어떤 것이 경험과 인식의 대상이 될 수 있는 보편적이고 필연적인 조건의 재구성으로 이해된다. 이 선험적 문제제기는, 자기반성이라는 정신주의적 근본개념과 분리되고 또한 '전험적'과 '후험적'이라는 개념쌍에 대한 근본주의적 이해와도 분리되면, 그 의미가 일반화될 수 있다. 칸트적 개념체계에 대한 실용주의적 긴축(*Deflationierung*)에 의하면 '선험적 분석'은 — 특정한 근본적 실천 내지 성과가 성취될 수 있기 위해서는 충족되어야만 하는 — 추정상 보편적이나 단지 사실상(*de facto*) 불가피한 조건에 대한 탐색을 의미한다. 이때 "근본적"(*grundlegend*) 실천이란 오로지 **동일한 종류**의 실천에 의해서만 대치될 수 있기 때문에 그에 대한 어떠한 기능적 등가물도 존재하지 않는 모든 실천을 말한다.

그리하면 공간과 시간을 초월하여 〔정신〕 내부의 토론장에서(*in foro interno*) 활동하는 주체성의 자기반성적 확인 대신에 언어능력 및 행위능력을 갖는 주체로 하여금 그렇게 특징지어진 실천에 참여하여 그에 상응하는 성과를 성취하도록 해주는 실천적 성격의 지식에 대한 해명이 등장한다. 여기서 문제가 되는 것은 더 이상 경험판단만이 아니라 문법적 문장, 기하학적 대상, 제스처, 발화행위, 텍스트, 계산, 논리적으로 결합된 진술들, 행위, 사회적 관계 혹은 상호작용 등 일반적으

---

31) 옮긴이 주: 《순수이성비판》 B 25. '선험적'(*transzendental*)과 구분하기 위해 a posteriori(후험적)에 대비되는 a priori를 이 책에서는 통상 '전험적'(前驗的)이라고 옮기고자 한다. 기존에 사용되던 '선천적'이라는 번역어는 우리말로 "타고난"이라는 뜻밖에 가지고 있지 않아 a priori의 번역어로 부적절하기 때문이다.

로 준칙적(準則的, *regelgeleitet*) 행태의 기초적 유형들이다. 비트겐슈
타인은 "규칙 따르기"라는 개념으로 이러한 종류의 근본적 실천들 내지
는 "자기대체적 질서들"(Luhmann)의 분석을 위한 열쇠를 제공하였다.
무엇을 어떻게 하는가에 대한 직관적으로 습득된 지식 — 어떤 산출규
칙의 실천적 구사나 어떤 실천의 통달 — 은 규칙에 대한 명시적 지식
보다 우위를 차지한다. 이러한 "숙련지"(熟練知)들에 대한 암묵적 규칙
지식이 한 공동체의 삶의 형식이 분절적(分節的)으로 표출된(*arti-
kuliert*) 근본적인 실천과 성과들의 총체적 그물망을 지탱한다. 이 사용
지식이 갖는 암묵적이고 어느 면으로는 전체론적인 성격 때문에 이미
후설(Husserl)은 간주체적으로 공유된 생활세계를 주제화되지 않은 채
(*unthematisch*) 함께 주어진 "배경"으로 기술한 바 있다.

　따라서 선험적 분석의 대상은 더 이상 모든 경험적 정신들의 공통적
핵심을 형성하는, 기원(起源) 없는 "의식 일반"이 아니다. 연구방향은
이제 반대로 언어능력 및 행위능력이 있는 주체들의 실천과 성과에 구
현되어 있는 생활세계적 배경의 심층적 구조를 향하게 된다. 선험적
분석은 사회문화적 삶의 형식들의 역사적 다양성 속에서 반복되어 나
타나는 불변적 특징들을 탐구한다. 이에 상응하게 선험적 문제제기는
견지하면서도 연구의 시각들은 확장된다. 경험 개념이 실용주의적으로
이해되기 때문에(a), 인식은 학습과정의 한 기능으로 간주되며(b), 전
(全) 범위의 생활세계적 실천들은 이 학습과정에 기여한다(c). 이로부
터 생활세계와 객관적 세계라는 〔건축〕구조가 나오게 되며(d), 이 구
조에 이해와 관찰이라는 방법론적 이원론이 대응한다(e).

　(a) 경험적 진술들로 서술되는 경험은 더 이상 내성적(內省的)으로
인식주체의 자기관찰을 통해 주체적 "감성" 능력으로부터 도출되지 않
는다. 이제 경험은 참여적 행위자의 시각에서 경험에 따른 행위의 검
증맥락 가운데 분석된다. 정신주의는 "소여(所與)의 신화"를 먹고살았
다. 하지만 언어적 전회 이후 그와 같이 언어적으로 매개되지 않은,

내적 혹은 외적 실재로의 접근통로는 우리에게 허용되어 있지 않다. 이른바 감각인상의 직접성은 더 이상 확실한 '준거심급'(準據審級) 으로서의 기능을 갖지 않는다. 해석되지 않은 감각자료에 대한 '소원'(訴願) 의 가능성이 없어짐으로써 감각경험은 그 의심할 나위 없던 권위를 상실하게 된다. 32) 그 대신 오직 **행위** 주체에게만 가능한 "이차적〔등급의〕경험"(*Erfahrung zweiter Ordnung*) 이라는 '심급'(審級) 이 자리하게 된다. 33)

　목적지향적 행위의 맥락에서는 습관적 실천이나 특정 목적을 추구하는 개입의 시도가 **실패**하는 즉시 실재적 현실은 다른 방식으로 스스로를 관철하게 된다. 즉 이로써 행위를 이끄는 확신의 경험적 내용에 대한 의심이 간접적으로 생겨나게 되는 것이다. 이미 퍼스는 자신의 "확신-의심"(*belief-doubt*) 모델로 "성과에 따라 통제되는 행위"(Gehlen) 의 인식론적 의의를 강조한 바 있다. 그런데 실재적 현실 앞에서 수행적으로 경험한 실패는 주제화되지 않은 채 작용하는 견해들에 대한 의심만을 초래할 뿐, 이것들을 반박하지는 않는다. 성과에 따른 행위의 통제가 진리보장적 기능을 갖는 감각기관의 권위를 대체하는 것은 아니다. 그러나 행위의 실패가 불러일으키는 경험적 의심은 올바른 해석으로 이끄는 논의를 유발할 수 있다.

　(b) 이로써 경험의 토대에 대한 시각만이 아니라 인식 일반이라는 설명을 필요로 하는 현상에 대한 기술도 변하게 된다. 포퍼가 이미 강조했던 것처럼 경험의 객관성의 척도는 더 이상 "정신 안에서의" 발생사, 즉 어떻게 감각자료로부터 판단이 구성되는가 하는 것이 아니다. 오히려 습관적 실천의 교란이 불러일으키는 문제들에 대한 건설적 해

---

32) W. Sellars, *Empiricism and the Philosophy of Mind*, Cambridge, Mass., 1997.

33) 옮긴이 주: 위의 세 문장에서 법학 용어를 동원한 비유적 표현에 대한 '홑따옴표' 강조는 역자가 추가한 것임.

결은 변화된 — 그러나 다시금 오류가능하며 검증이 필요한 — 확신을 낳는다. 실용주의적 견지에서 볼 때 "인식들"은 수행적으로 경험된 실망을 지적(知的)으로 소화해냄으로써 얻어지는 것이다. 과학적 인식이 시행착오를 통한 학습의 — 많은 전제조건이 요구되는 — 제도화 덕분에 갖게 된 "탈목적적" 양식도 이에 위배되지 않는다. 과학적 학습과정은 무엇보다도 일상적 실천의 결정압박으로부터 유리되어 있는 정도에 따라서 **자체적으로 산출된** 문제들의 역동성에 의해 촉진될 수 있다.

설명을 필요로 하는 현상은 더 이상 판단과 추론을 구성하는 토대가 되는, 지각으로 조직화되는 감각들이라는 기초적 층위가 아니다. 오히려 인식론은 행위를 조절하는 기대(期待)에 대한 문제제기를 통해 유발되는 **본래적으로** 복잡한 학습과정을 설명해야만 한다. 그런데 이로써 서로 교직(交織)되어 하나의 삶의 형식을 이루는 실천들 전체가 인식론적 견지에서 볼 때 문제제기의 대상이 된다. 한편으로 생활세계의 모든 측면들이 문제제기의 소용돌이 속으로 빠져들 수 있으며, 다른 한편으로 한 번은 이 실천방식이, 한 번은 저 실천방식이 문제해결에 기여한다. 생활세계 전체의 지탱구조가 선험적 문제제기의 대상이 될 수밖에 없게끔 인식적 차원이 모든 비인식적 행위영역들을 관통한다.

(c) 생활세계는 상이한 유형의 준칙적 행위를 포괄한다. 논의와 발화행위는 언어가 주로 의사소통을 목적으로 사용되는가 아니면 서술을 목적으로 사용되는가에 따라 분리, 구분된다. 비언어적 실천도 언어의 명제적 구조에 의해 각인되지만, 언어적 실천과는 달리 발화수반적 목적의 성취에 사용되지 않는다. 나아가 행위는 사회적이거나 비사회적이다. 사회적 행위는 의사소통적 행위자들 사이의 규범적으로 규제된 상호작용이나 상대방에 대한 상호간의 전략적 영향력행사의 시도들로 이루어져 있다. 도구적 행위는 사회적 행위맥락 안에 들어있기는 하지만, 본질적으로 인과적으로 결합된 사물과 사건들의 세계에 대한 목적지향적 개입에 이용된다. 이러한 유형의 준칙적 행위는 다시금 준칙적

행태 유형들 가운데 일부분만을 형성한다. 예를 들어 비트겐슈타인이 수열(數列), 기하학적 구성물, 문법적 표현, 논리적 결합 등의 구성을 연구하기 위한 모델로 사용하였던 사회적 게임들이 이 행태유형에 속한다. 이러한 종류의 "조작들"은 통상 다른 행위들 속에 포함되어 수행되며, 거시적 차원에 위치하여, 말하자면 "세계와 접촉하는" 행위들의 기반시설과 같은 것을 형성한다.[34] 이 준칙적 행태유형들은 그러한 실천들에 구현되어 있는 규칙들의 위상에 따라 구분된다.

일반적으로 한 규범을 따르는 — 또는 이를 위반하는 — 행위자는 적어도 직관적으로나마 하나의 규칙개념을 자신의 행태의 기초로 삼아야만 한다. 이미 칸트도 통찰했던 바와 같이 행위자는 오직 그가 격률(Maxime)이라고 개념적으로 파악하는 격률들에만 자신의 의지를 구속시킬 수 있다. 그러나 모든 규범이 본래적으로 개념적 규범인 것은 아니다. 규범적 구속력에 대한 획일적인 "의무론적" 의미는 존재하지 않는다. 논리학, 기하학 그리고 산술학의 규칙들이나 물리학적 측정의 규칙들, 혹은 문법학이나 언어화용론의 규칙들은 — 기호, 도형, 수, 연산, 명제, 논변 등과 같은 — 상징적 구성물의 산출과 통사론적 배열에 사용된다. 이 — 보다 넓은 의미에서 개념적인 — 규칙들은[35] 해당 실천방식의 구성에서 본질적인 의미를 갖는다. 이 실천방식들이 그 자체의 실행에만 관련되는 한, 규칙위반은 단지 내적인 결과만을 갖게 된다. 장기게임의 규칙을 알지 못하는 사람이 우연히 게임규칙에 맞게 장기의 말을 움직이는 경우도 있을 수 있겠지만, 이 사람은 장기게임을 하는 것이 아니다. 우리가 이러한 실천행위의 "논리"나 고유한 의미를 올바로 파악하지 못하는 경우, 우리는 말하자면 규칙 자체에 대한

---

34) 행태의 층위적(層位的) 분석에 대해서는 J. Habermas, "Handlungen, Operationen, körperliche Bewegungen," in: 같은 이 (1984), 273~306 참조.
35) 이 규칙들의 분석에 대해서는 P. Lorenzen, *Lehrbuch der konstruktiven Wissenschaftstheorie*, Mannheim 1987 참조.

무능력 때문에 〔규칙에 "걸려서"〕실패한다. 그러나 어느 것도 — 나 자신의 양심도, 사회도 혹은 자연도 — 우리를 처벌하지 않는다.

이에 비해 사회적 행위규범은 수신자에게 규칙준수의 의무를 지우는 "의무론적" 의미를 가지며, 이때 제재의 방식은 규칙의 종류에 따라(우리가 도덕규범 내지 법규범을 위반했는가, 관행과 관습을 어겼는가 혹은 〔주어진〕사회적 역할에서 벗어났는가에 따라) 각기 다르다. 그러한 규범들은 서로 의사소통하며 공동의 실천에 참여하는 행위자들의 간인격적 관계를 규율한다. 이 실천들은 직접적으로 생활세계의 상징적 맥락의 구성요소들이다. 동시에 이 실천들은 자연적 환경의 '하드웨어'와 결합되어 있다. 똑같은 계산을 우리는 칠판 위에 백묵으로 쓰거나 자판으로 입력하여 모니터에 나타나게 할 수 있다. 물론 실천과 이를 받쳐주는 물질적 층위 간의 이 존재적 차원의 관계는 화자가 진술을 통해 객관적 세계 내의 무엇인가에 대해 행하는 의미론적 지시와는 다르다.

(d) 발화행위에서 행하는 것과 유사한, 존재자들에 대한 지시는 행위자가 "실재적 현실에 잘 대처하기 위하여" 기술적 규칙지식을 적용할 때의 실천적 조작에도 필요하다. 보다 넓은 의미의 "테크놀로지"는 고유한 방식의 규범성과 결합하는데, 이것은 바로 수행된 확신의 경험적 내용과 인식적 적실성의 척도가 되는 인지적 규범성이다. 우리는 가끔 도구적 개입이나 전략적인 영향력 행사를 조절하는 규칙들을 따를 때 "실재적 현실에 걸려" 실패하는데, 이것은 우리가 이 규칙들을 올바로 터득하고 있지 못하거나 그릇되게 적용하기 때문이다. 그런데 보다 흥미로운 경우는 테크놀로지가 잘못 구성되어 효력이 없기 때문에 실패하는 경우이다. 구성상의 오류는 결국 신뢰할 수 있는 경험적 지식이 결여되어 있다는 것을 드러내준다. 그런 점에서 성과에 따라 통제되는 행위의 규칙들의 규범성에는 객관적 세계의 무언가에 대한 우리의 지식의 타당성이 반영되어 있다. 성공적 지시와 진술의 진리성은 성공적 "대처"(Coping)의 규범성에 나름대로 기여한다. 이러한 세계연관 및 진

리연관과 관련하여 퍼스는 도구적 행위의 일정한 형식적 특성과 이 수행적 개입방식에서 우리가 마주하는 대상들의 경험의 필수조건 사이에는 선험적 연관이 존재한다는 테제를 전개하였다.[36]

행위자들이 영향을 미칠 수 있는 대상에 대하여 이렇게 수행적으로 산출된 지시연관은 의사소통 참여자들이 특정 대상의 사실성을 주장할 때 산출하는 (대상에 대한) 의미론적 지시연관과 결합되어 있다. 행위자는 실천적 도전을 극복함에 있어 언어 사용자가 사태에 관한 의사소통을 하는 경우에 취하는 것과 동일한 화용론적 전제를 취해야만 한다. 이들은 전적으로 취급되고 판단될 수 있는 대상들의 총체로서의 객관세계를 공통적으로 상정한다. 참여자들이 도구적으로 행위하든 의사소통적으로 행위하든 간에 동일한 형식적 세계가정을 하기 때문에 "손안의 것"(*Zuhandenes*, 用在者)에 관하여 문제가 된 행위확실성은 지시연관을 그대로 유지한 채 "눈앞의 것"(*Vorhandenes*, 前在者)에 관한 명시적 진술로 변형될 수 있다. 의사소통행위로부터 논변행위(*Argumentationspraxis*)로의 이행 이후 진술의 진리주장은 가설적으로 다루어지고 근거에 의거하여 평가될 수 있다. 우리는 오로지 묵시적으로 의심의 대상이 된 확신들을 [명시적] 논의의 주제로 삼고 다른 논의참가자들의 이의제기로부터 배우는 정도만큼만 수행적으로 경험한 실재적 현실의 저항으로부터 무언가를 배울 수 있다. 행위에서 논의로의 "상승"은 생활세계의 자원이 실천적 세계교류에서 제기되는 문제들의 인지적 소화[처리]를 위해 광범위하게 동원될 수 있다는 것을 의미한다.

대상에 대한 실천적 지시연관과 의미론적 지시연관은 우리를 "하나의" 세계 "자체"와 마주하게 하는 반면, 우리가 대상에 대한 진술로 제기하는 진리주장은 우리를 "다른 이들의" 반박과 마주하게 한다. 객관적 세계로 향하는 수직적 시선은 간주체적으로 공유된 생활세계의 구

---

36) K. -O. Apel, *Der Denkweg von Charles S. Peirce*, Frankfurt a. M. 1975, 106 ff.

성원들에 대한 수평적 관계와 착종된다. 세계의 객관성과 생활세계의 간주체성은 상호지시관계에 있는 것이다. 이로써 — 선험적 주체 자신에 의해 구성된 세계 안에서 현상하는 객체들을 말하자면 '마주보고' 있는 — 선험적 주체에 대한 상이 바뀌게 된다. 자신들의 실천에 얽혀들어 있는 주체들은 그들의 생활세계의 지평에서 그들이 의사소통을 하든 개입을 하든 간에 독립적으로 존재하며 모든 이에게 동일한 세계라고 가정하는 객관적 세계 속의 무언가를 지시한다. 이 가정은 개념적 파악과 행위의 정해진 틀을 도발하는 동시에 제한하는 모든 도전과 우연들의 사실성을 표현한다.

(e) 이 "생활세계"와 "객관세계"라는 건축술(*Architektonik*)은 이해와 관찰 간의 방법적 이원론과 부합된다. 여기에는 선험적 인식과 경험적 인식 간의 구분이 어느 정도 반향(反響)되어 있다. 의식철학은 전체적으로 1인칭 시각과 3인칭 시각 간의 방법적 차이에 의해, 즉 자기 자신의 표상들을 대상으로 삼는 인격주체의 자기관찰과 객체화하는 태도를 가지고 대상들 자체에 관심을 기울이는 인격주체의 관찰 간의 방법적 차이에 의해 지배되었다. 이제 이 고전적 차이 대신에 2인칭 시각과 3인칭 시각 간의 이원론이, 즉 의사소통참여자의 해석수행과 관찰자의 대상지각 간의 이원론이 들어서게 된다. 관찰자로서 우리는 말하자면 "밖으로부터" 세계 속의 대상을 지시하는 반면, 생활세계의 준칙적 실천들은 오로지 수행적 태도를 갖는 참여자의 해석학적 이해를 통해서만 개창(開創)된다.

어떻게 규칙을 따르며 규칙을 위반한다는 것이 무엇을 의미하는지에 대한 직관적 지식은 본래적으로 규범적 성격을 갖는다. 이 규범적 성격은 경험적 규칙성에만 국한된 관찰의 범위를 벗어나는 것이다. 그밖에 상호이해지향적 언어사용에 대한 참여자 시각에서의 분석은 생활세계적 실천 전체의 그물망에 대한 열쇠를 제공하는데, 그 이유는 생활세계의 모든 상징적 구조가 언어매체로부터 분화되어 나오기 때문이다.

Ⅳ. 두 가지 후속문제 : 위험에 처한 인식의 객관성과
세계와 세계내적인 것 간의 차이의 말소

　탈선험화와 함께 선험개념 자체도 변화한다. 선험적 의식은 예지계 (叡智界)에 위치한 "피안의" 숭고함이라는 함의를 상실하고, 일상의 의사소통적 실천이라는 탈숭고화된 모습으로 지상으로 하강한다. 세속적 생활세계가 누메논(*Noumenon*, 가상계〔可想界〕)의 초(超)세계적 위치를 차지하게 된 것이다. 실용주의는 선험적 문제제기를 고수하기는 하지만 선험적인 것과 경험적인 것 간의 대립을 완화시킨다. 물론 의사소통적 언어사용 역시 참여자들에게 여전히 급상승적 이상화〔이념화〕를 하도록 부추긴다. 화자들은 무조건적 타당성주장을 지향점으로 삼고 상호간에 책임능력이 있다고 상정함으로써 모든 우연적이고 단지 국지적인 맥락의 초월을 목표로 한다. 그러나 이 반사실적 전제들이 위치하는 곳은 일상적 실천의 사실성이다. 언어능력 및 행위능력을 가진 주체들은 사회화과정을 통해 그들의 생활세계를 지탱하는 실천들과 해당 규칙지식을 습득한다. 생활세계 재생산의 매개체인 상호이해와 의사소통적 행위가 와해되어서는 안 되는 한, 이들은 이상화를 행하지 않을 수 없다. 그러나 규범적 격차의 모호성은 사회적 사실들 자체를 각인한다.

　선험적인 것에 대한 본래적 이해로부터 축소된 이해로의 하강은 중대한 결과들을 수반한다. 선험적 규칙들이 더 이상 세계 밖에 존재하는 예지적인 것이 아니라면, 그것들은 문화적 삶의 형식의 표현으로 돌변하며 시간상의 출발점을 갖는다. 그 결과 ⑴ 우리는 선험적으로 가능하게 된 경험인식에 대해 더 이상 곧바로 "보편성"과 "필연성", 즉 객관성을 주장할 수 없게 된다. 그리고 ⑵ 세계에의 인식적 접근을 위한 선험적 조건들 자체를 세계 내에 존재하는 것으로 파악해야 한다.

(1) 삭스(M. Sacks)는[37] 칸트적 관념론의 탈선험화로의 발걸음을 선험적인 것에 대한 고전적 개념(T1)에서 이 개념에 대한 비트겐슈타인적 파악(T2)으로의 이행으로 서술하고 있다.

> T1: 정신이 경험대상으로 간주될 수 있는 것에 부과한 선험적 (제약) 조건들이 존재하며, 우리는 오직 이 조건들에 준거해서만 대상들을 인식할 수 있다(167).

선험적인 것에 대한 강한 독법에 따라 이 말을 이해하자면, 그것은 경험가능한 대상들의 세계는 우리 정신의 구조에 의해 그 형태를 **획득**한다는 것을 의미한다. 이 말에 대한 보다 약한 독법이 요구하는 것은 단지 세계가 — 우리가 아무튼 그 대상들에 관한 인식을 획득할 수 있어야 하는 한 — 우리 정신의 구조에 **따른다**(sich fügen)는 것뿐이다. 그런데 바로 이 전제하에서는 정신의 구조와 세계 자체 간에 어느 정도의 존재론적 대응이 성립하는지를 우리는 알 수 없다. 우리 정신의 구조를 통해 우리에게 드러난 세계는 세계 자체의 단편적이고 왜곡된 한 단면일 수 있기 때문이다. 이 약한 독법에 따르면 주관적 관념론은 "우리에게" 객관적인 세계에 관한, 선험적으로 가능하게 된 인식이 보편성과 필연성을 갖는지에 대해 우리는 결코 확신할 수 없다는 클라이스트(Kleist)식의 회의에 빠지는 지름길이 될 것이다. 이 회의에 대항하여 강한 독법은 — 칸트의 "최상의 원칙"과 일치하여 — 경험가능한 대상세계의 선험적 창출은 가능한 경험지식의 객관성을 보증하는 탈(脫)근원적 주체성의 세계창출적 자발성(Spontaneität)에 뿌리박고 있다고 파악한다.

물론 칸트의 인식론은 선험적 의식이 예지계적 위상을 갖는다는 형

---

37) M. Sacks, "Transcendental Constraints and Transcendental Features," *Int. Journ. of Philos. Stud.*, Vol. 5, 1997, 164~186.

이상학적 가정으로 선험적 **관념론**이라는 자신의 이름에 값하는 체면치레를 한다. 칸트의 인식론은 경험의존적 판단만이 아니라 판단주체들의 학습과정 자체에도 제한을 가하는, 우리 정신과는 무관하게 독립적으로 존재하는 세계에 대한 실재론적 전제와는 결합될 수 없다. 이 칸트적 관념론에 대하여 삭스는 그가 비트겐슈타인의 《철학적 탐구》에서 읽어낸 칸트적 실용주의를 대립시킨다. 선험적 의식은 세계창출의 자발성이 말놀이(Sprachspiel)와 삶의 형식의 문법들로 옮아가게 됨으로써 사회화되는 동시에 다양화되게 된다.

> T2: 경험가능한 대상인 것은 모두 궁극적으로 우리 활동의 표현으로서, 여기서 이것들은 인간의 관심사, 이해관계, 행위 그리고 신념들을 포함하는 것으로 간주된다(171).

이에 따라 정신이 (T1에 따라) 경험가능한 대상들의 세계에 부과하는 선험적 "제한들"은 공간과 시간 속에 위치한 국지적 삶의 형식들의 선험적 "특징들"로 바뀌게 된다. 이 삶의 형식들은 그 가치들과 이해관계 및 행위방식들로 그에 상응하는 가능한 경험의 양식을 확정한다. 각각의 삶의 형식의 선험적 특징들은 그 구성원들에게는 전적으로 객관세계 내의 어떤 것을 경험할 수 있게 해주는 우회불가능한 인식적 전제조건의 위상을 갖는다. 하지만 이렇게 가능하게 된 경험은 그 보편성과 필연성을 상실한다. 각각의 모든 삶의 형식은 그에 상응하는, 안으로부터는—그 자체의 지평으로부터는—넘어설 수 없는 객관세계를 갖는다. 왜냐하면 여전히 한 삶의 형식의 선험적 특징들은—그 구성원들로서는 다른 어떤 대안적 행태유형을 생각할 수 없는—준칙적 행태유형들로 구현되어 있기 때문이다. "그것들은 우리가 경험하고 기술할 수 있는 세계와 상관적인 전제적(前提的) 특징들이어서, 경험적 사실들과 같은 방식으로 획득될 수 있는 것으로 설정될 수 없다."[38]

42

세계창출적 문법들의 다수성과 우연성은 선험적인 것에 대한 강한 관념론적 독법에 의해 우선은 진정될 수 있었던 저 인식의 객관성에 대한 회의를 다시 불러일으킨다. 하지만 말놀이 다원주의로부터 통약 (通約)불가능하고 상호폐쇄적인 언어세계들(Sprachuniversen)의 다양성 이라는 귀결이 반드시 나오는 것은 아니다. 세계창출적 자발성의 탈선 험적 파악은 적어도 우리가 사회문화적 삶의 형식의 본성 일반을 특징 짓는, 일반적으로 분포된 선험적 특징들을 발견하리라는 기대와 결합 가 능하다. 그래서 가령 생활세계의 구조를 형성하는 매체는—상황준거 적으로, 그러나 상황과는 독립적으로도 사용가능한 진술내용들에 대하 여 다양한 형태를 띨 수 있는 발화수반적 행위들과 함께 명제적으로 분화된 언어는[39]—경험상 보편적인 의사소통 형식을 이루는데, 우리 가 아는 어떠한 삶의 형식에도 이것을 대체할 수 있는 것이란 없다. 유사한 방식으로 이것은 성과에 따라 통제되는 행위의 인식 관련 규칙 들에도 해당된다. 이 규칙들은 문제가 되는 상황을 처리하는 과정에서 세계를 조작가능성 내지 처분가능성의 측면에서 평가될 수 있는 대상 들의 총체로서 개창(開創)한다.

그러나 반복되는 상징적 표현형식 및 실천형식들의 경험적으로 확인 된 보편성조차도 모든 사회문화적 삶의 형식에 대해 똑같이 객관적으로 현상하는 세계에 곧바로 인류 고유의 경험이 갖는 인간중심주의에 대 한 혐의를 없애줄 수 있을 저 필연성을 부여해 주지는 않을 것이다. 인식인간학적(erkenntnisanthropologisch)으로 깊이 뿌리박은 정신구조가 모든 언어능력 및 행위능력을 갖는 주체들에게 동일한 경험양식을 확 정해주는 것일지도 모른다. 그러나 이 정신구조가 즉자적 세계 자체는 부분적으로 "우리의" 경험가능성의 지평을 벗어난다 라는 회의를 없애

---

38) Sacks (1997), 179.
39) J. Searle, *Speech Acts*, Cambridge 1969; J. Habermas, "Was heißt Uni-
versalpragmatik?" (1976), in: 같은 이 (1984), 353~440.

버리지는 못한다.

　(2) 또 다른 문제는 초(超)세계적 탈근원성을 상실했음에도 불구하고 자발적 세계창출력을 유지해야 하는 규칙들의 기이한 위상과 관련된 것이다. 이 규칙들은 우리에게 객관세계에의 접근통로를 열어줄 수 있어야 하지만 그 자체는 하늘에서 떨어진 것이 아니라 세계내적 위상을 가져야 한다. 이러한 종류의 존재자들은 분명 이해와 관찰이라는 방법론적 이원론과 조응하는, 세계와 세계내적인 것 간의 선험적 구별을 벗어나는 것들이다. 실용주의(G. H. Mead와 J. Dewey)와 철학적 인간학(H. Plessner, A. Gehlen), 그리고 발생적 인식론(J. Piaget)도 도구적 실천과 언어사용 및 의사소통적 행위에 대한 자연사적 설명에 근거하고 있다.[40] 이들은 생활세계에 구현된 정신구조에 대한 해석학적 접근과 이 정신구조의 발생에 대한 생물학적 설명을 결합시킨다. 즉 이들은 한편으로는 "우리의" 삶의 형식의 근본특징들의 재구성으로부터 보다 덜 복잡한 "유기체의 단계들"에서 생물종들에 고유한 환경의 해독(解讀)을 위한 시각을 얻기 위하여 판단능력, 언어능력 및 행위능력을 갖는 주체들의 사용지식을 분석한다. 다른 한편 진화론은 이러한 "위로부터의" 자연사 해석학에 대하여 인간 유기체와 그의 고유한 능력의 발생 및 성립에 대한 인과적 설명이라는 반대되는 상(像)을 제공한다. 그러나 이 두 상보적 고찰방식은 서로간에 매끄럽게 번역될 수 없는 상호 경쟁적 기술(記述)들로 귀결된다.
　인식과 관련된 규칙체계의 기술은 직관적으로 숙달된 실천들에 대한 참여자 시각에서의 개념적 해명에 근거한다. 과학적 대상영역의 구성 이전에 이미[41] 이 (약한 의미의) 선험적 규칙들은 어떻게 세계 내의 사

40) A. Gehlen, *Der Mensch*, Bonn 1950; A. Honneth, H. Joas, *Soziales Handeln und menschliche Natur*, Frankfurt a. M. 1980 참조.
41) 나는 생활상의 실천과 연구상의 실천 간의 이 차이를 《인식과 관심》에서는

44

물 및 사건들과의 실천적 교류 속에서 경험 자체가 가능할 지를 규정
한다. 그런 점에서 경험 일반을 가능케 하는 이 간주체적 조건의 기원
을 경험적으로 설명하는 과제는 더욱더 역설적이다. 선험적 조건의 기
원을 설명하는 설명항 자체가 이미 피설명항 속에 언급된 조건에 따라
야만 하기 때문이다. 객관세계 내의 어떤 것에 대한 인식을 비로소 가
능케 하는 생활세계의 구조를 다시금 세계 내에 존재하는 것으로 파악
하는 사람은 누구나 저 유명한 "물 자체"의 아포리아에 빠지게 된다.
어쨌든 맑스가 사회적 노동의 인식론적 역할에 대한 자신의 생각의 토
대로 삼은 "자연 자체"의 구성이 "물 자체"의 구성보다 덜 역설적인 것
은 아니다("물 자체"를 칸트는— 물 자체가 우리의 감관을 "촉발한다"는 진
술을 함으로써 — 그것이 마치 세계 내의 어떤 것인 양 취급하고 있다). 42)

맑스는 첫 단계로 선험적 인식개념에 유물론적 해석을 부여한다. 43)
주위의 자연세계는 바로 사회와 그 물적 토대 간의 물리적 "신진대사"
가 일어나는 동일한 사회적 노동 형식 안에서 "우리에게" 객관적 자연
으로 구성된다. 그 다음 단계에서 인식과 노동 간의 이 유물론적 연관
은44) 자연주의적으로 해석된다. 자연적 진화는 "주체적 자연", 즉 호
모 사피엔스의 유기적 성립에 도달한 사회문화적 발전단계에서 동시에
호모 사피엔스가 그 자신에게 "객관적 자연"에의 인지적 접근통로를 획
득하는 조건을 창출한다는 것이다. 간단히 말해, "주체적 자연"과 함께

충분히 고려하지 못하였다. J. Habermas (1973)에의 후기 (397 ff.) 참조.
42) "자연 자체"의 구성에 대해서는 J. Habermas (1973), 36 ff. 참조. 아포리
아적 귀결에 대해서는 다음을 참조하라. Th. A. McCarthy, *Kritik der Ver-
ständigungsverhältnisse*, Frankfurt a. M. 1989, 133 ff. 이에 대한 나의 답
변은 J. Habermas (1984), 509 ff.에 실려 있음.
43) A. Schmidt, *Der Begriff der Natur in der Lehre von Marx*, Frankfurt a.
M. 1962.
44) 셸러는 다른 전제 하에서 이와 유사한 연관을 만들어 낸다. M. Scheler,
Die Wissensformen und die Gesellschaft (1925), Bern 1960.

"자연 자체"는 "객관적 자연"의 현상조건을 산출한다. 그러나 객관적 자연이 주관적 자연에 의해 규정된, 자연에 대한 가능한 가공(加工)의 형식들과 부동의, 즉 우회불가능한 상관관계에 있다면, "자연 자체"의 구성은 오직 인간 정신의 이면에 대한 형이상학적 ― 자연적으로 주어진 인지적 한계를 넘어서는 ― 통찰 덕분에만 가능하다.

  탈선험화 과정에서 우리가 직면하는 아포리아는 대가를 치르지 않고서는 선험적 문제제기를 선험적 관념론의 배후적 가정들과 떼어놓을 수 없다는 점을 시사하는 듯하다. 그러나 사실상 이 역설적 귀결은 선험적 단초의 실용주의적 변형으로부터 나오는 것이라기보다는 오히려 ― 칸트마저도 아직 사로잡혀 있던 ― 재현적 인식모델로부터 나오는 것이다. 인식실재론적 견해는, 그것이 언어학적 전회 이후 반드시 취해야만 하는 비(非)고전적 형태인 경우에는, 선험화용론적 문제제기를 포기하지 않고서도 "약한" 자연주의와 결합될 수 있다.

V. 약한 자연주의 — 칸트와 다윈을 따라서

오늘날 콰인의 엄격한 자연주의와 하이데거의 존재사적 관념론 간의 대립은 다양한 방식으로 변형되어 나타난다. 나는 이 지배적인 이론전략들에 대한 비판적 논의를 통해 양측이 무시하고 있는 약한 자연주의라는 대안을 도입하고자 한다.

(1) 흄의 계승자들은 칸트의 계승자들보다는 탈선험화 과정에서 불가피하게 제기되는 두 가지 후속문제에 덜 영향을 받는다. 선험적 문제제기를 애초부터 논외로 둔다면, 인식의 객관성 및 세계와 세계내적인 것 간의 차이에 관한 괴로운 물음들은 제기조차 되지 않는다. 오늘날 콰인으로 대표되는 엄격한 자연주의는 우리의 인식가능성에 대한 과학주의적 이해와 연합한다. 모든 인식은 궁극적으로 경험과학적 절차로 환원될 수 있다는 것이다. 그렇게 되면 선험적 건축술과 함께 동시에 개념적 분석을 요구하는 세계구성의(혹은 세계개창의) 조건과 인과적으로 설명될 수 있는 세계 내의 상태 및 사건들 간의 차이도 더 이상 고려의 대상이 되지 않는다.[45] 세계와 세계내적인 것 간의 차이를 무효화하면, "즉자적으로 존재하는" 세계의 부분적 단면이거나 시각상 왜곡된 일면일 수 있는 "현상하는 세계"에 대한 회의의 전제조건도 떨어져나가게 된다. 그리고 이해를 통한 우리 생활세계의 재구성과 객관세계 내의 과정들에 대한 설명 간의 방법론적 이원론과 함께 선험적으로 파악된 생활세계의 실천들에 대한 "내재적 시각"과 인과적으로 설명된

---

45) 이 차이의 실증주의적 제거는 과거에 나로 하여금 묻혀 버렸던 탐구과정의 실용적 차원을 발굴하는 시도를 하도록 하는 동기가 되었다. J. Habermas (1973)의 서문 참조. 또한 A. Wellmer, *Methodologie als Erkenntnistheorie*, Frankfurt a. M. 1967 참조.

이 실천들의 기원에 대한 "외재적 시각"을 결합시켜야 하는 역설적 과제도 사라지게 된다.

그러나 경험주의적 전통의 자연주의적 계승발전은 그 대가를 요구한다. 즉 우리의 규범적 실천을 세계 내의 관찰가능한 사건들에 객관주의적으로 동화시키는 것이 바로 그 대가이다. 이러한 방향설정은 단지 개념적 분석의 수단만을 사용하는 철학에, 언어능력 및 행위능력을 갖는 주체들의 직관적 지식을 법칙론적 경험과학의 이론언어에 접속 가능한 언어로 번역해야 하는 과제를 부여한다. 이 과제를 해결함으로써 콰인은 세계적 성공을 거두게 된다. 빈 학단의 논리실증주의자들이 이미 전험적(前驗的) 종합판단에 대한 칸트의 가정을 논박한 이후, 콰인은 카르납이 고수하였던 분석명제와 종합명제 간의 구분마저도 제거하였다. 콰인의 이 제거는 번역불확정성 테제와 결합하여 인식론적 전체론을 낳았고, 이것은 프레게의 의미-플라톤주의(*Bedeutungsplatonismus*)의 마지막 잔재를 청산하였을 뿐만 아니라 의미개념 자체를 해체하였다. 콰인의 비판은 비트겐슈타인이 이미 다른 방식으로 비판한 바 있는 '사유〔내용〕'(*Gedanken*)의[46] 플라톤적 대상화에만 해당되는 것이 아니다. 언어적 의미에 대한 해석학적 개념을 행태주의적인 자극-의미 개념으로 대체함으로써 심지어 언어 및 언어이해 개념들로부터 모든 규범적 함의들을 제거하였다.

이로써 비트겐슈타인이 규칙 따르기 개념을 가지고 재구성하였던

---

46) 옮긴이 주: 한 문장에 표현되어 있는, 참 또는 거짓일 수 있는 내용을 프레게(G. Frege)는 '사유〔내용〕'(*Gedanke*)이라 칭하였다. 이것은 오늘날 논리철학에서는 통상 '사태'(*Sachverhalt*), '명제'(*proposition*) 혹은 '진술'(*Aussage, statement*)이라고 불린다(따라서 "참인 사유〔내용〕"은 사태 내지 명제의 성립, 즉 '사실'(*Tatsache*)을 칭하는 프레게식 용어이다). 프레게가 이 용어를 도입한 이유는 심리작용으로서의 '표상'과 구분되는 '사유〔내용〕', 즉 명제의 객관적 실재성을 강조하기 위한 것이었다. 하버마스가 프레게의 "의미-플라톤주의"를 운운하는 것은 이를 염두에 두고 하는 말이다.

〔언어〕능력 있는 화자의 규범적 자기이해는 예를 들어 "원초적" 번역을 객관화하는 태도에서 행한, 감각자극들의 가설산출적 가공으로 파악하는 이론언어로 바뀌게 된다. 이 이론전략의 핵심은 **참여자시각 자체로부터** 자신의 언어행태에 대한 엄정한 자연주의적 이해로의 길을 닦는다는 데 있다. 그러나 이 전략이 성공한 이유인 직관적 지식의 과학주의적 소격화(疏隔化)는 동시에 엄정한 자연주의의 아킬레스건을 이룬다. 의사소통적 실천에 얽혀든 언어능력 및 행위능력이 있는 주체들은 결코 사고와 행동에 있어 규범을 좇고 근거를 〔사고와 행동의〕동기로 삼지 않을 수 없다. 이들은 콰인의 객관화하는 기술(記述) 하에서는 스스로를 알아보지 못한다. 엄격한 자연주의는 능력 있는 화자들의 잘 확인될 수 있는 자기이해와 반(反)직관적이고 가혹하게 수정주의적인 자기기술 간의 인지적 불협화음 때문에 실패한다. 이 자기기술이 언어분석으로부터 화자의 직관이라는 유일하게 신뢰할 수 있는 기초자료를 박탈하기 때문이다.

(2) 우리가 참여자들의 규범적 자기이해를 제대로 고려하고, 탈선험화를 포기하지 않으면서도 선험적 문제제기를 고수하고자 한다면, 이 탈선험화의 아포리아적 귀결을 비켜갈 수는 없는 듯하다. 하이데거의 존재사(存在史) 개념은 어쨌든 세계 자체 내에 위치한 세계창출적 자발성이라는 역설을 해결하려는 시도로 이해될 수 있다.

하이데거는 경험가능한 대상세계의 창출의 선험적 자발성을 언어의 세계개창적 에너지로 번역해냄으로써 언어학적 전회를 수행하였다.[47] 모든 자연언어는 한 역사적 언어공동체의 문화적 삶의 형식과 세계에 대한 선이해 전체가 분절적으로 표출되어 있는 범주적 의미지평을 입안한다는 것이다. 그런 다음 하이데거는 세계와 세계내적인 것 간의

---

47) C. Lafont, *Sprache und Welterschließung*, Frankfurt a. M. 1994.

선험적 차이를 존재와 존재자 간의 존재론적 차이로 파악하고, 각기
지배적인 존재이해를 언어적 세계개창의 의미-아프리오리(*Sinn-apriori*)에48) 의존적인 것으로 만든다. 이로써 선험적 주체의 불변적
의식은 각각의 지배적인 언어에 문법적으로 기입되어 있는 "존재론들"
의 역사적 변천 속으로 해체된다. 존재사 개념은 세계내적 역사 모델
로부터 언어능력과 행위능력을 지닌 주체들이 얽혀 들어가 있는 우연
적 생기(生起, *Geschehen*)의 특징들을 끌어낸다. 그러나 이 개념은 획
기적 세계해석의 "사건들"을 동시대인들이 탈피할 수 없는 전험적(前驗
的) 의미창설(*Sinnstiftung*)이라는 선험적 차원 위에 위치시킨다. 언어
능력과 행위능력을 갖는 주체들은 숙명론적으로 존재사에 내맡겨져 있
는 것이다.

이 개념으로 하이데거는 의미-아프리오리의 역사화라는 형태로 세
계창출적 자발성의 탈선험화에 부응하면서도 그 아포리아적 귀결을 감
수하지 않아도 되게 된다. 한편으로 그는 세계와 세계내적인 것 간의
선험적 차이와 함께 존재론적 연구와 존재적 연구 간의 방법론적 구분

---

48) 옮긴이 주: 칸트에 의해 인식론의 핵심 개념 중 하나로 도입된 아 프리오리
(*a priori*)는 "경험과는 독립되어 있으면서 경험을 가능하게 하는, 경험 이전
의"라는 뜻의 수식어로 도입되었다. 이 책에서는 이 수식어를 "전험적"(前
驗的)이라고 번역하여 통상 "선험적으로" 번역되는 transzendental과 구분하
고 있다. 그런데 신칸트주의자들은 이 수식어를 명사화(*das Apriori*)하여 경
험과는 독립되어 있으면서 경험을 가능하게 하는 것들을 총칭하는 용어로
사용한다. 그래서 논리적 아프리오리, 선험적 아프리오리, 감정적 아프리오
리 등의 용례가 나오게 된다. 이렇게 명사화하여 쓰이는 아프리오리를 우리
말로 "전험"으로 번역하는 것은 오히려 이해를 더 어렵게 할 것이라 생각하
여 원어를 그대로 우리말로 옮겨 적는 방법을 택하였다. 하버마스는 의미-
아프리오리(*Sinnapriori*)로 경험 이전에 주어져 있는 경험의 필수조건으로서
의미를 부여하고 구성하는 배경적인 선이해 내지 이해지평을 총칭하면서,
하이데거의 경우 이 의미-아프리오리가 개별 언어의 세계개창적 기능으로
이해됨으로써 선험적 위상을 잃고 역사화한다고 비판한다.

도 고수한다. 따라서 초역사적 운명의 진행은 세계내적 우연성들의 흐름과 똑같은 눈높이에 위치하지 않는다. 다른 한편 하이데거는 인식의 객관성을 위해서도 하나의 논변을 마련한다. 초역사적 운명인 것은 바로 **존재 자체**이기 때문에, 주체들에게 각기 존재로 현현하는 것은 그것이 단지 존재자 전체에 대한 **주관적 단면**일 뿐이라는 혐의에 빠지지 않을 수 있다는 것이다. 세계개창적 존재가 존재자에게서 은폐하는 동시에 볼 수 있도록 해주는 것이 무엇이든 간에 그것은 즉자적 존재자다.

다른 한편 '그렇다'와 '아니다'라고 말하는 주체들이 이 존재숙명론을 위해 치러야 하는 대가는 명약관화하다. "앞서 생각하는 것이 불가능한"(*unvordenklich*) 역운(歷運) 앞에서 논증적 언설(言說, *Rede*)과 논변적 사유의 정당화 의무로부터 벗어나 있다고 믿는 비의적(祕儀的) "회념"(懷念, *Andenken*)은 진리에의 특권적 접근통로를 증거로 내세운다. 이러한 무리한 요구는 근거에 의해서 합리적 동기를 갖는 입장표명을 하게 되는 자율적 존재의 자기이해에게는 우리의 규범적 자기이해를 자연주의적으로 제거하는 것에 못지않은 무거운 짐이다.

실용주의적 의도에서 수행된 탈선험화의 후속문제들은 자연주의를 과학주의와의 결합으로부터 떼어내게 되면 전혀 다른 방식으로 풀리게 된다. 그런데 그럴 경우 재현주의적(*repräsentationalistisch*) 인식모델과의 결별로부터 올바른 결론을 이끌어내는 것이 중요하다.

(3) 실용주의적 시각에서 볼 때 인식과정은 문제를 해결하고 학습과정을 가능하게 하고 오류를 수정하며 반론을 논박하는 지적 행동이다. 언어의 서술기능은 이 행위연관적 경험과 논변적 정당화의 맥락에서 떼어낼 경우에만 사유가 대상을 표상하거나 사실을 재현한다는 그릇된 사유관을 시사한다. "자연의 거울" — 실재적 현실의 재현 — 은 그릇된 인식모델이다. [49] 모사(模寫)와 모사된 것 간의 〔거울의 상과 거울에 비춰진 것 간의〕 2항적 관계는 — 그리고 진술과 사태 간의 정태적(靜態

的) 관계는 ― 문제해결과 정당화를 통한 지식증대의 동학을 시야에서 사라지게 하기 때문이다.

인식은 공간적 차원에서는 위험한 환경과의 지적 교류에서 경험하는 실망을 소화해냄으로써 획득되고, 사회적 차원에서는 다른 논변참여자들의 반박에 대해서 문제해결 방안을 정당화함으로써 얻어지며, 시간적 차원에서는 자신의 오류의 수정으로 이루어지는 학습과정으로부터 나온다. 인식을 그러한 복합적 연관의 함수로 바라보게 되면 어떻게 실천적 실패나 성공의 경험의 수동적 계기가 기획과 해석 및 정당화의 구성적 계기들과 착종되는지를 알게 된다. 경험적 판단은 학습과정 속에서 형성되며 문제해결로부터 생겨 나온다. 그런 까닭에 ― 마치 이른바 직접적인 것의 인식에서 주관적 첨가물과 간주체적 매개를 씻어내야만 한다는 식으로 ― 판단의 타당성 이념의 지향점을 존재와 가상 간의 차이에서, "즉자적으로" 주어진 것과 "우리에 대해서" 주어진 것 간의 차이에서 찾는 것은 무의미한 짓이다. 오히려 인식은 이 첨가물과 매개의 인지적 기능에 근거한다. 실용주의적 시각에서 볼 때 실재적 현실은 모사되어야 할 것이 아니다. 실재적 현실은 오로지 우리의 문제해결과 학습과정에 부과되는 제한들로서만 수행적으로(performativ) ― 극복해낸 저항들과 예상가능한 저항들의 총체로서 ― 자신을 드러낸다.

"서술"을 대상의 표상이나 사실의 모사로, "진리"를 표상과 대상 내지는 명제와 사실 간의 대응으로 이해하게 하는 재현적 인식모델은 문제의 "해결"과 학습과정의 "성공"이 갖는 인지적 · 조작적 의미를 파악하지 못한다. 논증된 해석들에는 우리가 실재와의 활동적 교류를 통해 실재로부터 배우고 논변적으로 반론을 주고받으면서 이 반론들로부터 배우는 것이 침전되게 된다. 물론, 존립하는 사태이기 때문에 참인 진술들로 서술될 수 있는 모든 것은 실재적이다. 그러나 우리가 일상적

---

49) Rorty (1979).

교류와 실험적 교류 속에서 부딪히는 제한들의 사실성 속에서 ― 우리가 대상들에 관한 사실을 주장할 때 지시하는 ― 대상들의 저항이 관철된다. 그런 까닭에 우리는 객관세계를 가능한 지시〔체〕들을 위한 체계로 ― 사실들의 총체가 아니라 대상들의 총체로 ― 상정한다.

이 실용주의적 인식개념을 기초로 삼으면 세계와 세계내적인 것 간의 선험적 차이를 ― 탈선험화에도 불구하고 ― 온전히 보전하는 자연주의가 가능해진다. 이 견해는 다음과 같은 단 하나의 메타이론적 가정에 근거하고 있다. 즉, "우리의" ― 사회문화적 삶의 형식의 틀 안에서 가능한 ― 학습과정은 어느 면에서는 우리의 삶의 형식의 구조를 산출한 선행하는 "진화적 학습과정"을 단지 계속 이어나갈 뿐이라는 가정이 그것이다. 그렇다면 우리식의 학습과정을 선험적으로 가능케 하는 구조는 그 자체로서는 보다 덜 복잡한 자연사적 학습과정의 결과로 규정되고, 이를 통해 그 자체도 인지적 내용을 획득하게 된다. 하지만 보다 높은 단계에서의 학습과정의 "속행"은 어떠한 환원주의적 주장과도 결합되지 않은 "약한" 자연주의의 의미로만 이해되어야 한다. "엄격한" 자연주의적 설명전략은 생활세계적 실천의 개념적 분석을 인간 두뇌의 성취에 대한 자연과학적 설명, 예를 들어 신경학적 혹은 생물발생학적 설명으로 대체하려고 한다. 반면 약한 자연주의는 호모 사피엔스의 유기적 구성과 문화적 생활양식이 "자연적" 기원을 가지며 원칙적으로 진화론적 설명으로 접근가능하다는 원칙적인 배후적 가정에 만족한다.

말하자면 문화를 관통하여 관철되는 자연사적 연속성이라는 이 개괄적 전제는 (예를 들어 소거적 유물론이나 환원적 유물론의 의미에서의) 육체와 정신의 관계에 대한 어떠한 철학적 가정도 하지 않는다. 이 전제는 반대로 우리로 하여금 본래 존재론적으로 중립적인 방법적 태도들간의 구분을 실재화(Reifizierung)하지 않도록 해준다. 우리가 선험적 문제제기를 고수하는 한, 우리는 참여자 시각에서 행하는, 해석학적 견지에서의 생활세계적 구조의 합리적 재구성과 관찰에 의거하여 행하는, 이 구조의 자연사적 발생의 인과적 분석을 엄정히 분리해야 한다. 방법적 차이로부터 정신과 육체의(또는 존재와 존재자의) 존재론적 대립을 이끌어내는 관념론적 오류추리가 비로소 객관적 경험의 선험적 조건을 초(超)세계적 예지계에 — 또는 존재사의 영역에 — 위치시키는 오류에 빠지게 만든다. 다른 한편 선험적 조건을 무조건, 즉 자기지시관계의 아포리아를 고려하지 않은 채, 경험적 조건에 동화시키고 경험과학적으로 객관화한 영역으로 전이시키는 자연주의적 오류추리는 단지 같은 동전의 이면에 불과하다.

약한 자연주의는 생활세계의 "내적 시각"을 객관세계에 대한 "외재적 시각"에 편입·종속시키는 것을 기피한다. 나아가 약한 자연주의는 여전히 분리시켜 놓은 이론적 시각들을 메타이론적 차원에서 자연과 문화의 연속성을 가정함으로써 결합한다. 그런데 이 배후적 가정은 〔생물〕종의 자연적 진화를 — 사회문화적 발전단계에서 가능하게 된 우리 자신의 학습과정과의 유비추리(Analogie)를 통해 — 각기 보다 높은 단계의 학습수준을 갖는 더욱더 복잡한 발전단계들을 낳은 일련의 "문제해결" 과정으로 파악하는 방향으로 상세화된다. 그리고 이 "유비추리"를 어떻게 이해해야 하며 일단은 은유적 표현인 "진화적 학습"이라는 말의 타당성이 어느 정도나 되는지는 — 이 유비추리를 통해 비로소 연관을 맺게 된 — 이론들 중 어느 하나의 틀 안에서 결정될 수 있는 문제가 아니다. 일단 "우리의" 참여자 시각으로부터 정확한 의미를 획득하는 (그리고 예를 들어 발달심리학의 학습개념의 기초가 되는) 학습의 어휘〔체계〕 자체는 단순히 신다윈주의적 개념체계로 재해석되어서는 안 된다. 만약 그렇게 재해석된다면 약한 자연주의는 핵심을 잃게 된다. 상이한 수준의 학습과정 "단계들"의 투입은 단지 왜 우리가 "우리에게 필연적인 것"의 우연성을 경험적 과정의 차안(此岸)에서 존재사적 사건의 피안(彼岸)으로 필히 전이시키지 않으면서도 세계와 세계내적인 것 간의 선험적 차이를 고수할 수 있는지를 설명할 뿐이다. 자연적 진화를 학

54

습과 유사한 과정으로 보는 견해는 우리의 학습과정을 가능하게 해주는 자연적으로 발생한 구조 자체에 인지적 내용을 확보해주기 때문이다. 이것은 다시금 왜 객관세계에 대한 "우리의" 시각의 보편성과 필연성이 우리 시각의 발생의 우연적 상황들에 의해 침해받지 않을 수 있는지를 설명해준다. 50)

　자연적 진화를 문제해결능력의 증대라는 관점에서 고찰하면 각각의 창발적(emergent) 특성들은 "우리의" 시각에서 볼 때 지식의 증대를 의미하는 인지적 가치를 획득한다. 이것은 사회문화적 삶의 형식 자체의 특징을 이루는 창발적 특성들에도 해당된다. 그렇다면 — 우리에게 — 객관적인 세계 속의 어떤 것과의 교류경험과 이것에 대한 진술을 가능하게 해주는 구조 역시 인지적 연관성을 갖는 도야〔형성〕과정의 결과로 파악될 수 있다. 우리는 "우리의" 인식 상황에서 모든 반박 및 수정의 시도가 무의미하게 보일 정도로 다른 대안이 없는 전제조건임이 입증되는 것은 무엇이든 간에 모두 자연주의적 배후가정에 따라 우연적 상황하에서 발생한 것으로 간주하기는 한다. 하지만 이 (약한 의미의) 선험적 조건이 인지적 연관성을 갖는 적응, 구성 및 도태 과정에서 발생한 것이라면(또는 그로부터 발생한 것으로 생각될 수 있다면), 인지적으로 중립적인 우연적 과정이라는 양태(Modalität)는 더 이상 "우리에게" 필연적이며 어쨌든 넘어설 수는 없는 인식지평의 우연성과 결합되지 않는다. 돌연변이와 도태 그리고 안정화에 의해 조절되는 진화발전에 적응시키는 학습의 유비추리는 인간 정신의 성립을 바로 실재의 제

50) 이것은 듀스(P. Dews)가 (아직 출판되지 않은 그의 논문 "Naturalism and Anti-Naturalism in Habermas's Philosophy," 1999에서) 다음과 같이 올바로 그 특징을 묘사한, 일반적이지 않은 조합의 일관성을 설명해준다: "하버마스의 저작의 독특한 특징을 이루는 것은 반(反)관념론과 반과학주의의 조합과 자연주의적 경향이다. 이것은 하버마스가 궁극적으로 1830년대와 40년대의 헤겔 좌파의 저작으로부터 비롯된 하부 전통에 속한다는 것을 분명히 보여준다."

한조건들 아래에서 찾아낸 지적인 문제해결방안으로 규정한다. 이 시각은 종(種)에 따라 상대적인 세계관이라는 생각이 설 토대를 없애 버린다.

VI. 탈재현적 실재론 (*Realismus ohne Repräsentation*)

(1) 칸트적 실용주의는 의식철학에서 언어철학으로의 전회가 초래한 인식론적 동요에 대한 답변이다. 우리의 인식능력은 더 이상 정신주의가 가정했던 것처럼 우리의 언어능력 및 행위능력과 분리하여 독립적으로 분석될 수 없다. 우리는 이미 인식주체로서도 언제나 우리의 생활세계적 실천의 지평 속에 들어있기 때문이다. 언어와 실재는 우리로서는 해체할 수 없는 방식으로 상호 침투한다. 모든 경험은 언어로 삼투되어 있어서 언어에 의해 매개되지 않은 실재의 파악이란 불가능하다. 이 통찰은 언어적 해석과 상호이해의 간주체적 조건에 ─ 칸트가 객관적 경험의 필수적인 주관적 조건에 부여하였던 ─ 선험적 역할을 부여하는 데 강한 동기를 형성한다. 의식의 선험적 주관성 대신에 생활세계의 탈선험화된 간주체성이 자리한다.

이런 점에서 자신의 성취능력에 대한 반성과 함께 시작되는 선험철학적 설명 순서는 아직 언어적 전회의 영향을 받지 않은 상태로 있게 된다. 비트겐슈타인의 말놀이 다원주의는 심지어 선험-관념론적 해석을 시사하기까지 한다. 51) 그러나 선험적 실용주의가 약한 자연주의와 결합하게 되면, 이미 문화에 대한 자연의 발생적 우위 때문에 인식실재론적 견해가 불가피하게 요구된다. 오직 간주체적으로 접근가능한 객관적 세계에 대한 인식실재론적 전제만이 우리가 넘어설 수 없는 언어적으로 분절(分節)된 생활세계적 지평의 **인식적 우위성**과 우리의 실천을 제약하는, 언어로부터 독립된 실재의 **존재론적 우위성**을 조화시킬 수 있다. 그런데 인간보다 "더 오래된", 여전히 "정신으로부터 독립된" 세계의 전제는 상이한 해석들을 허용한다.

---

51) P. Winch, *The Idea of a Social Science*, London 1958.

퍼스에게는 아직도 매우 생생하게 다가왔던 중세 중기의 보편논쟁
은[52] 언어학적 전회 이후 세계개념에 관한 상반된 견해들에서 그 흔적
을 남겼다. 형식화용론적으로 가정된 "세계"가 실제 존립하는 모든 사
태들이라면, 즉 "사물들의 총체가 아니라 사실들의 총체"[53]라면, 우리
는 진술내용이나 명제와 같은 추상적 존재자들을 "세계 내의 어떤 것"
으로 생각한다. "즉자적으로" 명제적 구조를 갖는 세계라는 이 개념실
재론적 가정과는 반대로 유명론은 세계를 ─ 그에 관한 사실진술을 할
수 있는 ─ 시공간적으로 개체화된 "대상들"의 총체로 파악한다. 사물
및 사건과는 달리 사실들을 세계 내의 어떤 것으로 자리매김할 수 없
다는 문법적 증거는 첫눈에 보기에 유명론적 견해를 뒷받침한다.[54] 시
저의 암살은 날짜의 제시가 가능한 세계 내의 **사건**이다. 시저가 암살
당했다는 진술은 해당 날짜의 제시를 통해 보충될 수 있지만, 그와 같
이 기술된 사태는 그 진술이 참일 때 하나의 **사실**이기는 하나 이 사실
은 그 자체로 세계 내에 존재하지는 않는다. 세계를 대상들로 구성된
것으로 생각할 것인가 아니면 명제들로 구성된 것으로 생각할 것인가
에 대한 근본개념적 결정은 존재론과 인식론, 그리고 이와 연관된 진
리 및 지시 개념들에 중대한 영향을 미친다. 나는 여기서는 다만 두
가지 소견만을 피력하는 데 그칠 수밖에 없겠다.

(a) 존재론적 관점에서 볼 때 유명론적 입장은 개념실재론보다 형이
상학적으로 덜 의혹의 대상이 된다. 단칭명사(名辭)를 (그리고 존재양
화사를) 사용함으로써 추상적인 대상개념만이 아니라 대상들의 **언어외**

---

52) 퍼스(Ch. S. Peirce)의 언어논리적으로 갱신된 보편자실재론에 대한 나의
   비판, J. Habermas (1973), 116~142, 참조.

53) L. Wittgenstein, *Logisch-philosophische Abhandlung* 1. 1.

54) P. F. Strawson, "Truth," in: G. Pitcher (Hg.), *Truth*, Englewood Cliffs
   1964, 32~53.

적 존재의 의미도 충분히 해명될 수 있다. 반면 사태의 "존립"(Be-stehen)의 의미는 오직 단언적 화법의 진술문을 가지고서만, 즉 말하자면 **언어내재적으로** 다른 명제들을 통해 뒷받침되거나 반박되어야만 하는 명제들의 진리타당성을 끌어들임으로써만 해명될 수 있다. 사실의 "존립"은 대상들을 지시함으로써 분명 사실진술의 언어를 넘어서는 무언가를 갖는다. 그러나 사실들이 단지 대상들의 "존재"와는 구분되어야 마땅한 "진리표현적 -임/있음"(veritatives Sein)만을[55] 지닌다면, [56] 그것들은 해당 진술의 언어와 독립하여 존립할 수 없다. 그런 까닭에 세계의 명제적 구조라는 개념실재론적 가정 자체는 언어분석적으로 포착 가능한 것의 한계를 넘어선다는 형이상학비판적 의혹을 불러일으킨다.

그런데 우리가 "언제나 이미" 숙달하고 있는 **준칙적 행동**의 실천은 본래 규칙들에 의해 규범적으로 구조화된 생활세계의 "현존하는 보편성들"에 대한 숙지(熟知)를 드러내준다. 그런 점에서 이 실천들에의 참여로부터 저절로 개념실재론적 시각이 나오게 된다. 하지만 이 개념실재론이 플라톤주의의 형태를 띠게 되는 것은 그것이 언어적으로 구조화된 생활세계의 지평을 넘어 객관세계의 구성 자체로 전이될 때에야 비로소 일어나게 된다.

---

55) 옮긴이 주: 인도유럽어족에 속하는 언어의 Be(Sein) 동사는 우리말로는 "-이다"와 "있다"로 구분되어 표현되는 의미론적 요소들을 함께 지닌다. 이 Be 동사의 용법 중에는 어떤 사실의 존립 여부를, 즉 어떤 사실을 표현하는 명제의 참·거짓 여부를 표현하는 용법이 있다. 예를 들어 명제 'p'에 대하여 "It is that p."또는 "It is not that p."와 같이 표현할 때 사용되는 be 동사 용법이 그것이다. 아리스토텔레스가 "to einai to hōs alēthes"라고 지칭한 이 Be 동사 용법을 투겐트하트는 "veritatives Sein", 즉 "진리표현적 -임/있음"이라고 부른다.

56) E. Tugendhat, *Vorlesungen zur Einführung in die sprachanalytische Philo-sophie*, Frankfurt a. M. 1976, 60~65; 같은 이, "Die Seinsfrage und ihre sprachliche Grundlage," in: 같은 이, *Philosophische Aufsätze*, Frankfurt a. M. 1992, 90~107.

(b) **문법적** 개념실재론을 세계 자체에까지 확대하게 되면 실용주의
가 타당한 이유들을 가지고 극복하였던 ― 탈정신주의적으로 프레게적
인 방식의 ― 인식에 관한 거울모델도 재등장한다. 인식론적 관점에서
볼 때 언어의 진술구조와 일치된 구성을 갖는 세계에 대한 가정은 경
험개념과 경험의 기능에 일정한 영향을 미친다. 이 경우 경험은 현존
하는 사태들을 그에 상응하는 진술내용으로 변환시키는 일종의 삼투적
변환 매체로 기능하기 때문이다. 개념실재론은 경험에 사실들을 감각
적으로 현전화(現前化)하는 수용의 ― 또는 사실들에 대한 지적 직관의
― 기능을 부과한다. 57) 그러나 이 관조적 경험개념과 함께, 사회화된
주체들이 자신들의 생활세계를 근거로 위험부담이 있고 실망도 시키는
실재와의 지적 교류에서 성공적 문제해결과 학습과정을 위해 성취해내
는 **구성적** 기여의 여지도 사라지게 된다. 경험이 현존 사태를 모사(模
寫)하는 매체라면, 인식의 객관성은 모든 구성적 첨가물의 흔적 없는
말소를 요구하게 된다. 이와 달리 구성과 경험의 착종에 의해서야 비
로소 우리의 오류가능주의가 이해가능하게 된다. 우리의 조작이 지식
에 기여하는 구성적 기여에 의해서 비로소, 왜 지식의 확대가 현존 지
식의 항구적 수정이라는 수문(水門)을 통과해야만 하며, 왜 잘 논증된
지식도 오류일 수 있는지가 설명된다. 행위와 연관된 기대를 배경으로
할 때에야 세계 내 대상들과의 감각적 접촉은 사실의 투입하는 것을 고
무하는 근거를 제공한다. 우리는 세계 내의 어떤 것과의 접촉에서 획득
하는 언어적 형태의 정보와 이 정보의 원천, 즉 우리의 경험적 접촉의
대상을 혼동해서는 안 된다.

(a)와 (b)에서 제시한 두 논변은 "존재론적 분업"을 옹호한다. 실재
론과 유명론의 근본개념 체계에는 간주체적으로 공유된 생활세계에 대

---

57) J. McDowell, *Mind and World*, Cambridge, Mass. 1994.

60

한 참여자의 해석학적 접근과 세계 안에서 맞부딪치는 것과의 상호작용 속에서 가설을 검토하는 관찰자의 객관화적 태도 간의 방법적 차이가 반영되어 있다. 문법적 개념실재론은 생활세계에 맞게 — 우리가 그 생활세계의 실천들에 참여하며, 그 생활세계의 지평에서 벗어날 수 없는 바로 그 생활세계에 맞게 — 재단되어 있다. 이와 달리 유명론적 객관세계 개념은 우리가 세계 내의 어떤 것을 기술하는 진술의 구조를 존재자 자체의 구조로 실재화해서는 안 된다는 통찰에 올바로 부응한다. 동시에 세계를 "사실들의 총체가 아니라 사물들의 총체"로 개념화하는 것은 어떻게 언어가 세계와 접촉하는가를 설명해준다. "지시" 개념은 어떻게 유명론적으로 파악된 객관세계의 존재론적 우위성과 언어적으로 분절된 생활세계의 인식적 우위성을 조화시킬 수 있는지를 설명해야만 한다. 우리가 학습이라는 선험적 사실을 실재론적으로 이해할 수 있어야 한다면 인식적 우위성이 존재론적 우위성을 흡수해버려서는 안되기 때문이다.

(2) 한편으로 언어실천 자체는 진술대상이 되는 언어로부터 독립적인 대상들에 대한 지시를 가능케 해야 한다. 다른 한편 객관세계에 대한 화용론적 가정은, 그것이 — 각각의 특정한 시대 및 언어공동체에게만이 아니라 — 임의의 주체들에게 독립적으로 존재하며 시공간적으로 확정가능한 대상들에 대한 공동의 가능한 지시체계를 확보해주어야 한다면, 단지 하나의 형식적 선취(*Vorgriff*)이어야만 한다. 힐러리 퍼트남은 어떻게 상이한 시대와 삶의 형식들의 언어장벽을 넘어서는 학습과정이 가능한가라는 문제를 특히 일상에서만이 아니라 〔학문〕연구에서도 똑같이 중요한 불변적 대상지시라는 관점에서 다루었다.[58] 자체의 인식조건하에서는 합리적으로 수용될 수 있었던 한 해석이 다른 인식

58) 이하의 서술과 관련하여서는 A. Mueller, *Referenz und Fallibilismus*, Diss. (박사학위논문) Frankfurt a. M. 1999 참조.

상황에서 오류로 인식될 수 있으려면, 설명이 요구되는 현상이 한 해석에서 다른 해석으로의 이행과정에서 상실되어서는 안 된다. 동일한 대상에 대한 지시는 상이한 기술들 하에서도 유지될 수 있어야 한다.

일상적 의사소통에서도 이미 비전문가와 전문가는 그들 간의 매우 상이한 이론적 배경에도 불구하고 어려움 없이 동일한 대상에 대해 의사소통할 수 있다. 지식이 비전문가와 전문가 간에 불균등하게 분배되어 있는, 이질적으로 구성된 공동체 내에서도 정도의 차이는 있으나 어쨌든 심층적 차이를 보이는 배경적 이해의 통약불가능성을 반증하는 "언어적 분업"이 작동한다. 59) 지시문제는 학문연구의 실천차원에서는 이론틀의 변경을 넘어서서 인식상의 진보가 어떻게 가능한가라는 문제로 첨예화된다. 이 경우 한 이론의 근본개념들이 지시연관을 유지한 채 다른 이론의 틀 안에서 새로이 그리고 일정 정도 심화되어 해석될 수 있어야만 하기 때문이다. 퍼트남은 "실용주의적 실재론"(*pragmatic realism*)의 노선에 입각하여 내 생각의 맥락에 잘 들어맞는 하나의 해결방안을 발전시켰다. 60)

퍼트남 역시 상이한 패러다임 혹은 이론틀 간의 간격이 공동의 화용론적 가정에 의해 메워진다는 입장에서 출발하기 때문이다. 귀납적 연구행위와 모든 경험과학적 이론구성에 있어 기술(記述)과는 독립하여 존재하며 법칙의 형식으로 연결된 대상들의 세계라는 전제는 종합적 아프리오리의 역할을 수행한다. 이 전제하에서는 순환적이기는 하나 지식확장적인 상호작용이 — 세계개창적인 이론적 근본개념들과 그렇게 선(先) 해석된 세계 내에서의 학습과정 간의 상호작용이 — 잘 작동

59) H. Putnam, "The Meaning of Meaning," in: 같은 이, *Mind, Language and Reality*, Cambridge, Mass. 1978.
60) H. Putnam, *Representation and Reality*, Cambridge, Mass. 1988, 108; 같은 이, "Reference and Truth," in: 같은 이, *Realism and Reason*, Cambridge, Mass. 1983, 69~86 참조.

할 수 있다. 이론틀은 특정 방향으로의 학습과정을 비로소 가능하게 만드는 한에서 선험적 기능을 가지며, 다른 한편 학습과정의 수정효력이 소급적으로 근본개념들에 대한 재해석을 강제할 수 있는 한에서 원칙적으로 오류가능성을 유지한다. 퍼트남은 이것이 어떻게 가능한지를 ─ 이미 일상에서도 자연과학적 개념형성의 선구자 역할을 하는 ─ '금', '물', '열'과 같은 자연적 사물들에 대한 보편개념들을 가지고 보여준다.

이 표현들은 일정한 상황에서 선택적으로 ─ 그러나 결코 전적으로는 아니다 ─ 현존하는 무엇을 금, 물 또는 열로 확정하는 데 사용되는 여러 함의들 내지는 의미정형(定型)들을 지닌다. 당장 행해지고 있는 모든 지시는, 동일한 지시연관 설정이 다른 인식상황에서는 다른 의미정형에 따라 다른 절차를 통해 행해질 수 있다는 유보하에 있다. 다른 가능한 대안들의 현존은 언어와는 독립적이라고 상정된 개념의 외연에 대한 지시가 일시적 성격을 갖는다는 실재론적 직관의 표현이다.[61] 지시의 준거가 되는 불변적이라고 가정된 개념의 외연은, 그 지시연관들에 있어서 불변적으로 유지되는 종(種)개념(*Artbegriff*)에 대한 경험적 근거를 갖는 재해석이 가능하려면, 어느 순간에도 〔지시〕기준으로 사용가능한 하나의 의미로 축소되어서는 안 된다. 그것이 어떻게 가능한지를 퍼트남은 지표적(*indexikalisch*) 의미구성요소들의 기술적·지시적 이중역할을 가지고 설명한다. 동일한 의미정형들은, 일단은 한정적 기술구로[62] 사용되었다 할지라도, 다른 인식상황에서는 개념규정의 적절성을 검토하고 필요한 경우 이를 수정하기 위하여 동일하나 달리 확정

---

61) Putnam (1978), 270: "비록 외연을 나타내기 위해 외연의 한 기술(記述)을 사용해야 하지만 우리는 해당 구성요소를 외연의 기술이 아니라 외연(집합) 자체라고 생각한다."

62) 옮긴이 주: '한정적 기술구(限定的 記述句)'는 Kennzeichnungen의 번역으로, 이것은 러셀의 definite descriptions에 해당하는 독일어 개념이다.

된 대상들의 기술을 위해 술어적으로 사용될 수 있기 때문이다.

그런데 이 문법적 역할교체는, 한정적 기술구의 지표적 사용이 미리 그에 대응하는 기술의 의미에 의해서 **완전히** 결정되어 있지 않을 경우에만, 악순환 논증구조를 벗어나 지식확장을 낳는다. 오히려 동일한 대상에 관하여 상이한 측면에서 상이한 절차에 따라 행해지는 대안적 지시연관 설정은 공동의 실천적 뿌리를 가져야만 한다. 우리가 앞에서 고찰했다시피 언어적 의사소통과 목적추구활동은 동일한 형식적 세계가정을 통해 상호 착종된다. 즉 화자와 행위자들은 그들에게 동일한 〔공동의〕 객관세계에 대해 의사소통하고 개입하는 것이다. 화자는 행위자로서 언제나 이미 실천적 교류의 대상들과의 접촉하에 들어있다. 의사소통참여자들이 진술을 가지고 명시적으로 산출하는 의미론적 지시들은 실천에 뿌리박고 있다. 이 지시들은 그때까지 작동하던 한정적 기술구들의 의미론적 내용이 문제시될 때에도 여전히 발화수행적으로 확보되어 있다. 이 의미론적 지시의 발화수행적 확보의 우위성은 일상적 실천으로부터 더욱더 까다롭거나 상세한 측정절차와 지시연관 설정 규칙들이 분화되어 나오더라도 결코 바뀌어서는 안 된다.

퍼트남의 지시이론은 어떻게 우리가 지시연관을 불변적으로 유지하면서도 대상의 개념적 규정을 개선할 수 있는 지를 설명해준다. 이때 우리로 하여금 세계를 비로소 일정한 방식으로 볼 수 있게 해주는 언어지식 자체는 확장된 세계지식에 따라 변화된다. 이것은 오로지 우리가 상이한 이론적 기술들 하에서도 동일한 대상을 지시할 수 있을 때에만 가능하다. 하지만 경합하는 진술들의 지시의 이론초월적 불변성은 아직 이 진술들 가운데 어느 것이 참인지를 밝혀주지는 않는다. 기술적 진술의 진리성은 오직 다른 진술들에 비추어 논증될 수 있고, 경험적 의견의 진리성은 오직 다른 의견들의 도움을 받아 논증될 수 있다. 경험적 명제의 진리조건의 "충족"은 성공적 지시조건의 "충족"으로 환원될 수 없다. 그런 까닭에 지시의 불변적 유지 문제와는 무관하게 어떻게 우리가 명제의 진리조건에 대하여 오직 근거들에 의해 매개된 인식적 파악 [가능성] 밖에는 갖지 못함에도 불구하고 진리개념의 비인식적 의미를 보존할 수 있는가라는 또 다른 문제에 우리는 직면해 있는 것이다.

Ⅶ. 진리와 정당화

우리가 우리의 명제들과 대면시키는 실재적 현실은 "벌거벗은" 현실
이 아니라 그 자체로 이미 언어적으로 삼투되어 있다. 우리의 가정의
통제기준인 경험은 언어적 형태로 구조화되어 있으며 행위맥락 속에
들어 있다. 소박한 확실성의 상실에 대해 반성하는 즉시, 우리는 더
이상 "그 자체로" 정당화되는 어떠한 종류의 토대명제도 발견하지 못한
다. 즉 언어 저편에 위치한, 의심의 여지가 없는 어떠한 "출발점"도,
근거들 쪽에 위치한 어떠한 자명한 경험도 발견하지 못한다. 의미론적
-연역적 논증개념은 너무도 협소하여, 논증의 고리들은 본래 출발했던
맥락 속으로 다시 되돌아온다. 한 진술의 진리성은 단지 이미 수용된
다른 진술들과의 정합성에 의해서만 보장될 수 있는 듯하다. 그러나
엄격한 맥락주의는 인식실재론적 전제와도, 학습과정을 가능케 한 맥
락을 안으로부터 변화시키는 학습과정 자체의 수정효력과도, 그리고
맥락초월적 진리주장의 보편주의적 의미와도 조화될 수 없다.

이 딜레마의 해결책으로 제시된 것이 지시에 대한 언어초월적 이해
와 진리를 이상적 주장가능성으로 보는 언어내재적 진리이해를 결합시
키는 시도였다. 이에 따르면 한 진술이 참인 경우는 정확히 그 진술이
합리적 논의의 까다로운 화용론적 전제조건하에서 **모든** 무효화 시도를
물리칠 경우, 즉 이상적인 인식상황에서 정당화될 수 있는 경우이다.
퍼스의 유명한 제안을[63] 좇아서 아펠[64]과 퍼트남[65] 그리고 나[66]는

63) Ch. S. Peirce, *Collected Papers* V, 408.
64) K.-O. Apel, "Das Apriori der Kommunikationsgemeinschaft und die
Grundlagen der Ethik"(1967), in: 같은 이 (1973), Bd. 2, 358~436; 같
은 이, "Fallibilismus, Konsenstheorie der Wahrheit und Letztbegrün-
dung"(1967), in: 같은 이 (1998), 81~194.

66

때에 따라 그와 같은 논의이론적 진리개념을 이런저런 방식으로 주장
하였다.

　나 자신은 진리의 의미를 우선 절차적으로, 즉 논변실천의 규범적으
로 까다로운 조건들 아래에서 이루어지는 검증으로 규정하였다. 이 논
변실천은 ⒜ 공론장과 모든 당사자들의 완벽한 포용, ⒝ 의사소통권
의 평등한 분배, ⒞ 보다 나은 논변의 강제 없는 강제력만을 관철시
키는 강권(强權) 없는 상황, 그리고 ⒟ 모든 참여자들의 발언의 정직
성이라는 이상화(理想化)된 전제조건들에 근거하고 있다. 논의이론적
진리개념은, 한편으로는 한 진술의 진리성이 — 해석되지 않은 진리조
건에 대한 직접적 파악의 가능성 없이 — "명확한 자명함"이 아니라 비
록 최종적 "설득력"을 갖지는 않으나 오직 정당화하는 근거들에 의해서
만 측정될 수 있다는 사정을 고려해야 한다. 67) 다른 한편으로 논변실
천의 일정한 형식적·절차적 특성의 이상화는 화자가 주장하는 명제의
진리성의 맥락초월성을 관련된 모든 중요한 목소리와 주제 및 기고들

---

65) H. Putnam, *Reason, Truth and History*, Cambridge, Mass. 1981; 같은
　　이, *Realism and Reason*, Cambridge, Mass. 1983.

66) J. Habermas, "Wahrheitstheorien"(1972), in: 같은 이 (1984), 127~186;
　　같은 이, *Faktizität und Geltung*, Frankfurt a. M. 1992, 28 ff.

67) S. Knell, "Dreifache Kontexttranszendenz", *Dtsch. Z. Philos.*, Bd. 46,
　　1998, 563~581 참조. 크넬은 이미 지식개념의 "문법"에서 바로 주장(진술)
　　과 함께 제기된 진리주장과 "(최종적인) 설득력을 갖는" 근거 간의 개념적
　　연관을 읽어내기 때문에 인식적 진리개념을 도입하는 동기를 오해하고 있
　　다. 우리가 주장된 지식을 뒷받침하는 설득력 있는 근거를 가지고 있다는
　　"문법적 가정"은 숙달된 실천의 수행이라는 방식의 행위확실성만을, 즉 철학
　　적으로 중요한 "진리문제"가 아직 제기되지 않는 생활세계적 지평 내에서의
　　행위확실성만을 특징짓는다. 그러나 이 실천들이 교란되고 발화수행적으로
　　축적된 확실성들이 문제시되자마자 "(최종적인) 설득력을 갖는" 근거들의 허
　　위적 소유는 환상임이 밝혀지게 된다. 행위에서 논의로의 이행과 함께 열리
　　게 되는 원칙적으로 오류가능한 정당화과정에서 우리는 변경불가능한 최종
　　적 근거가 아니라 오직 "보다 나은" 근거만을 추구할 수 있다.

의 이성적 고려를 통해서 적절하게 참작하는 절차를 특징짓는 것이어
야 한다.

진리개념의 인식적 파악은 진술 'p'의 (2항적) 타당성을 "우리에 대
한"(3항적) 효력으로 변형시킨다. 여기서 "우리"란 'p'에 대해 제기된
진리주장이 정당한 경우 이 진리주장을 정당화할 수 있어야 하는 이상
적 공중(페렐만[Perelmann])이다. 오직 수신자 집단의 이상적 확장만
이 1인칭 복수라는 지시체에 내재하는 특수주의를 저지할 수 있다. 이
때 중요한 것은 사회적 차원에서 가능한 논변참여자 공중의 확장만이
아니라 사안과 시간의 관점에서 논변참여자 공중의 수행능력의 이상화
이다. 왜냐하면 'p'의 타당성과 'p'의 입증된 혹은 인식된 타당성("우리
에 대한 효력") 간의 개념적 연관 때문에 이상적 정당화과정의 잠재적
참여자 역할을 갖는 "우리"에 주목하게 되기 때문이다.[68]

진리를 진리주장의 〔논의를 통한〕 논변적 이행으로 파악하는 이 절차
주의적 견해는 진리가 명백히 "성과개념"이 아니라는 점에서 반(反)직
관적이다. 우리가 논의의 차원에서 움직이는 한, 우리에게는 필시 진
리와 정당화 간의 우회불가능한 인식론적 연관이 존재한다. 그러나 이
사실로부터 진리와 이상적 조건하에서의 합리적 주장가능성 간의 어떠
한 개념적 연관도 도출되지 않는다는 점을 그 동안에 나는 (특히 알브
레히트 벨머와 크리스티나 라폰트와의 토론을 통해서) 확신하게 되었다.
만약 도출된다고 한다면, 우리는 진리를 진술의 "사라지지 않는 특성"
으로 이해할 수 없을 것이다. 지금 여기서 우리에게 'p'의 진리성을 불
가항력적으로 확신시켜주는 논변들조차도 다른 인식상황에서는 거짓으
로 판명될 수 있다. 화용론적으로 "불가항력적인" 근거들은 최종적 타

---

68) 절차주의적 진리이해에 따라 보편적 동의가능성의 조건은 정당한 진리주장
    이 (언제든 다시 개시될 수 있는) 논변의 수행을 통해 반론들에 맞설 수 있
    는 것으로 입증됨으로써 충족된다. 이와 반대되는 입장으로는 Knell 참조
    (주 67).

68

당성이라는 논리적 의미에서의 "설득력을 갖는" 근거들이 아니다. 'p'가 아무리 잘 정당화되어 있다 할지라도 거짓으로 판명될 수 있다는 진리 술어의 **경고적**(警告的) **사용**은 우리가 많은 논변과정 중에 우리 자신에게서 경험하고 과거의 논변과정에 대한 역사적 회고를 통해 다른 사람들에게서 관찰하는 오류가능성의 문법적 표현으로 이해될 수 있다.

합리적 논의의 화용론적 전제의 규범적 내용은 거의 이상적인 조건 하에서 논의를 통해 얻어진 합의의 오류가능성을 배제하기에는 충분하지 않거나, 아니면 그러기에 충분한 합리적 주장가능성의 이상적 조건은—우리가 알고 있다시피—언어능력 및 행위능력을 갖는 주체들에 의해서도 근접하게 충족될 수 없기 때문에 규제적 이념의 행동지침적 힘을 상실한다. 69) 이 반론들은 나로 하여금 **여전히 유지된** 논의이론적인 합리적 수용가능성 개념을—"진리"를 "이상적 주장가능성"에 동화시키지 않으면서도—실용주의적으로 파악한 비(非)인식적 진리개념과 **연관시키는** 수정을 행하도록 하는 동기가 되었다.

이 수정 이후에도 합리적 논의 개념은 참여자들에게 그들의 인식시각을 더욱더 탈중심화하도록 독려하는 특별한 의사소통형식의 위상을 유지한다. 논변실천의 규범적으로 까다롭고 우회불가능한 의사소통 전제조건들은 여전히 불편부당(不偏不黨)한 판단형성을 하도록 하는 구조적 강제의 의미를 갖는다. 논변은 문제시된 진리주장을 달리 검토할 길이 없기 때문에 유일하게 **허용된** 진리확인의 매체이기 때문이다. 경험적 확신의 진리조건에 대한, 논의를 통해 여과되지 않은 직접적인 접근통로란 없다. 실로 〔논의의〕 주제가 되는 것은 오직 문제시된 의견들의 진리 여부이다. 즉 의문시되지 않고 작동하는 행위확실성의 양

---

69) 특히 데이빗슨이 제시한 이 논변은—(퍼스에 따르면) 시공간적으로 완벽하게 한계를 갖지 않는 연구자 의사소통공동체에서 이른바 〔우주의〕"최종일에" 형성되어 나온다고 하는—규제적 힘이 없는 '최종적 의견'에도 해당한다.

태로부터 쫓겨난 의견들의 진리 여부다. 비록 우리가 진리와 정당화의 연관을 전적으로 통찰할 수는 없지만, 이 **인식적으로 우회불가능한 연관**을 — 인식적 진리개념의 의미에서 — **개념상 불가분한 연관**으로 치장해서는 안 된다.

생활세계적 실천은 현재적 작용에 있어서(*in actu*) 어떠한 진리유보의 여지도 허용하지 않는 확신주의적(*certistisch*) 의식에 의해 지탱된다. 문제해결적 행동은 안정적 기대를 배경으로 하여, 즉 소박하게 참이라고 간주된 대단히 많은 견해들의 맥락 속에서 발생하는 실망들을 소화해낸다. 동일하고 독립적이라고 가정된 객관세계와의 실천적 교류에서 행위자들은 행위확실성에 의지하고 있다. 그리고 이 행위확실성은 다시금 행위조정적 의견들을 참이라고 여기는 절대적 믿음을 함의한다. 우리는 교량안전율에 의심이 가는 다리에는 발을 들여놓지 않는다. 일상적 실천의 실재론에는 — 물론 단지 수행적으로만 작용하는 — 무조건적 진리개념, 즉 인식지표를 갖지 않는 진리개념이 조응한다. 주관적으로 실망에 영향받지 않는 기대의 신뢰성은 일반적으로 〔실천〕과정 중에 의식하고 있는 어떠한 오류가능주의적 유보도 견뎌내지 못한다. 생활세계적 관행의 시각에서 진술의 진리여부 자체는 실패한 실천과 반론의 등장에 의해 그때까지 타당하던 자명함들이 단지 "주장된 진리들", 즉 원칙적으로 문제시되는 진리**주장들**이라는 것이 의식될 때에야 비로소 〔논의의〕 주제가 된다. 이와 같은 주제화는 말하자면 한 진술을 제시하는 자가 반론자에 대하여 그 타당성이 가설적으로 유보된 진술을 정당화할 수 있다는 내기를 걸 때 일어난다. 행위에서 논의로의 이행과 함께 비로소 참여자들은 반성적 태도를 취하게 되며, 찬반을 위해 제시된 근거들에 비추어 논쟁의 주제가 된 진술의 진리 여부에 대해 논쟁하게 된다.

생활세계를 행위와 논의로 나누는 층위구분은 진리개념이 이 두 영역에서 행하는 역할의 차별성을 밝혀준다. 성과에 의해 통제된 행위에

서 묵시적으로 참이라고 간주된 의견들과 의사소통적 행위에서 묵시적
으로 제기된 진리주장들은 취급되고 판단되는 대상들의 객관세계에 대
한 가정에 부합된다. 우리의 사실주장은 대상들 자체에 관한 것이다.
행위〔영역〕에서 단지 실제 작용으로서만, 즉 주제화되지 않은 채, 관
철되는 이 비인식적 진리개념은 논의의 주제가 된 진리주장에 정당화
를 초월하는 준거점을 제공한다. 정당화의 목적은 바로 모든 정당화를
뛰어넘는 진리를 발견해내는 것이다. 이 초월적 준거〔지시〕는 진리와
합리적 수용가능성 간의 차이를 보장하기는 하나 논의참여자들을 역설
적 상황에 처하게 한다. 한편으로 논의참여자들은 논쟁의 대상이 된
진리주장을 진리조건의 직접적 파악 없이 오직 적절한 근거의 설득력
에만 의존하여 논증할 수 있다. 다른 한편 가장 적절한 근거도 오류가
능성의 유보하에 들어있기 때문에, 바로 진술의 진위여부만이 〔논의〕
주제가 되는 곳에서 합리적 수용가능성과 진리 간의 간극이 극복될 수
없는 것이다.

그러면 도대체 왜 논의를 통해 얻어진 합의가 논변참여자들에게 'p'
의 진리성 대신 'p'를 위해 설득력 있게 정당화된 진리주장을 수용하는
권한을 부여할 수 있어야 하는가라는 문제가 제기된다. 내가 리처드
로티와의 비판적 논의를 통해 발전시킨 실용주의적 답변의(이 책, 373
쪽 이하) 출발점은, 논의가 부분적으로 교란된 배후적 합의를 회복시
키는 기능을 갖기 때문에 생활세계적 실천의 연관 속에 편입된 채로 남
아있다는 것이다. 실패하는 실천과 동요된 행위확실성의 시각에서 볼
때 논변은 일종의 청소(Entsorgung, 걱정거리 제거) 기능을 갖는다. 이
로써 나는 왜 모든 반론을 다 검토한 뒤에 진리주장의 정당성을 확신
하게 된 논변참여자들이 행위자의 입장에서 진리문제의 성공적 해결을
세계와의 소박한 교류로의 복귀 허가로 이해하는 대신 일시적으로 취
한 반성적 태도를 더 오래도록 유지해야 할 어떠한 합리적 근거도 더
이상 갖지 않는지를 설명하고자 하였다.

하지만 이것은 설명되어야 할 것, 즉 논의에서 행위로의 시각변경을 위한 합리적 근거를 이미 전제하는 기능적 설명이다. 그러나 "진리"와 "합리적 수용가능성"이 혼동되어서는 안 됨에도 불구하고 'p'의 적절한 정당화가 'p'를 진리로 수용하기에 충분하려면, 그러한 이행의 권한을 부여해주는 근거의 종류가 — 언제나 이미 행위압박 하에 들어있기 때문에 행위자들에게서 찾아볼 수 있는 잠재적 동기를 드러내주어야 할 뿐만 아니라 — **논변참여자 자신들에게 이미 분명하게 이해되어야만** 한다. 물론 참여자들이 논변참여자로서, 즉 이미 논의의 틀 안에서, 생활세계의 숙달된 실천을 지탱하는 저 오류불가능성의 의식을 되찾을 수 있으리라는 것은 아니다. 그러나 이들은 수용가능한 의견의 소유와 이 의견의 합리적 획득 간의 내적 연관이 근거들에 의해 보다 더 뚜렷하게 산출되면 될수록 경험적 견해의 진리성을 보다 빨리 납득할 수 있다. 이 생각을 빙어트(L. Wingert)는 게티어(E. Gettier)의 지식분석에 기대어 발전시키고 있다. [70)]

주지하다시피 S가 'p'에 대한 지식을 갖고 있다고 말할 수 있기 위해서 충족되어야만 하는 세 조건은 — 즉 'p'가 참이고, S가 'p'를 믿으며, S가 'p'에 대한 자신의 믿음을 정당화할 수 있다는 세 조건은 — 필요조건이지 충분조건은 아니다. S가 왜 'p'를 믿는지를 설명하기 위해 임기응변식으로 갖다 대는 이유들은 전제에 따라 참인 믿음에 지식의 위상을 부여하기에는 불충분하며, 오로지 'p'가 성립한다는 것을 S에게 가르쳐준 근거들만이 S가 가지고 있는 지식과 이 지식의 합리적 획득 간의 **통찰가능한 발생적 연관을** 산출한다. 오로지 'p'가 성립한다는 것을 S가 인식할 수 있게 해준 근거들만이 S가 세계로부터 배웠다는 것을 보여주는 지표이다. 빙어트는 어떤 정당화가 지식에 대한 주장을 — 언제나

70) 이하의 서술에 대해서는 L. Wingert, *Mit realistischem Sinn. Ein Beitrag zur Erklärung empirischer Rechtfertigung*, Habilitationsschrift Universität Frankfurt a. M. (프랑크푸르트대학 교수자격취득논문) 1999 참조.

그렇듯이 역시 오류가능한—학습과정의 결과로 입증해줄 수 있는 종류의 근거들을 가지고 작업하는 경우 그 정당화를 "구성적"이라고 칭한다. S로 하여금 'p'를 안다고 주장할 수 있게 해주는 근거들은 그것들이 학습주체를 "세계 자체 안으로" 끌어들였던 근거들로 이해될 수 있다는 사실로부터 저 특별한 방식의 권한부여적 힘을 이끌어낸다.

빙어트의 이 논변으로 정당화과정 자체의 시각에서 납득할 만한 방식으로 진리와 정당화 간의 틈을 이어주는—비록 이 틈이 메워지지는 않더라도—다리가 놓이게 된다. 왜냐하면 학습개념은 논변참여자들에게 지식과 합리적 지식획득 간의 정당화 연관을 산출하기는 하지만 논의를 통해 정당화된 논변참여자들의 믿음에 행위확실성이 갖는 오류불가능성을 부여하지는 않기 때문이다. 지식의 정당화가 낡은 오류를 극복하기는 하나 새로운 오류를 막아주지는 않는 학습과정으로부터 나오는 한, 모든 현재적 지식수준은 각각의 가능한 최상의 인식상황에 대해 상대적 관계에 머물게 된다. "구성적" 정당화 방식을 통해 획득되고 논의를 잠정적으로 설득력 있게 종료시키는 합의도 참여자들이 **논변참여자의 입장에서** 오류가능하고 개선가능하다는 것을 알 수 있는 지식으로 귀착된다. 세계에 잘 대처하는 행위자들은 그들의 행위합리성을 사용한다. 그러나 논의의 틀 안에서 반성적으로 그들의 지식을 확보하는 주체들에게는 진술의 진리성과 오류가능성은 한 동전의 양면이다.

Ⅷ. 합법성에서의 진보들

인식적 진리개념은 기술적(記述的) 진술의 타당성을 명제와 사실 간의 대응이라는 관념으로부터 분리시켰다. 이것은 "도덕적 진리"의 언급이 더 이상 도덕적 사실의 재현이라는 부담을 지지 않아도 되게 되었다는 점에서 인지주의적[71] 도덕관에 유리한 것이었다. 진술에 대한 긍정이 갖는 발화수반적 의미가 더 이상 사실의 존립이라는 존재론적 의미와 결합되지 않으면, 도덕적 인지주의는 매력적 가치와 구속력을 갖는 규범을 인식가능한 사실들로 꾸며대는 도덕적 실재론이라는 반(反)직관적 대가 또한 더 이상 지불할 필요가 없다. 그러나 이제 인식적 진리개념을 포기하도록 강제하는 근거들이 규범적 올바름 개념에 대해서도 영향을 미치지 않는가라는 물음이 제기된다.

여기서 우리의 논의와 관련하여 논의윤리학의 근거정립 문제를 다룰 필요는 없겠다. 여기서 우리의 관심사는 오직 인지주의적이면서도 비실재론적인 도덕관이 여전히 인식적인 "도덕적 진리" 내지는 올바름 개념을 요구한다는 것뿐이다. 규범의 타당성은 그 규범이 인정받을 만한 가치를 지니고 있다는 것이 논의를 통해 입증가능하다는 데 있다. 타당한 규범은 그것이 (거의) 이상적인 정당화조건 하에서도 수용될 수 — 즉 타당하다고 인정될 수 — 있기 때문에 그리고 그런 한에서 인정받을 만한 가치를 지닌다. 그런데 수정된 진리개념은 동등한 권리를 갖는 사람들간의 공개적이고 포용적이며 비(非)강권적이고 탈중심적인 형태의 논변이 갖는 합리화효력을 손상시키지 않으나, 성공적 정당화의 결과를 객관세계 내의 어떤 것과 연관시킨다. 이러한 정당화 초월적 준거점은 도덕적 판단 및 규범의 올바름에는 결여되어 있다. "규범적 올

---

71) 옮긴이 주: 인지주의(Kognitivismus)는 도덕적 진술의 진위여부를 알 수 있다는 윤리학적 입장으로 '윤리인식 가능론'으로 번역되기도 한다.

바름" 개념은 이상적 조건하에서의 합리적 주장가능성과 동일하게 된다. 규범적 올바름 개념에는 ― 우리의 사실주장의 대상인 ― 대상들에 대한 지시라는 존재론적 함의가 결여되어 있다.

여기서는 우리가 생활세계에서 온갖 노력을 통해 극복하는 대상들의 저항 대신에 우리의 가치지향과 갈등하는 가치지향을 갖는 사회적 상대방(*Gegenspieler*)의 반박이 등장한다. 이 낯선 정신의 객관성은〔우리를〕놀라게 하는 세계의 객관성보다 말하자면 더 부드러운 소재로 이루어져 있다. 그럼에도 불구하고 도덕적 타당성주장의 의무부과적 힘이 **진리와 유사한** 절대성에 근거해야 한다면, 다른 주장들과 다른 사람들을 끊임없이 확장적으로 포용하는 것을 지향함으로써 객관세계에 대한 지시연관의 결여를 보충할 수 있어야 한다. 사실 우리가 이상적으로 확장된 ― 정당하게 규제되는 간(間)인격적 관계들의 ― 사회적 세계를 구상함에 있어 취하는 도덕적 관점은 우리가 가질 수 없는〔객관〕세계의 가정에 대한 등가물을 형성할 수 있다. 왜냐하면 이 도덕적 관점은 역시 우리가 마음대로 할 수 없는 논변실천의 화용론적 전제들에 뿌리박고 있기 때문이다.[72]

비인식적 진리개념이라는 대조적 배경 위에서 비로소 인식적 올바름 개념은 논의윤리학의 구성주의적 성격을 제대로 드러내 보인다. 언어능력 및 행위능력을 지닌 주체들은 ― 그들 스스로가 **기획하는** ― 실현해야 할 잘 조정된 간인격적 관계들의 세계〔우주〕에 비추어 관련된 행위와 갈등을 판단한다. 물론 이들은 논변참여자인 자신들로서는 마음대로 할 수 없고, 그런 점에서 자신들의 정당화실천을 **제약하는** 도덕적 관점에 입각하여 논변한다. 이들이 어떻게 "목적의 왕국"을 구성할지는 이들 마음대로 할 수 없는 것이다. 그러나 이들은 이 목적의 왕국을 자신들 스스로가 비로소 실현해야 하는 세계로 기획한다. 규범적 올바

---

72) 이 책 402쪽 이하 참조.

름의 의미에는 존재론적 함의가 결여되어 있다. 왜냐하면 도덕적 판단
은 비록 자유롭게 선택한 것은 아니지만 그래도 이상적으로 기획된 ─
도덕적으로 행위하는 주체들 자신의 관여 없이는 실현될 수 없는 ─ 사
회적 세계에 준거하기 때문이다.

이 구성주의는 적어도 예지적 존재의 자유의지의 탈선험화 이후에는
헤겔이 《정신현상학》에서 프랑스 혁명을 예로 들어 전개하였던 저 자
기지시적인 도덕적 행위의 문제와 결합하게 된다. 이성의 실현을 절대
정신에 일임하였던 헤겔은 로베스피에르와 같이 도덕적 의도에서 행위
하는 혁명가들이 봉착하는 아포리아를 추적하였다. [73] 나는 이 문제를
나중에 반드시 다시 한 번 다룰 것이다. 그렇지 않으면 내가 마지막
논문에서 제시하고 있는[74] 이론-실천 관계에 대한 긴축적 입장(defla-
tionierte Fassung)이 이해하기 어려운 상태로 남아있게 되기 때문이다.

의무론적 윤리학은 정의(情意)윤리학과 가치윤리학 그리고 목적윤
리학의 설명시각을 역전시킨다. 의무론적 윤리학은 행위자의 주관적
시각을 끌어들이지 않는다. 애호나 동정의 충동도, 좋음에 대한 행위
자 자신의 생각을 기준으로 삼는 지향도, 기대되는 이익과 불이익에
대한 계산도 끌어들이지 않는다. 반대로 의무론적 윤리학은 도덕적 행
위를 적절한 근거를 통해 자유로운 주체의 이성적 의지를 촉발하고,
통찰가능한 방식으로 구속하는 의무부과적 규범의 객관적 시각으로부
터 설명한다. 칸트의 심오한 자율성사상은 모두에게 똑같이 좋은 것에
대한 도덕적 통찰을 오직 스스로 입법한 법칙에 대한 복종으로 표현되
는 자유의 이념과 결합시킨다. 하지만 이로써 영원히 타당한 도덕률이
곧바로 시간 속의 과정으로 상정된 입법의 결과가 되는 것은 아니다.
현존 법질서와 이성적 입법행위가 일치하는 것은 초시간적인 누메논
(noumenon)적 "목적의 왕국"에서이다. 〔여기서〕 경험적 자아는 단지

─────────────

73) 이 책 277쪽 이하 참조.
74) 이 책 431쪽 이하 참조.

76

그가 예지적 자아로서 스스로 어떤 법칙을 입법했는가를 확인하기만
하면 된다.

탈선험화 과정에서야 비로소 "입법" 메타포는 입법과정이 갖는 — 시
간 속에서 행해지는 법질서 구성의 — 본래의 정치적 의미의 일부를 되
돌려 받는다. 그렇게 되면 도덕적 관점의 변경 없이도 새로 나타난 소
재를 위해서 새로운 규범이 만들어져야 하고 새로운 역사적 도전에 비
추어 정당화되어야 한다. 오늘날 이런 일은 예를 들자면 생명윤리 분
야에서 나타나고 있다. 이 가변성의 일부는 논거정립문제와 적용문제
간의 분화를 통해 처리되고,[75] 다른 일부는 끈질기게 제기되는 적용문
제가 논거정립논의를 다시 시작할 것을 강요함으로써 처리된다. 그러
나 도덕적 행위를 주관적 행위지향으로부터가 아니라 객관적으로 타당
한 규범으로부터 정당화하는 의무론적 설명시각은 아직 이 영향을 받
지 않는다. 고독한 주체의 이성적 추론에서 간주체적으로 수행되는 논
변실천 참여로의 논의윤리학적 전환으로부터 귀결되는 구성주의가 비
로소 의무론적 도덕관과 당장 조화되지는 않는 목적론을 〔논의에〕 끌어
들이게 된다.

도덕적으로 판단하고 행위하는 인격체가 스스로를 예지적 존재들의
투명한 왕국의 일원으로 이해하는 한, 그는 좌면우고(左眄右顧) 할 필
요가 없다. 그러나 선험적 강제가 삶의 형식의 의사소통적 기반구조로
이입되면, 우리는 더 이상 예지적 존재가 아니라 상호작용하는, 피와
살을 가진 인격체들과 상대하게 된다. 자유의지가 예지적 성격을 버리
는 즉시, 사회화된 개인들은 사회적 공간과 역사적 시간 속에서 서로
만나게 된다. 이들은 서로 그들의 도덕적 의무가 무엇인지에 대해 협
의해야 하며, 나아가 또한 간주체적으로 인정된 규범을 함께 준수해야
한다. 하지만 이들은 실재 세계의 불완전한 상황에서는 ⒜ 상호이해

---

75) K. Günther, *Der Sinn für Angemessenheit*, Frankfurt a. M. 1988.

에 필수적인 합리적 논의의 화용론적 전제조건들이 언제나 충족되어 있고, (b) 모든 참여자들이 합의했다 하더라도 타당하다고 인정된 규범을 모두가 실제로 준수하리라는 것을 기대할 수 없다.

한편으로 논의의 **접근가능성** 문제가 제기된다. 상황의 불리함과 동기의 결여, 능력의 부족은 바로 비(非)강권적 해결이 가장 절실히 요구되는 갈등의 경우에 명실상부한 실천적 담론에의 참여를 방해한다. 물론 도덕적 명령들의 핵심부분에서 심각한 의견차이가 발생하는 경우는 드물다. 그러나 사회가 복잡해질수록 더욱더 빈번하게 새로운 조정을 요구하거나 어려운 적용문제를 제기하는 이례적 소재와 조망 불가능한 상황이 등장한다. 도덕적으로 분업화된 사회에서는 구체적 의무가 어떻게 (어느 정도로 그리고 누구에게) 분배되는지가 결코 분명하지 않다. 그러나 근대 사회에서조차도 도덕적 해명의 필요가 논의를 통해 충족될 수 있는 포용적이고 자유로우며 합리적인 협의 형식은 있음직하지 않다. 다른 한편으로 도덕적 요청의 **적정한 요구가능성**(*Zumutbarkeit*) 문제가 제기된다. 합리적 판단형성이 광범위한 인지적 합의에 이른다는 전제하에서조차도 문화적 전통과 사회화과정, 관습과 제도가, 즉 "인륜"이 필요한 동기부여를 제공해줄 지는 확실하지 않다. 타당한 규범들이 보편적 실천이 되지 않으면, 그것들을 도덕적 구속력을 갖는 것으로 정당화시켜주는 본질적 조건이 충족되지 않은 것이다. 이것은 타당성을 훼손하지는 않는다. 그러나 그 경우 규범을 준수하지 않을 구실을 주는 규범적 근거가 존재하게 된다.

목적의 왕국의 탈선험화에 이어 발생하는 이 두 난점에 대처하는 것이 강제력을 갖는 법에 의한 도덕의 보완이다. 정당화된 규범의 준수 자체와 마찬가지로 논거정립논의와 적용논의는 기능상 중요한 영역에서 구속력 있는 제도화를 필요로 한다. 이를 위해 근대사회에서는 실정법이 적합한 매체로 등장하기 때문에, 오늘날 민주주의적 헌정국가는, 제도화를 필요로 하고 또 제도화가 가능한 핵심적 이성도덕(*Ver-*

nunftmoral)의 법적·정치적 틀을 형성한다. 칼오토 아펠도 "도덕적 연관성을 갖는 모든 이해관계 갈등을 전략적인 강권적 실천방식을 배제한 채 타당성주장에 대한 실천적 논의를 통해서 해결해야 한다는 요구는, 강권을 독점하는 법치국가의 정착이 법치국가에 복속된 시민들에게서 그들이 자신들의 정당한 이해관계를 스스로 관철해야 하는 부담을 실효적(實效的)으로 덜어줄 수 있을 때에야 비로소 근사적(近似的)으로 실현될 수 있다"는 의견을 개진하고 있다. 76)

　이것으로 우리는 의무론적 입장 자체와 관련된 진정으로 난감한 문제, 즉 도덕적으로 자기지시적인 행위의 문제에 직면하게 된다. 요구가능한 도덕적 행위를 위한 전제조건들의 법적 제도화를 목적으로 하게 되는 실천은 어떤 도덕적 척도를 지향점으로 삼아야 할 것인가? 도덕적 판단형성과 도덕적 행위에 필수적인 제도적 조건의 충족을 목적으로 하는 행위를 위한 메타도덕(*Metamoral*) 같은 것이 존재하는가? 칼오토 아펠은 논의원칙의 "책임윤리적" 확장을 옹호한다. 이 용어는 여기서 ─ 내 제안에 따르면 보편화원칙 자체의 정식화에 이미 수용되어 있고, 77) 규범적용에 있어 커다란 의의를 지니는78) ─ 의무론적으로 신뢰할 만한 결과의 고려와 관련된 것이 아니라, 실천적 논의로의 입장(入場)을 가능케 하고 도덕적 행위의 적정한 요구를 가능하게 하는 상태를 조성하는 과정과 관련된 것이다. 아펠은, 정당한 자기주장의 이해관계 하에서 적정하게 요구가능한 것을 고려하면서 "이성도덕의 비(非) 강권적 실천"의 전진적 제도화를 촉진시키는 방식으로 행위하는

---

76) K.-O. Apel, "Auflösung der Diskursethik? Zur Architektonik der Diskursdifferenzierung in Habermas' *Faktizität und Geltung*," in: Apel (1988), 727~838, 여기의 인용문은 p. 754.

77) J. Habermas, *Moralbewußtsein und kommunikatives Handeln*, Frankfurt a. M. 1983, 75 f. 그리고 103.

78) 클라우스 권터(Klaus Günther)의 테제들에 대한 나의 논의, Habermas (1991), 137 ff. 참조.

것을 모든 **정치적 행위자**의 의무로 만드는 공동책임이라는 근본규범을 도입한다. 79)

아펠 자신도 "법과 도덕의 제도화에 대한 도덕적 책임"이 하나의 특정한 목적을 특징짓는 것일 뿐, 그 자체로는 하나의 보편규범으로 — 혹은 이미 타당한 것으로 인정된 규범에 비추어 — 정당화될 수 없다는 것을 알고 있다. 아펠이 제안한 보편화원칙의 "보완"은 목적론적 성격을 가지는 것으로서 의무론적 설명시각을 와해시키고 있다. 도덕적으로 정당화된 행위가 비로소 일반적으로 가능하게 되고 그에 대한 적정한 요구가 가능하게 되는 상태의 실현을 목적으로 하는 행위는 그 자체로 이 도덕의 척도를 완벽하게 따를 수 없다. 이를 위한 척도가 존재한다면, 그것은 도덕적 목표와 전략적 수단선택 간의 현명한 타협의 정당성을 창출해내야 하기 때문에 의무론적으로 이해된 도덕에 선행해야만 한다. 그러나 이러한 척도는 기껏해야 행위결과에 대한 책임을 정치적 행위자로부터 세계사로 전가하는 역사철학적 사유도식의 힘을 빌어서 정당화될 수 있다. 아펠 또한 이러한 종류의 책임전가 수법을 거부한다.

안심하고 역사철학을 동원하든 그렇지 않든 간에, 도덕적으로 자기지시적인 모든 행위는 참여자들을 아포리아에 빠지게 만든다. 전자의 경우에는 도덕적 목표가 도덕적으로 미심쩍은 수단을 정당화하고, 후자의 경우에는 도덕적 요청과 전략적 고려 간의 정당한 저울질을 위한 — 도덕의 예외사항들에 대한 근거정립의 기준이 되는 — 어떠한 초 (超)도덕적 척도도 존재하지 않는다. 이 딜레마로부터 헤겔은 추상적 도덕이 최종적 발언권을 가져서는 안 된다는 결론을 이끌어냈다. 80) 그러나 절대정신의 행정(行程)에 대한 신뢰 없이는 현존 제도와 전통의 구체적 인륜성도 신뢰할 수 없다.

---

79) K. -O. Apel, *Diskurs und Verantwortung*, Frankfurt a. M. 1988, 154 ff.
80) 이 책 277쪽 이하 참조.

구성주의가 영원히 타당한 법칙의 자연법적 정학(靜學)을 현명한 동시에 도덕적으로 통찰가능한 입법의 동학(動學)으로 대체한다는 것을 고려하면, 아포리아를 적어도 완화시키는 다른 그림이 나오게 된다. 민주주의 법치국가의 틀 내에서의 정치적 행위에 대해서만 보더라도, 논증되고 상황의 특수성에 맞게 적용된 도덕규범의 준수는 그릇된 모델이다. 이 행위는 현존 제도들 안에서 행해짐에도 불구하고 항구화된 제헌(制憲)과정의 요소로 이해될 수 있다. 도덕과 달리 법은 규범과 실재적 현실 간의 격차를 규범적으로, 법정립을 통해서 극복해야 하기 때문이다. 이것은 현행 규범의 법적 관철에만 해당되는 것이 아니라 규범창출 자체의 절차의존성에도 해당된다. 민주주의 법치국가의 법의 평등주의적 보편주의로부터, 권리체계를 가만히 놓아두지 않고 모든 정학의 외관을 파괴하는 "법적 평등과 사실적 평등의 변증법"(로베르트 알렉시)이 기원한다. 81)

권리의 형식상 평등한 분배만으로는 모든 시민의 평등한 사적 자율성과 공적 자율성이 보장될 수 없다. 내용적으로 이해된 "권리평등"은 — 권리내용의 평등은 — 모든 사람이 평등하게 분배된 권리를 실제로 행사할 수 있는 평등한 기회를 가질 것을 요구한다. 평등한 권리는 자신들의 공과(功過)와는 상관없이 극히 상이한 생활상태에 처해 있는 법적 인격체들에 대해서 "평등한 가치"를 가져야 한다. 이와 관련하여 존 롤즈(John Rawls)는 "평등한 권리의 **공정한 가치**"를 말하고 있다. 그러나 (한 국민 내에서도 그리고 그 세대들 간에서도) 생활상태와 삶의 기회의 분배는 대개 개인의 책임과는 무관한 사회의 구조변동의 결과에 따라 달라진다. 이 이유에서도 민주적 헌정질서를 갖는 사회의 시민들은 그들의 헌법을 지속적 실현에 의존하는 헌법기획으로 이해해야 한다. 민주주의 법치국가의 현행 헌법은 그 헌법의 원칙들의 규범적 내

---

81) J. Habermas, *Faktizität und Geltung*, Frankfurt a. M. 1992, 484 ff.

용을 변화된 역사적 상황하에서 계속 "최대한" 확장적으로 실현해야 한다는 명령을 동시에 함축하고 있다는 "최대실현원칙"(*Exhaustions-prinzip*)의 근거는 바로 법적 평등과 사실적 평등의 변증법에 있다.

그런데 이 헌법정책적 목적설정의 정당성이 헌법의 근본규범 자체로부터 나오기 때문에 그와 같이 항구화된 개혁주의적 실천은 권리와 헌법에 대한 의무론적 이해에 아주 잘 들어맞는다. 권리체계의 정치적 실현은 이미 존재하는 권리체계에 따라서 그리고 그 궤도 안에서 수행되는 실천이다. 변화하는 상황에 비추어 헌법규범이 "구체화"되는 절차를 확정하는 것은 바로 헌법규범 자체이다. 이 절차주의적 헌법관은 규범의 "실현"이라는 문제 많은 과업을 단순한 "구체화"로 파악할 수 있게 해준다. "이성의 실현"을 목적으로 하는 실천의 목표들은 헌법에 따라 제도화된 제헌과정의 역동성〔동학〕속에 편입되어 더 이상 ─ 혁명적 행위의 목표들처럼 ─ 도덕적·법적 진공상태 속에서 정처 없이 떠돌지 않게 된다. 실현의 목적론은 개혁주의적으로 순치된 형태로 헌법국가 자체에 내재화되며, 그로써 헌법의 규범성에 **종속**된다.

하지만 이로써 도덕적으로 자기지시적인 행위의 문제가 완전히 해결되지는 않는다. 이 문제는 정도의 차이는 있으나 대체로 단지 종이 위에만 존재하는 민주적 헌법〔헌정질서〕을 갖는 국가 및 국제질서의 회색지대로 이전된다. 의심할 바 없이 민주적인 국가들조차도 그들의 헌법원칙의 지속적인 실현과정 속에 들어있다는 것이 비록 맞는 말이라 하더라도, 이 사실이 곧 명백히 빈말로만 인권을 존중한다고 하는 정권들에게 정당성을 부여해주지는 않는다. 그러한 상황에서 적절한 정책을 가지고 천명된 헌법규범과 나락과도 같은 헌법현실 간의 간격을 메우겠다는 목적을 분명하게 추구하는 정권만이 시민들에게 충성심을 요구할 수 있다. 국제적 차원에서는 제2차 세계대전 이래 제도화의 정도가 낮은 세계시민적 질서의 상태가 지속되고 있다. 고전적 국제법에서 세계시민권의 정착으로의 이행은 전문 법학자조차도 궁지에 빠뜨리는 저 정당성의 회색지대를 만들어내고 있다. 덧붙이자면 이러한 일은 인도주의적 개입의 어려운 관철의 경우에 못지않게 그 불이행의 경우에도 똑같이 일어나고 있다.

헤겔의 문제가 갖는 예리함은 오직 정치적 행위자들이 어느 정도로 이미 "현행" 규범의 실현 내지 "보편적으로 인정된" 기획의 추구라는 범위 안에서 움직이느냐 하는 정도에 따라서만 무디어진다. 개별 사례에서 그런 경우가 성립하는 때와 — 부득이하게 — 자연발생적인 자기주장에 최종적 발언권이 내맡겨진 때가 언제인지를 결정하는 것은 쉽지 않다. 이 문제들이 더 이상 이른바 전문가들의 손에만 맡겨지지 않고 전 세계적 차원의 정당성논쟁의 대상이 됨으로써 이미 첫 걸음은 이루어졌다. 뿐만 아니라 참여자들은 자신들이 이러한 종류의 공개적 논쟁을 역사철학이나 세계관을 떠나서 공적으로 수용가능한 근거들에 비추어 수행하고 결론지어야 한다는 것을 알 수 있게 되었다.

해석학적 철학과 분석철학

·
·
·

언어학적 전회의 두 가지 상보적 형태

"칸트 이후"의 독일철학에 관한 강의시리즈에는 당연히 칸트를 비판
적으로 계승한 피히테와 셸링 및 헤겔이 빠져서는 안 된다.[1] 그러나
철학하는 언어학자로서 헤르더(Herder) 및 하만(Hamann)과 함께 낭
만주의 정신에 입각하여 칸트비판을 행했던—이름의 첫 글자가 같은
—삼인방의 하나인 빌헬름 폰 훔볼트(Wilhelm von Humboldt) 또한
빠져서는 안 된다.[2] 선험철학의 이 언어철학적 계승은 관념론적 사변
과는 정반대로 그 전문분야 내에서 뒤늦었으나 중대한 결과를 수반하
는 반향을 일으켰다. 훔볼트를 재고찰하고 훔볼트적 전통의 내용중심
적 언어학에 교화를 받아서[3] 맨 처음 하이데거가 그 사이 드로이젠

1) 이 논문은 1997년 10월에서 1998년 3월 사이에 런던 소재 왕립철학연구소
   (Royal Institute of Philosophy)가 주최한 강의시리즈의 마지막 강의를 토
   대로 한 것이다.
2) Ch. Taylor, "Theories of Meaning," in: 같은 이, *Philosophical Papers*,
   Vol. I, Cambridge 1985, 248~292.
3) 로만(J. Lohmann)과 바이스게르버(L. Weisgerber) 같은 언어학자들이 하
   이데거에 미친 영향에 대해서는 K.-O. Apel, "Der philosophische Wahr-

(Droysen)과 딜타이에 의해 계승 발전된 해석학의 패러다임 형성적 성격을 인식하였다. 거의 동시에 비트겐슈타인은 프레게(Gottlob Frege)의 논리적 의미론에서 역시 새로운 철학적 패러다임을 발견하였다.

즉 나중에 "언어학적 전회"라고 불리게 될 것이 해석학적 형태와 분석철학적 형태로 수행되었던 것이다. 나의 관심사는 이 두 형태의 상호관계이다. 나는 우리 세대의 자전적 시각에서 이에 대한 해명을 시도하고자 한다. 1960년대 초반 포퍼와 아도르노의 논쟁을 발단으로 촉발된 비판적 합리주의와 비판이론 간의 긴장관계는 정치적 함의와 본질문제적 함의를 동시에 갖는 다른 대립을 은폐하였다. 나치시대 내내 중단 없이 속행되었던 해석학은 제2차 세계대전 이후에 망명에서 돌아온 분석철학적 과학이론 및 비판적 사회이론 학파와 마주하게 되었다. 이 긴장관계는 당시 전후(戰後) 딜타이와 후설 및 하이데거의 꺾이지 않고 지속된 영향하에서 그들의 학업을 시작했던 ─ 그리고 이 전통이 여전히 원기왕성하게 계승되고 있는 것을 본 ─ 세대의 머릿속에 동요를 일으켰다. 가다머와 아도르노 그리고 포퍼에 의해 규정된 이 상황은 어쨌든 해석학을 내재적으로 비판하는 두 공격방향을 해명해주고 있는데, 나는 칼오토 아펠의 저작들에 주의를 환기시키면서 이에 대해 개괄하려고 한다. 그런데 해석학적 입장을 비판적으로 소화하여 형식화용론으로 발전시키는 일은 분석철학적 전통의 자극과 통찰의 수용 없이는 불가능했을 것이다. 내가 보기에 해석학적 철학과 분석철학은 경쟁관계라기보다는 상호 보완관계에 있는 전통들이다.

먼저 나는 훔볼트의 언어이론이 갖는 철학적 의미를 해명하려 한다 (Ⅰ). 이 배경하에서 비트겐슈타인과 하이데거에 의해 수행된 두 가지 방식의 언어학적 전회가 어떤 점에서 일치하는지가 드러날 것이다. 매

---

heitsbegriff als Voraussetzung einer inhaltlich orientierten Sprach-wissenschaft," in: 같은 이, *Transformation der Philosophie*, Frankfurt a. M. 1973, Bd. 1, 106~137 참조.

우 상이한 두 방식으로 성취된 의식철학에서 언어철학으로의 패러다임 변동은 놀랍게도 똑같이 사실확인에 대한 의미-아프리오리의 우위라는 결과를 낳았기 때문이다(Ⅱ). 언어의 인지적 차원에 대한 이 평가절하에 훔볼트의 언어철학의 보편주의적 경향에 다시 타당성을 부여하는 시도가 대응한다.[4] 비트겐슈타인의 말놀이 맥락주의에 대항하여, 하이데거의 언어적 세계개창의 관념론에 대항하여, 그리고 가다머의 선입견(*Vorurteil*) 복권에 대항하여 아펠은 훔볼트의 칸트 비판을 기반으로 다시금 화용론적으로 변형된 칸트를 제시하였다(Ⅲ).[5]

---

4) 찰스 테일러(Charles Taylor)에 대한 나의 반론 참조. In: A. Honneth, H. Joas (Hg.), *Kommunikatives Handeln*, Frankfurt a. M. 1986, 328~337.

5) K. -O. Apel, "Wittgenstein und Heidegger," in: B. McGuinness, J. Habermas et al., *Der Löwe spricht … und wir können ihn nicht verstehen*, Frankfurt a. M. 1991, 27~68.

I

훔볼트는 언어의 세 가지 기능을 구분한다. 생각을 형성하고 사실을 서술하는 인지적 기능, 감정의 동요를 표현하고 감각을 불러일으키는 표현적 기능, 그리고 끝으로 무엇인가를 전달하고 반론을 제기하며 합의를 이끌어내는 의사소통적 기능이 그것이다. 이 기능들의 공동작용은 언어적 내용의 조직화라는 의미론적 관점에서는 대화 참여자들간의 상호이해라는 화용론적 관점에서와는 다르게 나타난다. 의미론적 분석은 언어적 세계상에 집중하는 반면, 화용론적 분석의 경우에는 대화가 전면에 부각된다. 의미론적 분석의 경우 훔볼트는 언어의 인지적 기능을 한 민족의 사고방식 및 삶의 형식의 표현적 특징들과의 연관 속에서 다루는 반면, 화용론적 분석에서는 동일한 기능을 응답하고 반박할 수 있는 참여자들과의 논의의 연관 속에서 논의한다. 언어적 세계개창의 특수주의와 사상(事象) 중심적인 상호이해 실천의 보편주의 간의 긴장은 해석학적 전통 전체를 관통하고 있다. 하이데거와 가다머가 이 긴장을 한쪽 방향으로만 치우치게 해결하였기 때문에, 이 긴장은 다음 세대에게 하나의 도전이 되었다. 우선은 훔볼트의 선험적 언어관에 대해 서술하고자 한다.

(1) 낭만주의적 민족개념은 언어의 세계형성적 특성의 준거점으로 이용된다. "인간은 언어를 통해서만 생각하고 느끼고 삶을 영위하며, 언어를 통해 비로소 형성되지 않으면 안 된다."6) 훔볼트는 언어를 "민족의 고유한 사유방식 및 감각방식의 기관(器官)"으로 파악한다. 7) 한

---

6) W. v. Humboldt, "Über den Nationalcharakter der Sprachen," in: *Werke* (herausgegeben von A. Flitner und K. Giel), Bd. Ⅲ, 77.

7) W. v. Humboldt, "Über den Einfluß des verschiedenen Charakters der

언어의 어휘목록과 구문론은 전 세계 언어공동체의 구성원 일반이 마주치게 되는 모든 것에 대한 선이해가 분절적(分節的)으로 표출되는 근본개념과 파악방식들 전체를 구조화한다. 각각의 모든 언어는 그 언어에 의해 각인된 민족의 세계 전체에 대한 특정한 "조망방식"(Ansicht)을 분절적으로 표출한다.

훔볼트는 언어의 "구조" 및 "내적 형태"와 세계에 관한 특정한 "상"(像) 사이에 "불가분의 연관"을 산출한다. 언어에 의해 미리 기획된 의미지평은 "세계의 외연과 일치한다." "각각의 모든 언어는 그 언어가 속한 민족을 둘러싼 하나의 원을 그리며, 이 원을 벗어나는 것은 오직 동시에 다른 언어의 원 속으로 들어가는 한에서만 가능하다."8) 따라서 언어가 "사유의 형성기관"이라는 말은 자발적 세계구성이라는 선험적 의미로 이해되어야 한다. 세계상의 의미론을 통해 언어는 동시에 언어공동체의 삶의 형식을 구조화하며, 어쨌든 이 둘 중 하나는 각기 다른 하나 속에 반영되어 있다. 이 ― 인지와 문화를 똑같이 고려하는 ― 선험적 언어관은 플라톤에서 로크와 콩디약(Condillac)에 이르는 주류 언어철학의 네 가지 기본가정과 결별한다.

첫째, 전체론적 언어개념은 복합문장의 의미가 그 구성요소들, 즉 개별 단어들이나 기초문장들의 의미들로 구성된다는 이론과 모순된다. 훔볼트의 견해에 따르면 개별 단어들은 그것들의 기여에 의해 구성된 문장들의 문맥으로부터, 문장들은 그 문장들의 도움으로 형성된 텍스트들의 연관관계로부터, 그리고 텍스트 종류들은 한 언어의 어휘 전체의 구조로부터 그 의미를 획득한다. 둘째, 한 공동체의 삶의 형식을 구조화하는 언어적으로 분절된 세계상이라는 이념은 언어의 인지적 기능에 대한 전통적 강조와 조화되지 않는다. 언어는 이제 더 이상 우선

Sprachen auf Literatur und Geistesbildung," *Werke*, Bd. Ⅲ, 26.

8) W. v. Humboldt, "Über die Verschiedenheiten des menschlichen Sprachbaus," *Werke*, Bd. Ⅲ, 224 f.

적으로 대상이나 사실의 재현수단이 아니라 민족정신의 매개체로 간주
된다. 셋째, 선험적 언어개념은 선(先)언어적으로 형성된 표상과 개념
및 판단에 — 사유작용을 쉽게 하고 다른 사람들에게 의견이나 의도를
전달하기 위하여 — 기호가 마치 덧붙여진 것과 같다는, 언어 및 의사
소통에 관한 도구주의적 견해와 양립할 수 없다. 끝으로, 의도〔지향〕
에 대한 언어의 이 우위성에 개별 화자의 개인적 특수어(Idiolekt)에 대
한 언어의 사회적 성격의 우위성이 상응한다. 언어는 한 개인의 사적
점유물이 아니라, 간주체적으로 공유되고 문화적 표현과 사회적 실천
관행으로 체화된 의미연관을 산출한다. "그 현상에 있어 모든 언어는
오직 사회적으로만 발전되며, 인간은 자신의 말의 이해가능성을 다른
사람들에게 시험하여 검토함으로써만 자기 자신도 이해한다."9)

(2) 언어는 객관적 정신의 그릇으로서 주관적 정신을 초월하며, 주
관적 정신에 대하여 고유한 자율성을 향유한다. 훔볼트는 언어적 표현
만이 아니라 모든 상징적 표현이 갖는 이 객관성을 우리가 언어를 습
득할 때 감지하는 교양형성과정의 각인적(刻印的) 힘을 가지고 설명한
다. 전통의 힘은, "제(諸)시대와 제민족 전체를 통해 대량으로 전승된
것"은, 후속 세대들에게 객관적으로 영향을 미친다.10) 다른 한편 훔볼
트는 언어사용의 발현주의적(expressivistisch)11) 모델을 개진한다. 언어

---

9) 같은 글, *Werke*, Bd. Ⅲ, 196.
10) W. v. Humboldt, "Über den Nationalcharakter," *Werke*, Bd. Ⅲ, 68.
11) 옮긴이 주: 발현(發現)주의는 인간의 행위와 삶을 인간주체의 의도나 기획,
   즉 주체성의 "표현 내지 발현"(*Ausdruck*) 형식으로 파악하는 근대 독일의 사
   상조류를 지칭하기 위해 미국 철학자 테일러(Charles Taylor)가 도입한 용
   어이다. 테일러 스스로가 밝히고 있다시피, 이 용어는 원래 벌린(I. Berlin)
   이 헤르더(Johann Gottfried Herder)의 혁신적 사상을 "표현주의"(*expres-
   sionism*)라 칭한 것을 20세기 문예사조와의 혼동을 피하기 위해 새로 만든
   것으로서, 이 책에서도 이 혼동을 피하기 위해 발현주의라고 옮겼다

의 규칙체계의 객관성과 언어의 수행 속에 표현되는 화자의 주관성은
상호작용관계를 갖는다.

> 언어는 바로 주관적으로 영향을 받고(*gewirkt*) 의존적인 한, 객관적
> 으로 영향을 미치며 독립적이다. 왜냐하면 언어는 어느 곳에서도,
> 글에서도 역시, 영속적으로 머물 곳을 갖지 않기 때문이다. 언어의
> 말하자면 죽은 부분은 언제나 사유 속에서 새로이, 말이나 이해 속
> 에서 생생하게, 생산되어야 한다. 12)

에르곤(*ergon*) 13) 이자 동시에 에네르게이아(*energeia*) 인 언어의 이 순환
과정 속에서 "언어에 대한 인간의 힘이, 우리가 인간에 대한 언어의 힘
을 서술했던 것과 마찬가지로," 나타난다. 14) 그런데 이때 주체의 감각
과 성정(性情) 만이 아니라, 주체가 세계 안에서, 실재적 현실과의 대
면 속에서 갖는 경험도 관철된다. 그러나 세계의 객관성은 "명백히 정
신에 일정한 방향을 부여하며 일정한 강제를 부과하는"15) 언어형식의
"객관성"과는 질적으로 다르다. 상이한 언어들이 상이한 세계조망방식
들(*Weltansichten*) 을 산출하는 반면, 모든 화자에게 세계 자체는 하나

(Charles Taylor, *Hegel*, Cambridge 1975, 제 1장 참조).

12) W. v. Humboldt, "Über die Verschiedenheit des menschlichen Sprach-
baus und ihren Einfluß auf die geistige Entwicklung des Menschen-
geschlechts," *Werke*, Bd. Ⅲ, 438.

13) 옮긴이 주: 에르곤은 그리스어로 인간의 활동(노동)에 의해 성취된 '작업결
과'를 지칭하는 말로, 활동 자체를 지칭하는 에네르게이아(*energeia*)와 대비
된다. 홈볼트는 언어의 본질이 에르곤이 아니라 에네르게이아에 있으며, 언
어는 발성된 소리로 하여금 사유를 표현/발현할 수 있도록 만드는, 영원히
반복되는 정신의 노동이라고 정의하였다.

14) W. v. Humboldt, "Über die Verschiedenheit des menschlichen Sprach-
baus," *Werke*, Bd. Ⅲ, 229.

15) W. v. Humboldt, "Sprachcharakter und Literatur," *Werke*, Bd. Ⅲ, 30.

의 동일한 세계로 현상한다.

그런데 "객관세계"가 상이한 언어공동체의 구성원들에게 하나의 동일한 세계로 "현상한다"는 생각은 일정한 난점들을 야기한다. 언어 "자체"가 "객관적 사유의 창출"을 위하여 만들어졌고 사실서술의 인지적 기능을 수행함에도 불구하고, 사실들은 오직 각각의 언어적 세계조망방식의 지평 안에서만 기술될 수 있다. 왜냐하면 문법적으로 확정된 대상들의 "기호화 방식들"에는 "다양한 면모를 갖는 대상들"에 대한 특정한 "조망방식"이 표현되고, 그로써 주관적인 것, 즉 한 언어공동체의 심성과 특성이 표현되기 때문이다. 언어의 인지적 기능의 수행은 오직 표현적 기능의 수행과 동시적으로만 이루어질 수 있다. 16) 하지만 상이한 언어공동체들의 구성원이 그들이 각기 집단적으로 공유하는 언어적 시각의 상이성에도 불구하고 그들에게 어쨌든 객관적으로 현상하는 하나의 동일한 세계를 바라보게 되는 것은 어떻게 가능한가? 이 언어적 세계상들의 통약가능성 문제는 19세기 초반에 이미 논의되었던 것이다.

우리가 자연적 언어의 세계〔관〕형성적 성격을 엄격히 선험적으로, 즉 경험가능한 대상들의 세계의 구성이라는 의미에서 이해한다면, 상이한 언어들에 새겨져 있는 세계조망방식들은 각각의 언어공동체에 대해서 전험적(前驗的)으로 필연적인 타당성을 주장해야만 한다. 17) 그러나 이 전제하에서는 이미 하만이 칸트의 《순수이성비판》에 대한 《메타비판》에서 지적했던 바와 같이 언어적 세계상의 의미-아프리오리는 복수로 나타나야만 하며 선험적 아프리오리의 **보편적** 타당성을 상실할 수

---

16) 이것은 지각가능한 대상들의 서술에도 해당된다고 〔훔볼트는〕 본다. "감각적 대상의 표현들은 분명 모든 경우에 동일한 대상이 사유되는 한에서 같은 의미를 갖는다. 그러나 이 표현들이 그 대상을 표상하는 특정한 방식을 표현하기 때문에 이점에서 그 의미들은 또한 엇갈리게 된다"(Werke, Bd. Ⅲ, 21).

17) 이하 서술에 대해서는 C. Lafont, *Sprache und Welterschließung*, Frankfurt a. M. 1994, Einleitung, 13~28 참조.

밖에 없다. 오히려 개별 언어에 의해 구조화된 세계 전체에 대한 선이
해는 "전험적으로는 자의적이고 중요하지 않은 것이지만 후험적으로는
필연적이고 필수불가결한" 것이다. 18) 이런 자명한 귀결을 훔볼트는 명
백히 회피하고자 하였다. 오해의 여지가 있는 표현들에도19) 불구하고
훔볼트는 언어적 세계상을 화자가 오직 다른 세계상으로 **옮겨감으로써**
만 깨부수고 나올 수 있는 **의미론적으로 폐쇄된** 우주로 파악하지 않는다.

(3) 이 점에서 한 민족의 언어적으로 폐쇄된 세계의 특수주의도, 그
민족의 삶의 형식의 고유성도 훔볼트의 걱정거리가 아니다. 훔볼트는
언어의 인지적 기능을 단지 의미론적 관점에서만 고찰하지 않기 때문
이다. 그는 언어적 세계상의 의미론과 대화의 ―"관념과 감정을 진실
하게 주고받는 대화의"― 형식화용론 간의 분업을 믿는다. 화용론에는
상호이해과정의 보편주의적 측면들을 밝혀내는 역할이 부여된다. 물론
의미론은 언어가 사유의 형성기관임을 밝혀낸다. 언어와 실재는 상호
착종되어 있기에 해석되지 않은 실재적 현실에 대한 어떠한 직접적 접
근도 인식주체들에게는 허용되어 있지 않기 때문이다. 실재는 ―기술
가능한 대상들의 세계는― 처음부터 각기 고유한 의미지평 속에 "포섭
되며", 훔볼트가 말하듯이, 자신의 언어에 "속한 것으로 통합된." 그
러나 "말의 생생한 사용"의 화용론적 관점에서 보면 의미론적 특수주의
에 반대되는 경향이 나타난다. "마치 언어의 중심이라 할 수 있는"20)

18) J. G. Hamann, "Metakritik. Über den Purismus der Vernunft"(1784),
in: 같은 이, *Schriften zur Sprache*, Frankfurt am Main 1967, 226.
19) W. v. Humboldt, "Über das vergleichende Sprachstudium," *Werke*, Bd.
Ⅲ, 20 f. : "왜냐하면 객관적인 것은 언제나 진정으로 성취되어야 할 것이기
때문이며, 인간이 고유한 언어의 주관적 궤도를 통해 객관적인 것에 접근하
면, 그의 두 번째 노력은 다시금 ―단지 하나의 언어-주관성을 다른 언어-
주관성으로 교체함으로써만 그것이 이루어진다 할지라도― 주관적인 것을
구분하여 이로부터 객체를 가능한 한 순수하게 분리해내는 것이 되게 된다."

94

대화에서 참여자들은 서로 이해하는 동시에 어떤 것에 대해 **협의**하고자
한다. 즉 가능한 한 합의에 도달하고자 한다. 그리고 이것은 상이한
언어공동체들 간의 경계를 넘어서는 상호이해에도 해당된다.

훔볼트는 번역을 해석이라는 표준적 경우를 조명해주는 특수한 경우
로 취급하면서, 한 언어의 발언들을 다른 언어로 번역하려는 시도에
대해 제기되는 언어적 차이의 저항과 이 저항이 극복될 수 있다는 사
실이라는 두 측면을 똑같이 강조한다. "매우 상이한 언어들로부터의
번역의 경험은 … 성공의 정도는 매우 다르지만 모든 언어로 모든 관념
의 연속이 표현될 수 있음을 보여준다."21) 사실 해석학적 전통은 한
언어의 표현들이 다른 모든 언어로 번역될 수 있다는 가능성을 원칙적
으로 의심한 적은 한 번도 없었다. 문제는 단지 어떤 의미론적 격차든
간에 모두 극복가능하다는 마치 선험적인 듯한 사실이 어떻게 해명될
수 있는가 하는 것이었다. "상이성의 명석한 인식은 (해석자로부터) 제
3의 것을, 즉 자신의 고유한 언어형식과 낯선 언어형식에 대한 약화되
지 않은 동시적 의식을 요구한다."

훔볼트는 해석자가 "낯선 것을 자기 것으로 동화시키고 스스로 역시
낯선 것에 동화되는"것을 가능하게 하는 "보다 고차원적인 견지"를 요
구, 가정한다. 22) 그리하여 언어적 간격을 넘어서 서로 이해하는 것을
배우는 낯선 이들은 처음부터 그러한 "제3의" 견지를 형식적으로 선취
하면서 만나게 된다. 그런데 이들은 **상호이해**하고자 하는 **동일한** 사상
(事象)들과 관련하여 이 [제3의] 견지를 취해야 한다. 23) 의사소통적

---

20) W. v. Humboldt, "Über den Nationalcharakter," *Werke*, Bd. III, 81.
21) W. v. Humboldt, "Über das vergleichende Sprachstudium," *Werke*, Bd. III, 12.
22) W. v. Humboldt, "Über die Verschiedenheiten des menschlichen Sprachbaus," *Werke*, Bd. III, 156.
23) 이런 이유에서 라폰트(1994)는 하이데거에 대한 비판적 논의에서 지시문제를 전면에 부각시킨다.

언어사용과 언어의 인지적 기능은 낯선 언어를 이해하기 위해서는 양측이 각기 자신의 시각에서 공동으로 상정한 객관세계라는 일치점에 준거해야 한다는 점에서 착종되어 있다. 서로 낯선 이들은 동일한 사태에 대해 서로 다투거나 혹은 경우에 따라서는 왜 지속적인 의견차이가 합리적 방식으로 예견가능한지를 설명할 수 있는 정도에 따라서 공동의 언어를 발견하고 서로 이해하는 것을 배운다. 인간은 언어적 표현들이 세계 속의 무언가에 대한 상호이해에 기여하는 상황을 앎으로써 비로소 그 언어적 표현들을 이해한다. 실재적 현실을 상이한 언어들의 "세계조망방식들" 사이의 "중간에 존재하는 영역"으로 바라보는 공동의 시각은 의미 있는 대화 일반의 필수적 전제이다. 대화참여자들에게 있어 실재적 현실의 개념은 "모든 인식가능한 것의 총합"이라는 규제적 이념과 결합된다.

언어이해와 세계 속의 어떤 것에 대한 상호이해 가능성 간의 이 내적 연관은 왜 훔볼트가 언어의 의사소통적 기능에 또한 인지적 기대가능성을 결합시키는지를 해명해준다. 논의를 통해 하나의 세계조망방식은 각기 자체의 시각의 탈중심화를 진척시킴으로써 모든 참여자의 의미지평들을 확장시키는 — 그리고 서로 합치하는 부분이 더욱더 많아지도록 하는 — 방식으로 다른 세계조망방식들의 저항을 소화해내야 한다는 것이다. 그런데 이 기대는 오직 대화형식과 대화의 화용론적 전제에 언어적으로 개창된 세계의 지평 자체를 촉발하고 그 위치를 변동시킬 수 있는 비판적 잠재력이 있음이 입증될 때에만 근거 있는 것이다.

훔볼트는 모든 언어에서 반복되어 나타나는 인칭대명사 체계의 분석을 통해 이것을 입증하려고 시도한다. 그는 관찰자의 나-그것(Ich-Es) 관계와 한 화자가 발화행위를 수행할 때 갖는 태도에 본질적인 간인격적 나-너(Ich-Du) 관계를 구분한다. 누구든 자신의 체험이나 표상을 표현하는 1인칭 인격의 표현적 태도를 취할 것인지, 혹은 주위세계를 지각하고 기술하는 3인칭 인격의 객관화 태도를 취할 것인지를 혼자서 스스로 결정할 수 있다. 그러나 자신의 발언의 수신자인 2인칭 인격에 대한 화자의 태도는 다른 화자의 강요 불가능한 상보적 태도에 의존한 다. 수신자는 1인칭 인격에게 말 거는 사람의 역할을 인정함으로써 그 사람이 자신에게 말을 걸 수 있도록 하는 2인칭 인격의 태도를 가져야 한다. 대화에서 양측은 오직 상호성의 전제하에서만 이 관계를 맺는 다. 이들은 각자 다른 사람에게 오직 두 사람 모두에게 응답의 의사소통 적 자유를 확보해주는 역할교체를 조건으로 화자의 발화수행적 역할을 용인한다.

인칭대명사의 사용에서 훔볼트는 말하는 상황 자체에 그 근거를 갖 는 "변경 불가능한 이원론"을 읽어낸다. "모든 발화는 말 걸기(*Anrede*) 와 응답을 토대로 한다."24) 말의 이 변증법적 구조로부터 간주체적으 로 공유된 생활세계에 현재적인 "사회적 현존"을 부여하는 공적 공간이 기원한다. 말하고 응답하는 대화에 의해 산출된 이 상호이해의 간주체 성은 동시에 사유의 객관성의 필수조건이다. "사유조차도 본질적으로 사회적 현존에 집착하는 성향을 수반한다. 인간은 … 자신의 사유만을 목적으로 할 때에도 나에 상응하는 너를 동경한다. 인간에게 있어 개 념은 타인의 사고력으로부터의 반사를 통해서 비로소 그 규정성과 확 실성을 획득하는 듯하다." 자신의 판단의 객관성은 "표상하는 자가 실 제로 자신의 외부에서 사유를 관찰할 때"에야 비로소 입증되는데, 이 것은 "오직 자신처럼 표상하고 사유하는 다른 존재에게서만 가능하다. 그런데 사고력과 사고력 간에는 언어 이외에 다른 중개자란 존재하지 않는다."25) 화자의 발언에 대한 2인칭 인격의 응답에는 동의하는 대답

---

24) W. v. Humboldt, "Über die Verschiedenheiten des menschlichen Sprachbaus," *Werke*, Bd. Ⅲ, 201. 또한 다음의 인용문(Humboldt, "Über den Dualis," *Werke*, Bd. Ⅲ, 139)도 참조: "언어는 또한 개개인에 의해서 는 실현될 수 없고, 오로지 사회적으로만, 오로지 하나의 과감한 시도에 또 하나의 새로운 시도가 이어짐으로써만 실현될 수 있다. 따라서 청자이자 응 답자에게서 단어는 실재적 본질을, 언어는 확장을 획득해야 한다."

의 사회통합적 힘만이 아니라 반론(Widerspruch) 의 비판·검증적 힘도 들어있다. 우리는 **서로에게서** 배움으로써 세계로부터 배운다.

그런데 훔볼트는 언어의 인지적 기능과 의사소통적 기능의 이 화용론적 착종을, 진리주장에 대한 논의의 논변이론을 길잡이로 하여 연구하지 않았다. 그 대신 그는 "이질적인 말의 상호이해"의 해석학을 길잡이로 하여 경합하는 세계상과 문화들 간의 교류가 갖는 도덕적 함의를 추적하였다. 자신들의 세계이해의 지평이 확장되는 정도에 따라 자신들의 가치지향도 상대화된다. "전 역사를 관통하여 명백히 그 영향력이 지속적으로 확장, 관철되는 이념이 있다면 … 그것은 바로 인간성의 이념이다. 즉, 사람들 사이에 적대적으로 선입견과 모든 종류의 편협한 생각들을 만들어내는 경계들을 제거하고, 종교, 민족 그리고 피부색깔에 대한 차별 없이 전 인류를 형제애로 결합한 하나의 거대한 종족처럼 취급하려는 노력이 그것이다."26) 훔볼트는 이해와 상호이해 간의 내적 연관만을 산출하는 것이 아니다. 상호이해 실천에서 그는 일반적으로, 순전히 기술적(記述的)인 문제들이 문제가 되는 경우에조차도 언어적 세계상의 탈중심화에 기여하고, 간접적으로 지평확장을 통해 도덕 문제들에 있어서도 보편주의적 시각을 장려하는 인지적 동학(動學)이 작동하고 있음을 본다. 해석학적 개방성과 평등주의적 도덕의 이 휴머니즘적 결합은 딜타이의 세계관적 역사주의와 하이데거의 존재사적 역사주의에서는 사라지게 된다. 이것은 우리 세기의 철학적 해석학과의 비판적 논의를 통해서야 비로소 다시 획득되게 된다.

---

25) 같은 글, 138 f.
26) W. v. Humboldt, "Über die Verschiedenheiten des menschlichen Sprachbaus," *Werke*, Bd. Ⅲ, 147 f.

98

Ⅱ

우리는 훔볼트에게서 오늘날까지 칸트철학의 화용론적 변형에 결정적 중요성을 갖는 언어철학의 건축술의 윤곽이 뚜렷하게 나타나 있음을 본다.

의미론적 관점에서 훔볼트는 언어의 "세계〔관〕형성적" 자발성이라는 선험적 개념을 두 가지 측면으로 구분한다. 언어의 구성적 작용은 문화적 해석틀의 차원만이 아니라 사회적 실천관행의 차원에서도 수행된다. 인지적 측면에서 언어는 언어공동체가 간주체적으로 공유하는 세계 전체에 대한 선이해를 분절적으로 표출한다. 이 세계조망방식은 공동의 해석틀의 자원으로 쓰인다. 이것은 시선들을 눈에 띄지 않는 방식으로 연관된 방향으로 이끌고, 선입견들을 각인하며, 그럼으로써 세계 내에서 일어나는 일에 대한 가능한 해석들을 위한 문제시되지 않는 배경 내지는 틀을 창출한다. 동시에 실천적 측면에서 언어는 한 민족의 성격과 삶의 형식을 각인한다. 이 언어적으로 구성된 생활세계는 일상적 의사소통 실천을 행하는 배경을 형성하며 사회이론이 언어이론에 접목할 수 있는 접합지점을 표시해준다.27) 언어가 사유의 형성기관으로서 수행하는 것을 하이데거는 나중에 언어적 "세계개창"으로 분석하게 된다. 그러나 우리는 이것과 행위상황 및 상호이해과정의 생활세계적 맥락의 "구성"을 구분해야 한다.

화용론적 관점에서 훔볼트는 말(언설, Rede)의 일반적 구조를 다루고 있다. 대화형식 일반과 함께 참여자들의 역할과 태도 및 간인격적 관계가 시야에 들어오게 된다. 참여자들은 자신들의 발언을 2인칭 인격들을 향하여 행하고, 이 수신자들에게서 이해와 응답을 기대한다.

---

27) J. Habermas, *Theorie des kommunikativen Handelns*, Frankfurt a. M. 1981, Bd. 1, 182~229.

훔볼트는 대화를 다시금 사상(事象) 연관에 따라 세분한다. 즉, 참여자들이 객관세계 내의 사건들에 대해 의사소통하고자 하는가, 아니면 사회적 혹은 문화적 삶의 규범적 주장과 가치지향에 대해 의사소통하고자 하는가에 따라 세분한다. 명백히 그는 의견과 이유의 교환이 이루어지는 합리적 논의에 특수한 세계상들의 한계를 초월하는 힘이 있음을 믿었다. 하지만 훔볼트는 그것이 어떻게 가능할 것인지에 대해서는 단지 문화간의 상호이해라는 방향만을 암시하고 있다. 다른 문화와 삶의 형식을 서로 이해하려는 해석학적 용의(用意)와 타인들로부터의 상호적 학습은 선입견의 교정을 낳는다. 훔볼트는 일반적으로 각자의 이해지평의 탈중심화와 보편주의적 가치지향의 장려를 결합시킨다. 그러나 상이한 해석시각들의 이와 같은 수평적 접근은 어떻게 우리가 객관세계에 대한 지시연관이라는 수직적 차원에서 사실을 포착하고 사실주장에 관한 논쟁을 통해 인식을 획득할 수 있는지를 해명해주지 않는다. 언어의 서술기능, 즉 진술의 지시 및 진리성의 조건들을 설득력 있게 분석하는 일에 대한 소홀함은 해석학적 전통 전체의 아킬레스건으로 남게 된다.

이 결핍은 르네상스 휴머니즘 이래로 수사학과 문법학이 논리학으로부터 멀어지게 된 현상을 반영한다. 물론 또 다른 동기는 논리학이 진술을 발언행위와 말의 맥락으로부터 추상하는 것에 대한 정당한 불신이다. "말을 문법적으로 분석하지 않고 단지 사유를 논리적으로만 분석하는 한, 2인칭 인격은 전혀 필요치 않다. … 그럴 경우 서술하는 것을 서술된 것과 구분하기만 하면 될 뿐, 수용하고 반응하는 자와 구분할 필요는 없게 된다."[28]

훔볼트, 슐라이어마허, 드로이젠 및 딜타이의 전통과는 어떠한 접촉도 갖지 않았던 수학자이자 논리학자인 고틀로프 프레게는 정확히 이

---

28) W. v. Humboldt, "Über die Verschiedenheiten des menschlichen Sprachbaus," *Werke*, Bd. Ⅲ, 202 f.

방식으로 언어의 서술기능에 주의를 집중시켰다. 프레게는 주장행위에 의해 비로소 진술에 부여되는 단언적(*assertorisch*) 힘에 대한 그의 흥미로운 지적들에도 불구하고 〔그의 연구를〕 전반적으로 단순한 명제형식의 논리적 분석에 국한시켰다. 형식의미론은 훔볼트가 상호이해의 합리성이 자리하고 있다고 본 언어의 의사소통적 차원을 논리적 분석에서 제외시켜서 경험적 고찰방식에 내맡긴다. 물론 하이데거 역시 프레게와 마찬가지로 훔볼트의 형식화용론적 단초들을 무시했다. 하이데거는 훔볼트 언어철학 중 단지 하나의 갈래만을, 즉 의미론적 갈래만을 계승발전시켰다. 그는 프레게처럼 언어의 서술기능으로부터 출발하지 않고 언어의 세계개창기능으로부터 출발하여 언어형식 자체에 내재하는 근본개념적 구조 및 의미연관에 대한 의미론적 분석에 전념했다.

분석철학과 해석학적 철학은 이렇게 상반된 출발점을 갖지만 모두 〔연구를〕 의미론적 측면에 국한한다. 즉, 한편은 명제와 사실의 관계에 국한하고, 다른 한편은 자연언어 전체에 새겨져 있는, 세계의 근본개념적인 분절적 표출에 국한한다. 양측은 다른 도구를 이용한다. 한편은 논리학의 수단을 이용하고, 다른 한편은 내용지향적 언어학의 방법을 이용한다. 그러나 전체론적 단초를 갖는 내용의미론은 기본요소론적 단초를 갖는 명제의미론과 똑같은 추상을 실행한다. 양측은 말에 대한 화용론을 부차적인 것으로 취급한다. 이들은 어쨌든 논변적 말의 구조적 특성들이 상호이해의 합리성에 그 **자체의 고유한** 기여를 할 수 있다는 것을 고려하지 않는다.

이에 반해 훔볼트는 세 가지 분석차원을 갖는 범주적 틀을 구상했다. 첫 번째 차원에서는 언어의 세계〔관〕형성적 성격이, 두 번째 차원에서는 말과 상호이해의 화용론적 구조가, 세 번째 차원에서는 사실의 재현이 주제로서 논의된다. 해석학적 입장과 분석철학적 입장은 각기 첫 번째 분석차원 내지 세 번째 분석차원에서 움직인다. 두 입장은 각기 그들만의 방식으로 화용론에 대한 의미론의 우위성을 지지한다. 그런 까닭에 이들은 처음에 행한 추상화를 그릇된 환원을 하지 않고 취소 해야 한다는 동일한 문제에 직면한다. 훔볼트와 비교하여 프레게와 하 이데거에 대해 각기 다음과 같은 손익계산서를 작성할 수 있을 것이다.

(1) 훔볼트는 우리가 어떤 상황에서 세계 내의 무언가에 대한 상호 이해를 목적으로 언어적 표현을 사용할 수 있는지를 알 때, 그 언어적 표현을 이해한다는 것을 통찰했다. 그러나 프레게에 이르러 비로소 의 미와 타당성 간의 이 내적 연관이 단순한 단언적 명제들의 차원에서 설명되게 된다. 그는 참 또는 거짓일 수 있는 최소 언어단위인 명제로 부터 출발한다. 이를 통해 "진리"는 언어적 표현의 의미 해명을 위한 의미론적 기본개념으로 이용될 수 있다. 한 명제의 의미는 정확히 그 명제가 참인(또는 그 명제를 "참으로 만드는") 조건을 규정한다. 루드비 히 비트겐슈타인도 프레게처럼 명제를 명제의 진리조건의 표현으로 파 악한다. "한 명제를 이해한다는 것은 그 명제가 참일 때 성립하는 경우 가 무엇인지를 아는 것이다."[29] 이 첫〔장기(將棋)〕수는 일련의 흥미 로운 귀결들을 갖는다.

한 사태나 완전한 사유내용(*Gedanke*)이 오직 이 명제형식으로만 표 현될 수 있기 때문에 단지 명제들만이 잘 규정된 의미를 갖는다면, 개 별 단어들의 의미는 그것들이 참인 명제의 구성에 수행한 기여에 따라 확정되어야 한다. 그러나 동일한 단어들이 전혀 다른 명제들의 구성요 소로 사용될 수 있기 때문에, 이 "문맥원칙"은 한 언어의 모든 표현들 이 의미론적 실들로 이루어진 복잡한 그물망에 의해 서로 결합되어 있 다는 것을 시사하는 듯하다. 하지만 그러한 전체론적 언어관은 개별 명제들의 의미론적 규정성을 다시금 의문의 대상으로 만든다. 그런 까 닭에 프레게는 동시에 복합적 표현의 의미가 그 구성요소들의 의미들

---

29) L. Wittgenstein, *Tractus logico-philosophicus*(4.042), in: 같은 이, *Schriften*, Bd. 1, Frankfurt a. M. 1960, 28.

로 이루어진다는 "합성원칙"을 옹호한다. 이에 상응하는 것이 비트겐슈타인의 《논리철학논고》에 나오는 생각, 즉 전적으로 사실서술의 기능을 수행하는 논리적으로 투명한 언어는 원자명제들의 진리함수로 구성된 것이어야 한다는 생각이다.

단어에 대한 명제의 우위로부터(또는 개념에 대한 판단의 우위로부터) 나오는 또 다른 귀결은 언어적 상징들이 본질적으로 대상들의 이름이라는 전통적 견해에 대한 거부이다. 프레게는 값이 투입될 수 있는 수학적 함수를 모델로 하여 단순한 명제들을 분석하였다. 이를 통해 그는 어떻게 두 가지 상이한 행위가, 즉 속성들의 술어적 적용(*Prädikation*)과 그러한 속성들이 귀속되는 대상들에 대한 지시가 서로 맞물릴 수밖에 없는가를 분명하게 밝힐 수 있게 된다. 술어적 적용이 지시에 동화될 수 없듯이 마찬가지로 술어나 개념은 이름에 동화될 수 없다. "의미"는 "지시"와 혼동되어서는 안 되며, 한 진술의 내용은 그 진술의 대상에 대한 지시와 혼동되어서는 안 된다. 왜냐하면 오직 이 전제하에서만 동일한 대상에 대한 상이한 진술들이 — 경우에 따라서는 서로 모순되는 진술들이 — 행해질 수 있고, 그 자체로서 서로 비교될 수 있기 때문이다. 우리가 상이한 기술들 속의 대상이 동일한 대상임을 다시 알아볼 수 없다면, 어떠한 인식획득도 있을 수 없으며 언어와 언어에 의해 의미론적으로 "개창된 세계들"에 대한 어떠한 교정도 있을 수 없다.

프레게의 기본개념들인 "의미", "지시" 그리고 "진리"는, 주지하다시피 언어의 서술기능 및 언어와 세계 간의 관계에 대해 지금도 여전히 계속되고 있는 많은 갈래의 논의 스펙트럼을 나타내준다. 하지만 후기 프레게는 대단히 문제가 많은 그의 3세계론(*Drei-Reiche-Lehre*)의 구성이 보여주듯이 사실과 사유내용 그리고 판단수행을 좌표축으로 하는 좌표 내에 언어의 위치를 규정하는 데 어려움을 가졌다. 그는 후설과 같은 시기에 당대의 심리주의에 대한 설득력 있는 비판을 행하기는 하

였다. 그러나 선험적 언어관으로의 비트겐슈타인의 전회에 의해 비로
소 "의식으로부터 추방된 사유들"의 ─ 언어를 매개로 한 ─ 상징적 구
현이 중요시되게 된다. 30) 비트겐슈타인은 논리적으로 투명한 사실모
사적(模寫的) 보편언어에 **세계형성적** 성격이 있다고 생각한다. 언어의
한계가 "나의 세계의 한계를 의미하며", 논리적 의미론의 명제들이 우
리로 하여금 "세계의 골격"을 볼 수 있게 해준다는 것이다. 비트겐슈타
인의 경우 칸트에 따르면 경험가능한 대상들을 구성하는 지성의 범주
들 대신에 기초명제의 논리적 형식이 등장한다. "명제의 본질을 제시
한다는 것은 모든 기술(記述)의 본질을, 즉 세계의 본질을 제시한다는
것을 의미한다."31) 이로써 비로소 비트겐슈타인은 프레게에 의해 시작
된 언어학적 전회를 승인한다.

　언어의 논리적 분석은, 바로 언어 패러다임이 의식 패러다임을 대체
하고 정신주의적 토대를 혁명적으로 변혁하게 됨으로써 그 철학적 영
향력을 획득한다. 러셀이든 카르납이든 여전히 언어형식의 논리적 분
석을 통해 사유형식을 설명하는 방법을 전통적인 경험주의적 인식론과
결합시켰다. **방법론적으로 제한된** 이 언어분석 이해는32) 정신주의 패러
다임을 그때까지도 결코 의심의 대상으로 삼지 않았다. 비트겐슈타인
이 진술문의 구조가 가능한 사실들의 구조를 규정한다는 테제를 내세
움으로써 비로소 의식철학의 전제들 자체를 건드리게 된다. 그는 나중
에 사실모사적 보편언어에 대한 생각을 충분히 수긍이 가는 이유 때문

---

30) M. Dummett, *Ursprünge der analytischen Philosophie*, Frankfurt a. M.
　　1988, 제4장, 32~44.
31) L. Wittgenstein, *Tractatus* (5.4711), 같은 책, 55.
32) 이것은 더밋의 견해이다. 더밋은 빈 학단의 철학자들이 언어철학에 관심을
　　가진 것은 프레게와 비트겐슈타인처럼 "언어철학 자체를 목적으로" 한 것이
　　아니라 이 "무기고"로부터 "다른 철학분야들에서의 투쟁을 위한" 무기를 꺼내
　　오기 위한 것이었다고 주장한다. M. Dummett, "Ist analytische Philoso-
　　phie systematisch?," in: 같은 이, *Wahrheit*, Stuttgart 1982, 195.

에 포기하였다. 그러나 그는 언어의 선험적 자발성을 서술차원에서 행위차원으로 변경한 이후에도 여전히 언어의 세계〔관〕형성적 성격을 고수한다.

비트겐슈타인은 《논리철학논고》에서 탐구한 비(非)반성적인 지성적 사유의 언어형식을 삶의 형식들의 구성에 본질적 중요성을 갖는 〔삶의 형식들과〕 똑같은 수의 말놀이 문법들로 대체한 뒤에야 비로소 정신주의에 대한 비판을 상세히 수행한다. 이로써 그는 프레게가 직관적으로 행한 "사유내용"(Gedanken)과 "표상"의 구분에 명료한 해석을 제공한다. 이해는 어떤 심리적 과정이 아니라 규칙 따르기에 의존하는 것이기 때문에, 우리는 한 명제의 의미를 "체험할" 수 없다. "〔다음 두 문장을〕 비교해 보라: '언제 너의 고통이 진정되었는가?' 그리고 '언제 너는 그 말을 이해하기를 멈추었는가?'"33) 〔의미〕기준을 어떻게 적용하는가에 대한 지식은─마치 장기놀이를 "할 줄 아는" 것처럼─하나의 실천적 능력이지, 정신적 상태도 심리적 특성도 아니다.

(2) 하이데거는 다른 길을 통해 이와 유사한 의식철학 비판에 도달한다. 그는 언어철학에는 눈길 한번 주지 않고 먼저 인간적 현존재의 실존적 분석론을 완성한다. 여기서 그는 독창적인 방식으로 한편으로는 딜타이에게서, 다른 한편으로는 후설에게서 받은 영향들을 결합한다. 이 영향들은 왜 전혀 다른 성향을 갖는 연구가 종국에는 "언어가 있는 곳에만 세계가 있다"라는 훔볼트의 견해와 맥을 같이 하게 되었는가를 해명해준다.

딜타이의 견해에 따르면 19세기에 발생한 역사적 정신과학들은 전통적인 텍스트 해석술을 의미이해 방법으로 발전시킴으로써 고전적 자연과학으로부터 스스로를 구분지어야 한다. 정신과학의 목표는 경험적

---

33) Wittgenstein, *Philosophische Untersuchungen* (《철학적 탐구》), Bd. 1, 356; E. v. Savigny, O. R. Scholz (Hg.), *Wittgenstein über die Seele*, Frankfurt a. M. 1995에 실린 《철학적 탐구》 2부에 대한 해석들 참조.

과정의 법칙론적 설명이 아니라, 상징적 표현들과 문화적 전통 그리고
사회적 제도들로 구현되어 있는 의미의 이해이다. 그 요구상 과학적인
이 이해작업을 하이데거는 방법론적 연관으로부터 분리하여 인간적 현
존재의 근본특징으로 극단화한다. 인간에게는 본래부터 그의 세계와
이 세계 속의 자신을 이해해야 하는 과제가 부과되어 있다는 것이다.
"세계에 대한 모든 이해에는 (자신의) 실존이 함께 이해되어 있다."[34]
《존재와 시간》은 이 선행적 자기이해 및 존재이해의 구조를 개념적으
로 포착하려는 시도이다.

이 시도에서 하이데거는 현상학적 지각 기술(記述) 모델을 해석학적
텍스트 해석 모델로 대체한 뒤에 후설의 선험적 현상학의 요강(要綱)
을 자기 것으로 만든다. "… 현상학적 기술의 방법적 의미는 해석이
다."[35] 대상들을 지각하는 관찰자 시각 대신에 사람들의 발언과 생활
연관의 의미를 스스로에게 이해가능한 것으로 만드는 해석자의 시각이
자리한다. 하지만 해석학적으로 전향된 현상학의 시선은 우선적으로
발언의 명백한 내용을 향하고 있는 것이 아니라, 발언의 수행 속에서
함께 작용하는 맥락을 향하고 있다. 후설은 대상들의 지각에 주제화되
지 않은 채 함께 주어진 지평의 선술어적 층위를 "수동적 선행소여(先
行所與)들의 연상적으로 구조화된 장(場)"으로 분석하였고, 체험된 세
계를 "경험의 보편적 신념지반"이라고 특징지었다.[36] 하이데거는 현상
학적 기술에 의해 획득된 세분화를, 사람들에게 친숙한 주위환경의 사
물 및 사건들과의 실천적 교류를 통해 개창(開創)되는 지시연관들의
분석을 위해 이용한다. 그는 선행적 세계이해의 언어적 분절(分節)·
표출을 일상적 의도 및 기대와 선취들에 비추어 탐구하는데, 이것들의
지평 속에서 우리에게 어떤 것이 비로소 어떤 것으로 이해가능하게 된

---

34) M. Heidegger, *Sein und Zeit*, Tübingen 1949, 152.
35) 같은 책, 37.
36) E. Husserl, *Erfahrung und Urteil*, Hamburg 1948, §§ 6~10, § 15 ff.

106

다. 이 "이해의 선(先)구조" 현상이 하이데거로 하여금 훔볼트의 선험적 언어관으로 되돌아오도록 만든다.[37] 동시에 하이데거는 언어적 세계상의 의미-아프리오리로부터 현저한 철학적 중요성을 갖는 귀결을 이끌어낸다.

예를 들어 우리가 고대하던 손님들이 타고 온 자동차에 "파랗다"라는 속성을 귀속시키면 우리는 이 자동차를 파란 자동차로(als) 규정하는 것이다. 하이데거는 이 "술어적 '로서'"(das prädikative Als)와 세계 전체에 대한 선행적이나 암묵적인 견해에 근거하는 "해석학적 '로서'"(das hermeneutische Als)를 구별한다. 특정한 실천적 관점에 따라 우리 세계는 문법적으로 상이한 종류의 과정과 대상들로, 생물적 대상과 무생물적 대상들로, 주어졌거나 만들어진 대상들로, 능동적 물체와 피동적 물체들로, 우리가 맞부딪치는 대상들로, 낮이냐 밤이냐에 따라 명암이 다르게 나타나는 물체들 등등으로 나뉜다. 하이데거가 그 밖의 모든 것을 예단(豫斷)하는 전략적 수순은 이제 "술어적 '로서'"를 — 존재자 전체의 근본개념적 구조로부터 나오는 — "해석학적 '로서'" 아래에 종속시키는 것이다. 그리하여 특정 대상들이 언어적으로 개창된 세계의 근본개념적 좌표 내에서 우리에게 접근가능하게 된 뒤에야, 즉 암묵적으로 이미 해석되고, 연관된 관점들에 따라 이미 범주화된 대상들로서 "주어진" 뒤에야, 우리는 이 특정 대상들에 특정 속성들을 비로소 귀속시키거나 부인할 수 있다. 존재양식들의 전험적(前驗的) 성격과 함께 언어는 어떤 존재자들에 대해서 지금 여기서 어떤 속성들이 진술될 수 있는가라는 모든 특수한 물음에 언제나 선행한다. 화자 자신은 단지 이 의미론적으로 미리 규정된 궤도 내에서만 언어적으로 기획된 진리가능성들 중 어느 것이 현재의 경우에 각기 실현되어 있는 지를 "발견할" 수 있을 뿐이다.

---

37) C. Lafont (1994), *Erster Teil*(제1부) 참조.

하이데거에게는 한 술어가 한 대상에 해당되는 것과 이에 상응하는 술어적 문장의 진리성도 언어적 "진리생기(生起)"(*Wahrheitsgeschehen*)로서의[38] ― 선행적 세계개창이라는 의미에서의 ―"진리가능화"(*Wahrheitsermöglichung*)에 의존적인 부차적 현상이다. 그러나 이로써 진리의 보편적 의미는 포기된다. 세계개창 양식에 따라 바뀌는 존재론적 "진리"는 더 이상 "하나의 불가분의 진리"로서 단수(單數)로 나타나지 않는다. 오히려 특정 종류의 대상들의 "개창 여부"(*Erschlossenheit*)에 대해 결정하는 것은 그 자체로 참도 거짓도 아니고 단순히 "일어나는"〔생기하는〕것인 언어적 세계개창의 선험적 사실이다.

"술어적 '로서'"에 대한 "해석학적 '로서'"의 우위성은 진리의미론적 견해와의 결정적 차이를 낳는 근거가 된다. 이 진리의미론적 테제에 따르더라도 언어적 표현들의 의미는 이 표현들을 가지고 형성된 명제의 진리가능성을 규정한다. 그러나 그렇다고 해서 의미론적 차원에서 어떤 대상범주에 어떤 속성들이 항구적으로 귀속되는지가 **변경 불가능하게끔 미리 결정되어** 있다고 주장하는 것은 아니다. 우리가 속성들의 술어적 적용과 대상에 대한 지시를 따로 구별하고 상이한 기술들 하에서 대상들의 동일성을 재인식할 수 있는 한, 세계에 대한 우리의 지식을 확장하여 그로부터 우리의 언어지식의 수정이 이루어질 수 있는 가

---

38) 옮긴이 주: 후기 하이데거는 진리를 존재가 "탈은폐되고 은폐되는"(*Ent-und Verbergen*) 과정 속에서 인간에게 탈은폐되는 존재로 파악하는데, 이러한 존재사적 사건으로서의 세계의 "발생"을 "진리생기"라고 칭한다. 인간은 이러한 진리에 대해 수용하는 것 외에 다른 접근방도가 없다. 이러한 진리관은 하이데거가 《존재와 시간》에서 진리를 세계의 "개창되어 있음"(*Erschlossenheit*)로 파악하고, 이것을 바로 현존재, 즉 개별적 인간의 존재적 특성으로 보았던 입장과는 큰 차이를 보이는 것이다. 인간은 비은폐성(*Unverborgenheit*)으로서의 진리를 스스로는 성취할 수 없고, 오히려 은폐되어 있던 진리가 인간에 대해 스스로를 현상함으로써 존재인식이 이루어지는데, 이로써 바로 "진리가 일어나게(生起) 되는"(*Wahrheit geschieht*) 것이다.

108

능성이 존재한다.

철학적 해석학은 언어의 인지적 기능의 고유한 권능과 진술문의 명제적 구조의 고유한 의미를 올바로 인식하지 못하기 때문에, 하이데거는 언어지식과 세계지식 간의 상호작용을 배제한다. 그는 언어적 세계상의 의미론에 무제한적으로 상호이해과정의 화용론에 대한 우위성을 인정하기 때문에 언어의 의미-아프리오리와 세계내적 학습과정의 결과 간의 상호작용 가능성을 결코 고려조차도 하지 않는다. 훔볼트에 비해 하이데거는 '통제의 중심점'(locus of control)을 논의참여자들의 **성취**(Leistungen)로부터 언어적 세계개창의 **사건**들로 변동시킨다. 화자들은 자신들의 언어의 집에 갇혀 있으며, 언어는 이들의 입을 통하여 말한다.39) 본래의 말은 오로지 존재의 공표이다. 그런 까닭에 또한 듣기가 말하기보다 우위를 차지한다. "말하기는 그 자체로 듣기이다. 그것은 우리가 말하는 언어에 대한 듣기이다. … 우리는 언어를 말하는 것만이 아니라, **언어로부터** 말한다."40)

그런데 비트겐슈타인도 방식은 보다 덜 현혹적이기는 하지만 그와 유사한 결론에 도달한다. 진리의미론에서 이해에 관한 사용이론으로의 — 그리고 유일한 사실모사적 보편언어에서 많은 말놀이 문법들로의 — 화용론적 전회는 단지 언어의 바람직한 탈선험화만을 의미하지 않는다. 비트겐슈타인은 실제적으로 익숙해진 언어사용에 대한 기술적(記述的) 포착과 동시에 언어의 인지적 기능을 말소시킨다. 단언적 명제를 올바로 사용할 수 있기 위해 알아야 하는 진리조건들을 단지 **습득된** 언어실천으로부터만 읽어내는 즉시, 타당성과 사회적 효력 간의 차이는 사라진다. 즉, 우리가 정당성을 가지고 주장하는 것들이 단지 우리

---

39) 하이데거의 훔볼트 비판에 대해서는 C. Lafont, *The Linguistic Turn in Hermeneutics*, III장 (출간 예정) 참조.

40) M. Heidegger, "Der Weg zur Sprache," in: 같은 이, *Unterwegs zur Sprache*, Pfullingen 1989, 254.

가 〔습득을 통해〕 익숙해진 것들에 동화되게 된다. 비트겐슈타인은 세계형성적 자발성을 역사적 말놀이와 삶의 형식들에 전이시킴으로써 사실확인에 대한 의미-아프리오리의 우위를 확정짓게 된다.

> 한 가정에 대한 모든 검증은, 그것을 뒷받침하거나 논박하는 모든 행위는 이미 한 체계 내에서 이루어진다. 보다 정확히 말해, 이 체계는 우리의 모든 논변들의 대체로 자의적이고 미심쩍은 출발점이 아니라, 우리가 논변이라고 칭하는 것의 본질에 속하는 것이다. 41)

비트겐슈타인은 하이데거처럼 그 자체로는 참이나 거짓일 수 없으면서 참인 진술과 거짓인 진술의 판단기준을 사전에 확정하는 세계이해의 배경이 있다고 추정한다.

---

41) L. Wittgenstein, *Über Gewißheit*, Frankfurt a. M. 1970, 36 (§ 105).

Ⅲ

아주 단순화하여 우리는 20세기 후반의 이론철학의 역사를 두 주요 사조에 의해 특징지을 수 있다. 그 하나는 비트겐슈타인과 하이데거라는 두 영웅에 의한 공관적(共觀的) 총괄(*Synopse*)이라 할 수 있는데, 말놀이와 획기적 세계개창의 고차원적 역사주의는 탈경험주의적 과학이론과 신실용주의적 언어철학 및 후기구조주의적 이성비판에 영감을 불어넣은 공통의 원천이다. 42) 다른 하나는 러셀과 카르납으로부터 출발하는 — 언어학적 전회에 대한 단순한 방법론적 이해에 의해 여전히 각인된 — 경험주의적 언어분석의 흐름으로서, 이것은 콰인과 데이빗슨에 의해 세계적 영향력을 획득하였다. 데이빗슨은 처음부터 대화참여자의 이해행위를 관찰자의 이론적 해석에 동화시키고, 43) 결국에는 언어적으로 구현되고 간주체적으로 공유된 사회적 의미세계에 대한 개별 화자의 개인적 특수어의 우위성을 용인하는 유명론적 언어관에 도달한다. 44) 이로써 언어는 훔볼트가 객관정신의 개념을 가지고 언어에 부여하였던 사회적 사실의 위상을 상실하게 된다.

그런데 여기서 우리의 논의와 관련하여 내가 관심을 갖는 것은 퍼트남이나 더밋 혹은 아펠의 입장과 같이 상이한 입장들로 대표되는 세 번째 사조이다. 이 저자들이 갖는 공통점은 이들이 진리를 단순히 참으로 간주한 것(*Für-wahr-Halten*)에 문화상대주의적으로 동화시키는

42) J. Habermas, "Coping with Contingencies," in: J. Niznik, J. T. Sanders (Hg.), *Debating the State of Philosophy*, Westport, 1996, 1~24.

43) D. Davidson, *Wahrheit und Interpretation*, Frankfurt a. M. 1990.

44) D. Davidson, "Eine hübsche Unordnung von Epitaphen," in: E. Picardi, J. Schulte (Hg.), *Die Wahrheit der Interpretation*, Frankfurt a. M. 1990, 203~227; 이에 대해 더밋은 (M. Dummett, 같은 책, 248~278) 비판적 견해를 취한다.

대가를 치르지 않으면서도 언어학적 전회를 패러다임 변동의 의미로
진지하게 받아들인다는 점이다. 이들의 입장의 특징은 이중적인 비판
노선인데, 그 중 하나는 칸트와 흄이 가졌던 낡은 문제들을 단지 새로
운 수단을 가지고 해결하고자 하는 어정뜬 언어분석에 대한 비판노선
이고, 45) 다른 하나는 스스로를 이성적 존재로 이해하는, 언어능력 및
행위능력을 가진 주체들의 합리적 자기이해를 무시하는 반(反)계몽적
인 의미론적 특수주의에 대한 비판노선이다. 46)

　이 이중적 공격방향은 이미 1950년대 말에 쓰여진 칼오토 아펠의 교
수자격취득논문의 특징이기도 하다.　이 논문에서 아펠은 한편으로는
언어적 의미의 지향설적 이해와 언어적 의사소통에 대한 도구주의적
견해에 반대하면서 "모든 세계이해는 또한(!)　(반드시 완성된 문장들의
형태가 아니라, 분명 문장구성계획, 범주, 개념, 나아가 단어의미들의 형
태의)　종합적 의미-아프리오리를 … 전제한다"47)는 훔볼트의 통찰을 상
기시킨다.　다른 한편 아펠은 언어적 세계개창 기능을 사실서술의 인지
적 기능과 분리하여 독립시키지 말라고 경고한다.　나아가 그는 특수한
"의미설정기획"과 "전적으로 보편타당한 사유단초"의 "상호전제 및 상호
침투 관계"를 공준(公準)으로 가정한다.　이때 그가 지향점으로 삼고
있는 것은 칸트적인 이성과 지성의 건축술[구조]이다.　세계형성적 이
념의 능력인 이성에 해당하는 것은 언어적 세계상의 의미론적 아프리
오리로서, 이것은 지성에 의해, 즉 성과에 따른 합리적 행위의 통제에
의해 비로소 사회의 삶에서 한 자리를 획득하게 된다.　"포이에시스"적
으로 선행투입된 의미가 일정한 파악방식을 확정하는 반면, 이 선행투

---

45) R. Rorty, *Der Spiegel der Natur*, Frankfurt a. M. 1981, 287.
46) R. Brandom, *Making It Explicit*, Cambridge, Mass., 1994, 5: "우리는
　　합리적 이유의 구속력을 수용하며 보다 나은 이유의 고유한 힘에 복종하는
　　존재들이다."
47) K. -O. Apel, *Die Idee der Sprache in der Tradition des Humanismus von
　　Dante bis Vico*, Bonn, 1963, 27.

입은 역으로 성공적 "실천"(프락시스)을 통한 검증에 의존적이다. 48) 이로써 의미와 실천의 "매개" 문제는 명확하게 되었다. 그러나 그러한 매개가 어떻게 작동하는지는 여전히 불명확한 채로 남아있다.

똑같은 문제가 전혀 다른 배경하에서—훔볼트적 전통과는 무관한—마이클 더밋에게도 제기되었다. 더밋은 비트겐슈타인을 따라서 말놀이가 간주체적으로 공유된 의미지평을 기안(企案)하고 문화적 삶의 형식을 각인한다는 것을 받아들인다. 공적 제도로서 언어는 한 언어공동체의 현존 실천관행과 착종되어 있다. 그러나 더밋은, 진리조건으로부터 그 비판적 가시를 빼버림으로써 언어의 인지적 기능의 고유한 권능을 부인하는 비트겐슈타인의 사용이론적 의미이론에 대하여, 인식적으로 전환된 진리의미론을 주장한다. 명제가 그 자체의 진리조건의 표현이라면, 우리는 명제를 이해하기 위해 그 명제가 실제 참인 조건들을 인식할 수 있어야만 한다. 그 명제를 참이라고 간주하는 화자의 습관을 적시(摘示)하는 관찰가능한 상황에 대한 앎만으로는 부족하다. 진리조건에 대한 앎은 어째서 이 조건들이 어떤 경우에는 충족되어 있는지를 말해주는 근거에 대한 앎에 의지하고 있다. 한 진술의 진리조건과 그에 해당하는 진리주장을 정당화할 수 있는 근거들은 내적 연관관계를 갖기 때문에 정당화의 실천, 즉 논변놀이는 더밋에게도 특별한 위상가치를 갖게 된다.

주장의 말놀이는 주장을 제기하고 이를 부인하는 것만이 아니라 주장의 근거를 제시하거나 반론을 제기하는 것도 포함한다.

다른 이가 행한 진술을 받아들이거나 거부하는 것, 그것이 정당한 것인지의 여부를 검사하는 것, 그리고 상황이 한 번에 혹은 연속적으로 행해진 진술을 정당화하는지 아닌지를 평가하는 것—이 모든 것은 언어사용의 실천에 대한 완전한 설명을 통해 기술되어야 하는

---

48) 같은 책, 38.

활동들이다. 그것들은 모두 언어사용 실천의 구성요소들이다. 다른
한편 한 진술이 그 자체의 진리조건을 충족시키는 것은 분명 그 자체
로 그 진술사용의 특징은 아니다. 논쟁의 대상이 되는 문제는, 그럼
에도 불구하고 언어적 실천을 특징지음에 있어 그것에 호소할 필요
가 있는가 하는 것이다. 49)

참여자들이 근거를 제시하고 서로 요구하는 저 말놀이의 형식화용론은
더밋에게도 그가 단지 기술적(記述的) 방법만을 사용하는 언어학적 현
상학의 임시변통적 성격에 반대하며 제시하는 의미이론의 토대를 제공
한다. 칼오토 아펠의 선험화용론에 관한 생각도 똑같은 의도에서 나온
것이다.

(1) 제 2차 세계대전 이후 독일은 중단되었던 분석철학적 전통을 비
로소 다시 학습해야만 했다는 점에서 특수한 논의상황에 처해 있었
다. 50) 이 재학습 작업에 있어 아펠은 당시 — 해석학적으로 각인된 그
의 관점에서 — 하이데거의 입장과 비트겐슈타인의 입장 간의 합치점들
을 발견했던 최초의 사람들 가운데 하나이다. 51) 그런데 하이데거의 이
성비판에 대한 모든 메타비판적 반론은 또한, 아니 무엇보다도, 당시
막 출간되었던 한스 게오르그 가다머의 저서《진리와 방법》(1960)에서
개진된 최신형태의 철학적 해석학과 비판적으로 대결해야 하였다.

---

49) M. Dummett, "Language and Communication," in: 같은 이, *The Seas of
Language*, Oxford 1993, 182; 이에 대해서는 또한 A. Matar, *From
Dummett's Philosophical Perspective*, Berlin/New York 1977, 94 ff. 참조.

50) K.-O. Apel, "Die Entfaltung der 'sprachanalytischen' Philosophie und
das Problem der "Geisteswissenschaften"" (1964), in: Apel (1973), Bd.
II, 28~95.

51) K.-O. Apel, "Wittgenstein und Heidegger" (1962), in: Apel (1973), 225
~275.

가다머는 의미이해 분석을 하이데거처럼 의미론적으로 언어적 세계
개창에서 출발하지 않고, 화용론적으로 저자와 해석자 간의 상호이해
에서 출발하였던 것이다. 그는 전범적(典範的) 텍스트들의 해석작업을
콜링우드(Collingwood)와 유사하게 문답의 대화논리를 지침으로 삼아
연구하였다. 대화는 서로 무언가에 대해 의사소통하는 대화참여자들
간의 이해의 모델케이스로 여겨졌다. 대화를 통해 1인칭 인격과 2인칭
인격간의 상호 연관적인 동시에 교환가능한 시각들에 뿌리박은 공유된
생활세계의 간주체성과 현재 화제의 대상인 객관세계 내의 어떤 것에
대한 지시가 착종된다. 대화에는 훔볼트도 이미 통찰했던 바와 같이
사상(事象)에 대한 지시가 내재한다. 그리고 이 사상지시는 말한 것의
의미와 진리가능성 간에 내적 연관을 창출한다. 그렇지 않다면 훔볼트
는 상호 이해(Verstehen) 지평의 해석학적 확장과 더불어 동시에 이것
과 보편적 상호이해[의사소통](Verständigung)에 대한 희망을 결합할 수
없었을 것이다.

첫눈에 가다머도 언어의 의사소통적 차원과 함께 이성의 보편주의적
실현가능성을 복원하는 듯이 보인다. 또한 그의 견해에 따르면 상호
이해의 시도는 애초의 상이한 이해지평들의 확장을 거쳐 궁극에는 이
들의 "융합"을 지향하는 경향성을 갖는다. 그리고 이 상호 이해의 동학
(動學)은, 가다머도 아주 잘 인식하고 있듯이, 사상(事象) 자체에 대
한 상호이해의 진전이라는 논리의 궤도를 따라 전개된다. 그럼에도 불
구하고 가다머는 훔볼트와 전혀 다른 결론에 도달한다. 하이데거의 경
우와 마찬가지로 상호이해과정을 조절하는, 대화에 내재하는 사상(事
象)지시는 언제나 공동의 전통에 의해 창출된 선행적 합의라는 기반
위에서만 성립된다고 보기 때문이다. 왜 이 화용론적으로 출발한 해석
학조차 결국 "존재론적 방향전환"[52]을 하게 되는지는 그 작업의 동기

---

52) H. G. Gadamer, *Wahrheit und Methode*, Tübingen 1960, Dritter Teil
(제3부).

를 알게 되면 이해된다.

　가다머는 니체의 《반시대적 고찰》 제 2편 〈생에 대한 역사의 공과〉이래 "역사주의 문제"로서 동시대인들을 사로잡았던 것에 대한 답변으로서 자신의 해석학을 발전시켰다. 가다머는 그가 보기에 위대한 역사적 전승들을 그 맥락에서 분리하여 박물관에 가두고 그것들의 고무적(鼓舞的)인 내적 잠재력을 박탈함으로써 "〔교양〕형성적 힘"으로 중립화시키는 정신과학의 객관주의에 대항하고자 하였다. 그런 까닭에 그는 고전적 작품들의—문학, 예술 및 종교 작품들, 예를 들어 법학적 텍스트들과 같은 교의적 전승물 일반의—해석학적 전유(專有)를 모범으로 삼았다. 고전적 작품들을 고려할 때 해석자의 해석학적 초기상황에 대한 성찰은 가다머에게 중요한 바로 그 통찰을 분명하게 드러내줄 수 있기 때문이다. 해석자가 해석이 필요한 텍스트에 접근할 때 동원하는 선이해는 해석자가 원하든 원치 않든 간에 텍스트 자체의 영향사에 의해 이미 삼투(滲透)되어 있고 미리 각인되어 있다.

　이러한 사정으로부터, 첫째로 해석과정은—즉 텍스트에 근거한 선이해의 교정과 저자와의 가상적 대화를 통한 이해의 정밀도 고양(高揚)은—양측〔저자와 해석자〕을 항상 이미 포괄하고 있는 공동의 역사적 맥락이라는 기반 위에서만 가능하다는 것이 설명된다. 둘째, 해석자는 이와 같은 방식으로 전승의 생기(生起) 속에 들어와 있기 때문에, 전범적 텍스트의 해석은 우월한 지식을 현재 상황에 적용하는 데 있다. 이런 방식으로 해석학적 작업은, 반성적 전유를 통해 전통을 중단시키거나 그 구속력을 손상시키지 않으면서도 전통을 계승발전시킬 수 있다. 셋째, 해석학은 한 혈연공동체의 윤리적 자기이해 확보라는 본질적으로 보수적인 과제를 갖기 때문에 정신과학적 방법, 즉 해석을 과학적 진술에 동화시키려는 시도 일반은 오해에 근거하고 있는 것이다. 전통의 생생한 핵심에 대한 해석학적 확인은 문제시되지 않은 채 미리 확정되어 있고, 그런 점에서 "버팀목 역할을 하는 동의"에 의존적

이다. 더 정확하게 말해서 그 속에는 다시금 그 언어공동체 자체의 선
행적 자기이해 및 세계이해가 분절적으로 표출되어 있다. 그런 까닭에
"진리"와 "방법"은 대립관계를 형성한다. 진술의 진리성을 확보해준다
는 방법적 조치는 전승 생기의 '계시적' 진리를 단지 차단할 뿐이라는
것이다.

한 저자를 그 자신이 스스로 이해한 것보다 더 잘 이해해야 한다는
전통적인 해석학적 원칙을 가다머는 그 저자를 끊임없이 다르게 이해해
야 한다는 것으로 축소한다. 이와 달리 아펠은 과학적 분과학으로서의
해석학은 "더 잘 이해하기"라는 목표와 잣대를 고수해야 한다고 주장한
다. 이해가능성의 조건은 "이해의 타당성에 대한 방법론적 연관성을
갖는 물음"을 동시에 제기하지 않고서는 결코 해명될 수 없다. 규범적
진리개념이 실제로 일어나는 세계개창의 시대변동 쪽의 편을 들어 폐
기되어서는 안 된다면, "모든 이해에서의 타당성에 대한 반성은 구제
되어야" 한다. 53)

아펠은 상이한 언어적 세계조망방식들의 통약가능성을 화용론적 보
편자들을 가지고 설명하려고 한다. 이 작업에서 그는 언어지식 자체
도, 그것이 동시에 인지적 세계교류를 통해 가능하게 만드는 실천들을
시금석으로 하여, 스스로를 간접적으로 입증해야 한다는 생각을 지침
으로 삼는다. "주관적 의미이해의 선행적 각인의 가능성은 '살아있는'
언어들의 의미론적 구성요소들의 구조가 언어사용 차원에서 화용론적으
로 성공적인 의미 상호이해를 통해 변화될 수 있다는 정반대의 가능성
을 함축한다."54)

---

53) K. -O. Apel (1973), Bd. Ⅰ, 49.
54) K. -O. Apel (1973), Bd. Ⅱ, 352. 나는 언어의 세계개창 기능의 분리 · 독
    립화에 대한 아펠의 비판을 처음부터 공유하고 장려해왔기 때문에 라퐁트
    (C. Lafont) 의 저서 《해석학에서의 언어학적 전회》(*The Linguistic Turn in*
    Hermeneutics, 출간 예정) 의 제 2장의 구성이 잘못되었다고 생각한다. 라퐁

(2) 당시의 논의구조에서 언어의 인지적 기능을 과학적 **인식**과 **계몽** 이라는 이중적 측면에서 논의하는 것은 자명한 일이었다. 실로 계몽은 인식주체에 대한 반성적 연관설정을 통해 과학[학문]과 구분된다. 계 몽은 "일차적으로 지식의 진보가 아니라 [어리석은] 순진함의 상실 (*Naivitätsverlust*) 이다."[55] **반(反)과학적인** 가다머에 대항하여 포퍼는 경험과학적 학습과정을 입증해줄 증언을 제시하였다. 즉, "그래도 누 적적인 지식의 증대가 있지 않았는가?"라고 말이다. 그리고 **전통주의자** 가다머에 대항하여 아도르노는 이데올로기 비판적 논변을 제출하였다. 즉, "'버팀목 역할을 하는 동의'의 영향사적 지배와 더불어 동시에 바 로 강제 없는 의사소통의 조건을 파괴하는 승자들의 사실적 강권(强 權) 역시 관철되지 않았는가?"라고 말이다. 나아가 가다머가 정신과학 의 방법적 이상에 대한 비판적 논의를 통해 자신의 사상을 발전시켰기 때문에 《진리와 방법》에 대한 비판을 "설명과 이해"에 대한 논쟁으로 전개하는 것 또한 자명한 일이었다.[56] 이데올로기 비판과 과학 비판이 라는 두 논변노선은 그 뒤 인식관심 이론으로 통합되었으나, 이 이론 은 지금은 학계의 논의대상에서 벗어난 이론이 되었다.[57]

트의 비판이 의지하고 있는 '지시문제의 경시'는 단지 보다 광범위하게 개진 된 반론들의 스펙트럼의 한 단면에 불과하기 때문이다. Habermas (1988), 50 ff., 55 f., 103 f., 175 ff.; 같은 이, *Der philosophische Diskurs der Moderne*, Frankfurt a. M. 1985, 240 ff. 참조.

55) E. Martens, H. Schnädelbach, *Philosophie*, Heidelberg 1985, 32.

56) J. Habermas, *Zur Logik der Sozialwissenschaften* (1967), Frankfurt a. M. 1982, 271~305; K.-O. Apel et al., *Hermeneutik und Ideologiekritik*, Frankfurt a. M. 1971. 이 논쟁은 같은 시기에 출간된 폰 브리트(G. H. von Wright)의 저서 《설명과 이해》(*Explanation and Understanding*, London 1971)의 뒤를 이어 분석철학적 논문들도 포함된 형태로 지속되었다. 이와 관련하여서는 K.-O. Apel, J. Manninen, R. Tuomela (Hg.), *Neue Versuche über Erklären und Verstehen*, Frankfurt a. M. 1978 참조.

57) K.-O. Apel, "Szientistik, Hermeneutik, Ideologiekritik"(1968), in: Apel

118

이 시도는, 우리의 논의와 관련하여 그 속에서 선험적 해석학 내지는 형식화용론의 윤곽이 드러나고 있다는 점에서만 관심의 대상이다. 58) 이른바 통약불가능한 세계조망방식들의 다원주의에 대하여 아펠은 두 가지 이론전략적 구분을 가지고 대처한다. 그는 오직 복수로만 등장하는 언어적 세계상의 의미론적 의미-아프리오리와, 목적합리적 행위 및 상호작용의 보편구조와 착종된, 자연과학 및 정신과학의 대상영역들의 구성을 구분한다. 이 화용론적 아프리오리는 경험가능한 대상들을 규정하는 동시에 진술의 — 한편으로 사물과 사건에 대한 진술과 다른 한편으로 인격체들과 그들의 발언 및 맥락에 대한 진술의 — 범주적 의미를 규정한다. 두 번째로 아펠은 이 **경험-아프리오리**와 진리주장이 검증되는 합리적 논의의 보편화용론적 전제의 형태를 갖는 **논변-아프리오리**를 구분한다. 즉, 칸트와 달리 아펠은 가능한 경험의 객관성의 화용론적 조건과 진리주장의 논의적 이행의 의사소통 조건을 구분함으로써 **대상구성**과 **타당성에 대한 반성**을 분리한다. 59)

타당성에 대한 반성을 화용론적으로 해석하면서 아펠은 협력적 진리탐구의 의사소통적 조건과 마주치게 된다. 이것에 영향을 미친 것은 퍼스(Charles S. Peirce)가 발전시킨 무한한 의사소통공동체 모델인데, 이 공동체에서 연구자들은 (언제나 가능한) 반대논변들을 논박하는 논의방식을 통해 (원칙적으로 수정 가능한) 동의에 도달할 목적으로 그들

(1973), Bd. Ⅱ, 96~127; J. Habermas, *Erkenntnis und Interesse*, Frankfurt a. M. 1968.

58) 나의 언어화용론적 작업들에 대해서는 J. Habermas, *On the Pragmatics of Communication*, hg. von M. Cook, MIT Press, Cambridge, Mass., 1998 참조.

59) J. Habermas, "Nachwort," in: 같은 이, *Erkenntnis und Interesse*, Frankfurt a. M. 1973, 382~401; 또한 M. Niquet, *Transzendentale Argumente*, Frankfurt a. M. 1991; 같은 이, *Nichthintergehbarkeit und Diskurs*, Habilitationsschrift der Universität Frankfurt a. M. 1994 참조.

의 오류가능한 주장들을 서로에 대해 정당화한다. 이 생각은 논의이론
적 진리개념(*Diskursbegriff der Wahrheit*)의 동기를 제공했을 뿐만 아니
라, 60) 정언명령에 대한 간주체주의적 해석방식을 제안하는 논의윤리
학의 출발점을 이루는 것이기도 하다. 가다머가 해석학적 이해를 원칙
적으로 아리스토텔레스처럼 공동의 전통을 통해 창출된 공동체의 윤리
적 자기이해 확보로 파악하는 반면, 아펠은 정의(正義) 문제에 맞게
재단된 칸트적 도덕이해를 주장한다. 아펠에게 이제 ─ 화용론적으로
변형된 ─ "의식 일반"의 체계적 위상을 차지하게 된 언어는 "상호이해
및 자기이해 확보의 가능성과 타당성의" 필요조건이며, "그로써 동시에
개념적 사유와 대상적 인식 및 의미 있는 행위의" 필요조건이다. 61)

(3) 비록 이 포괄적 프로그램이 해석학적 언어개념으로부터 영감을
받기는 했지만, 퍼스에 기댄 기호학을 도외시한다면 언어이론의 핵심
요소라 할 ─ 분석철학적 전통에서 말하는 바의 ─ "의미이론"이 결여되
어 있다. 이해작용의 역할과 유효범위에 관한 **방법론적** 논쟁의 출발점
은 왜 아펠이 자신의 프로그램을 먼저 인식론적 개념들을 가지고 발전
시켰고, 그 다음에 도덕이론 쪽으로 전개해 갔는지를 해명해준다. 62)
의사소통행위와 생활세계라는 상보적 기본개념들 위에 구축된 사회이
론의63) 맥락 안에서 드디어 좁은 의미의 언어이론의 결핍은 간과할 수

---

60) J. Habermas, "Wahrheitstheorien"(1972), in: 같은 이, *Vorstudien und
Ergänzungen zur Theorie des kommunikativen Handelns*, Frankfurt a. M.
1983, 127~183.

61) K. -O. Apel (1973), 333.

62) K. -O. Apel, "Das Apriori der Kommunikationsgemeinschaft und die
Grundlagen der Ethik," in: 같은 이 (1973), Bd. Ⅱ, 358~436; 같은 이,
Diskurs und Verantwortung, Frankfurt a. M. 1988.

63) J. Habermas, *Theorie des kommunikativen Handelns*, Frankfurt a. M.
1981.

없게 되었다. 그런데 이러한 의미이론의 방향에 관한 두 가지 사항이 이미 결정되어 있었다. 그 하나는 상호이해의 형식화용론을 언어적 세계개창의 의미론이 갖는 특수주의적 귀결들로부터 분리시키는 것이고, 다른 하나는 — 진리와 도덕적 올바름이라는 두 가지의 논의적으로 이행가능한 진리주장들 간의 또 다른 구분과 함께 — 논의의 차원과 행위의 차원을 구분하는 것이다. 나는 이러한 형식화용론적 의미이론의 가장 중요한 기본가정들을 최소한 언급이라도 하는 걸로 이 글을 맺고자 한다. 왜냐하면 이를 통해 어떻게 해석학적 관점에서 분석철학의 주요 결과들이 수용되고 소화될 수 있는 지가 드러나기 때문이다.

(a) 오스틴(Austin)과 써얼(Searle)이 전개한 발화행위이론은[64] 더밋의 의미이론의[65] 기본사상을 의사소통행위 이론의 틀 안에 자리매김하는 데 적합하다. [66] 우선 **의미와 타당성**〔효력〕간의 내적 연관에 관한 의견 하나를 말하고자 한다. 우리가 한 명제를 이해하는 경우는 우리가 어떻게 그 명제가 참임을 논증할 수 있으며, 그 명제를 참이라고 받아들일 때 어떤 행위연관적 결과가 나오는지를 알 때라고 하는 더밋의 의미론적 테제는[67] 이미 화자가 발화행위를 수행하면서 자신의 발

---

64) J. R. Searle, *Speech Acts*, Cambridge 1969; 같은 이, *Expression and Meaning*, Cambridge 1979; 써얼의 지향설에 대한 비판으로는 K.-O. Apel, "Is Intentionality more than Linguist Meaning?," in: E. Lepore, R. van Gulick (Hg.), *John Searle and his Critics*, Oxford 1991, 31~56; J. Habermas, "Comments on J. Searle: 'Meaning, Communication, and Representation'," 제 1장, 17~30 참조.

65) M. Dummett, "What is a Theory of Meaning? II," in: Dummett (1993), 34~93.

66) J. Habermas (1983), Bd. 1, 369~452; Bd. 2, 182~205.

67) M. Dummett, "Language and Truth," in: Dummett (1993), 142: "우리가 지금까지 고찰한 것은 한 언어의 문장들의 의미를 설명하는 두 양자택일적 방식이다. 즉 어떻게 문장들이 참임을 근거지을 수 있는가를 밝힘으로써

화내용에 대해 타당성을 주장할 때 화자가 청자에게 요구하는 비판적 입장표명에 맞추어 마름질된 것이다. 청자가 발언을 이해하는 경우는 그가 한편으로 그 발언에 상응하는 타당성주장이 간주체적 인정을 받을 수 있도록 해주는 근거들의 종류를 알고 있고, 다른 한편으로 그 타당성주장의 수용이 수반하는 행위연관적 결과를 알고 있는 경우이다.[68] 한 발언의 의미와 그 발언의 합리적 수용가능성 조건 간의 내적 연관은 이해와 상호이해에 관한 화용론적 개념파악으로부터 나온다. 이에 따르면 발화행위의 발화수반적 성공 여부는 비판가능한 타당성주장에 대한 '그렇다/아니다'라는 입장표명을 기준으로 결정된다.

   (b) 본래적으로 논변적 성격을 갖는, 상호이해를 목적으로 하는 의사소통은 그 자체 **논의**의 차원과 **행위**의 차원에 따라 세분화되어 있다. 의사소통적 행위 속에 순진하게 제기되어 있고 공동의 생활세계의 맥락 속에서 대체로 자명하게 이해되는 타당성주장들이 문제가 되어서 근거들을 제시하며 수행되는 논란의 대상이 되는 즉시, 참여자들은 (아무리 초보적인 방식이라 할지라도) 의사소통행위에서 다른 의사소통 형식으로, 즉 그것을 통해 서로 설득하면서 또한 서로에게서 배우고자 하는 논변실천으로 이행한다. 그러한 합리적 논의의 변화된 의사소통 조건하에서는[69] 그때까지 자명한 생활세계적 배경에 속했던 의견들의 타당성 여부가 검토된다. 이때 객관세계 내의 어떤 것에 대한 기술적 진술과 사회적 세계의 구속력에 대한 규범적 진술이 분리, 구분된다.

   (c) 말하자면, 참여자들의 등 뒤에서 각기 대화의 맥락과 의사소통

   설명하는 방식과 그것들을 참이라고 받아들이는 데에는 무엇이 관련되어 있는가를 밝힘으로써 설명하는 방식이 그것이다. … 이 두 방식 모두 발화의 실천을 설명하는 데 필요하다는 점에서 양자는 상보적이다."

68) 추론적 의미론과 형식화용론간의 상보적 관계에 근거하고 있는 브랜덤 (R. Brandom, 1994)의 언어이론 참조.

69) J. Habermas (1981), Bd. 1, 44~71.

내용의 원천을 형성하는, 언어적으로 구조화된 **생활세계**는 — 의사소통 참여자들과 행위자들이 세계 내의 어떤 것에 대해 언어적으로 지시하거나 혹은 일반적으로 세계 내의 어떤 것과 실천적으로 관계하면서 스스로 취하는 — 객관적 세계 및 사회적 **세계**의 **형식적** 가정과는 구분되어야 한다. 일찍이 인식론적 관점에서는 두 대상영역의 구성으로 구상되었던 것이 이제 형식화용론에서는 순수하게 형식적인 지시연관체계들 내지는 "세계들"의 상정으로 승화되었다. 이 세계들은 세계 안에서 마주할 수 있는 모든 것에 대한 문법적 지시연관체계를 형성한다. 즉 여기서 논의되고 있는 것은 바로 내용적으로 더 이상 상세히 규정되어 있지 않은 지시의 틀이다. 그것이 우리가 객관화하는 태도를 취하면서 그에 대한 사실을 진술하는 가능한 대상들에 대한 지시이든 발화수행적 태도를 취하면서 그 구속력을 주장하는 가능한 간(間)인격적 관계 및 규범에 대한 지시이든 간에 말이다.

(d) 상호이해 지향적 행위와 합리적 논의 및 진술의 세계지시연관에 본질적인 화용론적 보편자들(*Universalien*)이 어떻게 언어적 세계상과 언어적으로 구조화된 생활세계의 자문화중심주의(*Ethnozentrismus*)를 깨부술 수 있는가 하는 물음이 아직도 남아있다. 가다머의 경우에서 살펴보았듯이 언어의 의사소통적 차원은 그 자체로 보편주의적 잠재력을 갖고 있는 것이 아니다. 항상 특수한 의미지평 내에서 수행되는 학습과정의 결과는, 오직 세계지식이 **언어지식**에 의해 가능하게 될 뿐만 아니라 이 언어지식에 대하여 수정할 수 있는 힘을 획득할 수 있을 때에만, 언어적으로 개창된 세계의 한계 자체를 변화시킬 수 있다. 수정할 수 있는 힘은 — 우리가 한편으로 동일하고 독립적이라고 상정한 객관세계와 실용적으로 교류하면서 갖게 되고, 다른 한편으로 공유하고 있다고 상정된 사회적 세계의 구성원들과 상호작용적으로 교류하면서 갖게 되는 — 행위연관적 경험을 논의를 통해 소화해내는 것에 의해 설명된다. 경험을 통해 익숙한 실천관행이 와해되었다는 사실이 알려지

면, 그로 인해 가정과 규범적 행위기대(期待)에 대한 철저한 수정이, 심지어 언어지식까지도 건드리는 수정이 시작될 수 있다.

(e) 그러한 실망을 통해 부인하기 어려운 **수행적**(*performativ*) 실패가 드러난다. 이 실패의 원인이 더 이상 〔우리의 가정과〕 협력하지 않는 객관세계의 저항 때문이든 규범적으로 부조화한 낯선 삶의 형식의 객관정신의 항변 때문이든 간에 말이다. 이와 관련하여 논의와 행위의 구분은 다른 방식으로, 즉 의사소통 단계들간의 언어 내적 차이로서가 아니라 언어와 (비록 명제적으로 구조화되어 있으나) 비언어적 행위 간의 차이로서 작용하게 된다. 실재〔세계의 문제들〕의 목적지향적 극복이나 규범에 따른 상호작용의 맥락으로부터 구축(驅逐)된 타당성주장들은 논의에서 그 자체로 논의주제가 되어 검증되고, 경우에 따라서는 수정된다. 세계로부터 배우고, 경험적 선입견을 교정하기 위해서는 논의참여자들의 가설적 태도에 **가추법적**(假推法的, *abduktiv*)[70] 상상력이 추가되어야 하는 반면, 합리적 논의라는 맥락초월적 의사소통 형식은 **서로에게서 배우는 상호학습**에 직접적 중요성을 갖는다. 논의에서 기대되는 생활세계적 시각들의 탈중심화는 도덕적 연관을 갖는 행위갈등에 있어 ─ 가치의 일반화를 통해 공동으로 인정된 규범에 도달하기 위해 필요한 ─ 각각의 고유한 가치지향의 지평을 서로서로 확장시키는 것을 장려한다.

(f) 이러한 형식화용론적 입장은 자신들의 발언에 대해 비판가능한 타당성주장을 제기하는 대화참여자들 간의 논의적 상호이해 개념으로부터 언어개념을 발전시킨다. 인지적으로 이행가능한 타당성주장들은 두 가지 관점에 따라 구분된다. 즉 우리는 객관세계 내의 사물과 사건

---

70) 옮긴이 주: 퍼스에 따르면 가추법(*abduction*)은 연역법 및 귀납법과 함께 과학적 추론방식의 하나로서 가설적 규칙과 관찰결과로부터 일정한 경우의 성립을 추론하는 방법이다. 과학적 가설 내지 이론의 '발견'을 위해 동원되는 가추법의 본질은 근거 있는 '추측'이다.

124

에 관한 진술에 대해 진리 주장을 내세우고, 똑같은 눈높이에서 오직 발화수행적 태도로서만 접근가능한 사회적 세계에 속하는 규범적 기대와 간인격적 관계에 관한 진술에 대해 **옳음**(*Richtigkeit*)을 주장한다. 언어의 인지적 기능은 세계개창 기능에 대해 상대적 독립성을 획득하는데, 이것은 사회도덕적 학습과정의 영역에서도 그렇고, 외적 실재〔세계의 문제들〕극복의 (보다 좁은 의미의 "인지적") 차원에서도 그렇다. 이런 이유로 이 언어관에 기반한 의사소통행위 이론은 유물론적 사회이론과 연결될 수 있다. 세계내적 학습과정의 사회진화론적 고유성을 고려하는 사회이론은 문화적·사회적 근대화에 대한 섬세한 평가에 이르게 되며, 어쨌든 총괄적 이성비판의 영향하에 이루어지는, 근대에 대한 일괄적 평가절하에 저항한다.[71]

(4) 해석학적 전통과 분석철학적 전통 간의 외관상 가장 눈에 띄는 차이에 대해 나는 아직 언급하지 않았다. 대체로 인식론으로부터 물려받은 문제들로 만족하는 분석적 언어철학에는 일반적으로 시대진단적 문제들에 대한 감수성과 적절한 포착이 결여되어 있다. 그래서 헤겔 이래로 근대에 관한 철학적 논의는 이른바 대륙철학의 영역으로 남게 되었다. 이런 측면에서 — 다른 문제들과 관련하여서는 이미 진부한 것이 된 — 분석철학적 사조와 대륙철학적 사조의 대비는 아직 일정한 의미를 갖는다.[72] 시대정신에 대한 비트겐슈타인의 성찰들조차도 — 이 성찰들은 그의 반과학주의적 성향, 과학기술에 대한 비판, 진보에 대한 회의, 사회학에 대한 혐오, "문화"와 "문명"의 대립설정, "천재성"에 비하여 "재능"과 영리함의 평가절하 등 한마디로 말해 매우 독일적인

---

71) J. Habermas (1985) ; 같은 이, "Konzeptionen der Moderne. Ein Rück-blick auf zwei Traditionen," in: 같은 이, *Die postnationale Konstellation*, Frankfurt a. M. 1998, 195~231.

72) 더밋의 이의제기 참조. Michael Dummett (1988), 7 f.

이데올로기의 소품들로서, 이것들은 그의 스승 버트란트 러셀과 그를 구분시키는 불리한 요소들이다[73] ― 얼기설기 엮어진 개인적 견해들에 머물 뿐, 적어도 타의 추종을 불허하는 그의 철학적 업적 자체에는 어떠한 구조형성적 힘도 갖지 못하였다.

반면 하이데거의 경우에, 문화비판은 그의 철학 전체를 관통하고 있다. 그는 이미 《존재와 시간》에서 위대한 시대비판가 아리스토텔레스와 키르케고르 같은 태도로 칸트 이전의 형이상학과 칸트 이후의 윤리학을 결합시킨다. 그리고 전회(Kehre) 이후에 과학기술을 포함한 전체주의적인 시대적 특징들 일반에 대한, 널리 영향을 미친 비판에 영감을 불어넣은 것은 데카르트주의의 '설득력 있는 해체' 및 니체와의 대결이었다. 여기서 하이데거는, 이미 막스 베버와 게오르그 루카치가 방식은 달라도 유사한 비판적 시각으로 다룬 주제들을 다시 끄집어내어 사유했다. 하이데거는 형이상학비판을 수단으로 삼아 그가 당면했던 시대 분석을 행함으로써 유물론적 사물화(事物化) 비판에 상응하는 관념론적 비판을 제공하였다. 그러나 우리의 논의와 관련하여 나의 관심을 끄는 것은 무엇보다도 하이데거가 진단한 근대의 운명이 갖는 동질화 경향적이며 동시에 재앙으로 가득 찬 성격이다. 이 진단 ― 스스로에게 권력을 부여하며 사방의 모든 것을 대상화하는 주체성 ― 은 그 자체로 독창적인 것은 아니다. 그것은 《계몽의 변증법》의 직접적 반영이다. 하이데거가 덧붙인 것은 난폭해진 자기보존의 현상을 역사 속으로 틈입(闖入)한 운명적 힘의 재앙으로 부각시켜 표현한 것이다. 이는 그가 이 현상을, 근대를 포획하고 모든 차이들을 제거하고 압도하는 세계이해 및 자기이해의 증후로 파악하기 때문이다.

"기술"(技術)이 그러한 "존재역운"(存在歷運, Seinsgeschick)의 특징을 가질 수 있는 이유는 오로지 하이데거가 주체철학적 사유를 비판하는

---

73) L. Wittgenstein, *Vermischte Bemerkungen*, Frankfurt a. M. 1977.

126

수단으로 삼았던 형이상학비판이 언어적 세계개창 개념에 의지하고 있기 때문이다. 우리가 언어의 세계개창적 기능의 실체화를 피하면, 더 섬세한 근대상(近代像)이 나올 수 있다. 세계개창과 세계내적 학습과정 간의 변증법을 허용하는 즉시, 모든 것을 예단(豫斷)하는 세계관의 일석주(一石柱)적이고 숙명적인 성격이 와해되기 때문이다. 동시에 저 진단 자체는 관념론적 성격을 상실하게 된다. 왜냐하면 그렇게 되면 근대의 병리현상들은 더 이상 불가피하게 기형화하는 세계이해의 의미론으로 환원되지 않기 때문이다. 이제 마지막으로 훔볼트를 다시 되돌아보려는 것은 그가 이에 관한 가르침을 주기 때문이다.

물론 훔볼트는 근대비판에 대해 자신만의 의미심장한 기여를 한 바가 없다. 하지만 그는 언어적 상호이해의 사회통합적 기능의 마비가 갖는 역기능적 결과를 통찰한다. 의사소통적 행위를 통해서 개인화와 사회화가 착종된다.74) 언어는 "개별화함으로써 결합하고", 이로써 의사소통적으로 사회화된 주체들을 "개별화에 의한 타락으로부터" 보호한다.75) 이 관점에서는 특징적인 사회적 병리현상들을 의사소통적으로 매개된 사회통합의 교란으로 파악할 수 있다. 하지만 그렇게 보면 문제는 체계상 왜곡된 의사소통의 패턴들에 대한 분석과 설명이기 때문에, 철학은 이 문제에 대한 독점적 고유권한을 상실한다. 하이데거는 시대진단을 독자적으로 〔철학적으로만〕 수행하는 반면, 훔볼트의 언어철학은 의사소통적 행위를 통해 재생산되는 생활세계를 사회적 연대의 자원으로서 중시하고, 이 연대가 항상 다른 두 사회통합메커니즘인 시장과 관료제에 의해 압도되고 파괴될 위험에 처해 있다는 것을 아는 사회이론과의 협업을 종용한다.76) 이 시각에서 보면 근대를 위협

74) J. Habermas, "Individuierung durch Vergesellschaftung," in: 같은 이, *Nachmetaphysisches Denken*, Frankfurt a. M. 1988, 187~241.

75) W. v. Humboldt, "Über die Verschiedenheiten des menschlichen Sprachbaus," *Werke*, Bd. Ⅲ, 160 f.

하는 것은 모호하고 재앙으로 가득 찬 존재역운이라는 단조롭고 불가
피한 징조가 아니라 사회적 연대의 생활세계적 자원을 소진시키는 체
계의, 특히 경제체계의 강제적 명령이다.

---

76) J. Habermas (1981), Bd. 2, 485~488.

상호이해의 합리성

●
●
●

의사소통적 합리성 개념에 대한 화행론적 해명

헤르베르트 슈내델바하의 회갑을 기념하여

발언의 논증가능성과 비판가능성을 지침으로 삼아 합리성 개념을 분석하고, 이로써 논변실천에 구현되어 있는 절차적 합리성에 핵심적 위상을 부여하려는 나의 시도에 대하여 헤르베르트 슈내델바하(Herbert Schnädelbach)는 심각하게 받아들여야 할 이의를 제기하였다. 그의 의견은 이렇다.

모든 합리적 발언이 원칙적으로 재질문을 바탕으로 (그 발언의 언어적 서술방식을 논변적으로 이어받아) 옹호될 수 있다는 것은 시인할 수 있다. 그러나 이 말은 논변이 이어받아 의지하는 것 자체도 합리적으로 여겨질 수 있기 위해서는 반드시 논변형식을 가져야만 한다는 것을 함축하지는 않는다. 논변적 내지는 논의적 합리성(하버마스)은 단지 하나의 부분적 영역일 뿐이기 때문이다. 논증적 합리성 모델에 대한 집착은, 모든 것이 완벽하게 논변적으로 혹은 논의적으로 이행되지 않는 한, 그 모든 것을 비합리적이라고 간주하는 오류를 초래한다. 만약 그렇다면, 그로써 비합리적인 것의 영역은 정말 엄청나게 확대되게 될 것이다. 실재성 검증능력(프로이트), 시행착

오에 의한 학습능력(포퍼), 재귀적 행위맥락에서의 문제해결능력(겔
렌), 목적지향적 수단선택능력(막스 베버)도 역시 합리적이며, 여기
에 덧붙여 그 밖의 많은 유명한 본보기들을 나열할 수 있을 것이다.
여기 언급한 것들은 '논증'(근거제시)이나 '타당성주장의 논의적 이
행'(하버마스)이라는 도식 속에 간단히 포섭될 수 없는 것들이다. 1)

슈내델바하 스스로도 합리성을 인식능력과 언어능력 및 행위능력이
있는 주체들의 기술적(記述的)으로 포착가능한 이성적 소질로 이해한
다. 2) 그런데 그는 논의합리성(*Diskursrationalität*)에 대하여 단순히 해
당 발언들을 통해 확인될 수 있는 인격체들의 (유적[類的]으로 귀속된)
이성능력을 내세우는 것이 아니라, 이 발언들의 "반성적 소유"(*das
reflexive Haben*)를 내세운다. 즉, 우리가 알고 행하고 말하는 것은 왜
우리의 의견이 참이고 우리의 행위가 옳으며 우리의 발언이 타당한가
를(혹은 발화수반적 성공가능성이 높거나 발화효과적 효력을 가지는가를)
우리가 적어도 암묵적으로 의식하고 있을 때에만 합리적이다.

그리하여 합리성 일반의 근본특징으로서의 '반성적 소유'라는 [사유]
도식은 1인칭 단수나 복수의 시각에서의 수행들의 … 자기지시적 주
제화를 통해 좀더 분명하게 규정될 수 있다. 오직 '나' 또는 '우리'를
말할 수 있고, 자신이 무엇이고 또 무엇을 행하는지를 주제화할 수
있으며, 그것을 스스로에게 귀속시킬 수 있는 능력을 가진 사람만이
합리적이다. 3)

---

1) H. Schnädelbach, "Über Rationalität und Begründung," in: 같은 이, *Zur
Rehabilitierung des animal rationale*, Frankfurt a. M. 1992, 63.

2) H. Schnädelbach, "Philosophie als Theorie der Rationalität," in: 같은 이
(1992), 47 f.

3) H. Schnädelbach (1992), 76.

이로써 슈내델바하는 의식철학의 전통을 계승하는 입장에 서게 된다. 그러나 언어학적 전회 이후 우리는 미드(G. H. Mead)의 제안을 따라, 인식하고 행위하며 말하는 주체의 자기지시관계, 즉 1인칭 인격의 "자기 자신에 대한" 관계를 2인칭 인격이 "나에 대해" 취하는 시각의 수용으로부터 설명하는 데 대한 적절한 근거를 갖게 되었다. 그러면 슈내델바하가 근본특징이라고 강조하는 **반성적** 자기관계는 논변참여자들 간의 관계에 의존적이 될 것이다. 즉 〔주체의〕 내적 논의로 재구성되지 않는 반성이란 존재하지 않게 된다. 자신의 발언에 대한 반성적 태도는 자신의 발언의 불확실한 타당성에 대한 다른 논변참여자들의 태도를 모델로 하여 수행된다. 반성 역시 선행적인 대화관계에서 기인하며, 의사소통 없이 구성된 내면성이라는 진공 속에 떠있지 않다.[4] 우리 발언의 합리성을 판정하는 기준인 타당성주장의 논의적 주제화와 이 발언의 반성적 소유는 상보적 관계를 갖는다. 즉, 이것들은 상호 **참조지시**(*verweisen*) 관계를 갖는다. 나는 합리성을 이성적 인격체들의 소질로 환원하자는 제안은 성공의 전망이 없다고 생각한다.

그러나 이로써 논변실천에 구현되어 있는 논의합리성을 특별히 강조하는 것에 대한 반론이 논박된 것은 아니다. 나는 슈내델바하의 비판적 지적을 받아들여 아래의 서술에서 우리는 인식의 명제적 구조와 행위의 목적론적 구조, 그리고 발화의 의사소통적 구조에서 **합리성의 상이한 뿌리들**과 마주치게 되기 때문에 "합리적"이라는 술어를 우선적으로 의견과 행위 및 발언에 적용한다는 입장에서 출발하고자 한다. 그런데 이 뿌리들은 다시금 어떠한 공동의 뿌리도 갖고 있지 않는 듯하다. 이러한 공동의 뿌리는 어쨌든 논증적 실천의 논의구조에도 존재하지 않고, 논의에 참여하는 주체의 자기지시관계의 반성구조에도 존재하지 않는다. 오히려 논의구조가 명제적 뿌리와 목적론적 뿌리 그리고 의사

---

4) J. Habermas, "Individuierung durch Vergesellschaftung," in: 같은 이, *Nachmetaphysisches Denken*, Frankfurt a. M. 1988, 153~186.

소통적 뿌리를 말하자면 함께 모음으로써 지식과 행위 및 말의 분기(分岐)된 합리성구조들 간에 연관관계를 창출한다는 것이 사리에 맞는 것 같다. 이렇게 서로 맞물려 있는 핵심구조들이라는 모델에서 논의합리성의 특별한 위상은 토대설정적 작용에 근거하는 것이 아니라 통합작용에 근거한다.

일단 우리가 이 모델을 따르게 되면, 이로부터 주목할 만한 결과가 나오게 된다. 논변실천은 이른바 의사소통행위의 반성형식이기 때문에, 논의에 구현되어 있는 논증적 합리성은 일상적 행위에 구현되어 있는 의사소통적 합리성을 '타고 앉아' 있다. 하지만 그럼에도 불구하고 의사소통적 합리성은 인식적 합리성 및 목적론적 합리성과 동등한 위상을 갖는다. 의사소통적 합리성은 포괄적 구조를 형성하는 것이 아니라, 세 핵심구조 가운데 하나인 것이다. 하지만 이 세 핵심구조는 ― 의사소통적 합리성으로부터 생겨나오는 ― 논의합리성을 통해 서로 착종되어 있다. 이 모델은 물론 정신주의적으로 오해되어서는 안 된다. 의사소통적 합리성을 언어적으로 구현된 합리성 일반과 동일시해서는 안 되는 것처럼 인식적 합리성과 목적론적 합리성을 언어 이전의(vor-sprachlich) 본성을 갖고 있는 것으로 파악해서도 안 된다.

나는 먼저 직관적으로 도입한 이 복합적 모델에 대해 몇 가지 소견을 밝히면서 설명하고자 한다(I). 그 다음에 나는 어떻게 상이한 합리성구조들이 언어매체 내에서 서로 맞물리는지를 언어사용의 상이한 양태들과(II) 그에 상응하는 행위유형들을(III) 가지고 설명하고자 한다. 끝으로 나는 언어와 의사소통적 합리성의 복합적 관계를 다룰 것이다(IV). 그리고 부록에서 나는 이 생각들이 화용론적 의미론에 대해 갖게 될 두 귀결에 대해 언급하겠다(V).

I. 합리성의 세 뿌리

잠정적인 개관(槪觀)을 위해 나는 (1) 논의구조와 반성의 상보적 관계를(혹은 인격체들의 합리성 조건인 자기지시관계를) 논의한 뒤, (2) 지식과 (3) 목적활동 그리고 (4) 의사소통의 합리적 핵심구조들을 다룰 것이다.

1) 논의합리성과 반성

한 인격체의 합리성에 대한 판정기준은 그 사람이 합리적으로 발언하고 자신의 발언에 대해 반성적 태도로 해명할 수 있는가의 여부이다. 한 인격체는 수행적으로 타당성주장을 기준으로 따르는 한 합리적으로 발언한다. 우리는 그 인격체가 타당성주장을 기준으로 따르는 데 대해 책임지고 해명할 수 있는 경우, 그에 대해 그는 합리적인 태도를 취한다 라고 말할 뿐만 아니라, 그 사람 자체가 합리적이다 라고 말한다. 이런 종류의 합리성을 우리는 **책임능력**(*Zurechnungsfähigkeit*)이라고도 칭한다.

책임능력은 한 인격체가 자신이 뜻하고 행위하고 말하는 것에 대해 반성적 자기관계를 가질 것을 전제한다. 이 능력은 각기 상응하는 자기지시들을 통해 지식, 목적활동 및 의사소통의 합리적 핵심구조들과 착종되어 있다. 인식적 자기관계는 인식주체가 자신의 의견과 믿음에 대해 갖는 반성적 태도를 의미한다. 기술적(技術的)-실천적 자기관계는 행위주체가 자신의 목적활동에 대해 — 그것이 객관세계에의 도구적 개입이든 객관세계 내에서 상대자로 만나는 다른 주체들과의 성공지향적 교류이든 간에 이 활동들에 대해 — 갖는 반성적 태도를 의미한다(여기서 "객관세계"란 그것에 관해 참인 진술이 가능한 존재자들의 총체를

134

뜻한다). 의사소통적 행위자의 도덕적-실천적 자기관계는 규범에 의해
규제되는(*normenreguliert*) 자신의 행위에 대한 반성적 태도를 요구하
며, 실존적 자기이해는 주어진 집단적 삶의 형식들과 착종된 개인적
생활사의 맥락 속에 있는 자신의 생활계획에 대한 반성적 태도를 요구
한다. 덧붙여서 한 인격체가 이러한 상이한 차원들에서 그렇게 자신과
자신의 발언에 대해 거리를 둘 수 있는 것은 그 인격체의 **자유**를 위한
필요조건이다.

　자유는 인식하고 행위하는 주체의 상이한 자기지시연관에 따라 세분
화된다. 인지적으로 선입견에 얽매이지 않는다는 의미에서의 반성적
자유는 행위의 맥락 속에 들어 있는 참여자의 자기중심적 시각의 탈피
를 요구하는데, 이는 우리가 전통적으로 이론적 태도와 연관시켰던 자
유이다. 의사선택의 자유(*Willkürfreiheit*)는 이렇게도 또 저렇게도 행위
할 수 있고 일련의 사건들의 연쇄고리에 새로운 출발선을 긋는 합리적
선택능력에 있다. 우리는 칸트와 함께 도덕적 통찰에 따라 자신의 의
지를 스스로 구속하는 능력을 의지의 자유 혹은 자율성이라고 칭한다.
끝으로 윤리적 자유는 자아동일성의 의식적 기획과 안정화를 가능하게
해준다. 이 자유들은 물론 한 인격체에 귀속시킬 수 있는 소질들이다.
그러나 해당 자기지시들은 각기 다른 논변참여자들이 나를 바라보는
시각의 수용과 내면화에 근거한다. 인식적 자기관계와 여러 상이한 실
천적 자기관계에서 나는 1인칭 인격으로서 반대자들이, 즉 논의의(경
험적 혹은 이론적 논의의, 실용적 내지는 도덕적 또는 윤리적 논의의) 다
른 참여자들이 나의 발언에 대해 반응하면서 취하는 2인칭 인격의 시
각을 내 것으로 만든다. 따라서 일반적으로 이성적이고 자기 자신에
대해 거리를 취하는 인격체의 반성에는 논변의 구조와 절차에 내재하
는 저 〔논의〕합리성이 반영된다. 그러나 동시에 반성과 논의의 통합적
차원에서는 인식과 행위 및 말의 세 가지 부분적 합리성이 합류한다는
것, 즉 하나의 신드롬(*Syndrom*, 會流)을 형성한다는 것이 드러난다.

2) 인식적 합리성

우리의 지식은 명제 혹은 판단들로, 즉 참이거나 거짓일 수 있는 이 기본단위들로 구축되어 있다. 지식은 그 명제적 구조 때문에 본래 언어적 특성을 갖는다. 이 구조는 진술문을 가지고 분석될 수 있다. 그러나 여기서 진술문의 의미론이나 지시행위와 술어적 적용(Prädika-tion) 행위의 화용론적 의미에 대해 상론하지는 않겠다.

그런데 명시적 의미에서 어떤 것을 알기 위해서는 참인 판단의 형태로 표현될 수 있는 사실들에 대한 단순한 앎만으로는 부족하다. 우리는 동시에 왜 사실에 상응하는 판단들이 참인가를 알 때에야 비로소 그 사실을 인식하고 그에 대한 지식을 갖게 된다. 그렇지 않은 경우 우리는 직관적 내지는 암묵적 지식, 혹은 무엇을 **어떻게** 하는지에 대한 '실천적' 지식이라고 말한다. 우리는 어떤 것을 잘 할 수 있음에도 불구하고 막상 그러한 능력의 본질을 이루는 것이 **무엇인지**에 대해서는 잘 모를 수 있다. 반면 명시적인 '무엇에 대한 지식'(Wissen was)은 묵시적으로 '왜 그런가에 대한 지식'(Wissen warum)과 결합되어 있으며, 그런 점에서 정당화가능성을 적시(摘示)한다. 어떤 지식을 가지고 있다고 생각하는 사람은 그에 해당하는 진리주장의 논의적 이행 가능성을 가정하고 있다. 달리 말하면, 우리가 아는 모든 것은 비판될 수 있고 논증될 수 있다는 것은 "안다"는 표현의 문법에 속하는 것이다.

이것은 물론 합리적 의견이나 믿음이 항상 참인 판단들로 이루어져 있다는 것을 의미하지는 않는다. 누군가가 거짓으로 밝혀지게 될 견해를 가지고 있다고 해서 그 자체로 그 사람이 비합리적인 것은 아니다. 비합리적인 사람은 자신의 의견을 논증할 수 없다는 것을 앎에도 불구하고 자신의 의견을 독단적으로 주장하고 고수하는 사람이다. 어떤 의견을 합리적이라고 규정하기 위해서는, 그 의견이 주어진 정당화 맥락 속에서 적절한 근거를 토대로 참이라고 간주될 수 있다는 것으로, 즉 합리적으로 수용될 수 있다는 것으로 충분하다. 탈전통적 사회 혹은 탈형이상학적 사유의 조건하에서는—3인칭 인격의 관점에서 볼 때—모든 지식이 오류가능한 것으로(오늘날에는 이것 또한 이 단어〔'지식'/ '안다'〕의 문법에 속한다) 간주된다. 비록 우리가 수행적으로는, 즉 참여자의 시각에서 볼 때는, 주장된 지식을 **무조건** 참으로 간주할 수밖에 없다고 하더라도 그러하다. 지식의 이러한 '플라톤주의적' 성격에도 불구하고 한 판단의 합리성은 그것의 진리성을 함의하는 것이 아니라, 단지 주어진 맥락 속에서 그것이 논증적으로 수용될 수 있다는 것만을 의미한다.

그런데 우리가 우리 지식을 **서술**할 수 없고, 즉 **문장들로** 표현할 수 없고, 또 그것을 교정하고 확장할 수 없다면, 즉 저항적인 실재〔세계〕와의 실천적 교류에서 또한 **배울** 수 없다면, 참인 판단의 반성적 소유는 불가능하다. 그런 점에서 인식적 합리성은 언어사용 및 행위와 착종되어 있다.[5] 나는 명제적 구조가 언어 및 행위에서의 구현에 의존적이기 때문에 인식적 **핵심구조**라는 용어를 사용한다. 이 구조는 **자족적** 구조가 아니다. 아는 것의 언어적 서술과—논증된 기대를 좌절시킬 수도 있는—실재와 이 지식 간의 대결에 의해 비로소 지식의 합리적 취급이 가능해진다.

한편으로 우리는 우리의 지식이 상징적으로 포착가능한 형태를 취할 때에만 이를 조작적으로 다룰 수 있다. 즉, 엄밀하고 세련되게 만들고 재구성하고 체계화하며 일관성과 정합성을 검토할 수 있다(이론정립이 관건인 과학〔학문〕의 반성적 차원의 경우, 지식의 언어적 조직화의—경

---

5) 이것은 왜 "합리적"(*rational*) 이란 말이 그렇게 많은 교양언어적 사용방식을 갖는 지를 설명해준다. 상이한 "합리성 유형"에 대해서는 다음을 참조하라. H. Lenk, H. F. Spinner, "Rationalitätstypen, Rationalitätskonzepte und Rationalitätstheorien im Überblick," in: *Handbuch pragmatischen Denkens*, hg. von H. Stachowiak, Hamburg 1989, 1~31.

우에 따라서는 형식언어적 조직화의 — 필요성은 명백하다). 다른 한편 우리는, 퍼스와 실용주의가 정당하게 강조하듯이, 부정적 경험으로부터 배울 수 있기 위해서는 우리의 지식을 실천적으로 사용하고, 목적지향적이고 성과에 의해 통제되는 행위들로 수행해야 한다. 우리는 의외의 결과들을 가추법적 판단력을 가지고 소화해내고 문제가 된 지식을 수정함으로써 실망들로부터 배운다(과학의 반성적 차원의 경우 이러한, 생산적으로 소화해내야 하는 실망들을 방법적으로 산출한다. 반증적〔反證的〕인 실망의 자명한 증거들이 갖는 행위연관은 특히 실험적 행위에서 명백히 드러난다6)).

3) 목적론적 합리성

모든 행위는 지향적이다. 즉 하나의 행위는 임의로 결정하는 한 행위자의 의도의 수행으로 이해될 수 있다. 행위는 목적론적 구조를 갖는다. 모든 행위의도는 정해진 목표의 실현을 목적으로 하기 때문이다. 다른 한편 행위합리성의 판정기준은 행위의 결과로 세계 속에 실제로 나타난 상태와 의도했던 상태가 일치하고 해당 성공조건이 충족되어 있는가가 아니라, 행위자가 이 결과를 의도적으로 선택하고 투입한 수단을 토대로 성취했는가(내지는 올바로 지각된 상황하에서 보통의 경우 성취할 수 있었을 것인가) 하는 것이다. 성공적 행위자는 그가 (a) 왜 성공했는지를(내지는 정상적인 상황에서라면 설정한 목표를 실현할 수 있었을 것인지를) 알고, (b) 이 앎이 행위자에게 (적어도 부분적으로나마) 그의 행위의 성공가능성을 동시에 설명해줄 수 있는 근거들을 가지고 자신의 행위를 수행하도록 하는 동기를 부여할 때 합리적으로 행

---

6) H. Brown, *Rationality*, London 1988; 또한 슈내델바하의 초기 논문 H. Schnädelbach, "Über den Realismus," Zschr. f. allg. Wiss. -theorie, III 1972, 88 ff. 참조.

위한 것이다.

합리적 행위를 정당화하는 동시에 그 동기를 부여할 수 있는 생각은 가장 간단한 경우 다음과 같은 실천적 추론의 형태를 갖는다. 즉, 선호사항들이 주어져 있을 때 A는 상황 S에서 상태 p를 실현하려고 의도한다. 주어진 상황하에서 A는 수단 M의 투입을 일정한 개연성을 가지고 p를 실현하기 위한 필요조건의 충족으로 혹은 심지어 충분조건의 충족으로 간주한다. 그래서 A는 선택한 수단을 투입하는 행위를 수행한다.[7] 우리는 엄정한 의미의 지식이 정당화가능성과 연관된, 지식의 반성적 소유를 요구함을 살펴보았다. 마찬가지로 목적합리적 행위는 가능한 정당화에 적합한, 결정적인 행위의도의 반성적 소유를 요구한다. 즉 행위의 성공에 대한 계산을 요구한다. 다시금 행위합리성과 행위자에게 사전적(事前的) 구속력을 갖는 결정근거가 검토될 수 있는 논의의 광장 간에는 참조지시(Verweisung) 관계가 성립한다. 합리적 선택이론은 자기중심적으로 각기 자신의 선호사항과 성공기대에 따라서 행위하는 행위주체의 결정문제들의, 모델구성이 가능한 측면들을 다룬다.

목적활동의 합리성 역시 다른 두 핵심구조인 지식과 말의 핵심구조와 착종되어 있다. 왜냐하면 합리적 행위계획이 만들어지는 실천적 생각은 (기대되는 세계 내의 사건들 내지는 다른 행위자들의 행동과 의도에 대한) 믿을 만한 정보의 입력에 의존하기 때문이다. 비록 목적합리적으로 행위하는 행위자들이 매우 불완전한 정보에 만족해야만 하는 경우가 일반적이지만 말이다. 다른 한편 그러한 정보들은 오직 언어적 서술을 매개로 해서만 지적으로 가공될 수 있다. 즉 자신의 선호사항에 비추어 선택된 결정준칙 및 목표와 연관지어질 수 있다. 이것은 복잡한 결정문제들을 이론적으로 처리하는 경우에는 명약관화하다. 그러

---

7) G. H. von Wright, *Explanation and Understanding*, London 1991, 83~132.

나 기본적인 행위의도와 간단한 실천적 추론들 역시 언어적으로 구조
화되어 있다. 명제적 지식이 진술문의 사용에 의존하듯이 지향적 행위
도 본질적으로 의도문의 사용에 의존한다.

4) 의사소통적 합리성

언어 자체가 아니라 언어적 표현의 의사소통적 사용에 (고전적 진리
의미론이 생각한 바와 같이) 지식의 인식적 합리성으로도 (지향설적 의
미론이 가정한 바와 같이) 행위의 목적합리성으로도 환원될 수 없는 독
특한 합리성이 내재한다. 이 의사소통적 합리성은, 참여하는 화자들에
게 동시에 간주체적으로 공유된 생활세계를 확보해주고, 그로써 화자
모두에게 하나의 동일한 객관세계에 대한 지시를 가능케 하는 지평을
확보해주는 상호이해지향적 말(Rede)의 합의창출적 힘으로 표현된다.

언어적 표현의 의사소통적 사용은 화자의 의도를 표현하는 데 이용
될 뿐만 아니라, 또한 사태를 서술하고(내지는 사태의 현존을 상정하고)
2인칭 인격과의 간인격적 관계를 산출하는 데에도 이용된다. 여기에는
자신이 / 누군가와 / 어떤 것에 대해 행하는 의사소통〔상호이해〕의 세
측면이 반영되어 있다. 화자가 어떤 표현을 가지고 말하려고 하는 것
은 발화된 말 자체와 결합할 뿐만 아니라, 그 말로 수행코자 한 행위
와도 결합한다. 그리하여 언어적 표현의 의미와 (a) 그 표현으로 말하
고자 한 것(das Gemeinte), (b) 그로써 말한 것(das Gesagte) 그리고 (c)
발화행위에서의 그 표현의 사용방식 간의 삼중적 관계가 성립한다. 화
자는 자신의 발화행위로 어떤 것에 대해 청자와 의사소통하려는 목적
을 추구한다. 이 ― 우리가 말하고자 하는 바 ― 발화수반적 목적은 두
단계를 갖는다. 즉, 발화행위는 먼저 청자에 의해 이해되고, 그 다음
― 가능하면 ― 수용되어야 한다. 그렇다면 상호이해지향적 언어사용
의 합리성은 화자가 발화행위로 발화수반적 성공을 거둘 정도로(또는

정상적인 상황이라면 그럴 수 있을 정도로) 발화행위가 이해가능하고 수용가능한지의 여부에 달려 있다. 다시금 우리는 단지 타당한 발화행위만이 아니라, 화자가 주어진 상황하에서 필요할 경우, 제기한 타당성주장을 논의적으로 이행할 수 있다는 내용의 믿을 만한 보증을 할 수 있는 모든 이해가능한 발화행위를 합리적이라고 부른다. 즉 여기에서도 발화행위의 합리성과 그 정당화가능성 간에 내적 연관관계가 성립한다. 오직 논변〔실천〕에서만 발화행위와 함께 암묵적으로 제기된 타당성주장이 그 자체로 논의주제가 될 수 있고, 근거제시를 통해 검증될 수 있다.

발화수반적 목적은 객관세계에의 개입을 통해 실현할 수 있는 상태로 기술될 수 없다. 그런 까닭에 우리는 상호이해의 발화수반적 목적, 즉 이른바 언어내재적 목적을 화자가 자신의 발화행위를 가지고 청자에 대한 인과적 영향력 행사를 통해 청자에게 불러일으키는 발화효과적(*perlokutionär*) 성과로 파악해서는 안 된다. 이에 관해 세 가지 생각을 피력하고자 한다. 첫째, 발화수반적 목적은 상호이해의 언어적 수단과 무관하게 정의될 수 없다. 상호이해의 텔로스는 비트겐슈타인이 명확히 밝혔듯이 언어매체 자체에 내재한다. 둘째, 화자는, 청자의 '예' 혹은 '아니오'가 합리적으로 동기부여된 입장표명이기 때문에, 자신의 목적을 인과적으로 야기할 수 있는 것으로 의도할 수 없다. 의사소통참여자들은 아니라고 말할 수 있는 자유를 향유한다. 셋째, 화자와 청자는 발화수행적 태도를 가지고 서로 1인칭 인격과 2인칭 인격으로서 마주하는 것이지, 그들이 말하는 대상인 존재자들의 세계 내의 상대방(*Gegenspieler*)이나 객체들로서 마주하는 것은 아니다. 그들은 서로 어떤 것에 대해 의사소통하고자 하기 때문에, 그들의 발화수반적 목적은 그들이 관찰자적 행위자로서 목적활동적으로 개입할 수 있는 객관세계의 저편에 위치한다. 물론 발화행위는 동시에 시공간적으로 위치확정이 가능한 사건으로서 — 모든 목적론적 행위와 마찬가지로 역

시 그 안에서 무언가를, 정확히 말해 발화효과적 성과를 야기할 수 있
는—객관세계에 속한다.

　화자는 자신이 말한 것을 수신자가 타당한 것으로 수용하기를 바란
다. 이것을 결정하는 것은 화자가 자신의 발화행위를 가지고 말한 것
에 대해 제기하는 타당성주장에 대한 수신자의 '예' 또는 '아니오'이다.
하나의 발화행위를 수용가능하게 만드는 것은 궁극에는 화자가 주어진
맥락 속에서 자신이 말한 것의 타당성을 입증하기 위해 제시할 수 있
는 근거들이다. 따라서 의사소통에 내재하는 합리성은 (a) 발화행위를
타당하게 만드는 조건과 (b) 이 조건이 충족되어 있다고 화자가 제기
하는 주장 그리고 (c) 필요한 경우 화자가 이 타당성주장을 논의적으로
이행할 수 있다는 것에 대한 화자 자신의 보증의 신뢰성 간의 내적 연
관관계에 의거한다.

　가능한 타당성주장의 스펙트럼을 전부 밝히기 위해서는 어떤 의미에
서 발화행위에 대한 **전체적 부정**이 가능한가라는 발견술적(*heuristisch*)
물음으로부터 출발하는 것이 좋다고 생각한다. 이 경우 우리는 정확히
세 종류의 타당성주장과 만나게 되는데, 첫째, 우리가 객관세계의 대
상들에 대한 지시와 함께 주장하는 사실과 관련된 진리주장, 둘째, 화
자만이 특권적으로 접근가능한 주관적 체험을 표출하는 발언의 진실성
주장, 셋째, 간주체적으로 공유하는 사회적 세계에서 인정받는 규범과
명령의 올바름주장이 그것이다. [8]

---

8) J. Habermas (1988), 148.

Ⅱ. 언어사용의 양태

발화행위의 발화수반적 성공의 판정기준은 발화행위와 함께 제기된 타당성주장이 얻게 되는 간주체적 인정이다. 이때 참여자들이 각기 화자와 청자의 역할을 (그리고 때에 따라서는 참석중인 제3자의 역할을) 맡을 수 있다는, 즉 1인칭 및 2인칭 그리고 3인칭 인격의 역할을 맡을 수 있다는 의사소통상황이 전제되어 있다. 이 인칭대명사 체계의 논리에 내재해 있는 역할배분은 상호이해과정 속에 구현되어 있는 의사소통적 합리성에 본질적이다. 이것은 상호이해지향적 언어사용과 의사소통을 목적으로 하지 않는 언어적 표현의 사용을 비교해보면 명백히 드러난다(1). 이 의사소통적 언어사용과 비(非)의사소통적 언어사용 간의 구분에 기대어 나는 "상호이해" 개념 자체 내에서의 세분화를 행하고자 한다(2).

1) 의사소통적 언어사용 대 비(非)의사소통적 언어사용

Ⅰ.2)와 Ⅰ.3)에서 상론한 언어의 인식적 사용과 목적론적 사용은 의사소통상황 속에서 화자와 청자 사이에 맺어지는 간인격적 관계에 의존적이지 않다. 발화수반적〔발화〕행위와 이 행위에 결부되어 있는, **간주체적 인정**을 목적으로 하는 타당성주장은 일차적으로 지식의 서술에 이용되는 인식적 언어사용에서도 그리고 행위의 성공계산에서도 본질적 중요성을 갖지 않는다. 여기서 언어사용자는 어떠한 발화수반적 목적도 추구하지 않기 때문이다. 언어는 어느 경우에든 반드시 의사소통적으로 습득됨에도 불구하고, 이런 경우들에서 언어적 표현은 독백적으로, 즉 2인칭 인격에 대한 관계설정 없이도 사용될 수 있다. 순수히 인식적이거나 목적론적인 언어사용의 경우 화용론적 측면들이 중요

하지 않다는 것은 이 경우들에서 주로 사용되는 진술문과 의도문의 구조에서 잘 드러난다. 이것들은 예를 들어 의문문이나 명령문과는 달리 본래적으로 수신자와 관련된 것이 아니기 때문이다. 이 진술문과 의도문의 의미내용은—이것들을 포함할 수 있는—발화수반적 행위와는 무관하게 존재한다. 그런 까닭에 이것들은 형식의미론을 가지고도 완벽하게 분석될 수 있다. 9)

우리가 인식적으로 사용된 진술문을 이해하는 것은 그 진리조건을 알 경우, 즉 그것이 언제 참인지를 알 경우이다. 이 경우 논리학에서 통상 이야기되는 "진리가"(眞理價)의 부여라는 말 또한 적절하다. 이렇게 독백적으로 사용된 문장들은 본래적으로 주장행위의 단언적 힘과 결합되지 않기 때문이다. 순수한 서술을 목적으로 하는 경우 우리는 진술문이 발화행위 속에 포함되어 있다는 측면을 도외시한다. 달리 말해 우리는 화자가 진술 'p'를 수신자의 동의를 얻을 목적으로 주장하는 의사소통상황의 가능성을 도외시하는 것이다. 10) 인식적으로 사용된 진술문은 사태나 사실의 서술에 이용된다. 이러한 서술의 목적을 위해서는 작자(Autor)가 자신이 'p'를 고려하고 있거나 참이라고 여긴다는 것을 (누구에게든 간에) 알려주는(zu verstehen geben) 것으로 충분하다. 반면 의사소통적 화자는 사실의 주장으로 자신이 'p'를 참이라고 여긴다는 것을 수신자가 알도록 하고자 할뿐 아니라, 나아가 'p'가 참이라는 것을 다른 사람〔수신자〕이 인정하도록 하는 발화수반적 목적까지 추구한다.

---

9) E. Tugendhat, *Vorlesungen zur Einführung in die sprachanalytischen Philosophie*, Frankfurt a. M. 1976, 497 ff.

10) 카씨러는 과학에서 합법칙성 내지는 프레게가 말하는 "사유내용"(*Gedanken*)의 수학적 서술을 위해 특화된 인식적 언어사용을 "의미기능"으로 분류하고 있다. E. Cassirer, *Philosophie der symbolischen Formen*, Bd. III, Darmstadt 1958, 329 ff.

　독백적인 행위계획에 사용되는 의도문의 경우에도 사정은 비슷하다. 우리가 목적행위에 구조를 부여하는 지향적 문장을 이해하는 것은 그 성공조건을 아는 경우, 즉 그것을 참으로 만들 수 있는 상황이 어떤 상황인지를 아는 경우이다. 성공조건은 행위자에 따라 상대적으로 해석된 진리조건이다. 인식적으로 사용된 진술문의 경우에서처럼 이 화용론적으로 사용된 의도문의 이해에는 그 문장이 객관세계 내의 어떤 것에 대해 갖는 관계, 즉 사태에 적합한 방향(*direction of fit*)을 아는 것으로 충분하다. 의도문 자체에 이미 발화수반적 힘이 들어 있는 것은 아니다. 의도문은 행위자가 자신의 의도를 의사소통상황에서 **예고할 때에야 비로소**, 즉 다른 사람들이 자신의 의도를 진지하게 **받아들이**고 그것이 실행될 것을 고려에 넣도록 하는 발화수반적 목적을 가지고 발언할 때에야 비로소 발화수반적 힘을 갖게 된다.

　그런데 순수한 서술이나 머릿속에서 수행된 행위계획을 목표로 한 언어의 비(非)의사소통적 사용은, 진술과 진리주장 내지는 의도와 결심의 진지성 간에 **잠재적으로 항상 존재하는** 연관관계 설정을 단지 일시적으로 중단시키는 추상작용에 근거한다. 이것은 서술이나 행위계획에 대해 의문이 제기되는 즉시 드러난다. 이 경우 사람들은 작자가 독백적으로 행한 자신의 생각을 논의적으로, 즉 공개적 논변의 장에서 **다른 사람들을 상대로** 정당화할 것을 기대한다. 물론 이러한 논변 역시 ― 우리가 우리 자신을 향해서도 명령을 발할 수 있는 것과 유사한 방식으로 ― 정신 내부의 토론장에서 수행될 수 있다. 그러나 논변과 요청(*Aufforderung*)은 본래 화용론적인 것이며, 그런 까닭에 (진술문 및 의도문과는 달리) 오직 그것들의 의미에 내재하는 간인격적 관계와 **함께만** 내면화될 수 있다. 진술과 의도는 그 의미를 상실하지 않으면서도 주장행위 및 통지행위의 발화수반적 의미를 벗어버릴 수 있는 반면, 요청은 발화수반적 구성요소 없이는 정신 내부의 토론장에서조차도 요청일 수 없다(이런 경우 나는 1인칭 인격으로서 가공의 2인칭 인격으로서의 나를 향하여 요청을 발하는 것이기 때문이다).

의사소통적 합리성은 화자와 청자가 — 2인칭 인격을 향한 — 수행적 태도를 취하면서 세계 내의 어떤 것에 대해 서로 의사소통할(하고자 할) 때에야 비로소 타당성주장을 통해 이루어지는 상호이해과정 속에 구현된다. 비의사소통적 언어사용에 대한 차별성은 **화자가 청자에게** 제기하는 타당성주장의 부가(附加)로부터 나온다. 이때 화자의 발화수반적 목적은 수신자에게 그가, (의도₁) 'p'를 참이라고 여긴다는 것과(내지는 'p'를 야기하고 싶어한다는 것과), (의도₂) 수신자로 하여금 이것을 알도록 하고 싶어한다는 이중적 의도를 알리는 데 있지 않다. 화자가 바라는 바는 수신자에게 사실(혹은 의도) 'p'를 전달하여 수신자 스스로가 'p'라는 사실을 믿도록(내지는 'S가 p를 야기할 것'이라는 것을 진지하게 받아들이도록) 하는 것이다. 발언의 발화수반적 의미는 청자가 S의 의견을(또는 의도를) 알았으면 한다는 것이 아니라, 청자가 S와 **동일한** 의견을 가져야 한다는(내지는 청자가 S의 통지를 진지하게 받아들여야 한다는) 것이다. S가 자신의 발화수반적 목적을 달성하기 위해서는 H〔청자〕가 'p'의 진리조건을(내지는 성공조건을) 아는 것으로는 충분하지 않다. H는 주장의 (그리고 의도표명의) 발화수반적 의미도 이해하고 가능한 대로 해당 타당성주장을 수용해야 한다.

주장의 경우 화자는 말한 것에 대해 진리주장을 제기한다. 이에 대해 청자는, 화자가 말한 것을 근거가 있다고 여기거나, 적어도 필요한 경우에는 주장된 사실에 대해 적절할 근거를 가지고 청자 자신을 납득시킬 것이라는 화자의 보증을 믿을 만하다고 여길 때에만, '그렇다'고 긍정적 입장을 표명할 것이다. 의도표명의 타당성주장의 경우 청자는 화자가 정말로 그 자신의 말대로 믿고 있고, 그 자신의 예고(豫告)를 참으로 실현할 적절한 근거를 가지고 있다고 확신할 때 예고된 의도를 진지하게 받아들인다. 청자는 S의 의도를 (S의 시각에서 볼 때) 근거가 있는 것이라고 여길 때 〔S의〕 발언의 진지성을 상정한다.

2) 동의지향적 언어사용 대 상호이해지향적 언어사용

그런데 참여자들 사이에 어떤 사실에 대한 동의가 존재하는가 또는 둘이서〔화자와 청자가〕 화자의 진지한 의도에 대해 단지 상호이해하는 가는 전혀 다른 것이다. 엄밀한 의미의 동의는 참여자들이 타당성주장을 동일한 이유에서 받아들일 때에만 성취되는 반면, 상호이해는 둘 중 하나가 다른 사람이 주어진 상황하에서 그 자신의 선호사항에 비추어 표명된 의도에 대한 적절한 근거를 — 즉 그 자신에게는 적절하지만, 상대방이 반드시 이 근거를 자신의 선호사항에 비추어 자기 것으로 만들어야 할 필요가 없는 그러한 근거를 — 가지고 있다는 것을 알 때에도 성립한다. 행위자에 대해 독립적인 근거는 행위자에 대해 상대적인 근거보다 더 강한 방식의 상호이해를 허용한다. 이제 나는 의사소통적 언어사용을 "약한" 방식의 상호이해와 "강한" 방식의 상호이해에 따라 세분하기 위하여 (a) 의도표명과 단순한 명령문(*Imperative*)을 (b) 약속 및 선언 그리고 〔권위적〕 명령(*Befehl*)과 비교하고자 한다.

(a) 앞에서 말한 것처럼 명제 'p'를 주장하면서 함께 제기된 타당성 주장은 모든 참여자들이 동일한 근거를 가지고 'p'를 확신할 때에만 간주체적 인정을 받는다. 화자와 수신자가 명제 'p'를 각기 상이한 근거에서 참이라고 받아들이고, 이 근거가 단지 제각기 그들 중 한 사람에게만 적절한 근거라는 것을 서로 알고 있는 한, 'p'에 대해 제기되고 간주체적 인정에 의존하는 진리주장은 그 자체로 수용된 것이 아니다. 보다 나은 논변을 두고 벌어지는 논의적 경쟁은 개념상 타협이 아니라 동의를 목적으로 하기 때문에, 타당성주장의 논의적 이행은 행위자에 대해 독립적인 근거가 논란의 대상인 진리주장을 원칙적으로 모든 참여자들이 합리적으로 수용할 수 있도록 만들 때까지는 미정(未定)인 상태에 있다. 그러나 임의적으로 의도된 행위의 일방적 예고나 단순한 명

령문의 경우에는("나는 내일 여행을 떠날 것이다" 또는 "앉아!") 사정이
다르다. 이 발언들은 분명 발화수반적 행위들이기는 하지만, 이로써
화자가 어떤 "합의"를 이끌어내고자 한다고 가정하는 것은 직관에 반
(反)하는 일일 것이다. 화자는 자신의 일방적 의사표시 발언에 대해
〔청자가 모두〕동의할 것이라고 기대할 수는 없다. 그럼에도 불구하고
우리는 이런 경우에도 의사소통참여자들 사이에 보다 약한 의미의 "상
호이해"가 이루어지고 있다고 말할 수 있다. 왜냐하면 이 경우에도 그
들 중 한 사람이 제기하고 다른 사람이 받아들이거나 거부할 수 있는
타당성주장이 개입되어 있기 때문이다.

예고나 의도표명의 경우 행위자는 의도한 행위가 (주어진 상황과 투
입가능한 수단을 고려하면서) 자신의 선호사항에 비추어 합리적 행위임
을 입증함으로써 동의를 얻을 수 있다. 이러한 상호이해를 위해 목적
론적 합리성이 매개하는 역할을 떠맡는다. 이 경우 청자는 화자가 표
명한 의도의 근거를 자기 것으로 만들지 않더라도 그 예고를 진지하게 받
아들일 적절한 근거를 갖기 때문이다. 일반적으로 우리는 'p'의 성공조
건을 알 때, 예고의 명제적 내용을 이해한다. 그러나 우리가 예고의
발화수반적 의미를 이해하는 것은 비로소 왜 우리가 표명된 의도를 예
고로서 진지하게 받아들여야 하는지를, 즉 왜 그것의 실행을 예상해야
하는지를 인식하는 때이다. 물론 청자는 경우에 따라서는 행위자와 동
일한 근거에서 예고를 진지하게 받아들여야 할 발언으로 받아들인다.
그러나 전제상 이러한 수용의 근거들은 예고된 행위를 행위자의 시각에
서 볼 때 행위자 자신에게는 합리적인 것으로 — 그리고 그런 까닭에 수
신자에게는 개연적인 것으로 — 입증해주는 행위자에 상대적인 근거들이
다. 여기서는 "동의"가 운위될 수 없다. 왜냐하면 의도의 정직성의 근
거들은, 오직 행위자에게는 해당되나 그의 수신자에게는 해당되지 않
는 전제들 하에서만 적절한 근거들로 규정될 수 있기 때문이다. 이러
한 근거들을 우리는 — 보편적으로 수용가능한 근거들과 구분하여 —

"공공연히 통찰가능한"(*öffentlich einsichtig*) 근거들이라 부를 수 있다. 행위자에게는 어떤 행위를 의도하는 데 적절한 근거인 것이 수신자에게는 행위자의 의도를 의심하지 않는 데 적절한 근거인 것이다.

요청의 경우 사정은 다르지만 결과에 있어서는 비슷하다. 명령문은 본래 화용론적 성질을 갖기 때문에 요청문의 비(非)의사소통적 사용이란 존재하지 않는다. 요청문의 발화수반적 의미는 화자가 수신자로 하여금, 즉 다른 사람으로 하여금 'p'를 야기하도록 하고자 하는 데 있다. 요청의 명제적 내용을 이해하는 것은 해당 행위의 성공조건을 알 때이다. 그러나 요청의 발화수반적 의미를 이해하기 위해서는 왜 화자가 (의도표명의 경우에서처럼) 자신이 믿는 바를 정직하게 말하고 있고, 나아가 왜 수신자가 그의 요청에 따를 것이라고 기대해도 좋다고 믿는지를 알아야만 한다. 요청은 (그 수행가능성을 도외시한다면) 행위자가, 수신자가 자신의 요청에 반항하지 않을 이유를 가지고 있다고 가정할만한 적절한 근거를 가지고 있을 때에야 비로소 합리적이다. 이 부가적 근거들 역시 행위자 상대적이며, 이 경우에 이 근거들은 화자가 자신이 바라는 행위를 수신자가 행하지 않을 경우에 제재를 가하거나 이를 수행할 경우에 사례를 베풀기 때문에 수신자가 수신자 자신에게 적절한 근거로 여긴다고 〔화자가〕 믿는 그런 근거들이다. 의도표명의 경우에서처럼 요청행위에서도 합리적으로 기대가능한 (그러나 이 경우에는 청자의 시각에서 긍정적으로 혹은 부정적으로 평가되는) 행위결과는 그러한 발언들의 합리성을 말해주는 행위자에 상대적인 근거들에 속한다.

예고와 요청은 합의를 목적으로 하지 않는다. 그럼에도 불구하고 이것들은 타당성주장에 기초한 상호이해의 지평 속에서 수행되며, 이로써 그래도 여전히 의사소통적 합리성의 영역 속에서 수행된다. 분명 타당성주장의 수용가능성은 성공지향적 태도를 갖는 행위자의 의도나 결단이 갖는 목적합리성을 통해 매개된다. 그러나 발화수반적 성공의 판정기준은, 비록 오직 화자의 선호사항과(내지는 화자가 믿는 바로는 청자가 가지고 있음에 분명한 선호사항과) 관련된 것이기는 하지만, 다시금 진리주장과 진실성주장이다. 청자는 화자가 자신이 말한 것을 믿으며 참이라고 여기고 있다는 입장에서 출발한다. 그런 까닭에 의도표명과 요청은 진실성과 현존사실에 대한 사전적(事前的) 가정의 적실성(的實性)이라는 두 측면에서 이의제기가 가능하다는 특징을 갖는다.

(1) 나는 내일 동경에서 계약을 체결할 것이다.
(1′) 너 지금 날 놀리려는 거냐.
(1″) 내일까지 너는 (시차 때문에) 결코 동경에 갈 수 없다.
(2) 내가 필요한 돈을 지금 줘.
(2′) 네가 원하는 것은 사실 돈이 아니라 전혀 다른 것(즉 관심)이지.
(2″) 나는 그렇게 빨리 그렇게 많은 돈을 챙겨줄 여유가 없어.

(b) 그런데 이러한 예고나 요청에 전제된 주장의 진리 여부 자체가 논의주제가 되는 즉시 언어사용의 방식은 바뀌어야만 할 것이다. 이러한 주제변경은 단순한 "상호이해"를 넘어서는 동의의 지향으로의 이행을 불가피하게 만들 것이다. 이 상호이해지향적 언어사용에서 동의지향적 언어사용으로의 전환은 앞에 든 예들을 가지고 다른 방식으로도 예증이 가능하다. 이 경우에는 또 다른 부인가능성이 존재하기 때문이다.

(1‴) 너는 이 힘든 책무를 떠맡으려는 의사가 없어.
(1⁗) 너는 그럴 권한이 전혀 없잖니.
(2‴) 싫어, 나는 너한테 빚진 거 없어.

이로써 발화행위에는 다른 발화수반적 의미가 있는 것으로 가정된다. 왜냐하면 이제 (1)과 (2)의 부정은 의도문과 요청문이 규범적 맥

락 속에 "편입"되고 이러한 배경을 통해 "권한이 부여될"(*autorisiert*) 때
에야 비로소 작용하게 되는 규범적 타당성주장과 관련되기 때문이다.
계약체결의 예고는 가령 행위자가 어떤 것에 대해 책임을 지겠다고 하
는 약속과 같은 언약적(*kommissiv*) 발화행위이거나 화자가 제도적으로
부과된 과업을(예를 들어 대표이사의 통지의무를) 처리하는 선언적 발화
행위일 수 있다. 돈을 달라는 요청은 친구의 간청이나 상사의 명령 또
는 채권자의 청구 등일 수 있다.

　의도표명과 〔단순한〕 명령문은 이러한 배경적 뒷받침을 통해 약속,
선언, 명령 등과 같이 **규범적으로 권한이 부여된** 의지표명으로 바뀐다.
이와 함께 발언의 발화수반적 의미와 타당성의 토대가 달라진다. 왜냐
하면 규범적 근거가 규정하는 것은 **임의적으로** 결정하는 주체의 영리한
고려가 아니라 **자신의 의지를 구속하고** 그로써 의무를 질 수 있는 인격체
들의 결단이다. 규범적 근거는 —"적나라한" 의도표명이나 "단순한" 명
령문의 경우처럼 — 자신의(혹은 타인의) 목적합리적 행동에 대한 행위
자에 상대적인 근거가 아니라, — 주장의 경우처럼 — 행위자에 독립적
인 근거이다. 그런데 이때 이 행위자에 대해 독립적인 근거는 사태의
현존에 대한 근거가 아니라 규범적 구속력을 갖는 기대의 충족에 대한
근거다. 약속, 선언 및 명령과 같은 규제적(*regulativ*) 발화행위는 실천
적 논의를 통한 이행을 목표로 삼는 타당성주장과 결합한다. 이러한
발화행위의 발화수반적 의미를 이해하기 위해서는 왜 행위자가 특정
행위에 대한 권한이나 의무를 가지고 있다고 느끼는지를, 또는 왜 행
위자가 수신자가 자신의 요청을 따를 것이라고 기대해도 되는지를 밝
혀주는 규범적 맥락을 알아야만 한다. 참여자들이 (예를 들어 공동의
생활세계의 틀 내의) 규범적 배경을 간주체적으로 인정하는 한, 이들은
규제적 발화행위를 **동일한** 근거에서 타당하다고 받아들일 수 있다.

　그런데 이 규범적 배경은 인식적으로 성취한 합의와는 달리 결과라
기보다는 출발점으로 이해될 수 있다. 규제적 발화행위의 경우 규범적

배경은 공유된 근거들의 저장고 역할을 하는 반면, 사실확언적(*kon-stativ*) 발화행위의 경우 근거들 자체가 합리적 동기에서 나온 동의에 도달하기 위한 매체 역할을 한다. 이러한 사정은 적어도 자연발생적으로 전승된 전통의 지평 내에 존재하는 가치합의의 경우에는 들어맞는다. 그러나 도덕적 발화행위의 경우, 그러한 [가치]합의가 더 이상 당연한 것으로 주어져 있지 않아서 정당성을 부여하는 규범조차도 논증을 필요로 하는 탈전통적 논증수준에서는 **성취된** 인식적 동의에 비견될 수 있는 일정한 유사성이 나타난다(여기서 나는 우리가 통상 "실천이성"이라는 표제하에 다루는 것이 하나의 기초적 현상이 아니라, 사회적 상호작용의 틀 안에서 수행된, 인식적 합리성 및 목적론적 합리성과 의사소통적 합리성의 착종에서 연원한다는 점만을 언급하고자 한다).

Ⅲ. 의사소통적 행위 대 전략적 행위

나는 상호이해의 차원 내에서 한 번 더 세분하여 두 종류의 의사소통적 언어사용을 밝히기 위해 "적나라한" 또는 "단순한" 예고 및 명령과 규범적으로 편입된 예고 및 명령을 비교하였다. 이제 우리는 이 구분이 행위조정 기능에 어떠한 영향을 미치는지를 살펴보아야 한다. 지금까지 우리는 발화행위만을, 즉 발언 **자체**가 행위를 나타내는 측면을 포함하여 발언만을 고찰하였다. 그러나 발화수반적 행위에 구현된 의사소통적 합리성은 구두적 발언을 넘어서 사회적 행위 또는 상호작용까지도 포괄한다(특수한 종류의 행위, 즉 규범적으로 조절되는 사회적 행위는 이미 규제적 발화행위의 발화수반적 힘과 함께 우리의 시야에 들어왔다). 우리는 막스 베버와 함께 일반적으로 사회적 행위를, 행위자들이 각기 자신들의 행위계획을 추구함에 있어서 그들이 다른 사람들에게 기대하는 행위 역시도 기준으로 삼는다는 것에 의해 정의할 수 있다. 우리는 행위자들이 자신들의 행위계획을 언어적 상호이해를 통해, 즉 발화행위의 발화수반적 구속력을 이용하는 방식으로 상호 조정하는 경우 **의사소통적 행위**라고 말하고자 한다(1). 전략적 행위에서는 이 의사소통적 합리성의 잠재력이 작용하지 않으며, 이것은 상호작용이 언어를 통해 매개되어 있는 경우에도 그렇다. 이 경우 참여자들은 그들의 행위계획을 상호간의 영향력 행사를 통해 상호 조정하기 때문에, 언어는 ─ 앞에 설명한 바와 같은 의미에서 ─ 의사소통적으로 사용되지 않고, **결과지향적**으로 사용된다. 이 언어사용의 분석에는 이른바 발화효과적 행위(*Perlokution*)가 적합한 열쇠를 제공한다(2).

1) 두 종류의 의사소통적 행위

나는 상호이해의 범위가 사실과 일방적 의지표명에 대한 행위자에 상대적인 근거에 미칠 경우 **약한** 의미의 의사소통행위라 하고, 상호이 해의 범위가 목적선택 자체에 대한 규범적 근거로까지 확장될 경우 강한 의미의 의사소통행위라 부르고자 한다. 강한 의미의 경우 참여자들은 그들 각각의 선호사항들을 넘어서 그들의 의지를 **구속하는** 간주체적으로 공유된 가치지향을 기준으로 관계를 설정한다. 약한 의사소통행위의 경우 행위자들은 오로지 진리주장 및 진실성주장을 기준으로 삼고, 강한 의사소통행위의 경우에는 간주체적으로 인정된 올바름주장도 기준으로 삼는다. 이 경우에는 의사선택의 자유만이 아니라, 규범적 통찰을 근거로 자신의 의지를 구속할 수 있는 능력이라는 의미에서의 자율성도 전제된다.

앞에서 고찰한 바 있는 두 가지의 규범적으로 편입되지 않은 의지표명의 경우에 의도문과 요청문은 이미 의사소통적으로, 즉 청자로 하여금 합리적 동기에서 동의하도록 하려는 발화수반적 목적을 가지고 사용된다. 그러나 이 경우 성공지향적 행위자들은 그들의 계획을, 오직 그들 중 하나가 다른 하나가 발언한 의도 내지 요청의 **진지성**을 (그리고 이때 함축된 의견의 **진리성**을) 수용하는 방식으로만 상호 조정할 수 있다. 여기서 관계하고 있는 타당성주장은 두 가지, 즉 의도 내지 결정의 정직성과 말로 뜻한 바의 진리성이다. 이 단계에서 동의지향성의 해당범위는 아직 규범적 타당성주장에는 미치지 않는다. 약한 의미의 상호이해지향적 행위조정의 특징은 각기 동기를 부여하는 의도 및 선호사항 자체를 통해서가 아니라, 오직 그것들의 목적합리성을 통해서 성취되어야 하는 동의의 제한적 성격이다. 이 관점에서 보면 상호이해는 단지 청자가 의지표명 내지 요청의 내용을 이해하고 그것들의 진지성을 (그리고 실행가능성을) 의심하지 않는다는 것만을 의미한다. 행위

154

조정에 영향을 미치는 상호이해의 토대는 오로지 의도표명 내지 요청에 대해 제기된—의도 내지 결정의 식별가능한 합리성을 통해 확증되는—진실성주장의 수용뿐이다.

이 공동의 토대는 오직 성공지향적 태도를 갖는 행위자들이 서로에게서 (전략적 행위에서는 허용된) 기만적 의도의 포기를 기대하는 한에서만 이들의 의사선택을 제약한다. 그러나 약한 의사소통행위의 경우 행위자들은 서로에게서 공동의 규범 또는 가치를 지향하고 상호 책임을 질 것을 아직 기대하지 않는다. 하나의 발화수반적 행위가 세 가지 타당성주장 모두에서 비판될 수 있을 경우에야 비로소 나는 강한 의사소통행위라고 말한다. 이 경우 규범적 타당성주장이 규제적 발화행위(명령, 약속)에서처럼 명시적으로 제기되든, 아니면 주제화되지 않은 채로 남아있든 상관이 없다. 명시적으로 진리주장 및 진실성주장을 제기하는 주장과 고백도 발언의 규범적 맥락과 관련하여 부적당하고, 뻔뻔하고, 불쾌하고 등등 한 마디로 규범적으로 적절치 못하다고 비판받을 수 있다. 이런 경우 저 주장과 고백은 의사소통참여자들이 함께 속해 있는 사회적 세계의 정통성에 맞게 조절된 간인격적 관계에 어긋나는 것이다.

규제적 발화행위는 이러한 규범적 맥락들로부터, 화자가 지시, 명령, 요청, 충고, 간청, 약속, 계약, 협상, 예고 등등에 대한 권한을 부여받았다고 보아도 좋을 조건들을 빌려온다. 이런 점에서 이와 같은 종류의 발화수반적 행위와 결합되어 있는 올바름주장은, 사실확언적 발화행위의 진리주장이 객관세계 내의 어떤 것에 근거하고 있는 것과 유사한 방식으로 사회적 세계 내의 어떤 것에 근거한다(비록 규범이 사실과는 다른 방식으로 "논란의 대상이" 되고, 우리가 사실진술을 할 때 지시하는 존재자들과는 결코 동일하지 않은 방식으로 행위주체들로부터 독립적이지만 말이다). 탈형이상학적 사유의 조건하에서 발언의 규범적 올바름에 대한 [타당성]주장은 어쨌든—진리주장의 경우에서처럼—논

의적으로, 더욱이 ― 그 사회적 세계의 모든 구성원들에 대하여 모두
― 동일한 근거들을 가지고 이행될 수 있다. 이 경우 목적은 규범적 동
의이다. 그리고 의도와 결정의 진지성에 대한 (그리고 실행가능성에 대
한) 상호이해와는 달리 규범적 동의의 해당범위에는 임의로 선택한 행
위목적을 추구할 때의 행위자에 상대적인 전제들만이 아니라, 정당한
목적을 선정하는 행위자에 독립적인 선택방식도 포함된다. 강한 의사
소통행위에서 참여자들은 사실을 기준으로 삼고 그들이 참이라고 여기
고 믿는 것을 말하는 것으로부터만 출발하는 것이 아니라, 또한 오직
〔현재〕효력을 갖는 규범과 가치의 한계 내에서만 그들의 행위계획을
추구한다는 것으로부터도 출발한다.

　약한 의미의 의사소통행위에는 모든 이에게 동일한 객관세계에 대한
가정이 근저에 깔려있다. 강한 의사소통행위에서는 참여자들은 그 외
에 자신들이 간주체적으로 공유하는 사회적 세계를 상정한다. 물론 단
언적 진술의 경우 규범적 진술보다 동의가 덜 고려되는 것은 아니다.
사실진술과 당위명제는 모든 참여자가 각기 동일한 근거에서 통찰할
수 있어야 한다. 그러나 사실에 대한 인지적 동의는 의사소통참여자들
로 하여금 계속되는 자신들의 상호작용과정에서 단지 이 합의된 상황
만을 고려하도록 강제한다. 이 인지적 동의는 규범적 동의와 달리 행
위자들이 자신들의 행위목적을 어떻게 선택하고 추구하는지, 그들이
전적으로 각기 자신의 선호사항만을 지향하는지 아니면 구속력을 갖는
규범도 (그리고 모든 구성원이 존중하는 가치도) 지향하는지에 대해서는
관여하지 않는다. 약한 의사소통행위에서는 오직 사실확언적 발화행위
와 규범적으로 권한을 부여받지 않은 의지표명만이 작동되는 반면, 강
한 의사소통행위는 사회적 세계 내의 무언가에 대해서도 지시연관관계
를 갖는 언어사용을 요구한다. 덧붙이자면 강한 의사소통행위에는 의
도표명 및 요청처럼 (미래의) 행위에 대한 지시연관관계를 갖지 않는
― 예를 들어 감정표현 같은 ― 정표적(情表的)〔발화〕행위(Expressiva)

도 포함되어 있다.

2) 발화효과적 행위와 결과지향적 언어사용 그리고 전략적 행위

의사소통적 합리성은 참여자들이 비판가능한 타당성주장에 대하여 입장표명을 하는 말놀이에 구현되어 있다. "약한" 형태의 의사소통적 언어사용 및 의사소통적 행위의 경우에 의사소통적 합리성은 성공지향적 태도를 취하는 행위자들의 목적합리성과 착종된다. 그러나 아직도 여전히 발화수반적 목적이 경우에 따라 역시 추구되는 "발화효과적" 성공을 지배하는 방식으로 착종된다. 우리는 경우에 따라서 또한 비언어적 행위에 의해 인과적으로 야기될 수 있는 발화행위 효과를 이렇게 〔발화효과적이라고〕 부르고 있다. 아래의 서술에서 나의 관심사는 발화수반적 목적 및 성과와 발화효과적 목적 및 성과 간에 존재하는 지배종속관계가 역전되는 (a) 발화행위와 (b) 상호작용이다. 이 경우 의사소통적 합리성은 뒤로 물러나면서 발화수반적 행위의 특유한 구속력을 부각시켜주는 배경 역할을 할 수 있는 빈틈을 남긴다.

(a) 나는 먼저 세 부류의 발화효과적 성공을 구분하고자 한다. 발화효과적 성과$_1$은 문법상 성공적인 발화수반적 행위의 내용으로부터 나오는데, 예를 들어 이것은 타당한 명령이 수행되거나 약속이 이행되거나 예고된 의도가 실현되거나 또는 주장과 고백이 이어지는 상호작용 과정과 일관되게 잘 들어맞을 때에 나온다. 이 경우에는 발화수반적 목적이 발화효과적 목적을 지배한다. 반면 발화효과적 성과$_2$는 발화행위의 문법적으로 불규칙적인, 즉 우연적인 결과인데, 발화수반적 성공을 토대로 해서 비로소 발생하는 결과이다. 예를 들어 이것은 어떤 소식이 각기 맥락에 따라 수신인을 기쁘게 하거나 놀라게 하고, 또는 요청이 반항을 초래하거나 고백이 의혹을 불러일으키거나 하는 등등의

경우이다. 끝으로 발화효과적 성과3은 오직 수신자가 눈치 채지 못하는 방식으로만 성취될 수 있다. 이렇듯 상대방에게는 은폐된 전략적 행위의 성공 역시 발화수반적 행위의 명시적 성공에 달려 있다.

분석을 목적으로 할 때 흥미를 끄는 특수한 경우를 형성하는 것은 이른바 **발화효과적 행위**(*Perlokutionen*)이다. 이것 역시 성공적인 발화수반적 행위라는 매체를 필요로 한다. 하지만 이 경우 마지막에 언급한 부류의 발화효과적 성과에 필수적인 발화수반적 목적의 **외관상의** 지배조차도 사라진다. [11]

    (3) 너는 개같이 처신한다.

이 주장의 발화수반적 행위는 청자의 기분을 상하게 하려는 **드러내놓고** 추구된 발화효과적 목적에 비추어 볼 때 다른 의미를 얻게 된다. 즉 이 주장은 꾸중이나 비난 혹은 모욕으로 간주된다. 이와 유사한 방식으로 임의의 발화수반적 행위는 각기 주어진 맥락에 따라 조롱이나 경멸의 표현으로 여겨질 수 있다. 말 그대로 표현된 발화수반적 의미가 상대방을 웃음거리로 만들려는 발화효과적 목적설정에 의해서, 또는 이미 발생한 효과(웃음거리가 됨)에 의해서 중첩되고 달리 해석되기 때문이다.

협박은 특별한 종류의 발화효과적 행위이다. 조건부의 부정적 제재를 예고하는 발화수반적 행위는 위협이라는 의도된 발화효과적 성과2에 대한 명시적 지시연관관계 설정을 통해 협박의 의미를 갖게 된다. 그런 까닭에 다음의 (4)와 같은 협박은,

    (4) 네가 철수에게 돈을 주지 않는다면 네 상사한테 ⋯ 한 사실을 알릴 거야.

---

11) F. Hundschnur, "Streitspezifische Sprechakte?," *Protosoziologie*, Heft 4, 1993, 140 ff.

158

단지 말 그대로 표현된 "적나라한" 예고처럼 의도표명의 비진실성 및
현존사실의 사전적 가정의 비진리성이라는 이중적 측면에서만이 아니
라 또한 의도된 발화효과적 성과$_2$의 맥락적 조건과 관련하여서도 부인
될 수 있다. (4)는 단지 이 발화수반적 행위와 함께 말 그대로 제기된
타당성주장과 관련하여 부정될 수 있을 뿐만 아니라,

> (4') 네 말 참말이 아닌 거 알고 있어.
> (4'') 네가 나를 일러바칠 게 하나도 없다는 거 알고 있어.

(4)가 비로소 특정 수신자한테 협박이 될 수 있을, 화자가 상정하고 있
는 맥락도 부인될 수 있다.

> (4''') 그걸로 네가 나를 협박할 수 있을 것 같아. 그 사실 우리 상사
> 도 벌써 알고 있다구.

　정확히 말해서 이 경우에는 발화행위가 **부인되지 않고**, 단지 왜 의
도된 효과가 발생하지 않아 발화효과적 행위의 **효력이 없는지가 설명된**
다. 부인될 수 있는 것은 오직 **타당하거나 또는 타당하지 않을** 수 있는 발
화수반적 행위뿐이다.
　(물론 이런 종류의 발화효과적 행위는 이차적으로 다시 규범적 맥락 속
에 편입될 수 있다. 도덕적 내지 법적 의미에서의 위반에 대한 비난[유죄
판결]은 규범적인 배경적 합의에 호소하며, 그런 점에서 경멸적 함의에도
불구하고 동의를 지향하고 있다. 그런 까닭에 이렇게 규범적으로 편입된
비난은 — 실제 말하는 바는 조금도 없고 단지 무언가를 말함으로써 누군가
에게 마음의 상처를 주고자 하는 행위들과는 달리 — 근거를 들어 반박할
수 있다. 도덕적 비난, 매도 등의 경우와 사정이 비슷한 것으로는 국가의
형벌적 위협을 예로 들 수 있다. 형벌규범 자체에 대한 정당성을 창출하는
배경적 합의 때문에 위협으로 내세운 형벌은 합의가 전제되는 법질서의 일

관된 관철로 간주된다.)

(b) 전략적 행위연관에서 언어는 일반적으로 발화효과적 행위의 패턴에 따라 기능한다. 여기서 언어적 의사소통은 목적합리적 행위의 명령적 요구에 **종속된다**. 전략적 상호작용은 **서로가 서로를 관찰하는**, 성공지향적 태도를 취하는 행위자들의 결정에 의해 규정된다. 이들은 이중적 우연성의 조건하에서 각자 자신의 행위계획의 실현을 위해 서로에 대해(통상 다른 사람의 명제적 태도에) **영향력을 행사하는**[경쟁적] 상대자로서 만난다. 이들이 자신들의 화자 및 청자역할을 3인칭 인격의 시각에서 취하는 한, 이들은 의사소통참여자의 수행적 태도를 유보한다. 이 시각에서 볼 때 발화수반적 목적은 단지 발화효과적 성공을 위한 조건으로서만 중요하다. 따라서 상호 의사소통하는 전략적 행위주체들은 — 의사소통적 언어사용에서와는 달리 — 자신들의 발화수반적 목적을 유보하에 제한적으로 추구한다.

이로써 또한 서로에 대해 상정한 진실성의 엷은 토대마저도 떨어져 나간다. 모든 발화행위는 그 발화수반적 구속력을 박탈당하는 것이다. 이 경우에는 약한 의사소통행위에서와 같은 공유된 규범적 맥락과 이에 상응하는 규범적 올바름에 대한 주장이 결여되어 있을 뿐만 아니라, 비규제적 발화행위와 함께 제기된 진리주장 및 진실성주장도 더 이상 직접적으로 청자에게 합리적인 동기를 부여하는 것을 목적으로 하는 것이 아니라, 수신자로 하여금 화자가 **간접적으로 알려주는** 것으로부터 수신자 자신의 **결론을 이끌어내도록** 하는 것을 목적으로 한다. 이것은 물론 오직 참여자들이 서로를 이해할 때에만, 즉 (의사소통행위의 맥락 속에서 습득한) 공동의 언어지식을 기생적(寄生的)으로 이용할 때에만 가능하다. 그러나 의사소통행위의 전제조건이 유보된 상태이기 때문에 이들은 이 능력을 가지고 자신들이 뜻하거나 원하는 것을 단지 간접적으로만 알릴 수 있을 뿐이다. 물론 전략적 행위주체들은 서로에 대해 자신들이 합리적으로 결정하는 한, 자신들 **스스로가** 참이라고 여기는 의견을 자신들의 결정근거로 삼는다는 것을 상정한다. 그러나 이들 각자가 각기 자신의 선호사항과 목적설정의 시각에서 기준으로 삼는 진리가(眞理價)는 간주체적 인정을 목적으로 하는—그런 까닭에 논의적 이행에 대한 요구와 함께 공개적으로 제기하는—진리**주장**으로 바뀌지 않는다(이러한 간접적 상호이해 형태는 서로 불신하는 당파들 간의 외교적 교류나 교전(交戰) 상태의 의사소통에서 볼 수 있다. 예를 들어 쿠바 사태의 경우〔소련 함대에 대한〕"경고사격"이—적이 미국의 의도의 진지성을 미루어 알 수 있도록 하는 표시로서—결여된 언어적 예고의 발화수반적 힘을 대체해야만 하였다).

IV. 의사소통적 합리성과 언어적 세계개창

지금까지의 고찰결과는 의사소통적 합리성과 언어 간에 어떠한 속단적인 연관관계도 설정해서는 안 된다는 것을 보여준다. 모든 언어사용이 의사소통적인 것도 아니며(다음 도표의 첫째 줄을 보라), 모든 언어적 의사소통이 간주체적으로 인정된 타당성주장의 토대 위에서의 상호이해에 사용되는 것도 아니다(마지막 줄을 보라):

언어사용의 유형

발언	사용방식
"머릿속의"(*in mente*) 진술문 및 의도문 ("순수한" 서술과 "독백적" 행위계획)	비(非)의사소통적
규범적으로 편입되지 않은 의지표명 (단순한 명령문, 예고)	이해지향적
완전한 발화수반적 행위 (규범적, 사실확언적, 정표적)	합의지향적
발화효과적 행위	결과지향적 (간접적 상호이해)

언어사용의 양태들은 행위자의 상이한 태도들과 결합하여 네 가지 상이한 유형의 언어적으로 구조화된 행위를 규정하는데, 이 가운데 오직 두 유형만이 의사소통적 합리성을 구현한다(다음 도식의 둘째 줄과 셋째 줄을 보라):

행위유형

언어사용	행위자 태도		
	객관화하는 태도	발화수행적 태도	
비의사소통적	목적지향적 개입	—	비(非) 사회적 행위
상호이해지향적	—	약한 의사소통적 행위	사회적 상호작용
합의지향적	—	강한 의사소통적 행위	
결과지향적	전략적 상호작용	—	

언어매체의 영역이 의사소통적 합리성의 영역보다 더 넓다는 것은 명백하다. 우리는 지식의 인식적 합리성과 행위의 목적론적 합리성 그리고 상호이해의 의사소통적 합리성으로 공동의 언어매체를 통해 상호 착종된 합리성의 세 독립적 측면을 알게 되었다. 또한 이 핵심구조들은 논의실천과 (그리고 슈네델바하가 정당하게 강조하고 있듯이 인격체들의 의식적 삶의 반성적 활동과) 참조지시 관계 속에 들어있다. 이것들은 검증심급(Bewährungsinstanz)의 역할을 하는 논변 및 반성의 차원에 참조지시적으로 회부되어 있는 것이다. 하지만 언어는 그 자체로 의견, 행위, 의사소통적 발언 및 인격체의 합리성과 어떤 관계를 갖는가?

이에 대한 첫 번째 힌트를 나는 이 발언들이 그 역시 언어적으로 구성되어 있는 생활세계의 맥락 속에 편입되어 있다는 사실에서 끄집어 내고자 한다. 우리는 "합리화"를 언급할 때 이 말을 단지 (프로이트처럼) 욕망과 행위의 추가적 정당화라는 의미에서만 말하는 것이 아니라, (막스 베버처럼) 인격체의 생활영위와 공동체의 삶의 형식과 관련하여서도 사용한다. 이러한 삶의 형식은 실천관행과 하나의 직조물과 같은 것을 형성하는 전통과 제도, 윤리관습과 권한들로 이루어져 있는 데, 이것들은 당면 문제의 해결에 유익한 한에서 "합리적"이라고 불릴 수 있다. 그런 점에서 삶의 형식들은 "합리적"이란 표현의 후보대상이 기는 하나, 오직 이것들이 논의절차의 설정과 반성능력의 도야에 대체로 "부응하는" 배경을 형성한다는 간접적 의미에서만 그렇다. 이런 방식으로 삶의 형식들은 합리적 의견 및 행위 그리고 의사소통을 가능하게 하는 문제해결능력을 향상시킬 수 있다.

이렇게 합리적 행태를 가능하게 하는 데에 언어는 언어공동체의 생활세계적인 배경적 이해의 범주적 체계화와 문법적 선(先)구조화를 통해 기여한다. 의사소통적 행위자들은 서로 객관세계 내의 어떤 것에 대해 의사소통하는 동안 언제나 이미 자신들의 생활세계의 지평 내에서 활동하고 있는 것이다. 이들이 아무리 높이 올라간다고 하더라도 지평은 항상 더 멀리 뒤로 물러남으로써 결코 객관세계처럼 생활세계 **전체를 눈앞에 가져와** 조망할 수 없다. 하이데거에 의해 분석된 이 세계내존재(世界內存在)가 ― 우리가 의사소통수단으로 이용할 수 있음에도 불구하고 우리의 처분에 맡겨져 있지 않아 마음대로 할 수 없는 ― 언어의 특이한 반(半)초월성을 통해 설명될 수 있다는 것은 단지 우연이 아니다. 우리는 언제나 언어의 매개 속에 활동하며, 결코 수행적으로는 ― 우리가 말하는 동안은 ― 언어 전체를 대상화할 수 없다. 이렇게 그 자체 언어를 매개로 분절·표출되는 생활세계는 그 구성원들에게 이들이 세계 안에서 경험할 수 있고, 그에 대해 의사소통할 수 있으며, 그로부터 배울 수 있는 모든 것에 대한 해석지평을 열어준다.

지금까지 우리는 언어가 의견과 행위 및 의사소통적 발언에 대한 구조형성적 힘을 갖는다는 입장에서 출발하였다. 그러나 언어 "그 자체"에 대한 이 전반적인 연관설정은 언어가 세계개창적 생산성을 통해 수행하는 진정한 기여를 은폐한다.[12] 물론 진술의 인식적 핵심구조는 자연언어의 논리적 의미론에 속한다. 능력을 갖춘 화자의 명제적 태도는 합리적 행위의 구조적 핵심을 형성한다. 그리고 의사소통적 합리성은 대화 속의 역할 및 의사소통의 전제조건과 함께 타당성주장의 간주체적 인정이라는 발화수반적 목적에 맞추어진 말하기실천(*Redepraxis*) 속에 표현된다. 우리가 구분한 상이한 측면의 합리성은 언어적 구조들 속에 반영된다. 그러나 한 사회의 모든 차원에서의 해석능력 및 학습능력이 의존하고 있는 이 합리성의 복합체 전체는 명백히 제 발로 서 있는 것이 아니라, 언어를 매개로 내용적으로 분절·표출된 — 상호이해 시도 및 문제해결 시도를 위해 대체로 적합한 맥락을 형성하고 자원을 공급하는 — 생활세계적 배경을 필요로 한다.

어떤 의미에서 삶의 형식들이 "합리적"일 수 있는가라는 물음은 한 언어공동체에게 세계를 대체로 생산적으로 개창해주는, 언어적으로 선행투입된 해석지식과 이를 통해 가능해진, 대체로 혁신적인 세계내적 학습과정 — 이 학습과정을 통해 세계지식이 확장되고 재차 선행적 언어지식의 수정이 유발된다 — 사이에서 진행되는 순환과정에 주의를 환기시킨다. 여기서 우리는 다음과 같은 세 차원을 구분해야 한다:

- 생활세계적 지평의 언어적 분절·표출의 차원
- 이러한, 간주체적으로 공유된 생활세계 내에서의 상호이해 실천의 차원
- 발언의 대상인 존재자들의 총체로서 의사소통참여자들에 의해 형식적으로 상정된 객관세계의 차원

의사소통적으로 행위하는 주체들이 자신들의 생활세계의 지평 안에서 세계 내의 어떤 것에 대해 의사소통하는 저 두 번째 차원에서 세계개

---

12) 언어의 세계개창 기능에 대해서는 C. Lafont, "Welterschließung und Referenz," *Dt. Zeitschr. f. Philos.* 41, 1993, 491~501; M. Seel, "Über Richtigkeit und Wahrheit," 같은 곳, 509~524 참조.

창과 세계내적 학습과정 간의, 지식을 확장시키고 의미를 변경시키는 상호작용이 수행된다.

우리가 세계 속에서 마주치는 모든 것을 우리로 하여금 특정한 연관성과 관점에 따라서만이 아니라 전체의 요소들로서도, 범주적으로 체계화된 총체성의 부분들로서도 볼 수 있게 해주는 언어의 세계개창적 기능은 합리성과 **연관되어** 있기는 하지만 그 자체로는 어느 면에서 탈합리적(*a-rational*)이다. 물론 그렇다고 해서 이 세계개창적 기능이 비합리적이라는 말은 아니다. 우리로 하여금 낡은 문제를 전적으로 새로운 시각에서 볼 수 있게 하는, 세계 전체에 대한 우리의 조망방식의 언어창조적 혁신조차도 하늘에서 떨어지는 것이 아니며, "존재역운"(存在歷運)도 아니다. 왜냐하면 세계개창적 언어지식은 지속적으로 입증되어야 하기 때문이다. 세계개창적 언어지식은 행위주체들로 하여금 그들이 세계 속에서 부딪히는 것에 잘 대처하고 오류로부터 배울 수 있도록 해주어야 한다. 다른 한편 이 세계해석적 언어지식에 대한, 소급적으로 유발된 수정도 마찬가지로 성공적 문제해결의 자동적 결과가 아니다. 오히려 언어적 상상력은—퍼스식으로 말하자면 가추법적 상상력은—문제해결 시도의 실패와 학습과정의 정체(停滯)에 의해 고무된다.

언어의 세계개창적 힘은 합리적이지도 비합리적이지도 않다. 합리적 행태를 가능하게 하는 조건으로서 이 힘 자체는 탈합리적이다. 이 특성은 철학의 역사 속에서 끊임없이 잘못 이해되었다. 적어도 플라톤에서 칸트를 거쳐 하이데거로까지 이어지는 철학적 관념론은 언어내용적 세계해석이 갖는 총체성 창출적 힘에서 항상 역사(役事)하는 로고스를 보았다. 이 관념론은 이러한 "이성"을 총체성의 인식능력으로서 특별히 강조하였고, 세계 속에서 우리가 직면하는 문제들의 합리적 처리능력으로서의 "지성"보다 상위에 자리매김 하였다. 존재론적 패러다임에서 이성은 존재자 전체의 질서를 관조적으로 파악하는 능력으로 간주되었다. 칸트식의 정신주의적 패러다임에서도 이성은 여전히 이념능력으로 간주되었다. 이 이념의 세계형성적 힘이 이제는 선험적 주체의 총체성 창출적 성취능력으로 파악되었음에도 불구하고 말이다. 언어철학적 패러다임에서마저도 관념론과의 결별이 얼마나 힘든 일인가 하는 것을, 우리는 획기적 세계개창을 여전히 "진리생기(生起)"로 파악하는 하이데거에게서 볼 수 있다. 냉정하게 수행된 언어화용론적 전회 이후에야 비로소 언어의 세계형성적이고 분절적(分節的)인 힘으로부터 인식 주장의 부담을 덜어내는 것이 가능하게 되었다.

언어적 세계개창은 오류가능하나 학습능력을 갖는 주체들이 세계 속에서 이루어내는 합리적 성취와 **상보적** 관계를 갖는다. 이 관점에서 보면 이성은 타당성주장 및 형식화용론적 세계가정의 이상화(理想化) 속으로 물러날 수 있다. 이 이성은 여전히 비밀스런 어떠한 형태의 총체성 창출적 인식도 포기한다. 그러나 이 이성은 우연적인 생활세계적 맥락 속에 들어온 의사소통 공동체에게 ─ 참으로 간주된 것 및 당위적인 것의 거부할 수 없는 절대적 성격에 합당한 ─ 조심스러운 "안으로부터의 초월"(*Transzendenz von innen*)을 보편주의적으로 선취할 것을 강제한다.

V. 화용론적 의미이론에 관한 부록

앞서 언급한 언어사용의 양태들 간의 구분으로부터 화용론적 의미이론에 영향을 미치는 결과들이 나오게 되는데, 이것은 프레게와 비트겐슈타인이 전개한 진리의미론의 기본테제를 다음과 같은 방식으로 변형시킨다. 즉, 우리가 발화수반적 행위를 이해하는 것은 무엇이 그것을 수용가능하게 만들고, 그것이 수용될 경우 그 이후의 실천에 어떤 결과가 초래되는지를 알 때이다. 이 테제는, 〔화자가〕수용가능한 발화행위 신청을 통해 수신자로 하여금 화자 자신이 말한 것에 대해 제기한 타당성주장을 인정하고, 그 발화행위 자체를 타당한 것으로 받아들이도록 해야 한다는 것으로부터 출발한다. [13] 그러나 첫눈에 보기에 〔단순한〕명령과 의도표명 같이 규범적으로 편입되지 않은 의지표명이나 또한 모욕과 협박 같은 언쟁적인 발화행위는 이 테제의 반대사례들을 보여준다. 이 발화수반적 행위들은 분명 합의적 수용을 목적으로 하지 않는다. 요컨대 언어적 의사소통이 본질적으로 동의를 목적으로 한다는 가정 자체가 직관에 반하는 것처럼 보인다. 이에 따르자면 의사소통적 언어사용은 하나의 본원적 양식으로 특징지어져야 하는 반면, 누군가가 다른 사람에게 **무언가를 암시적으로 알려주는** 모든 간접적 의사소통 형식은 부차적 위상을 갖게 될 것이다. 나는 먼저 (1) 나의 〔화용론적 의미이론의〕 구상의 요점들을 되돌아본 다음, (2) 두 가지 수정을 행하고자 한다.

(1) 화용론적 의미이론은 발화행위를 이해한다는 것이 무엇을 의미하는가를 설명하고자 한다. 발화행위의 수행에서 문장들은 "의사소통

---

13) J. Habermas (1981), 385 ff. ; 같은 이, "Zur Kritik der Bedeutungs-theorie," in: 같은 이 (1988), 105~135.

적 의도"에서 사용된다. 이 의도의 실현을 위해서는 적어도 다음과 같
은 의사소통조건들이 충족되어 있어야만 한다.

- 공동의 언어를 구사하는(또는 예를 들어 번역을 통해 공동의 언어를
  만들어낼 수 있는) 화자와 수신자
- 양측 모두에 의해 검사가능한 발화상황
- 간주체적으로 공유된(또는 충분히 "중첩되는") 배경적 이해
- 일정한 상황에서 행해진 화자의 발언과 이에 대한 수신자의 '예'/'아
  니오'의 입장표명

그리고 나는 다음의 두 설명적 가정에 의지한다.

- 언어적 의사소통의 본질적 목적은 누군가가 다른 사람과 세계 내의
  어떤 것에 대해 상호이해〔의사소통〕하는 것이다.
- 상호이해란 청자가 화자가 자신의 진술에 대해 제기한 타당성주장을
  인정한다는 것을 의미한다.

이와 같은 피설명항과 설명항의 규정은 다음과 같은 설명을 낳는다.

- 하나의 언어적 표현을 이해한다는 것은 누군가와 세계 내의 무엇에
  대해 상호이해하기 위하여 그 표현을 어떻게 사용할 수 있는지를 아
  는 것이다.

물론 언어적 표현을 이해한다는 것과 타당하다고 간주된 발언을 가
지고 무언가에 대해 상호이해한다는 것은 같은 것이 아니다. 그러나
진리의미론이 이미 지적한 바와 같이 언어에는 의미의 차원과 타당성
의 차원이 내적으로 — 즉 우리가 발화행위를 이해하는 경우는 발화행
위가 그 행위결과와 관련된 의무와 함께 타당한 것으로 수용될 수 있

는 조건을 아는 경우인 방식으로—결합되어 있다. 발언의 **가능한 타당성**의 지향은 단지 상호이해만이 아니라 이미 언어이해 일반의 화용론적 조건에 속하는 것이다(덧붙여 말하자면 이것은 왜 우리가 오직 의사소통행위의 조건 아래서만, 즉 언어공동체가 언제 무엇을 타당한 것으로 수용하는 지를 **터득할 수 있게** 하는 실천에서만, 언어를 습득하는가를 설명해준다).

화용론적 의미이론의 핵심개념은 "진리"가 아니라 인식적으로 전환하여 일반화시킨, "합리적 수용가능성"이라는 의미의 "타당성"(*Geltung*) 개념이다. 그런데 이 기본적 출발점은 발화행위의 타당성조건이 표준적 조건하에서 해당 타당성주장의 이행에 이용될 수 있는 근거들을 통해 해석된다는 결과를 갖는다. 발화행위의 이해는 화자가 자신이 말한 것에 대해 제기한 타당성주장을 이행할 때 동원 **가능한** 근거들의 **종류**에 대한 앎을 포함한다(이것은 언어지식에 대한 전체론적 견해 및 언어지식과 세계지식의 상호침투를 설명해준다).

(2) 지금까지 나는 발화행위의 수용가능성이 (a) 발화수반적 성공을 정당화하고, (b) 화자와 청자 간의 합의에 합리적 동기를 부여할 수 있는 근거들의 앎에 달려있다는 입장에서 출발하였다. 나는 이제 이 정식화를 상호이해 개념의 세분화와 언쟁적 발화행위의 위상과 관련하여 수정하지 않을 수 없다.

(a)에 대하여. 발화행위를 이해한다는 것은 화자가 발화행위로 달성할 수 있는 발화수반적 내지는 **발화효과적** 성공의 조건을 안다는 것이다. 이로써 우리는 발화효과적 행위를 고려에 넣게 되는데, 이때 발화효과적 행위의 성공은 물론 적용된 발화수반적 행위에 대한 이해를 전제한다.

(b)에 대하여. 발화행위의 발화수반적 내지는 발화효과적 성공 조건을 아는 것은 화자가 자신의 타당성주장을 논의적으로 이행할 때 동원

가능한 행위자에 독립적인 내지는 행위자에 상대적인 근거들의 종류를
아는 경우이다. 성공지향적 태도를 취하는 행위자들 간의 상호이해는
예고나 요청의(내지는 협박의) 진지성이 (그리고 실행가능성이) 해당 의
도의 합리성의 행위자 상대적 근거들을 통해 입증될 수 있을 때에도
(약한 의미에서) 가능하다. 이때 수신자의 시각에서 볼 때에도 각기 그
행위자에게 적절한 근거로 이해될 수 있는 근거들이 "그 행위자에 대해
상대적으로" 타당하다.

  이 두 가지 수정은 발화행위가 단지 진리주장 및 진실성주장과 결합
되어 있고, 이 주장들이 오직 성공지향적 태도를 갖는 화자의 선호사
항과 관련하여서만 (그리고 그로써 이 화자의 시각에서) 의도와 결정의
진지성을 (그리고 실행가능성을) 토대로 논증될 수 있을 때에도 또한
발화수반적 행위라는 사실을 고려한 것이다. 발화수반적 행위를 배경
으로 해서 성립되는 발화효과적 행위조차도 (맥락의존적인 발화효과적
성공의 조건에 관한) 매번 각기 함축된 가정들의 진리 여부의 관점하에
서 비판될 수 있다. 그런데 발화효과적 행위가 그 자체로는 발화수반적
행위가 아니고 합리적 수용가능성에 맞추어진 것이 아니기 때문에, 이
런 방식의 부정은 단지 왜 발화효과적 목적이 주어진 상황하에서는 달
성될 수 없는가에 대한 설명의 의미 밖에는 가질 수 없다.

칸트에서 헤겔로

●

●

●

로버트 브랜덤의 언어화용론에 대하여

　《명시적으로 만들기》(*Making it Explicit*)는 1970년대 초 실천철학 분야에서의 《정의론》에 비견할 만한, 이론철학 분야의 이정표적 저작이다. 브랜덤은 여러 갈래의 분석철학적 논의에 대한 탁월한 지식을 바탕으로 다른 사람들도 그 윤곽을 그린 바 있는 언어철학적 단초의[1] 완성을 — 개별 연구단계들의 주요 내용들을 상세히 논의하는 가운데에서도 이 작업에 영감을 불어넣는 핵심 비전을 상실하지 않으면서 — 진지하게 시도하여 부각시키는 데 성공하였다. 이 저작의 비범한 품격은 사변적 추진력과 긴 호흡의 흔치 않은 결합에서 기인한다. 동시에 이

---

[1] 독일의 맥락에서 보자면 에얼랑엔(Erlangen) 학파의 구성주의 시각, 특히 이를 비트겐슈타인적으로 계승 발전시킨 캄바르텔(F. Kambartel)의 시각 및 아펠의 선험화용론과의 유사성이 부각된다. 또한 사회학의 언어이론적 정초에 관한 가우스(Gauss) 강의(1970/71) 및 "보편화용론이란 무엇인가?" ("Was heißt Universalpragmatik?," 1976)라는 논문으로 시작되는 나 자신의 형식화용론 정립을 위한 노력과의 명백한 합치점들도 눈에 띈다. 이 두 글은 모두 J. Habermas, *Vorstudien und Ergänzungen zur Theorie des kommunikativen Handelns*, Frankfurt a. M. 1984, 11~126, 353~440에 실려 있다.

저작은 형식화용론과 추론적 의미론[inferential semantics]의 혁신적 결
합을 끈질기고도 정밀하게 이루어냄으로써, 혁신이 요구되는 전승된
자기이해를 명쾌하게 분절적(分節的)으로 표현하는 데 기여한다. 브랜
덤은 복합적인 언어이론의 개념들로 언어능력 및 행위능력을 지닌 주
체들의 이성과 자율성이 표출되는 실천관행들에 대한 설득력 있는 기
술에 성공하고 있다.

브랜덤은 정신과는 독립적인 세계의 제약하에서 합리적으로, 그리
고 사회적 환경의 한계 내에서 자주적으로 활동하는, 개념을 가지고
작업하는 유한한 정신의 칸트적 시각을 위한 새로운 실용주의적 어휘
체계를 발전시킨다.

> 우리의 이성능력 및 지성능력에 의거하여 우리를 식별(識別)하는 것
> 은 감각능력(sentience) 보다는 지혜(sapience) 를 [다른 것들과] 우리
> 를 구분해주는 특징들의 조합으로 간주하겠다는 명확한 태도를 표현
> 한다. 감각능력은 우리가 고양이 같은 비언어적 동물들과 공유하는
> 것으로서, 깨어있다는 의미에서의 자각하는 능력이다 … 지혜는 자극
> 감수성이나 각성보다는 지성이나 지능과 관계가 있다. 2)

우리는 본질적으로 "근거[이유]를 제시하고 요구하는"[giving and ask-
ing for reasons] 실천에 참여하는 존재들이다. 우리는 서로서로 책임을
물음으로써 서로에·대해 우리의 [작위적] 행위와 부작위에 대한 책임
을 진다. 우리는 근거에 의해 촉발된다. 즉 "보다 나은 논변의 구속력"
의 요구에 응한다. 우리가 개념을 사용하고, 의미론적 규칙과 추론적
사유 규범에 따르는 동안, 우리는 셀라스(Sellars) 가 말한 바와 같이

---

2) R. B. Brandom, *Making it Explicit*, Harvard U. P. , Cambridge, Mass. ,
   1994, 5 (이하 특별한 인용표시 없이 제시된 이 글 속의 쪽수 표시는 이 책
   의 쪽수를 가리킨다).

"이유의 공간"(*space of reasons*) 속에서, 즉 근거들이 효력을 갖는 영역 속에서 움직이고 있는 것이다. 3)

　나는 먼저 브랜덤의 입장 전체의 특징을 서술하고 형식화용론과 추론적 의미론의 혁신적 결합에 대해 상론한 뒤(Ⅰ), 저자 자신이 핵심적이라고 간주한 문제, 즉 왜 우리는 우리의 발언 내용에 대해 객관적 타당성을 주장할 수 있는가라는 문제를 개진하고(Ⅱ), 이에 대한 브랜덤의 답변을 약술하고자 한다(Ⅲ). 이 장들은 결국에는 논의참여자 자신들이 방법적으로 취한 시각으로부터 인식될 수 있는 것들을 넘어서는 사유전개과정의 비판적 재구성에 기여한다. 두 번째 부분(Ⅳ~Ⅵ)에서 나는 브랜덤이 객관성문제를 추적하는 과정에서 불가피하게 도달하게 되는 개념실재론의 논리적 귀결들에 대해 비판적으로 논의하고자 한다.

---

3) "적용의 정확함은 진리 또는 재현의 평가라는 일반적 표제하에서 논의되고, 추론의 정확함은 합리성의 평가라는 일반적 표제하에서 논의된다"(18).

I

(1) 브랜덤은 논변게임에서의 발화행위의 역할에 관심을 집중시킴으로써 화용론적 언어분석의 방향을 설정한다. 근본적이라고 간주된 단언적 (*assertorisch*) 발화행위는 진리주장 (*claims*) 을 위한 ― 또는 그에 반하는 ― 매개체이자 근거로 사용된다. 적절한 근거로 인정되는 것은 간주체적으로 준수되는 논리적 규칙 및 개념적 · 의미론적 규칙들에 의존적이다. 그리고 이 규칙들은 한 언어공동체의 실천에서 읽어낼 수 있다. 4) 이 분석에서 결정적인 것은 결국 참여자들이 서로서로의 타당성주장에 대해 반응하면서 취하는 '예'/'아니오'의 입장표명이다. 5) 즉 브랜덤은 언어를 논의실천을 가지고 분석하며, 이 실천을 그는 상호 "점수관리" (*scorekeeping*) 를 통해 조절되는 의사소통행위들의 교환으로 파악한다. 각각의 모든 참여자는 다른 사람의 타당성주장을 자신의 타당성주장과 비교하여 평가하며, 누가 몇 점을 얻었는지를 〔이를테면 자신의 회계장부에〕 기록한다. 이 언어화용론적 입장은 (a) 무엇을 어떻게 하는가 하는 실천적 · 선술어적 지식이 명제의 형태로 표현된 주제적 지식보다 우위를 점하며, (b) 이와 마찬가지로 언어공동체의 사회적 실천이 개별 화자의 사적 의도보다 우위를 차지한다는 비트겐슈타인의 통찰을 따른다.

---

4) R. B. Brandom (1994), 253: "어떤 것이 근거〔이유〕가 된다는 것은 (*Being a reason*) 일차적으로 한 공동체가 실천적으로 어떤 것을 그러한 근거로 … 즉 진리주장의 근거로 취급한다는 것이 무엇을 의미하는가라는 관점에서 이해되어야 한다."

5) J. Habermas, "Handlung, Sprechakte, sprachlich vermittelte Interaktionen und Lebenswelt," in: 같은 이, *Nachmetaphysisches Denken*, Frankfurt a. M. 1986, 63~104.

(a) 브랜덤은 암묵적 지식을 통해 행동을 주재하는 발화규범 및 행위규범들로부터 출발한다. 전체론적으로 구성된 언어는, 어떻게 발언을 행하고 이해하는지를 아는 화자들이 이미 선술어적으로 알고 있는 생활세계를 구조화한다. 이를 위해 이들은 규칙이나 원칙에 대한 어떠한 명시적 지식도 필요로 하지 않는다. 물론 참여자들은 그들의 자연언어와 함께, 암묵적으로 작용하며 단지 실천적으로 습득된 "실천지식"〔know how〕을 명시적으로 만들고, 이를 주제적 "사실지식"〔know that〕으로 변형하는 능력을 동시에 획득하였다. 언어능력 및 행위능력을 지닌 주체들은 원칙적으로 자신들이 실천적으로 할 줄 아는 것을 반성적으로 만회하고 명시적 언어로 표현할 수 있다. 6) 이것을 브랜덤은 무엇을 어떻게 하는지를 말할 수 있는 "표현적"(expressiv) 능력이라고 칭한다. 이 목적에 이용되는 것이 논리적 어휘체계이다. 논리적 표현을 사용하여 우리는 의미론적 어휘〔체계〕를 어떻게 **규칙에 맞게** 사용하는지에 대한 직관적 지식을 명시적으로 만든다. "약한 의미에서 말하자면, 언어적 실천에 참여하고, 그리하여 개념을 적용하는 모든 존재는 **합리적** 존재이다. 강한 의미에서 말하자면, 합리적 존재는 언어적 존재일 뿐만 아니라 적어도 잠재적으로는 **논리적** 존재이기도 하다. 즉 우리는 우리 자신을 어떻게 이해해야 하는가 — 바로 이 두 표현적 조건을 충족하는 존재로 이해해야 한다"(xxi).

브랜덤 자신의 이론도 언어 자체에 내재하는 이 자기만회 및 반성적 자기승격(昇格)의 성향을 방법적으로 이용한다. 논리학이 자연적으로 터득한 논리적 규칙들을 비로소 개념화하듯이, 형식화용론은 (브랜덤의 책 제목이 보여주고 있듯이) 어떻게 언어를 의사소통적으로 사용하는지에 대한 지식을 재구성해야 한다. "표현이론은 어떻게 **명시적인 것**이 **암묵적인 것**으로부터 나오게 되는지를 설명해야 한다. 일차적으로 표현

---

6) 피아제(Piaget)는 이와 관련하여 "반성적 추상"이라고 말한다.

178

이론은 어떻게 (명시적인 것의 형식인) 명제적 내용이 논의적 실천 속에 암묵적으로 존재하는 규범에 의해 부여되는지를 설명해야 한다. 즉, 이러한 내용을 갖는 사용의 타당함이 어디에 있는지를 설명해야 한다. 그 다음에 표현이론은 어떻게 저 암묵적이고, 내용을 부여하는 동일한 규범들 자체를 규칙과 원칙의 형식으로 명시화할 수 있는지를 보여주어야 한다"(77).

(b) 언어학적 전회와 함께 한 주체의 사적 체험의 인식적 권위는 언어공동체의 공개적 실천으로 이동하였다. 그런데 의사소통된 명제내용의 이해가 "대상들에 대한 표상"의 위치를 차지함으로써 성취된 것은 재현적 인식모델과의 결별만이 아니다. 의사소통적 상호이해 모델로의 이행은 또한 언어공동체 구성원들이 서로서로를 책임주체로 인정한다는 의미에서도 사회적인 것의 우위를 최종적으로 확정하였다. 이들은 의사소통적 사회화를 통하여 그 안에서 서로에 대해 책임을 져야 하는 간주체적 관계망 속으로 얽혀 들어가게 된다. 이 책임은 근거제시를 통해 이행되어야 하기 때문에 근거를 제시하고 요구하는 논의적 실천은 또한 일상적 의사소통의 기반구조를 형성한다.

나아가 사회적인 것의 우위성과 연관되어 있는 또 다른 것은, 이론가 스스로가 2인칭 인격의 태도를 취하여 화자의 발언을 다른 의사소통 참여자의 시각에서 분석한다는 방법론적 결정이다. 이로써 브랜덤은 관련된 현상을, 행위를 수행하는 행위자의 시각에서 분석함으로써 〔상대 행위자를〕 대상화하는 정신주의의 함정을 피하는 실용주의적 전통을 이어받는다. 따라서 가령 "진리"란 무엇인가 내지는 무엇을 의미하는가라는 기술적(記述的) 물음은 우리가 어떤 것을 참이라고 취급할 때 — 예를 들어 우리가 참인 진술을 채택하거나 다른 사람들에게 수용하도록 권하거나 일반적으로 유용하다고 간주할 것 등을 역설할 때 — 우리가 행하는 것은 무엇인가라는 수행적 물음으로 대치된다. 브랜덤은 논의적 실천 일반에 대한 연구를 위해 이 반(反)객관주의적 전략을

받아들인다. "이 모델 때문에 직면하게 된 기본적인 설명과제는, 일단
의 사회적 실천이 발화수행을 주장이나 단언의 의미를 갖는 것으로 받
아들이거나 취급하는 실천적 태도를 포함하는 것으로 적절히 이해되기
위해서는 어떤 구조를 드러내 보여야 하는가를 밝히는 것이다"(141
f.). 하지만 분석자는, 우리가 앞으로 살펴보게 되겠지만, 발언내용을
이해하려고 노력하는 청자의 시각만을 받아들여서는 안 된다. 그는 진
리주장의 수용가능성을 알아내기 위하여 상대방의 발화행위를 "받아서
처리하는" 상호작용참여자의 수행적 태도를 취해야 한다.

(2) 입장을 표명하는 참여자의 수용적 시각에서 화자의 발언을 고찰
한다는 방법적 결정은 중요한 결과를 야기한다. 주장 내지 진술을 이
해한다는 것이 무엇을 의미하는가라는 의미이론의 근본문제는, 해석자
가 "올바른 방식으로" 화자를 그의 발화행위와 함께 진리주장을 제기하
는 사람으로 "받아들이고 취급할" 때 해석자가 행하는 것은 무엇인가라
는 물음으로 대체된다. 이때 두 단계가 구분되어야 한다. 첫째, 해석
자는 화자에게 그가 'p'가 참이라는 주장을 제기하고 그로써 'p'에 대한
책임을 지는 발화행위를 귀속시킨다. 이 화자에게 귀속시킨 행위(*un-
dertaking*)를 해석자는 화자의 자기구속(*commitment*)으로 이해한다. 단
언적 방식을 선택함으로써 화자는 필요할 경우 왜 자신이 'p'를 참이라
고 여기는지에 대한 근거를 제시할 의무가 있다고 느낀다. 그러나 근
거는 동시에 그 "무게"를 산정하지 않고서는 이해될 수 없다. 이것은,
둘째, 왜 해석자가 화자에게 귀속시킨 타당성주장에 대하여 자신도 입
장을 표명하는가를 해명해준다. 해석자는 자신의 시각에서 볼 때도 'p'
가 적절한지를 저울질한다. 그리고 그는 경우에 따라 화자가 'p'를 주
장할 수 있는 권한(*entitlement*)을 인정한다(해석자가 어떠한 설득력 있
는 평가에도 도달하지 못하여 당분간 긍정적 혹은 부정적 판단을 유보하는
경우도 물론 하나의 입장표명이다).

　따라서 브랜덤은 주장을, 화자에게 진리주장(*claim*)과 그에 상응하는 책임부담(*commitment*)을 귀속시키는 것이 임의의 해석자에게 "적절한 것으로 보이게끔 하는" 화자의 발언이라고 설명한다. 화자가 'p'를 주장할 권한이 있는지를 결정하는 진술 'p'의 위상은 해석자가 화자가 제기한 진리주장을 어떻게 평가하는가에 — 즉 해석자가 화자에게 귀속시킨 타당성주장을 자신의 것으로 취하는가 아닌가에 — 달려 있다. 즉 분석의 출발점은 해석자의 〔실천적〕 태도(*practical attitudes*), 특히 진리주장에 대한 그의 '예' 또는 '아니오'라는 입장표명이다. 결정적인 것은 발화행위가 해석자에게 어떻게 **비치느냐**〔현상하느냐〕, 즉 해석자가 그 발화행위를 무엇으로 여기느냐이다.

　'현상하는' 발화행위의 분석을 택하는 이 결정은 의사소통참여자들의 발언의 위상에 대한 그들의 태도의 우위성을 설명해준다. 이 우위성은 또한 "점수관리"라는 비유를 채택하도록 하는, 아니 대화 자체를 야구경기에 비유하도록 하는 동기가 된다. 논의적 실천은 기본적인 경우 참여자들이 서로에 대해 귀속시키고 가능한 근거를 고려하여 판단하게 되는 주장과 물음 및 답변의 교환으로 이루어진다. 이때 모든 참여자는 각기 자신의 관점에서 누가 어떤 발화행위를 할 권한을 가지고 있고, 누가 누구의 어떤 주장을 충분한 믿음을 가지고 수용하였으며, 누가 논의적으로 이행되지 않은 타당성주장들을 제기하여 일반적으로 승인된 계좌(計座)의 신용한도를 초과함으로써 자신의 게임동료들의 신뢰를 상실하였는가를 각자의 회계장부에 기록한다. 자신의 기여를 통해 "득점"을 한 모든 참여자들은 동시에 다른 사람들이 그들의 기여를 통해 획득한 "점수"를 계산한다.

　(3) 독창적인 것은 브랜덤의 이 형식화용론 구상이라기보다는 오히려 그의 다음 수이다. 브랜덤은 논의적 실천의 기술(記述)과 의미론을 양자가 마치 톱니바퀴처럼 서로 맞물리도록 하는 방식으로 결합시킨

다. 이를 위해 브랜덤은 더밋의 다음과 같은 인식적 의미설명을 자기
것으로 만든다. 즉, 우리가 단언적 명제를 이해하는 것은 그 명제가
주장될 수 있는 조건뿐만이 아니라, 그 주장의 수용이 참여자들에게
초래할 결과도 아는 경우이다. 이 인식적 언어이해 개념은 주장가능성
조건을 충족시키는 근거를 요구하고 수용된 주장으로부터 나올 결과를
추론할 수 있는 2인칭 인격의 시각에 맞추어진 것이다.[7] 나아가 브랜
덤은, 셀라스를 좇아, 한 표현의 가능한 적용의 상황 및 결과와 관련
된 논증들은 언어적 표현의 의미내용에 들어있는 "실질적" 추론관계에
근거한다고 가정한다.[8] 브랜덤이 "근거들의 생산과 소비"라고 규정한
논의개념에는 ― 언어적 표현의 개념적 내용은 그것이 실질적 추론 속
에서 행할 수 있는 역할을 가지고 분석될 수 있다는 ― 추론적 의미론
이 마치 거울에 비친 상처럼 상응한다. 논의참여자들은 언어적 표현
을, 올바른 적용 조건 및 결과와 관련하여 수용가능하게 만드는 근거
들에 비추어 그 표현을 이해한다. 하지만 브랜덤은 논증의 연쇄고리를
끊을 수 있는 경험근거들도 허용함으로써 ― 즉 근거로 인정되면서도
그 자신은 더 이상의 논증을 필요로 하지 않는 지각들을 허용함으로써
― 과도한 추론주의와는 분명한 거리를 취한다.

　　그러나 언어적 표현의 올바른 사용의 조건 및 결과를 확정하는 규칙
에 대한 지식을 해석자에게 주는 것은 경험지식이 아니라 언어지식이
다. 의미론의 시각에서 본 의미론과 화용론 간의 관계는 어쨌든 이렇

---

7) 비록 행위이론적 맥락 속에서 전개된 것이기는 하나 나의 의미이론을 참조
　　하라. J. Habermas, *Theorie des kommunikativen Handelns*, Frankfurt
　　a. M. 1981, Bd. 1, "Erste Zwischenbetrachtung", 특히 397 ff. 여기서 나
　　는 우리가 발화행위를 이해하는 것은 그것을 수용가능 하도록 만드는 것을
　　아는 경우이다 라는 테제를 개진했다. 나는 여기서 이미 (398) 우리가 발언
　　의 올바른 적용조건을 알 때 이해하게 되는 발언의 "내용"과 "상호작용 결과
　　와 관련된 의무사항들", 즉 발언의 수용으로부터 나올 결과들을 구분했다.
8) R. B. Brandom (1994), 102~116 참조.

게 나타난다. 논의실천은 한 언어의 어휘체계에 내재된 추론적 관계망을 가동시키는 것이다. 서로에 대해 귀속시킨 타당성주장에 대한 논의 참여자들의 입장표명은 각각의 발언내용의 의미론적 함의들에 의해 미리 확정된 궤도 속에서 진행된다. 의미론은 논의를 통해 개진될 개념들을 선행투입하는 것이다. 다른 한편 브랜덤은 언어를 "논의의 집"으로 보는 언어관에 설득당할 정도의 확신밖에 갖지 못한 화용론자는 아니다. 적어도 그는 각각의 언어공동체의 구성원들에게는 그로부터 빠져 나올 길이 전혀 없는 언어적 세계개창의 관념론에 반대하여 다른 구상을 내놓는다. 브랜덤은 논의실천을 전험적(前驗的)으로 상속받은 의미지식의 볼모라기보다는 오히려 개념의 생산자로 파악한다.

　의미론적 시각에서 볼 때 언어지식과 함께 주어져 있는 개념규범들은 화용론적 관점에서는 결과로 간주될 수 있다. 그러나 이와 함께 추론실천에 대한 의미론적 의미잠재력의 관계는 역전된다. "표현들은 그것들이 실천 속에서 사용되는 바에 의해 그것들이 의미하는 것을 의미하게 된다. 그리고 지향적 상태와 태도는 그것을 가지고 있다고 여겨진 사람들의 행동의 경제(behavioral economy)에서 그것들이 수행하는 역할 덕분에 그것들이 갖는 현재의 내용을 갖게 된다. 내용은 추론의 타당함에 의거하여 이해된다. 그러나 이 추론의 타당함은 행동들을 실천 속에서 적절하거나 부적절하다고 간주하거나 취급하는 규범제정적(norm-instituting) 태도에 의거하여 이해된다. 따라서 이론적 경로는 사람들이 **행위하는** 것으로부터 그들이 **의미하는** 것으로, 그들의 실천으로부터 그들의 상태 및 표현의 내용으로 나아가는 방향으로 획득가능하게 된다. 이런 방식으로 적절한 화용론은 추론주의적 의미론을 정초(!)할 수 있다. 실천 속에서 추론을 올바르거나 올바르지 않다고 취급하는 것이 무엇을 의미하는지에 대한 저 화용론의 해명은 궁극적으로 (이후 의미론적 근원요소〔primitives〕로 기능할 수 있는) 추론의 실질적 타당함에 대한 호소를 인가해준다"(134). 그러나 "실천 속에서"(in

practice) 란 말은 무엇을 의미하는가? 이 검증심급은 참여자의 "행동의
경제"와 그들의 태도의 "규범제정적 힘"을 지적함으로써, 해설은 되었
다 할지라도 진정으로 해명된 것은 아니다. 진리주장의 상호적 귀속과
판정의 실천이 실질적으로 타당한 추론의 의미론적 확정만으로는 보장
될 수 없다면 제약은 어떤 성질의 것인가? 어떤 것이든 간에 개념적용
의 올바름을—"진리의 평가"를—검증하는 것이 있어야 한다.

　논의참여자들의 실천적 태도에 의미론적 규칙에 대한 우위성을 용인
하고 나서 몇 페이지 뒤에는 또 다음과 같이 쓰여 있다. "올바른 추론
에 대한 의미론적으로 적절한 개념은 개념내용(*conceptual content*)에
대한 수용가능한 개념을 산출하여야 한다. 그러나 이러한 개념은 객관
적 진리조건의 이념을 정초하고, 그로써 **객관적으로** 올바른 추론의 이
념을 정초해야 한다. 이러한 판단 및 추론의 타당성들은 판단을 올바
른 것으로 간주하거나 취급하는 현재적 태도를 넘어선다. 그것들은 그
것들이 어떻게 간주되는가와는 무관하게 실제 사태가 어떠한가에 의해
결정된다. 궁극적으로는 우리의 인지적 태도가 이 태도초월적 사실들
에 대해 답해야 한다"(137). 브랜덤 스스로가 제기하고 있는 것으로
보이는 이 "실재론적" 반론은 "현상론적" 태도와는 잘 조화되지 않는다.
참여자 시각에 묶여있고 언어실천을 안으로부터 재구성하는 이 방식은
분석자에게 진리와 지시에 대해 말할 의무를 지우는 것이 아니라, 진
리와 지시가—자신이 상대하는 다른 참여자들에게 진리주장과 지시연
관설정을 귀속시키는—해석자에게 어떻게 **현상하는가**에 대해 말할 의
무를 지운다. 9) 실제로 브랜덤은 이 방식을 따라 실재론적 직관에 부응
하려고 시도한다. 그의 이 시도를 좇아가기 전에 나는 객관성문제를
그 자체의 문맥으로부터 펼쳐 보이고자 한다.

---

9) R. B. Brandom, "Pragmatism, Phenomenalism, and Truth-Talk," *Mid-west Studies in Philosophy*, XII, 1988, 75~93 참조.

II

논의참여자의 "태도"에서 그들의 발언의 "위상"을 거쳐 발언내용의 "객관성"으로 설명이 진행되어야 하는 한, 타당성주장의 귀속 및 평가 행위가 의사소통의 진리내용에 대한 해명책임을 져야 한다. 브랜덤에게 이 "실천적 태도"는 이미 말했다시피 논의적 "점수관리" 논리의 규범적 특징들에 대한 열쇠구실을 한다. 논의참여자들은 말하자면 그들의 발언의 규범적 위상을 창설한다. 누군가가 다른 사람에게 주장을 귀속시키고 이를 올바르다고 인정함으로써, 그는 이 발언에 (객관적이라고 추정한) 내용을 부여하고 참인 주장의 위상을 창설해준다. 이 규범적 위상의 "창설" 과정을 브랜덤은 계약론을 본보기로 삼아 권리의 실정법화(實定法化)인 양 구상한다. "우리의 활동이 규범을 창설〔제정〕한다 … 선호사항을 만들어내고, 명령을 발하며, 합의에 가담하고, 칭찬하고 비난하며, 존경을 표하고 가치를 평가하는 행위자들에 의해 탈(脫)규범적 세계에 규범적 의미가 마치 벌거숭이 같은 세계에 씌워진 망토처럼 덧씌워진다"(48).

규범은 본래 자연의 일부가 아니다. 규범은 지적 존재의 의지에 의해 자연적 성향과 행태방식에 부과된다. 규범준거적 행태는, 행위주체가 자신들에게 기대되는 것이 무엇인지를 알고 자신들이 위반할 수도 있는 규범의 개념에 따른다는 점에서, 단순히 규칙적인(regulär) 행태와 구별된다. 이러한 규범의 생성을 브랜덤은 이제 공동체가 특정 행태방식을 올바르거나 빗나간 것으로 특징짓고 제재한다는 것을 가지고 설명한다. 입법자는 행태에 대해 바람직하거나 바람직하지 못하다는 2가적(二價的) 코드를 부여하고, 상응하는 규범적 행태 기대에 대한 보상과 처벌을 규정한다. 하지만 이 경험주의적 설명은 합리적 동기에 의해 이끌려지는 존재들의 특성을 아직 올바로 반영하지 못하고 있다.[10) 입법 자체가 합리적 척도에 따라야만 하는 것이다. "합리적 존재로서 우리의 존엄성은 정확히 오직 우리가 시인한 규칙들에 의해서만, 즉 (사이렌을 눈앞에 둔 오디세우스처럼) 우리가 우리 스스로를 구속하기 위해 자유의사에서 선택한 규칙들에 의해서만 구속된다는 데 있다"(50).

이와 관련하여 브랜덤은 이성적 입법을 단순한 자의적 행위와 구분하기 위하여 칸트의 자율성개념을 자기 것으로 수용한다. 입법자가 자율적으로 행위하는 것은 바로 자신이 **통찰에 의해** 선택한 규범들을 스스로 따를 때다. 자유의지는 적절한 근거에 의한 결정을 수용하는 합리적 의지다. "따라서 칸트가 합리적인 덕분에 자유로운 우리와 합리적인 덕분에 규범의 구속을 받는 우리를 조화시킨 것은 ─ 그리하여 특별한 종류의 규범, 즉 합리성의 규범에 의해 강요된 것으로서의 자유는 ─ 도덕적 의무의 규범적 위상을 규범적 태도에 의해 창설된 것으로 간주할 것을 요구한다"(51). 그러나 바로 이 생각은 도덕철학적·법철학적 비유가 논의참여자들의 발언의 규범적 위상에 대한 그들의 "규범적 태도"의 우위를 납득할 만한 것으로 만들기에는 부족하다는 것을 보여준다. 왜냐하면 (칸트 및 루소가 말하는) 자기입법 모델은 입법자가 비로소 "창설"되어야 할 것인 합리성규범을 따른다는 것을 이미 전제하고 있기 때문이다. 하지만 여기서 문제는 바로 합리성규범의 "창설"이지 않은가. "이성적" 규범정립은 이성규범에 따라 이루어져야만 하며, 그런 까닭에 그 자체가 이성의 규범성 자체를 해명해주는 모델이 될 수는 없다. 논의참여자들은 "입법자"로 등장하기 이전부터 "언제나 이

---

10) 로슨(Rosen)은 바로 이점을 강조하고 있다. G. Rosen, "Who makes the Rules around here?," *Philos. and Phenomenol. Research*, LVII, 1997, 170: "어떤 반(反)사실적 평가는 의도되어야만 한다. 그러나 여기서 다음과 같은 결정적인 문제가 제기된다. 즉 이상화(理想化)는 어떻게 특징지어져야 하는가라는 문제가 제기된다."

미" 언설(言說; 말하기, *Rede*)의 규범적 내부구조에 의지하고 있다.

브랜덤은 지나치게 포괄적인 규범성 개념을 사용하고 가장 광범위한 의미의 합리성규범들을 — 논리적, 개념적, 의미론적 그리고 화용론적 규칙들을 모두 — 행위규범에 동화시키기 때문에 일정한 의미에서 자기오해에 빠져있다.[11] 물론 특히 권리와 의무의 개념들을 동원한 기술(記述)의 논변실천이 〔이성의 규범성을 해명하는〕 그럴듯한 모델인 것은 사실이다. 진리주장을 내세우는 자는 논증의 의무를 지는 반면, 반대자는 반론할 권리를 갖는다. 양측은 모두 '이성의 공간'을 규정하는 의사소통의 전제조건과 논변규칙의 구속을 받는다. 이 "공간"에서 근거들은 정신을 — 논의참여자들의 "실천적 태도"를 — 올바른 방식으로 촉발하기 위하여 자유롭게 유동(流動)하면서 어떠한 방해도 받지 않고 그 합리적 동기부여의 힘을 펼칠 수 있다. 보다 나은 논변에 고유한 강제 없는 강제력을 관철시키는 것은 바로 논변의 권리 및 의무가 갖는 의미의 일부이다. 그러나 근거에 의한 촉발은 규범에 의한 의무수용과는 다른 것이다. 행위규범은 행위자의 의지를 **구속하는**(*binden*) 반면, 합리성규범은 행위자의 정신을 **조종한다**(*lenken*).

---

11) 그래서 브랜덤은 (161 f. 참조) 입장권이 그것을 가진 사람에게 부여하는 인허(認許, *license*)가, 어떤 주장의 인정된 위상이 그 주장의 발화자에게 인가해주는 진리주장을 해명해준다고 말한다. 반면 그 입장권을 받아 찢음으로써 수행적으로 입장할 권리를 확인해주는 검표원의 역할은 화자에게 주장을 내세울 권한을 인정하는 해석자의 역할에 비유할 수 있다는 것이다. 똑같은 방식으로 "여왕의 실링"〔*the queen's shilling*〕의 — 이것은 당사자들의 의사에 반하여 신병을 모집하는 장교들이 건네주는 "입대장려금"을 말한다 — 수행적으로 의무를 부과하는 성격은, 해석자가 〔발화자의 발언에〕 귀속시킨 발언의 위상이 그 발화자에게 갖는 의무부과적 힘을 예시(例示)해준다는 것이다. 브랜덤은 또한 (163 ff. 참조), 합리성규범을 행위규범에 동화시키는 데서 나오는 당연한 귀결이겠지만, 도덕적 구속력을 갖는 "약속"과 발화행위 내재적인 의무들을 모두 포괄하는 광의의 "책임"(*commitment*, 관여) 개념을 사용한다.

브랜덤이 저 둘 중 하나를 다른 하나에 동화시키는 경향을 갖는 이유는 그의 실천개념의 출처와 상관이 있는지도 모르겠다. 그 원천의 하나가 말놀이 문법을 삶의 형식의 기반구조로 파악하는 비트겐슈타인이다. 비트겐슈타인은 논리적, 수학적 그리고 문법적 규칙을 문화적 패턴 및 행위규범과 같은 것으로 만든다. 그의 개념은 어떠한 구분도 하지 않고 인지적 규칙과 사회문화적 규칙을 포괄하고 있다. 그러나 브랜덤의 "논의적 실천〔관행〕" 개념은 비트겐슈타인에게서 받아들인 것만큼이나 《존재와 시간》 제1편에 대한 독특한 해석의 덕을 입고 있다.

저 유명한 도구(Zeug) 분석은 실용주의에 대한 하이데거의 — 스스로는 고백하지 않은 — 근접성을 드러내준다. 모든 논의적 상호이해 이전에 세계내존재(世界內存在)는 우리가 사물들을 다루고 처리하는 속에서 실천적으로 개창하는 "사용사태(Bewandtnis) 연관"에 따라 스스로를 규정한다. 브랜덤은 이전에 쓴 논문에서 이 제1편에 대한 선험사회학적 해석을 제안하였다.[12] 사람들이 전형적인 행위수행에서 어떻게 사물들에 대해 반응하고, 한 공동체가 무엇을 각기 적합하고 적절한 반응이라고 인정하는가가 "도구"의 의미를 규정한다. 도구의 의미는 인간이 그것을 무엇으로 받아들이는가에 있다. 그러나 하이데거와는 달리 브랜덤은 사회적인 것의 우위성으로부터 출발한다. 이 해석방식에 따르면 사회적 실천의 기능적 연관이 한 언어공동체의 세계해석을, 즉 그 공동체의 "해석학적 '로서'"를 규정한다. 이 선술어적 세계이해는 개인들에게 있어서는 유사한 자극에 대해 다른 사람들과 같은 방식으로 "응답하는" 성향들로 반영된다. 즉 한 언어공동체의 구성원들은 자신들의 전형화된 응답들을 상호간에 "적합하고 적절한" 것으로 인정함으로써 의미를 "창설한다." 이때 구성원들의 인식적 권위가 공동체의

---

12) R. Brandom, "Heideggers Kategorien in 'Sein und Zeit'," *Dtsch. Z. Philos.* (45), 1997, 531~550.

사회적 권위와 결합된다.

브랜덤에 따르면 이 선술어적 세계해석의 아말감으로부터 — 그리고 이 점이 우리의 논의와 관련하여 중요한데 — 비로소 논의적 실천이 생성되어 나온다. "새로운 사회적 응답방식인 진술"과 함께 그때까지는 단지 "손안에 있던"(zuhanden) 것이 "눈앞에 있는 것"(Vorhandenes)으로 변형된다. "진술과 진술을 가능케 하는 근거의 제시 및 요구의 실천 자체가 특별한 종류의 실천적 활동이다. 어떤 것에 대해 그것에 대한 진술로 응답한다는 것은 그것을 눈앞에 있는 것으로 취급한다는 것을 의미한다."13) 이러한 배경은 왜 브랜덤이 나중에도 여전히 논의참여자들의 실천적 태도에 이들이 서로 자신들의 발언에 부여하는 규범적 위상에 대한 우위성을 용인하고, 나아가 합리적 타당성을 사회적 타당성에 동화시키는 경향을 갖는지를 이해할 수 있게 해준다. 다른 한편 이 논문의 — 문헌해석학적 관점에서 보면 비판의 여지가 많다고 할 수 있으나 내용상으로는 보다 흥미로운 — 마지막 부분은 또한 왜 브랜덤이 후기 비트겐슈타인과 후기 하이데거가 시사하는 결론들을 이어받지 않았는지를 알 수 있게 해준다. 브랜덤은 말놀이의 맥락주의에 대해서도, 그리고 언어적 세계개창의 관념론에 대해서도 똑같이 거리를 취한다.

하이데거에서 눈앞에 있는 것이라는 범주는 항상 눈앞에 있는 것에 대한 진술 속에 나타나는 "대상화"라는 경멸적 함의를 갖는다. 이렇게 객관주의에 비판적인 해석방식에 반대하여 브랜덤은 단지 손안에 있는 것과의 선술어적 교류에 대하여 명제적으로 세분화된 언설(Rede)과 논의적 세계교류가 갖는 우월성을 논증하는 인지적 고유의미를 부각시킨다. 말하자면 그는 하이데거의 도구분석을 그 문화비판적 감상주의로부터 해방시키고 있다. 사실확언적 언설은 손안의 사물들을 실천적 의도의 이해관계연관으로부터 떼어내어, 그것들을 사실진술이 가능한 눈

---

13) Brandom (1997), 346.

앞의 대상들로서 추론적 사유의 논의연관 속으로 되돌려 놓는다. "망치로서 손안에 있던 눈앞의 대상에서 무게의 속성이 인지되면 하나의 진술이 행해지게 되는데, 이 진술의 적절성 여부는 특정한 실천적 목적을 위한 유용성 여부의 문제가 아니다 … 근거를 제시하고 요구하는 놀이에서 진술의 적절성을 결정하는 권위는 실천적 목적을 위한 유용성의 영역으로부터 회수된다."14)

여기서의 브랜덤의 생각은 그가 그 사이 "사회적인 것의 우위성"에 가한 중요한 제한으로 곧장 이어진다. 각각의 언어공동체의 합의는 인식적 타당성의 문제들에서 최종적 발언권을 가지지 않는다는 것이다. 모두가 오류에 빠질 수 있다는 의식을 가지고서 각 개인 스스로가 진술의 진리 여부를 구명(究明)해야 한다. 흥미로운 것은 브랜덤의 이전 논문이 둘 다를, 즉 합리성규범을 행위규범에 동화시키는 것과 상호이해실천의 합리성에 대한 신뢰 모두를 수긍이 가는 것으로 만든다는 점이다. 왜냐하면 브랜덤이 공동체 전체에 대해서도 적용시킨 오류가능성이라는 제한과, 어떻게 ― 그 위상이 해석자가 행하는 귀속과 판정에 달려있는 ― 발언에 경우에 따라서는 해석자가 각기 그때그때 알고 행하는 것의 한도를 넘어서는 객관적 내용이 부여될 수 있는가 하는 문제가 결합되기 때문이다.

발언의 진리성 문제는 ― 그리고 발언내용의 객관성 문제는 ― 화용론에서 의미론으로 나아가는 설명전략의 방향을 거스르는 상반된 방향성을 갖는다. "〔판단과 추론을〕 올바른 것으로 여기거나 취급하는 현재의 실천적 태도가 실질적으로 올바른 추론의 규범적 위상을 창설한다면, 그리고 이 추론의 실질적 타당함이 다시금 개념적 내용을 부여한다면, 그 내용은 그럼에도 불구하고 그 의미의 근저에 깔려있는 **실천적 태도 자체와 합치되는** 객관적 타당함을 포함한다. 우리가, 어떤 표현에

---

14) 같은 글, 547.

그 표현의 **올바른** 사용방법에 관하여 적어도 몇몇 경우에서는 **우리 모두가 틀릴 수도 있다**는 것을 결정적으로 판정해주는 내용을 부여하는 방식으로, 그 표현을 사용하는 것이 어떻게 가능한가? 어떻게 개념적용을 올바르거나 올바르지 않은 것으로 간주하거나 취급하는 규범적 태도는 —〔규범적 위상을〕 창설하는 태도가 저 창설된 규범 및 그 밖의 필요한 모든 것에 따라서 평가될 수 있다는 의미에서 — 저 태도들을 초월하는 규범적 위상을 창설할 수 있는가?"(137, 고딕체는 나의 강조임) 명백히 브랜덤은 자신의 현상론적 방법론에도 불구하고 실재론적 직관에 충실하고자 한다.

이러한 논변상황은 언어학적 전회로부터 언어와 실재가 우리로서는 풀 수 없는 방식으로 서로 얽혀 있다는 결론을 이끌어내는 입장들에서 흔히 볼 수 있는 것이다. 우리는 오직 참인 것에 의존하여 실재하는 것을 해명할 수 있다. 그리고 의견 및 명제의 진리성은 오직 다른 의견 및 명제를 가지고서만 논증되거나 반박될 수 있기 때문에 우리는 우리 언어의 영향권으로부터 벗어날 수 없다. 실용주의는 〔진리〕대응설과 결별하고, "참인 것"을 어떤 것을 "참인 것으로 취급하는" 자의 발화수행적 태도로부터 분석해냄으로써 저 곤경을 오히려 장점으로 만들어낸다. 물론 실용주의는 오늘날 상이한 형태로 나타나고 있다. 이 실용주의의 변종들은 한편으로는 실재론적 직관을 이론의 여지없이 확고한 것으로 여기느냐 아니면 수정주의적으로 기술하느냐에 따라, 다른 한편으로 우리의 실천과 세계 간의 접촉을 어떻게 파악하는가에 따라서, 즉 행위에서의 대결로 파악하느냐 아니면 논의에서의 반박으로 파악하느냐에 따라서 서로 구분된다. 브랜덤의 입장은 전자의 관점에서 리처드 로티의 신실용주의와 구분되고, 후자의 관점에서 힐러리 퍼트남의 내적 실재론과 구분된다.

두 가지 근본적인 실재론적 직관은 진술의 진리성과 관련하여 그리고 우리와 세계 간의 접촉과(대상에의 지시연관 설정과) 관련하여 서로 마치 거울에 비친 상과 같은 형태로 정식화될 수 있다. 15) 한편으로 진리술어의 "경고적 사용"은 아무리 잘 정당화된 진술이라 할지라도 새로운 증거에 비추어 볼 때 그릇된 것으로 판명될 수 있다는 것을 의미한다. 지시(Referenz)의 측면에서 볼 때, 이 진리와 정당화 간의 차이에 상응하는 가정은, 우리가 만들지 않은 세계는 우리에게 우연적 제약을 부과하며, 이 제약이 우리의 기대와 어긋날 때 우리는 이 제약을 놓고 "갈등"한다는 것이다. 다른 한편으로 절대적 타당성이라는 의미에서의 진리술어의 사용은 참인 진술이 어디서나 누구에 의해서든 타당한 것으로 수용될 만하다는 것을 의미한다. 지시의 측면에서 볼 때 이 진리 타당성의 보편성에 상응하는 가정은, 우리가 어떤 시각에서 세계 속의 무언가에 대해 지시하든 간에 세계는 모든 사람에게 하나의 동일한 세계이다 라는 가정이다. 요컨대 우리는 우리가 사실진술을 할 수 있는 가능한 대상들의 현존과 우리로 하여금 상이한 기술들 하에서도 동일한 대상들을 알아볼 수 있게 해주는 우리의 지시연관체계의 통약가능성 모두를 가정한다.

이러한 배경하에서 우리는 브랜덤의 견해를 로티와 퍼트남 사이의 중간입장으로 자리매김할 수 있다. 리처드 로티는 앞에 언급한 두 직관 중 첫 번째 직관에는 충실하고자 하는 반면, 두 번째 직관은 수정한다. 그는 진리주장의 이른바 맥락독립성을 부인하면서 상이한 세계해석들의 통약불가능성을 주장한다. 반면 브랜덤은 진리의 보편성주장도—그리고 하나의 동일한 세계의 가정도—고려하고자 한다. 다른 한편 그는 우리가 저항적이고 우리의 예상을 뒤엎는 세계와 갖는 접촉을 일종의 실천적 대처로 파악하지 않는다. 다른 말로 하자면 브랜덤은 세계와의 대결을 통한 학습(lernende Konfrontation mit der Welt)에

15) 이와 관련하여 나는 1997년 11월 로티의 주관 하에 샬롯트빌(Charlottes-ville)에서 개최된 로버트 브랜덤 및 토머스 A. 맥카시와의 학술회의에서 마이클 윌리엄스(Michael Williams)가 행한 비교적 긴 논평이 생각난다.

대한 퍼트남의 분석을 수용하는 방향으로 자신의 언어철학적 연구를
확장하지 않으면서 로티의 맥락주의를 회피하고자 한다.

　나는 우선 브랜덤이 발언의 객관적 내용을 현상론적 시각에서 설명
하는 두 갈래의 논변을 서술하고자 한다(Ⅲ). 이 설명시도는 결국 브
랜덤으로 하여금 부득불 그가 지금까지 제시했던 실용주의적으로 변형
된 칸트주의와는 잘 어울리지 않는 객관적 관념론의 언어철학적 변종
을 주장하도록 만든다(Ⅳ). 칸트에서 헤겔로 가는 이 길은 한편으로
왜 브랜덤 자신이 요구했던 2인칭 인격의 역할에 적절치 않은 객관주
의적 의사소통개념을 그가 채택하는지를 해명해주는 반면(Ⅴ), 방법적
으로 단언적 발화행위를 부각시키는 것은 도덕이론적 관점에서 볼 때
도 곤란한 결과를 초래한다(Ⅵ).

III

브랜덤은 논의참여자들이 따르는 저 의미론적이고 개념적인 규범의 객관적이고 "태도초월적인" 내용을 설명하기 위해 두 가지 상이한 이야기를 제시한다. " … 개념적 규범의 객관성은, 그것이 구현하는 규범적 위상을 공동체 구성원들의 실천적인 규범적 태도와 평가에 의해 창설된 것으로 이해함에도 불구하고, 이 규범적 위상과 ─ 심지어 공동체 전체의 ─ 규범적 태도 간의 구별을 유지하는 데 있다"(55). 브랜덤의 책의 무게중심은 제5장에서 제8장에 걸쳐 제시되는 독창적인 이야기에 놓여있다. 이 이야기는 일정한 대용어적(代用語的, *anaphorisch*) [16] 언설방식(*Redeweise*)에 의거하여 설명을 시도한다(1). 제4장에 서술된 또 다른 이야기는 지각과 행위를 논의실천에의 입장〔*entries*〕과 그로부터의 퇴장〔*exits*〕으로 취급한다(2). 이어서 우리는 이 두 이야기가 어떻게 서로 연관되며 상호 보완관계를 갖는 것인가라는 문제를 다룰 것이다.

(1) 브랜덤은 먼저 간단한 술어문이 갖는, 두 구성부분으로 이루어진(*zweigliedrig*) 구조를 언어선험적으로 "도출"하고자 한다. 이 시도는 도대체 왜 우리가 단칭명사〔單稱名辭, *singular terms*〕를 사용하며, 이때 우리가 속성을 귀속시키거나 부인하는 대상들의 현존을 가정하는가

---

16) 옮긴이 주: 대용어(代用語)는 Anaphora를 옮긴 말이다. 대용어는 자연언어에서 한 표현의 해석이 다른 표현의 해석에 의존하는 현상을 지칭하는 개념이다. 예를 들어 "김씨가 자기 차를 팔았대"에서 "자기"라는 표현의 해석은 앞의 "김씨"라는 표현의 해석에 의존적이다. 왜냐하면 "자기"는 "김씨"라는 표현으로 지칭된 대상을 가리키기 때문이다. 이러한 대용어적 현상은 문장과 문장 사이에서도 발생한다. "그걸 판 돈으로 자기 딸 병원비를 댔다는군" 혹은 "그 말 사실이야?"라는 문장이 앞의 문장에 이어질 경우가 그렇다.

194

라는 물음에 답하려는 것이다. 이 복합적 생각은 추론관계를 전용(轉用)함에 있어 등가적 표현에 의한 표현의 대치(代置)에 부여되는 논리적 역할에 의지하고 있다. 그러나 표현의 대치가능성은 특히 이미 말한 것을 대용어적으로 다시 지시하는 것과 관련하여 객관성문제와 연관성을 갖게 된다. 브랜덤은 사태의 재현에 본질적 중요성을 갖는 두 의미론적 표현인 " … 이 … 을 지시한다(… 이 …와 관계하다)"와 " … 이 참이다"를 관계표현 및 술어로 파악하는 것이 아니라, 대용어적으로 의존적인 표현들의(간접적 기술과 '대문장'[代文章]17)의) 형성을 위한 작용소(作用素, Operatoren)로 파악하기 때문이다. 그는 자신의 논변을 다음과 같이 3단계로 펼치고 있다.

(a) 프레게의 "재인지(再認知) 판단"에 대한 분석에 기대어 브랜덤은 단칭명사의 역할을 연구하는데, 단칭명사는 "무엇이" 화제이고 "무엇에 대해" 말하고 있는가를 표시해줌으로써 언어 속에서 세계 내의 어떤 것에 대한 언어적 지시연관을 반영한다. 즉 우리는 단칭명사를 가지고 대상을 지시할 때 이 대상을 다른 기술들 하에서도 다시 알아볼[재인지할] 수 있는 방식으로 지시해야 한다. "어떤 표현이 어떤 대상을 골라내는[지시하는] 데 사용되고 있다고 생각하는 것은 그 동일한 대상이 어떤 다른 방식으로 골라질 수도 있다고 생각하는 것이다. 즉 그 표현과 관련하여 [지시관계에 대한 화자의] 책임보존적(commitment-preserving) 대치가 적절하게 이루어질 수 있다고 생각하는 것이다" (430). 이 특수한 성취능력을 — 이 능력이 없었더라면 우리는 [언어발

---

17) 옮긴이 주: '대문장'은 prosentence의 번역이다. 명사에 대한 대명사(代名詞)의 관계와 같이 어떤 문장에 대해 대용어적으로 사용되는 문장을 이르는 말이다. 예를 들어 어떤 주장문에 대해 "그건 참이다"(That is true)라고 말할 때 이 대용어적으로 사용된 문장이 바로 대문장이다. 이에 관해서는 R. B. Brandom (1994), 301 ff. 참조.

전의] 출발상황에 머무르는 신호언어의 한계를 넘어설 수 없었을 것이
다[18] ─ 브랜덤은 대용어적 연쇄고리를 만들어내고 이를 통해 반복적
지시를 확보할 수 있는 능력으로 설명한다.

지시대명사의 직시적(直示的)[19] 사용은, 그것이 대용어적으로 재귀
(再歸) 지시적인 한정적 기술구와 기술들을 통해 반복적으로 행해질 수
없다면, 인지적 내용을 갖지 못한 채 공회전하는 셈이 될 것이다. 브
랜덤은 대용어(*Anaphora*)를 보편적인, 즉 재생가능한 내용과 반복불가
능한 직시적 행위를 연결해주는 언어적 메커니즘으로 파악한다. "직시
는 대용어를 전제한다. 어떠한 (언어적) 구현(*token*)[20]도 다른 구현들
이 대용어적 의존어(依存語, *dependents*)의 의미를 갖지 않는다면 지시
사(指示詞, *demonstratives*)의 의미를 가질 수 없다. 어떤 표현을 지시
사로 사용한다는 것은 그것을 특수한 종류의 대용어적 주도어(主導語,
initiator)로 사용한다는 것을 뜻한다"(462). 선행하는 문장부분에 대한

---

18) E. Tugendhat, *Vorlesungen zur Einführung in die sprachanalytische Philo-
sophie*, Frankfurt a. M. 1976, 212~227.
19) 옮긴이 주: '직시적'은 deiktisch의 번역이다. Deixis는 통상 '지시'라고도 번
역되지만, 이 번역어는 철학계에서 이미 Referenz 내지 Bezug[nahme]의
번역어로 통용되고 있기 때문에 이 책에서는 언어학에서 통상 사용되는 '직
시'로 번역한다.
20) 옮긴이 주: (언어적) 구현은 token을 옮긴 말이지만, 적절한 번역어를 찾지
못한 미봉책임을 고백한다. 차라리 토큰이라고 영어표현을 소리 나는 대로
옮겨 적는 것이 나을지도 모르겠다. 유형/구현(*Type/Token*)의 구분은 미국
의 철학자 퍼스(Charles S. Peirce)가 도입한 것으로 그는 이 차이를 다음
과 같이 설명한다. 영어에는 "the"라는 단어는 하나뿐이지만, 영어로 된 책
을 펼쳐보면 무수히 많은 "the"라는 글자들을 볼 수 있다. 이 인쇄되어 있는
"the"라는 글자들은 바로 하나의 단어 유형인 "the"의 무수한 단어 구현들
(*tokens*)이다. 이 유형/구현의 적용은 단어나 문장과 같은 언어적 단위들에
만 국한되지 않는다. "인간"이라는 개념과 수많은 사람들, 애국가와 애국가
'봉창'들 등에서도 이 구분을 적용할 수 있다. "토크닝"(*tokening*)은 애국가
봉창과 같이 어떤 한 유형을 구현하는 것을 가리키는 말이다.

언어내적 지시연관 설정에 의해 비로소 — 개별적인 직시행위를 넘어서 동일한 것으로 재(再)인지가 가능한 대상으로 확정될 수 있어야 하는 — 대상에 대한 지시가 가능해진다. "반복을 통해 다른 (언어적) 구현들(tokenings)에 대한 대용어적 외연확장과 연결할 수 있는 가능성이 없다면, 직시적 구현은 어떠한 의미 있는 의미론적 역할도 수행할 수 없고, 심지어 직시적 역할도 수행할 수 없다"(465).

(b) 그런데 언어의 세계연관은 대상지시만으로 이루어져 있지 않으며, 화자가 대상들에 대해 주장할 수 있는 사실의 재현과 함께 비로소 완전해진다. 이 〔사실에 대한〕 지시연관은 진술된 사태에 대한 화자의 명제태도로 표현된다. 그리고 이 진술된 사태는 다시금, 해석자가 자신의 시각에서 볼 때 사실의 차원에서(de-re, 對物的으로) 기술된 사태가 화자의 시각에서 본 것과는 다르다는 것을 그리고 왜 다른가를 말하기 위하여 언어의 차원에서(de dictu, 對言的으로) 화자의 발언에 지시연관을 설정할 때, 〔논의의〕 주제가 된다. 그러나 화자와 해석자 간의 이러한 의견차이는, 오직 서로 논쟁하는 사람들이 각기 상대방의 진술을 이어받아 발언하기 위하여 "…이 참/거짓이다"라는 작용소를 대형식(代形式, Proform)으로 사용하는 방식으로 동일한 사태에 지시연관을 설정할 때에만 논의될 수 있다. 여기서도 대용어는 중요한 역할을 수행하는데, 그렇지만 이것은 이 경우에는 간(間)인격적으로 사용된 것이다. 해석자는 그가 상대방에게 귀속시키고 문제제기한 주장을 그 주장과 동일한 대상이나 동일한 사태에 대한 지시연관을 갖는 반대주장을 통해 대치할 수 있는 방식으로 상대방의 말에 지시연관을 설정해야 한다. "간인격적 대용어사용은 바로 차이에 직면하여 부대(附帶) 책임을 가지고 의사소통을 확보하는 데 있어 중요한 효과를 성취한다"(486). 대언적으로 〔화자에게〕 귀속시킨 진리주장과 대물적으로 제기한 해석자 자신의 진리주장 간의 차이는 화자가 자신이 주장한, — 해석자의 시각에서 볼 때는 그릇되게 — 현존하는 것으로 간주한 사태에 대하여

취하는 저 객관화하는 태도를 해석자에게 드러내준다.

(c) 끝으로 간인격적 대용어사용은 대언적 기술과 대물적 기술 간의 차이를 통해 표출되는 시각차이와 결합하여, 주관적으로 귀속시키고 평가한 발언의 객관적 내용을 분석하는 데 적합한 도구가 된다. "객관성" 개념으로 브랜덤은 참여자들이 알고 있다고 믿는 것과 그들이 실제로 알고 있는 것 간의 차이를 뚜렷이 부각시키고자 한다. 간인격적 대용어사용은 해석자가 이 "플라톤적" 구분을 어떻게 다루는지를 해명해준다. 해석자는 화자에게 진리주장 'p'를 귀속시킴으로써 그 자신도 암묵적으로 화자가 'p'에 대해 책임을 갖게 되었다는 주장에 대한 진리주장을 제기한다. 그러나 동시에 그는 대언적 기술의 형태를 갖는 진리주장의 귀속과 그가 대물적 기술의 형태로 자기 것으로 만드는 이 진리주장에 대한 인정을 구분한다.

그런데 해석자가 다른 배후가정(背後假定)에서 출발하여 동일한 대상 내지 사태를 화자와는 다른 시각에서 바라본다면, 그는 경우에 따라서는 화자가 자신이 말한 것의 **실제적 귀결**에 대해 ― 해석자의 시각에서 보기에 ― 오판하고 있기 때문에 화자가 말한 것에 대해 다른 평가를 내리게 된다. 해석자는 오판된 사실주장을 화자 스스로는 알아차리지 **못한** 그 주장의 귀결에 비추어 화자 자신과는 다르게 평가한다. 그런데 이것은 해석자가 발언 자체에 들어있는 ― 화자 자신은 완전히 파악하지 못한 ― 추론의 잠재력에 의지할 수 있기 때문에 화자에게 귀속시킨 진리주장을 기각한다는 것을 뜻한다. "이런 방식으로 모든 점수관리 시각은 실천 속에서 규범적 위상과 (직접적인) 규범적 태도 간의 ― 객관적으로 올바른 것과 단지 올바른 것으로 **간주된** 것 간의 ― 구별을 유지한다"(597). 심리주의에 대한 프레게의 비판에 동조하여 브랜덤은 화자가 진리주장을 제기하는 진술이 명시적 내용을 훨씬 넘어서는, 반론자의 비판적 입장표명을 유도할 수 있는 추론적 잠재력을 지니고 있다고 가정한다. 진술내용은 그 자체로 해당 진술이 어떻게 해석자에 의해서 — 경우에 따라서는 화자 자신과는 다르게 — 평가되어야 하는지를 말해주는 함의를 가질 수 있다.

(2) 물론 화자와 해석자 간의 시각차이를 취급하는 방식에 근거한 이 논변은 객관성문제에 대한 만족할 만한 해명을 아직 제공하지 않고 있다. 진술된 내용이 무엇 덕분에 해석자의 상이한 입장표명에 의해 "응답"(antworten)되는 [드러나게 되는] 저 "객관적 속성"을 갖게 되는가 라는 물음은 미결인 채로 남아있는 것이다. 21) "더 잘 알고" 있다는 해석자의 주장 역시 해석된 화자의 주장과 마찬가지로 그릇된 것일 수 있으며, 심지어 모두가 오류를 저지를 수 있다. 공동체 전체의 시각까지도 포함하여 진리에 대한 특권적 접근통로를 확보해주는 시각이란 존재하지 않는다. 그러나 진리에의 접근통로와 관련하여 모든 사람이 똑같이 오류를 범할 수 있다면, 화자와 해석자 간의 대용어적으로 표현된 시각차이도 다음 문제에 대한, 즉 "우리가 어떤 표현에 그것의 올바른 사용방법에 관하여 적어도 몇몇 경우에서는 우리 모두가 틀릴 수도 있다는 것을 결정적으로 판정해주는 내용을 부여하는 방식으로 그 표현을 사용하는 것이 어떻게 가능한가?"(137) 라는 문제에 대한 답을 제공해주지 않는다. 여전히 해명을 기다리고 있는 이 현상을 생각할 때, 우리는 가령 — 퍼트남이 우리가 어떻게 어떤 표현들의 올바른 외연에 관한 새로운 지식을 바탕으로 언어사용에 수정을 가했는지를 예시하기 위해 예로 드는22) — "금"과 같은(혹은 진부하기는 하나 "고래" [Walfisch]와 같은) "자연적 종류들"[natural kinds]에 대한 표현들을 생

---

21) 이것은 바로 로티가 제기하는 반론이다. R. Rorty, "What do you do when they call you a Relativist?," *Philos. and Phenomenol. Research*, LVII, 1997, 174.

22) H. Putnam, "The Meaning of Meaning," in: *Mind, Language and Reality* (Philosophical Papers Bd. 1), Cambridge U. P. 1975.

각할 수 있을 것이다. 브랜덤은 "지각과 행위"에 관한 〔제 4〕장에서 이 문제에 대한 답변을 제시하고 있는가? 도대체 이 두 번째 이야기가 발언 내용의 객관성에 관해 미결로 남아있는 저 문제에 대한 답변이 될 수 있는가?

한편으로 지각과 행위는 판단과 의도의 문법적 형식에 의해 명제적으로, 즉 언어적으로 구조화되어 있다. 다른 한편 지각과 행위는, 의사소통참여자의 내부적 시각에서 볼 때에도 언어가 세계와 접촉하고 착종되는 논의적 실천들로의 입장과 그로부터의 퇴장을 표시해준다. 이런 점에서 감각촉발과 행위성과는, 언어학적 전회 이후에도 독립적이고 동일한 것으로 상정된 객관세계가 "우리에게" 제약을 가하는 두 매체로 간주된다. 브랜덤은 지각판단의 인식적 권위가 전적으로 지각된 상황 자체로부터 상황의 지각에까지 이르는 인과적 연쇄고리에서 기인한다는 외재주의적 테제에 (내가 보기에 적절한 근거를 가지고) 반대하기는 한다(209 ff). 하지만 그는 당연히 지각을 '직접적 판단'의 경험적 토대로 받아들인다. 심지어 그는 지각이 논의에서 그 자체로 더 이상의 논증을 필요로 하지 않는 근거로 기능한다고 말한다. "비(非)추론적 보고는 스스로는 정당화되지 않은 채 다른 것을 정당화해주는 것(unjustified justifyers)으로 기능할 수 있다. … 그리하여 관찰은 무한 퇴행을 중지시켜주는 것들을 제공하며, 이런 의미에서 경험적 지식의 토대를 제공한다"(222). 브랜덤은 ― 어느 정도는 경험주의적으로 들리나 어쨌든 퍼스와는 다른 ― 이 입장을 습득된 성향들을 가지고 설명한다. "신뢰할 수 있는 관찰자들"은 주변환경의 자극에 대해 충분히 변별적인 방식으로 반응하도록 훈련받았다는 것이다. "그래서 관찰적 지식의 토대는 바로, 개인들을 의견적 관여(doxastic commitments)를 인정함으로써 그들의 환경의 특징들에 대해 변별적으로 반응하도록 믿을 만하게 훈련시키는 것이 가능해야 한다는 것이다"(224).

이런 방식으로, 무한히 많은 잠재적 문장들 사이의 의미론적 실들로

짜여진 그물이 도출가능한 관찰문장들의 매듭(結節點)들을 통해 실재적 현실에 이를테면 닻을 내리고 있다는 언어상(像)이 생겨난다. 하지만 이러한 방식의 정박(碇泊)만으로 우리의 최상의 기술(記述)조차도 부정할 수 있는 독립적 세계라는 실재론적 직관을 충족시키는 데 충분한가? 이러한 언어상의 배경에는 비트겐슈타인의 언어습득모델이 놓여 있다. 예를 들어 어른들은 자신의 아이들에게 "빨갛다"라는 술어에 대해서는 주위의 여러 빨간 사물들을 가리켜 보이고, "파랗다"라는 술어에 대해서는 역시 주위의 여러 파란 사물들을 가리켜 보임으로써 색깔에 대한 어휘를 가르친다. 이 "올바른" 언어사용 훈련은, "이것은 빨간 것이다" 내지는 "이것은 파란 것이다"라는 부대 문장들이 확고히 정착된 언어실천의 틀 내에서는 참이다 라는 암묵적 전제하에서 작동한다. 그런 까닭에 의심스러운 경우 대상의 지각은 (그리고 이에 상응하는 관찰문의 진리 여부는) 술어의 올바른 적용에 대한 검사로 이용될 수 있다. "이 옷을 여기 있는 빨간 옷하고 저기 있는 노란 옷하고 비교해보면, 이 옷이 빨갛다기보다는 오렌지색이라는 걸 너도 알겠지." 대략 이런 식으로 부모는 경험적인 예를 들어 자기 자식의 언어지식을 교정한다. 그러나 경험이 이를 넘어서서 능력을 갖춘 성인의 간주체적으로 습득된 언어사용조차도 교정할 수 있는 힘을 가지고 있는가? 오직 언어의 습득만이 문제가 되는 한, 무엇이 올바른지는 그 언어를 구사하는 사람들의 공동체가 올바르다고 여기는 것에 따라 규정된다.

지각은 분명 언어와 세계 간의 접점을 이룬다. 그러나 이것은, 객관세계가 부적절한 의미론적 규칙들에 대해 행사할 수 있을 거부권의 범위에 대해서는 아직 아무 것도 말해주는 바가 없다. 경험은 언어적 불일치에 대해 — 예를 들어 고래가 포유류라는 것에 대해 — 우리를 깨우쳐줄 수 있을 것이다. 그러나 우리는 실재적 현실과의 교류를 통해, 우리가 우리 언어의 의미론적 확정사항들에 의거하여 지금까지 올바르게 "금"이라 불러왔던 것이 오늘날에 "확인"된 바에 따르면 "실제로는"

더 이상 금이 아니라는 것을 "배울" 수 있는가? 하이데거와 (그와는 다른 방식으로) 비트겐슈타인은 분명 경험이 그렇게 광범위한 수정력(修正力)을 가지고 있다고는 믿지 않았다.

이들의 견해에 따르면 언어공동체의 경험지평은 언어 내지 말놀이의 문법에 의해 "선(先)존재론적으로", 즉 세계내적 경험에는 전험적으로 분절(分節)·구성하는 언어의 세계개창적 선행투입을 부인할 수 있는 힘 자체가 결여되어 있는 방식으로, 사전에 범주적으로 해석되고 개념적으로 분절된다. 하이데거와 비트겐슈타인은 세계창출의 자발성을 선험적 주체에서 언어로 이전시킨 뒤에 "우리"의 구성적 성취능력과는 독립적인 세계라는 실재론적 전제를 받아들일 수밖에 없었다. 그리고 자연언어는 언제나 복수로 나타나기 때문에 상이한 언어적 세계기획들 간의 번역가능성 내지는 통약가능성 문제가, 즉 모두에게 동일한 하나의 세계라는 또 다른 전제에 대해서도 의문을 제기하는 문제가 나오게 되었다.

명백히 반실재론적 귀결을 감수할 용의가 없는 브랜덤은 언어선험적 입장을 — 그것이 문화주의적 방향성을 갖든(매킨타이어), 존재사적 방향성을 갖든(데리다), 아니면 실용주의적 방향성을 갖든(로티) 간에 — 받아들일 수 없다. 그는 경험에 의한 부인이 언어지식 자체에 영향을 미치는 학습과정을 유발하는 힘을 갖는다고 믿는다. "(개념 내용 속에 암묵적으로 존재하는) 〔표현의〕 적용상황에서 적용결과로의 추론은 비(非)추론적으로 획득될 수 있는 관여 내용들 간의 추론적 결합 덕분에 경험적 비판의 영향을 받는다. 그래서 누군가가 '산'(酸)이라는 용어를 어떤 물체의 신맛이 그 용어적용의 충분조건이고 그것이 리트머스 시험지를 빨간색으로 변화시키는 것이 그 용어적용의 필연적 결과이다 라는 방식으로 사용하는 일이 있을 수 있다. 그러면 신맛이 나면서도 리트머스 시험지를 파란색으로 변화시키는 물체의 발견은 그러한 개념이 부적절하다는 것을 보여주게 된다." 그러나 이렇게 주장하는 사람은 또한 어떻게 세계내적으로 촉발된 학습과정이 세계개창적 의미론과 언어내용의 기본개념적 분절〔구조〕 자체에 개입할 수 있는가라는 문제와도 반드시 대면해야 한다.

이상하게도 브랜덤은 앞에 언급한 예를 언급하는 것으로 만족한다. 개별 구성원들로 하여금 하자가 있는 언어지식을 교정하도록 강제할 수 있을 뿐만 아니라, 언어공동체 전체로 하여금 익숙한 의미론적 규칙들을 수정하도록 강제할 수도 있는 경험에 의해 유도된 학습과정의 분석은 그에게서 찾아볼 수 없다. 브랜덤이 객관적 개념과 그에 상응하는 의미론적 규칙의 형성에서 경험에 어느 정도의 중요성을 부여하는지는 기껏해야 그가 자신의 두 이야기를 서로 결합하는 방식에서나 알 수 있을 뿐이다. 이미 그의 책의 장(章)들의 배열순서가, 지각과 행위의 분석이 과연 대용어의 중심적 역할에 대한 통찰력 있는 숙고가 미결인 채로 남겨둔 저 문제에 답할 수 있는가 하는 데 대한 의혹을 불러일으킨다.

IV

도대체 어떤 방식으로 세계지식의 언어지식 속으로의 침전이, 세계지식에 의한 언어지식의 통제가 구상될 수 있을 것인가? 의미론적 연관성을 갖는 학습과정에 의해 어떻게 사물 및 사건과의 경험적 접촉이 경우에 따라 선행투입된 ("세계개창적인") 언어적 범주와 개념적 규범의 수정을 유발할 수 있는지가 설명되어야 할 것이다. 자연주의적 설명은 브랜덤이 거부한다. 그러나 그의 이론구성에 어울릴 실용주의적 설명은 단지 언어를 이해하는 해석자의 현상론적 시각으로부터는 발전되어 나올 수 없다(1). 그런 까닭에 브랜덤은 개념실재론의 입장을 취할 수밖에 없게 되는데, 하지만 이 개념실재론은 언어 내에 "현상하는" 실재에 대한 논의이론적 〔단초를 갖는〕 분석의 토대를 세계 "그 자체"의 구조에 대한 진술을 통해 허물게 된다(2).

(1) 퍼트남과 함께 브랜덤은 " … 이성은 자연화될 수 없다"는 것을 확신하고 있다. 그런 까닭에 언어분석철학자 브랜덤은 참여자 자신의 내적 시각을 고수하며, 의미이해를(내지는 번역을) 통해 접근가능한 발언, 상호작용 및 태도의 사회적 세계와 인과적으로 설명될 수 있는 관찰가능한 상태 및 사건의 객관세계를 구분한다. "객관적인 것과 사회적인 것으로의 결정적 분류는 우리가 그것들을 공동체의 권위에 복속된 것으로 취급하느냐 아니냐에 따른 범주화로서, 이 분류 자체는 객관적이거나 존재론적인 범주화라기보다는 사회적인 범주화이다."[23] 자연주의적 설명전략은 인과적으로 설명가능한 상태 및 범주에 규범적 개념으로 기술된 사회적 실천관행에 대한 존재론적 우위성을 확보해준

---

23) R. Brandom, "Freedom and Constraint by Norms," *Amer. Philos. Quart.* (16), 1979, 187~196, 여기 인용된 부분은 190.

다. 그리고 이 사회적 실천관행은 인과적으로 설명된 과정으로 환원되어야 한다. 그러나 그렇다면 언어적으로 구조화된 생활세계의 범주적 구성요소들은 관찰가능한 상태 및 사건에 대한 지시연관을 갖는 유명론적 언어로 재(再)정식화되어야만 한다. 문법적 발언의 내용과 형식은 예를 들어 시간과 장소의 확인이 가능한 언설사건(Redeereignisse)의 기능과 특징들로 기술되거나[24] (오늘날 인지과학에서처럼) 두뇌의 신경세포적 과정으로 번역된다. 그러나 이 번역이 철저하면 할수록 직관적으로 알고 있는 현상들을 새로운 객관주의적 기술 하에서 **동일한 현상들**로 다시 알아볼 수 있는 가능성은 그만큼 더 줄어든다.[25]

하지만 브랜덤이 선호하는 비(非)자연주의적 설명전략도 마치 거울에 비친 상처럼 유사하면서도 정반대인 문제에, 즉 지각되고 유명론적 언어로 기술된 상태 및 사건들이 어떻게 의미연관과 논의적 실천의 우주 속으로 들어올 수 있을 것인가라는 문제에 부딪힌다. 우리는 직시(直示)와 대용어의 관계에서 이미 이 문제와 대면한 바 있다. 즉 지시대명사로 대체된 단칭적 직시행위에 대한 언어내적 재귀(再歸)지시가 어떻게 반복불가능한 '구현'(token)들이 — 지각된 사건과의 연결이 — 반복가능한 유형(type)들의 논의적 연쇄고리 속으로 회수되어 반복적으로 접근가능한 것으로 될 수 있는가를 설명해주어야 할 것이라는 것 말이다. 하지만 여기서 브랜덤은 직접적 지시행위인 직시 자체를 단지 대용어에 비추어서, 즉 더 이상의 설명이 필요 없는 듯이 보이는 파생적 현상으로 다루었다. 여기서 우리는 이 제안이 지시문제를 해명하기보다는 오히려 배제해버리는 것이 아닌가라는 물음은 그냥 내버려두어

---

24) 이러한 작업에 대해서는 예를 들어 데이빗슨의 고전적인 다음 논문 참조. D. Davidson, "Wahrheit und Bedeutung," in: 같은 이, *Wahrheit und Interpretation*, Frankfurt a. M. 1986, 40~67.

25) G. H. von Wright, *Die Stellung der Psychologie unter den Wissenschaften*, Rektorat der Universität Leipzig, Leipzig 1997, 21~32.

도 괜찮을 것이다. 어쨌든 세계지식과 언어지식의 상호작용에 관한 당면 문제는 언어내재적 연구시각의 확장을 요구하는 듯하다.

이 방향을 시사해주고 있는 것은 바로 브랜덤 자신이 든 예이다. 이에 따르면 기대와는 달리 파랗게 물든 리트머스 시험지의 관찰은 그때까지 정착된 "산"(酸) 개념의 적용규칙을 수정할 수 있는 근거를 제공한다. 이 경우 지각은 실험행위를 통해 산출된다. 이러한 실험은 단지 일상적 실천 속에 이미 존재하고 통상적인 "경험으로부터의 학습"을 가능케 하는 지각과 행위의 내적 연관관계만을 드러내준다. 우리는 예상한 결과가 발생하는지를 관찰함으로써 행위의 성공 여부를 검사한다. 그런 결과가 나타나지 않는 경우, 우리는 행위계획의 바탕이 되었던 가정을 수정해야만 한다는 것을 안다. 중기(中期) 퍼스의 "의심-믿음" 모델 이래로 실용주의는 성공적 행위수행이 경험적 믿음의 확증을 위한 가장 중요한 판단기준이라고 보았다. 익숙한 실천관행은 그것의 계속적 기능을 통해, 즉 교란되지 않은 수행 자체를 통해 확증된다. 실재적 현실에 대한 실천적 "대처"를 통해 일정한 지각은 우리에게 실패를 ─ 기대한 행위결과의 불발을 ─ 알려주는 성과통제로서 뚜렷한 수정력(修正力)을 획득한다. 이때 일반화된 행위확실성은(행위습성으로 굳어진 믿음들은), 맞지 않는 지각들을 말하자면 기대의 부정으로 첨예화함으로써 그것들에 실천적으로 경험된 부인(否認)이라는 의미를, 현재의 믿음의 수정에 대한 강요라는 의미를 부여하는 배경을 형성한다. 실패를 지각함으로써 행위자는 더 이상 작동하지 않는 행위연관의 맥락 속에서 마치 지금까지 보여주었던 기꺼운 협력자세를 더 이상 취하지 못하겠노라고 공언하는 듯이 실망시키는 실재적 현실과 "갈등"한다.

객관세계는 이 "반박"을 오직 수행적으로만, 즉 인과적으로 해석된 연속적 사건들의 세계에 대한 **목적지향적 개입**에 대해 "승인"을 거부함으로써만 제기할 수 있다. 이와 같은 방식으로 객관세계는 오직 도구적 행위의 작동범위 안에서만 발언한다. 이것은 왜 현상론적 언어분석에 전념하는 브랜덤이 의미론적 연관성을 갖는 학습과정의 실용주의적 설명을 고려에 넣지 않는지를 밝혀준다.[26] 물론 행위자가 실재적 현실 앞에서의 실패를 통해 갖는 경험 자체도 언어적으로 구조화되어 있다. 그러나 이 경험은 언어와의 경험이 아니며, 언어적 의사소통의 지평 안에서의 경험이 아니다. 행위자들이 세계에 대한 실천적 대처로부터 거리를 취하고 논의에 들어가 세계 내의 어떤 것에 대해 서로 의사소통하기 위해 "손안에 있는"(zuhanden) 상황을 대상화할 때, 비로소 행위확실성을 교란하는 부인(否認)의 지각이 ─ 현존하는 견해의 개념관리체계와 의미론적 추론 잠재력 안으로 비판적으로 수용되고, 경우에 따라 수정을 유발하는 ─ 논의적으로 동원된 "근거"로 될 수 있다.

　연구가 논의참여자의 태도 및 상호작용과 발언에 국한되어 있는 한, 앞에 언급한 리트머스 시험지 테스트의 경우에서처럼 개념과 의미론적 잠재력의 수정을 유발하는, 성과에 의해 통제되는 행위의 동학(動學)은 결코 시야에 들어오지 않는다. 실재적 현실과의 조작적 교류에서 지각판단은, 진리주장을 귀속시키고 논증하며 인정하는 의사소통적 지평에서와는 다른 역할을 수행한다. 그러나 브랜덤에게 행위는 본질적으로 발화행위이다. 인과적으로 세계에 개입하는 지향적 행위에 브랜덤이 관심을 갖는 것도 무엇보다 그 정당화 근거 때문이다. 이에 대해서는 나중에 다시 논의할 것이다. 원칙적으로 정당화가 가능한 행위가 실제로 정당화를 필요로 하는 한, 그 행위는 마치 발화행위처럼 논의실천 속에 편입된다. 그럼으로써 브랜덤의 연구는, 지각이 행위의 맥락 속에 편입되어 있는 것을 주목하지 않고 "대처"(coping)와의 ─ 성과에 의해 통제되는 문제해결적 실천과의 ─ 궤환적(饋還的, feedback) 결합으로부터 비로소 생성, 증대되는 저 지각의 수정력(修正力)에도 주의를 기울이지 않은 채, 곧장 지각에서 행위로 확고하게 나아갈 수 있는

---

26) 레비(Isaak Levi)도 《명시적으로 만들기》에 대한 서평에서 이 실용주의적 대안을 강조한다(The Journal of Philosophy, XLIII, 1996, 145~158).

것이다.

근거를 제시하고 요구하는 실천은 오직, 내용을 규정하고 참여자의 '예'/'아니오'라는 입장표명을 유도하는 의미론적 규범 및 개념적 규범이 객관적 내용을 보증할 때에만, 각기 보다 나은 논변이 관철되도록 하겠다는 약정(約定)을 이행할 수 있다. 그러나 브랜덤이 지각과 행위의 분석으로 추구하는 목적은 분명 — 발언의 진리성과 "객관적" 내용을 해명해줄 수 있는 — 경험으로부터의 학습이란 구상의 전개가 아니다.

(2) 브랜덤이 실재론적 직관을 구제하는 것은, 논변참여자들이 상태와 사건에 대하여 구성적으로 입안한 해석들을 〔세계와의〕 대결을 통해 실천적으로 경험한 실망들의 우연성과 일치시킴으로써 소화해내는, 독립적이고 동일한 것으로 상정된 세계의 우연적 제약에 대한 참조를 통해서가 아니다. 그는 우리가 직면하고 있는 세계를 결코 유명론적으로 파악하는 것이 아니라 — 덧붙여 말하자면 노년의 퍼스처럼[27] — "실재론적으로" 파악한다(이때 이 "실재론적"이란 표현은 근대 인식실재론에서와는 달리 형이상학적 개념실재론의 의미에서 사용된 것이다). 브랜덤은 우리의 개념과 실질적 추론규칙의 객관성이 **그 자체로** 〔즉자적으로〕 **개념적으로 구조화된 세계**에 뿌리박고 있다고 보기 때문이다. 세계의 개념적 관계상황은 우리의 논변놀이 속에서 단지 논의적으로만 전개되고, 이런 방식을 통해 우리의 세계지식 및 언어지식의 개념적 구조 속에 침전하는 듯이 보인다. "개념들이 추론적으로 분절되어 있다는 생각은 사유와 그 사유가 지향하고 있는(*about*) 세계가 개념적으로 대등하게(*equally*), 그리고 특별히 유망한 경우에는, 개념적으로 **동일하게** (*identically*) 분절되어 있다는 표상을 허용한다"(622).

논의를 통해 획득한 우리의 사유와 이 사유 속에 포착된 세계, 이

---

27) K.-O. Apel, *Der Denkweg von Charles S. Peirce*, Frankfurt a. M. 1975, Zweiter Teil.

둘 다가 본래적으로 개념적 성격을 갖는다는, 즉 똑같은 소재로 이루어져 있다는 이 "실재론적" 세계이해는 경험에 단지 **수동적 매개 역할**만을 맡긴다. 이 시각에서 볼 때 감각의 촉발은 — 구성적 방법을 취하는 정신의 상상력이 해석을 통해 그에 응답하는 — 실망시키는 자극 내지 동인을 제공하지 않는다. 즉 감각의 촉발은 오류가능한 정신이 자신의 해석을 검증하고 교정하게 하는 대결을 매개하지 않는다. 오히려 경험은 즉자적으로 현존하는 개념이 〔지각을〕 받아들이는 인간정신에 스스로를 각인시키는 매개체로 격하된다.[28] 개념적으로 구조화된 세계는 인간의 개념적으로 분절된 정신을 관여시킨다. 브랜덤은 존재론적으로 정초된 인식이라는 자신의 기본가정을 결코 숨기지 않는다. "사실들이란 바로 참인 주장들이다 … 경험내용을 이루는 내용이 생겨 나오는, 믿을 만한 차별적 응답성향들을 특성에 따라 분류하는 해석자에 의해 자극으로 인용되는 것은 바로 이 사실들과 이것들이 포함하고 있는, 속성이 부여되고 서로 관계지어진 대상들이다. 따라서 (우리의 경험적 수용성이 위치하는 장소인) 이 비(非) 추론적 성향들은 개념적으로 분절된 것과 그렇지 않은 것 사이의 접점을 형성하는 것이 아니라, 단지 개념적으로 분절된 세계의 개념적으로 분절된 파악을 위한 필요조건 가운데 하나일 뿐이다"(622).

유명론적 객관성 개념과의 결별은 콰인과 데이빗슨 그리고 로티에까지 이르는, 경험주의적으로 각인된 미국의 전통에서 지배적인 위치를 차지하는 자연주의에만 해당되는 것이 아니다. 이 결별은 헤겔 이후의 탈형이상학적 사유 일반의 건축술적 구조를 역전시킨다.[29] 칸트는 가

---

28) 이와 유사한 사유의 전개로는 J. McDowell, *Mind and World*, Harvard U. P., Cambridge, Mass. 1994, *Lecture* IV, 66 ff. 참조; 또한 맥도웰과 브랜덤 간의 토론 (*Philos. and Phenomenol. Research* LVII, 1997, 157~162 그리고 189~193) 참조.

29) J. Habermas, *Nachmetaphysisches Denken*, Frankfurt a. M. 1988, 35~60.

상계(可想界, *Noumena*)와 현상계를, 즉 선험적 반성이 직접적으로 접근가능한 자유의 예지계와 본래는 무질서하나 인간정신에 의해 범주들이 부과되는 현상 세계를 구분한다. 이 이원론은 신칸트학파와 딜타이 모두에게 있어 자연과학과 정신과학의 이원론의 형태를 취하였으나, 하이데거에 이르러서는 존재론적 구분으로, 즉 우리 자신인, 해석학적으로 개창된 세계와 우리가 대처해야만 하는 세계 속에서 마주치는 대상들 간의 구분으로 다시 나타난다. 하이데거는 "이해"에서, 즉 정신과학의 해석학적 기본작업에서 인간적 현존 자체의 근본특징을 본다. "자신의 존재를 존재토록 해야 하는" 존재자로서 인간은 자신의 세계이해 및 자기이해를 분절적으로 표출하는 소질을 갖는다. 그리하여 그가 들어있는 세계의 구조는 세계 자체의 본질상 그에게 접근가능한 반면, 세계 내의 모든 존재자는 그의 언어적 세계기획의 지평 속에서 현상하며, 오직 이 범주적 해석 하에서만 해석되고 극복될 수 있다.

이 해석학적 전회와 함께 자연과 역사의 관계에 대한 고전적 규정은 정반대로 뒤바뀌게 되었다. 유명론적으로 실격된 자연은 오직 우리의 물음에 대해서만 그리고 우리의 언어로만 응답할 수 있는 반면, 우리는 모든 인간적 현존재가 수행되는 역사적 삶의 상징적 형식들과는 직관적으로, 말하자면 안으로부터 친숙하다. 역사적 형성물에 대한 해석학적 의미이해는 형이상학적 본질인식과 더 이상 토대주의적 주장을 공유하지는 않지만, 분명 보편적 구조의 정신적 파악방식을 공유한다. 물론 이때 본질이나 관념 혹은 개념은 사물들의 자연으로부터 언어의 규칙 속으로 물러난다.[30] 언어적으로 구성되고, 그 보편적 구조를 안으로부터 참여자시각에서 접근할 수 있고 이해할 수 있는 생활세계라

---

[30] 이것을 나는 프랑크푸르트 대학교 교수취임 강연에서 다음과 같이 정식화하였다. "우리를 자연과 구별짓는 것은 바로 우리가 그 본질상 알 수 있는 유일한 사태, 즉 언어이다." J. Habermas, *Technik und Wissenschaft als 'Ideologie'*, Frankfurt a. M. 1968, 163 참조.

210

는 개념은 어느 면에서는 형이상학적으로 이해된 실재론의 유산을 상속한 것인 반면, 인식론적으로 이해된 근대의 실재론이 말하는 바의 모든 세계내적인 것은 인과적으로 설명가능하나 우연적인 상태와 사건의 잡다(雜多)로 파악된다.

실용주의는 전반적으로 해석학과 동일한 개념적 방향설정을 취하였다. 하지만 퍼스와 미드 그리고 제임스와 듀이는 텍스트이해가 아니라 저항적 실재와의 실천적 교류에서의 문제해결적 행동을 자신들의 분석의 출발점으로 삼기 때문에, 언어의 세계개창적 힘을 시적 비(非)일상성으로 미화함으로써 형이상학을 뒷문으로 슬그머니 다시 도입하려는 유혹에 절대 빠지지 않는다. 오히려 이 경우 간주체적으로 공유된 생활세계는 확고히 — 피아제가 말하는 것처럼 — 오류가능한 학습과정의 혁신적·실험적이고 논의적인 특징들이 나타나거나, — 후기 비트겐슈타인이 말하는 것처럼 — 문법적 규칙에 따르는 말놀이의 상호작용적 특징들이 나타나는 협력적이고 의사소통적인 일상적 실천의 장소이다. 듀이나 비트겐슈타인 혹은 하이데거의 경우 — 이들이 바로 브랜덤의 규범적 화용론의 형성 근거가 된 전통이다 — 객관성의 배후에는 단지 "우리의" 개념들에 의해 언어로 표현되어야 하고 "우리에 의해" 구성적으로 극복되어야만 하는 "세계내적" 우연성들의 도전만이 숨어있다. 칸트에서 후설에 이르기까지 지배적이었던, "현상하는" 세계라는 선험적 건축구조는 말하자면 여기에서도 온전히 유지된다. 즉, 유명론적으로 파악된 객관세계는 오직 우리가 언어 및 협력 공동체의 구성원으로서 "언제나 이미" 들어있는 생활세계의 지평 안에서만 능동적 지성에 의해 인식될 수 있는 것이다.

브랜덤은 맥도웰처럼 "우리의" 개념의 객관성을 개념적으로 구조화된 즉자적 세계의 객관적 내용이 분절적으로 표출된 반영으로 파악함으로써 간주체적 생활세계와 객관세계의 착종이라는 이 건축술적 구조를 해체한다. "표현의 추론적 역할로 이해된 개념들은 그것들에 의해 개념화된 것과 우리 사이에 존재하는 인식론적 중개자 역할을 하는 것이 아니다. 그 이유는 ─ 〔우리와의〕 상호작용을 통해 사유의 재료를 제공하는 ─ 특정 개별자들로 구성된 인과적 질서가 존재하지 않기 때문이 아니다. 그 이유는 오히려 이 요소들 모두가 개념적인 것과 대립되는 것으로서가 아니라 그 자체가 전적으로 개념적인 것으로 이해되기 때문이다"(622, 고딕체 부분은 나의 강조임).

　이로써 한때 언어철학의 출발점을 이루었던 통찰은31) 말하자면 객관주의적 해석방식을 얻게 된다. 《논리철학논고》의 비트겐슈타인을 따라 브랜덤은 세계를 사실들의 총체로 ─ "사실로 성립하는 모든 것으로, 즉 모든 사실과 그것들이 지향하는 대상들로 이루어진 세계"로 ─ 파악한다. 사실이란 정확히 참인 명제로 진술될 수 있는 것이라는 ─ "사실들이란 바로 참인 주장들"이라는 ─ 것이다. 그러나 비트겐슈타인과는 달리 브랜덤은 이 정식화를 "우리의" 언어의 한계가 우리의 세계의 한계라 하는 선험적 언어관념론(Sprachidealismus)의 의미로 이해하지 않는다. 그의 입장에 보다 가까운 것은 객관적 언어관념론이다. 즉, 세계를 구성하는 사실들은 본질적으로 참인 명제들로 진술될 수 있는 것들이기 때문에, 이 세계 자체도 바로 이런 성질을, 즉 개념적 본성을 갖는다는 것이다. 그런 까닭에 세계의 객관성은 우리가 실천적 교류 속에서 감각의 촉발을 통해 경험하는 우연성에 의해서 입증되는 것이 아니라, 집요한 이의제기라는 논의상의 저항에 의해 입증된다.32)

---

31) M. Dummett, *Ursprünge der analytischen Philosophie*, Frankfurt a. M. 1988, 24 ff.

32) 하지만 세계를, 내가 선호하는 바대로, 가능한 진술의 지시대상들의 총체로 파악하면, 우리가 대상들에 대해 진술하는 사실들은 오직 "우리의" 언어로만 표명될 수 있다. 이로부터 상호 경쟁하는 기술(記述)들에 대한 맥락주의적 이해가 필연적으로 귀결되지는 않는다. 퍼트남은 오히려 과학적 기술(記述)들의 이론적 다원주의와 내적 실재론의 인식론을 결합시키고 있다.

V

　규범적 화용론은 일단 칸트적 특징을 갖는, 이성적 생물의 실용주의적 자기이해를 표현하는 듯이 보였다. 그러나 분석이 진행되면서 이 모습은 바뀌게 된다. 다시 한 번 되돌아보자. 브랜덤은 납득할 만한 방법적 결정에 따라 진리주장을 귀속시키고 평가하는 2인칭 인격의 시각에서 논의적 실천관행을 연구하였다. 이때 ˙어떻게 오류가능한 해석자의 간접적 시각에 의해 그릇되게 "참으로 간주하는 것"과 정당하게 "참으로 간주하는 것"이 구분될 수 있겠는가라는 물음이 불가피하게 제기되었다. 발언의 위상은 논의파트너들이 논의를 통해 행하는 '예' 또는 '아니오'라는 입장표명에 달려 있는데, 위의 물음은 이러한 발언들의 진리성과 객관적 내용에 대한 물음이다. 이 물음에 대해 브랜덤은 하나가 아니라 여러 가지 답변을 제시하였다. 그러나 이 부분적 답변들은 단지 출발점일 뿐이었던 칸트적 구상을 명백히 벗어나는 길로 가는 행보일 따름이라는 것이 입증되었다. 나는 이 길을 칸트에서 헤겔로 가는 길로 묘사하였다. 이것은 그 자체로는 아직 반론이 아니다. 그러나 프레게와 딜타이 그리고 퍼스가 각기 언어학적, 해석학적 그리고 실용주의적 전회를 이끌어낸 데는 그럴만한 충분한 이유가 있었다. 그리고 포이어바흐와 맑스 그리고 키르케고르가 당시 헤겔과 결별했던 것도 마찬가지로 아무런 이유 없이 그냥 일어난 일이 아니다. 객관적 관념론으로의 **암묵적** 귀환은 오늘날 거의 불가능한 일일 것이다. 그런 까닭에 나는 (1) 우리가 헤겔 이후 지금까지도 여전히 처해 있는 논변상황을 상기시킨 뒤, (2) 브랜덤의 개념실재론적 방향설정을 그 귀결 가운데 하나를 가지고, 즉 논의적 행위에 대한 이상한 객관주의적 이해를 가지고 문제삼고자 한다.

(1) 탈형이상학적 사유가 지침으로 삼는 비판은 정말 단순한 것이다. 우리는 우리의 세계이해 구조에 우리의 개념과 **똑같은** 소재로 이루어진 세계의 구조가 반영된다는 것을 경우에 따라 인식할 수 있기 위해서는 우리의 언어 및 실천과 삶의 형식의 바깥에 위치한 관점을 취해야만 할 것이라는 것이 그것이다. 그러나 "신의 관점"은 우리에게 허용되어 있지 않다. 하지만 관념론에는 "현존하는 개념들"을 확인할 수 있는 다른 길이 열려 있다. 개념실재론적 근본가정을 우리 자신의 의식상황의 발생사에 대한 반성으로부터 논증할 수 있는 가능성이 처음부터 배제될 수는 없기 때문이다. 오늘날 우리는 예를 들어 낭만주의적 자연철학의 논증방식을, 자연과학적으로 대상화되고 이를 통해 소외된 자연의 과정들을 단계적으로 확장된, 우리의 언어적으로 구조화된 생활세계의 시각 안으로 다시 끌어들임으로써 **이해가능하게** 만들려는 해석학적 시도로 해석할 수 있다.

자연을 "결성적"(缺性的, *privativ*)으로 이해하는 이 기획은 물론 자연사 속에서 **자신의** 형성과정을 재인식하려는 언어능력 및 행위능력을 지닌 주체들의 관심에 의해 주도된다.[33] "요구되는 부담의 수준 차이는 있으나, 어떤 것이든 사회적 실천에 내재하는 규범에 복속된 것으로 취급될 수 있다. 그리하여 나무나 바위는 우리가 그것을 사회적 실천에 관여시킨 것으로 간주하는 한, 규범에 복속될 수 있다. 우리는 이것을 그것에 사회적 역할을 부여함으로써, 예를 들어 신탁(神託)의 역할을 부여하거나 혹은 단지 그것의 움직임을 발언으로 번역함으로써, 할 수 있다. … 물론 우리는 이러한 경우 해당 사물이 단지 파생적인 혹은 부차적인 방식으로만 우리 공동체의 일원임을 인정해야만 한다. 왜냐하면 그것은 우리의 실천 가운데 아주 많은 것에 관여할 수 없거나, 심지어 관여한다 하더라도 잘 관여할 수 없기 때문이다. 이것

---

33) J. McDowell (1994), *Lecture* V, 87 ff. 참조.

은 평범한 사건들을 단지 설명하기보다는 번역하는 데에 수반되는 부
담이다 … "34) 자연이라는 책을 읽고자 하는 자는 우리가 자연을 우리
의 알터 에고(*Alter Ego*, 또 다른 자아)로 바라보는 즉시, 자연이 눈을
뜨고 답을 한다는 입장으로부터 출발한다. 이 해석학적 선취는 우리의
세계와 보다 낮은 차원의 조직수준을 갖는 생물들의 세계들 간의 비대
칭성을 뚜렷이 부각시킨다. 그런 까닭에 재(再)-사회화된 자연에서는
언어적으로 구조화된 생활세계의 비교적 초(超)복합적인 특징들이 제
거되어야만 한다. 그러나 이러한 배경하에서는 이성적 생물의 논의적
으로 구성된 세계는 보다 포괄적인 그림(像)의 단면으로 나타날 수 있
다. 이것은 가령 브랜덤이 세계 전체의 범주적 계층화를 암시하기 위
해 "지향성" 개념을 지침으로 이용할 때가 그렇다. 하위층에는 지향성
의 모든 징후가 결여되어 있는 반면, 보다 높은 수준으로 조직된 생물
들은 단순한 지향성을 갖고, 서로에 대해 지향성을 가정하는 우리 자신
들은 "본래적 지향성"을 갖는 것으로 간주할 수 있다. 35)

물론 이러한 종류의 피상적 연상(聯想)들로는 구식의 "존재론"을 아
직 설득력 있는 것으로 만들지 못한다. 꼼꼼하게 상론(詳論)된 언어철
학은 사변적 주제들의 대상이 되는 것을 모면할 수 있으며, 그 자체의
영역에서 비판을 제기할 것을 요구할 수 있다. 이론건축술 전체에 대
한 거시적 이의제기는, 공허함에 빠지지 않으려면, 특정한 반론의 형
태로 수행되어야 한다. 그런 까닭에 이론건축술 자체의 개조에 뒤따르
는 결과를 지적하는 것이 적절할 것이다.

세계 전체가 개념적으로 구조화되어 있다는 가정은 유한하고 오류가
능한 인간정신에게서 **자신의** 개념들로 세계 내에서 일어나는 것에 대한

---

34) R. B. Brandom (1979), 192.
35) 덧붙여 말하자면 이것은 하르트만의 계층존재론(*Schichtontologie*)을 상기시
   킨다. N. Hartmann, *Der Aufbau der realen Welt*, Meisenheim 1949; 같
   은 이, *Die Philosophie der Natur*, Berlin 1950.

해석을 창출해내는 **구성적** 노력의 부담을 일정하게 덜어준다. 객관적 관념론은 설명의 부담을 간주체적으로 구성된 생활세계에서의 협력적 노력으로부터 존재자 전체의 존재구조(*Verfassung*)로 전가한다. 브랜덤에 따르면 현존하는 개념관계들의 객관적 내용은 논의 속에서 오직 **전개되기만** 하면 된다. 그렇지 않다면 구성적 방식을 취하는 의사소통 공동체의 협력적 학습의 일일 것인 "개념의 노력"〔파악 노력〕 대신에, 경험에 의해 매개된 논의를 관통하여, 그러나 대부분의 논의참여자들의 머리 위에서 이들과는 무관하게 수행되는 "개념의 운동"이 등장한다. 이 객관주의는 논의공동체로부터 — 이 공동체가 **눈앞에 놓여있는**(*angetroffen*) 관념들의 세계에 대한 직접적 접근 가능성을 가지고 있지 않는 한, **스스로가** 가지고 있다고 믿어야만 할 — 인식적 권위를 (그리고 또한 도덕적 권위를) 박탈한다. 이것은 왜 브랜덤이 2인칭 인격의 특유한 역할의 위상을 진정으로 정당하게 평가하지 않는 의사소통개념을 사용하는지를 해명해준다.

(2) 브랜덤은 적절한 이유에서 언어공동체의 사실상 익숙한 합의가 인식의 문제에서 최종심급으로서의 권위를 갖는다는 것을 부인한다. 개인 구성원들에 대하여 언어공동체에 최종적인 특권을 부여하는 경우 진리주장의 합리적 수용가능성과 단순한 수용 간의 차이가 없어질 것이기 때문이다. 개별 해석자는 각기 타당성주장의 정당성 여부에 대해 결정한다. 그러나 모든 참여자가, 해석자와 화자 모두가 오류를 범할 수 있다. 누가 최종적으로 올바른지를 조감(鳥瞰)할 수 있는 시각이란 존재하지 않는다. "점수관리 의무"는, 따라서 정당한 '예'/'아니오'의 입장표명에 대한 책임 역시 개별 논의참여자에게 있다. "특정 경우에 누가 더 나은 근거를 가지고 있는지를 가려내는 실천만이 존재한다"(601). 브랜덤은 1인칭 인격과 2인칭 인격 간의 대칭적인 "나-너-관계"가 개별자가 공동체에 의해 이를테면 압도당하는 비대칭적 "나-우리-

관계"에 비해 우위에 있다는 것을 인정하고자 한다. 그러나 그는 과연 이 주장을 이행하고 있는가?

브랜덤은 모든 구성원이 간주체적으로 공유하는, 언어적으로 개창된 세계의 의미지평 차원을 고려하지 않은 채, 권위를 강요하는 언어 공동체라는 집단주의적 표상에 두 사람씩 개별화된 간인격적 관계라는 개인주의적 표상을 대립시킨다. 그는 1인칭 인격과 2인칭 인격 및 3인칭 인격의 시각들의 복합적 착종을 고려하지 않은 채, 타당성주장의 귀속과 그에 대한 입장표명을 분석한다. 그는 그가 "나-너-관계"라고 부르는 것을 실제로는 타당성주장을 제기하는 1인칭 인격과 다른 사람에게 타당성주장을 귀속시키는 3인칭 인격 간의 관계로 구성하기 때문이다. 지금까지 나는 브랜덤이 서술하고 있는 표현을 그대로 따랐다. 그러나 보다 자세히 고찰해보면 논의실천에 근본적 중요성을 갖는 귀속행위가 실제로는 2인칭 인격에 의해 수행되는 것이 아니라는 것이 드러난다. 2인칭 인격은 2인칭 인격에 대한 1인칭 인격의 태도 없이는 결코 존재할 수 없다. 그런데 이 전제가 브랜덤의 모델에서는 충족되어 있지 않은 것이다. 브랜덤이 해석자를 주로 ─ 화자에게 **답변을 제시**할 것으로 기대되는 수신자와 동일시하는 것이 아니라 ─ 화자의 발언을 평가하는 청중과 동일시하는 것은 결코 우연이 아니다. 매회(回)마다의 새로운 논의는 해석자가 3인칭 인격의 관찰자시각에서 행하는 귀속과 함께 시작되는 것이다.

브랜덤이 들고 있는 예들이 이 점을 증명한다. 재판 중에(505) 검사가 변호인이 병적인 거짓말쟁이를 (그렇지 않은데도) 신뢰할 만한 증인인 양 채택했다고 주장하고, 변호인은 자신이 지금 막 증언대로 부른 그 사람은 실제로 믿을 만한 사람이라고 응수한다면, 이 경우 의사소통은 상이한 두 차원에서 일어나고 있는 것이다. 첫 번째 차원에서는 검사와 변호인 양자가 (대물적 귀속과 대언적 귀속을 동원하여) 서로 상대방의 발언의 올바름을 부인함으로써 함께 말을 주고받는 것이다. 물론 이들은 동시에 의사소통의 두 번째 차원에서 그들의 언쟁을 추적하면서 말없이 평가하고 있는 판사와 배심원들 그리고 공중을 의식하고 있다. 흥미롭게도 브랜덤은 — 직접적 참여자들의 의사소통이 아니라 — 화자와 귀 기울이고 있는 청중과의 간접적 의사소통을 모범적인 경우로 특징짓고 있다.

법정에서 청취하는 판사와 방청하는 배심원은 분명, 예를 들어 논란의 대상인 증인의 진술을 어떻게 평가해야 할지를 마지막에 말할 수 있기 위해 토의상황을 — 말하자면 회계장부에 — 기록하고 누가 여기서 몇 점을 취득하는지에 대해 판단하는 사람들이다. 그러나 논쟁 중에는 청취자(*Zuhörer*)의 반응이 요구되는 것이 아니라, **서로를 향하여** 발언을 던지고 서로에게서 입장표명을 기대하는, 직접적으로 참여하고 있는 당사자들의 반응이 요구된다. 청취자는 청자와는 다른 역할을 갖는다. 참석중인 청취자는 3인칭 인격의 역할을 수행하면서 기다리는 태도를 취하는 반면, 직접적 참여자들은 수행적 태도를 취하고, 이렇게 서로에 대해 2인칭 인격에 대한 1인칭 인격의 태도를 취함으로써 서로에게서 — 긍정적 입장표명이든 부정적 입장표명이든 아니면 기권이든 간에 어떻든 — 답변을 기대한다. 타당성주장의 단순한 귀속행위는 — 그리고 **마음속의 토론장에서**(*in foro interno*) 이루어지는 평가는 — 아직 답변이 아니다. 그러나 첫 번째 의사소통 차원을 두 번째 의사소통 차원과 혼동하는 연구전략은 이 중요한 구분과 함께 2인칭 인격의 문법적 역할도 무시한다.

브랜덤이 표현의 이해를 — 텍스트의 해석학적 해석으로서가 아니라 — 귀속행위로 파악할 때, 그는 데이빗슨과 자연주의는 공유하지는 않지만 일정한 이론주의를 공유한다. 해석자는 화자에게 타당성주장과 그 정당성을 귀속시킴으로써 자신이 관찰한 상대방의 발화행위에 바로 자신의 기술(記述)과 평가를 귀속시킨다. 명백히 브랜덤은 가장 간단한 경우 의사소통의 결과는 인식적 관계에, 즉 화자가 세계 내의 어떤

218

것에 대해 말하는 것과 이 말한 것에 대해 해석자가 행하는 귀속 간의
인식적 관계에 있다는 입장에서 출발한다. 그러나 이 객관주의적 기술
은 언어적 상호이해의 핵심을 놓치고 있다.

화자가 어떤 발언으로 추구하는 의도는—마치 해석자가 이 발언에
상응하는 것으로 화자에게 귀속시킨 의견에 대해 취하는 입장표명에는
화자가 관심을 갖고 있지 않은 양—단지 해석자가 화자에게 저 의견
을 귀속시키는 것만으로는 그 의미가 완전히 규명되지 않는다. 오히려
화자는 의사소통참여자로서 자신의 주장과 함께 수신자에게 공개적으
로 "예" 또는 "아니오"라고 말할 것을 요구한다. 그는 수신자에게서 적
어도 답변으로 간주될 수 있고 양측 모두에 상호작용결과와 연관된 책
임을 생성시킬 수 있는 어떠한 반응을 기대하는 것이다. 오직 "답변"만
이, 양측이 그 이후의 상호작용 과정 속에서 신뢰할 수 있어야만 하는
견해를 (그리고 그 견해의 함의를) 옳다고 인정하거나 아니면 수정할
수 있다. 일상적 의사소통은 공유된 배후가정(背後假定)의 맥락에 의
해 지탱된다. 그리고 의사소통의 필요성은 다시금, 서로 독립적으로
결정하는 주체들의 행위와 연관된 의견 및 의도를 일치하도록 유지해
야 할 필요성으로부터 나온다. 의사소통은 당사자들이 서로에게 자신
들의 의견과 의도에 대해 정보를 제공하는 자족적 놀이가 아니다. 사회
적 통합의 명령적 요구에 의해—서로 독립적으로 결정하는 상호작용
참여자들로 하여금 자신들의 행위계획을 상호조정하도록 하는 강제적
필요성에 의해—비로소 언어적 상호이해의 핵심이 해명된다.

송신자로부터 수신자로의 정보전달은 1인칭 인격의 시각과 2인칭 인
격의 시각의 구조적 착종을 고려하지 않기 때문에 그릇된 모델이다.[36]
화자는 자신의 발화행위로 어떤 진술에 대한—필요할 경우 그 근거를
제시할 용의가 있는—타당성주장을 제기함으로써 해석자에게, 그라

---

36) 써얼(J. Searle)의 논문 "Meaning, Communication, and Representation"
에 대한 나의 논평 참조. J. Habermas (1988), 136~149.

이스(Grice)가 말하는 것처럼, 단지 그가 'p'를 참이라고 여긴다는 것을 "알리고자 하는" 것이 아니다. 그는 올바르게 이해받고자 할 뿐만이 아니라 누군가와 'p' 자체에 대해 **의사소통하고자** 하는 것이다. 발화수신자는 가능한 대로 그 진리주장을 수용해야 한다. 왜냐하면 화자가 말한 것은 **양자가 함께** 'p'가 성립한다는 것을 믿을 때에야 비로소 이후의 그들의 상호작용에서 전제로 수용될 수 있기 때문이다. 진리주장은 **간주체적 인정**을 목표로 하며, 오직 이 간주체적 인정만이 의사소통참여자들 간에 세계 내의 어떤 것에 대한 합의를 확정한다.

상호이해의 목적을 이와 같이 규범적 의미에서 합리적으로 동기부여된 합의로 규정하면 의미이론적 근본문제는 간단히 해명된다. 우리가 발화행위를 이해하는 것은 화자가 그 발화행위로 달성할 수 있는, 합리적으로 동기부여된 합의의 조건과 결과를 알 때인 것이다. 요컨대, 어떤 표현을 이해한다는 것은 누군가와 무엇에 대해 의사소통하기 위해 그 표현을 어떻게 사용할 수 있는지를 아는 것이다. [37]

물론 브랜덤도 정보전달 모델을 다른 의사소통 모델로 대체한다. 상호간의 "점수관리"는 야구에서 따온 것이다. 그러나 야구 같은 전략적 단체경기에서 중요한 것은 다른 사람들의 반응에 대한 계산된 적응이지, 사회통합의 요구를 충족시킬 수 있는 합의적 협력이 아니다. 미흡하기는 마찬가지인 다른 모델은 두 사람이 짝을 이루어 추는 춤이다. "나는 대화를 대략 프레드 어스테어와 진저 로저스가 춤추는 것과 같은 것으로 생각한다. 이들은 각기 매우 다른 일을 하고 있지만—적어도 다른 방식으로 움직이지만—동시에 상호조율하고 상대방에 맞추면서 하나의 춤을 만들어낸다. 그들이 공유하는 것은 바로 이 춤뿐이며, 이 춤은 그들이 행하고 있는 것과 독립적인 것도 아니고 그것에 선행하는 것도 아니다." [38] 이 비유는 브랜덤이 방법적 개체주의를 택하고 있음

---

37) J. Habermas, "Zur Kritik der Bedeutungstheorie," in: 같은 이 (1988), 105~135.

을 확인시켜 준다. 이에 따르면 논의실천은 상호간의 관찰을 토대로 개별적 참여자 각자가 제각기 행하는 추론으로부터 생겨 나온다. 이 그림은 참여자들이 동일한 타당성주장에 대한 간주체적 인정에 대해 의견 **일치를 보아** 하나의 지식을 말 그대로 **공유할** 수 있다는 것을 배제하기 때문이다.

의사소통과정에 대한 이 객관주의적 견해는 개념실재론적 배경하에서야 비로소 완전히 이해가 가능하다. 이러한 구상은 어쨌든 왜 협력적 수행의 결과가 아니라 참여자 각각의 개인적 기여(寄與)들로 구성되는 논의실천이 그럼에도 불구하고 객관성에 대한 추정근거를 갖는지를 밝혀준다. 진리와 참으로 간주하는 것 간의 구분은, 내용의 객관성이 — 논의적으로 단지 전개되고 분절적으로 표출된 — 세계 자체의 개념적 구조에 의해 보장되기 때문에(모두가 그러한 입장으로부터 출발하기 때문에), 개별 논의참여자 각자의 일일 수 있으며, 정당화공동체가 논의적으로 달성된 합의라는 목적을 지향할 것을 필요로 하지 않는다. 오직 생활세계에서 객관세계로 장소를 옮긴, 말하자면 객관적으로 체현된 이성만이 간주체적 정당화실천으로부터 진리와 객관성을 **논증할 책임을** 면제해 줄 수 있다. 이렇게 언어적 상호이해의 본질적 차원을 — 타당성주장의 목표인 〔간주체적〕 인정을 제공할 2인칭 인격과의 간주체적 관계를 — 놓치고 있는, 객관주의적으로 축소된 의사소통개념은 이 구상이 뿌리박고 있는 개념실재론적 세계상(像)도 의혹의 대상으로 만든다.

---

38) 브랜덤이 나에게 보낸 1997년 11월 16일자 서신.

VI

개념실재론적인 배후가정으로부터 나오는 객관주의는 의사소통개념에서와 마찬가지로 도덕의 이해에서도 유사한 귀결을 갖는다. 근거를 제시하고 요구하는 실천이 현존하는 개념적 관계들을 이를테면 단지 말로 표현하기만 하는 경우, 논의적 실천관행은 본질적으로 인식의 목적을 위해 이용되는 것이다. 이 경우 논의실천은 확정이나 기술의 방식으로 ─ "사실진술적 작업 선상(線上)에서" ─ 작동한다. 주장적 발화 행위가 발화행위 일반의 모델이 되는 것이다. 우리의 논의들을 관통하는 헤겔적인 개념의 연속(Kontinuum der Begriffe)은 이성을 칸트적으로 세분하는 것을, 특히 이론이성과 실천이성 간의 구분을 어렵게 만든다(1). 규범을 사실에 동화시키는 것은 곤란한 결과를, 특히 옹호하기가 분명 쉽지 않은 도덕적 실재론을 초래한다(2).

　(1) 주장을 특별 취급하는 것은 철학적 전통 전체를 특징짓는 "인간 언어의 로고스 강조"와 부합하기는 한다. 39) 하지만 바로 브랜덤의 규범적 화용론에 영향을 미친 인물들, 바로 퍼스와 듀이 그리고 하이데거와 비트겐슈타인은 존재론과 인식론 및 형식화용론의 선입견들과 단절하였다. 이들은 서양의 "로고스중심주의"에 대한 루드비히 클라게스(Ludwig Klages)의 비탄에 동조하지 않고, 40) 존재자의 인식이나 대상에 대한 표상이나 사실의 주장이 〔세계와의〕 실천적 교류보다 우위성을 갖는다는 고전적 견해에 저항하였다. 이들은 선험적 문제제기를 이어받으면서 언어적으로 구조화된 사회적 생활세계의 구성적 성취에 관

---

39) K. -O. Apel, "Die Logosauszeichnung der menschlichen Sprache," in: H. G. Bosshardt (Hg.), *Perspektiven der Sprache*, Berlin 1986, 45~87.
40) E. Cassirer, *Geist und Leben*, Leipzig 1993, 32~60.

심을 가졌고, 인지적 세계교류를 그 안에 포함하고 있는 저 발화행위와 타당성주장 및 실천관행의 유형들의 다양성을 깨우쳐 주었다. 브랜덤 역시 바로 이 시각에서 자신의 연구를 시작하고 있다. 하지만 그는 이미 말했다시피 객관성문제 때문에 불가피하게 일정한 전향을 할 수밖에 없는 처지에 직면한다. 그리하여 그는 여전히 고수하는 현상론적 시각으로부터, 추정상 개념적인 세계구조가 우리의 논의실천을 압인(壓印)하고 각인(刻印)한다는 결론에 도달한다.

그러나 세계에 대한 전적으로 인지적인 관계설정과 함께 사실확언적 언설(Rede)이 전반적으로 주도적 역할을 하게 된다. 모든 의사소통적 실천들이 ─ 정표적, 심미적, 윤리적, 도덕적 혹은 법학적 논의와 같이 사실확정과 연관되지 않는 실천들도 ─ 주장을 토대로 분석될 수 있다는 것이다. 합리적 존재의 생활세계에서는 반성적 형태를 취하는, 온통 개념적으로 구조화된 세계의 통일성은 우리에게 중요한, 규범과 사실 간의 구분도 무효화한다. "개념은 규칙이며, 개념은 자연적 필연성과 도덕적 필연성 모두를 표현한다"(624).

브랜덤 자신도 우리가 우리 세계의 지평 안에서 사실과 규범을, 사건과 행위를 구분할 때 사용하는 어휘체계를 사용한다. 그러나 그는 우리가 개념을 사용하면서 행하는 모든 것을 보다 넓은 의미에서 행위로 파악한다. 브랜덤은 칸트와는 달리 실천이성과 이론이성을 똑같이 합리적 행동이라는 점에서 일치시킨다. 이에 따르면 판단과 의견은 행위의도와 마찬가지로 규범준거적이기 때문에, 이것들은 기술적 사실지시연관과 규범적 행위지시연관에 따라 구분되지 않는다. 이렇게 브랜덤은 비판되고 정당화될 수 있는 **모든** 발언들을 통틀어 규범적인 것의 영역에 속하는 것으로 간주한다. 다른 한편 행위이든 발언이든 **오직 사실들**에 비추어서만 비판되고 정당화될 수 있는 것이라고 주장한다. 자유의 왕국은 본래적으로 필연의 왕국과 착종되어 있는 것이다. "사실진술적 언설(fact-stating talk)은 규범적 용어들로 설명되고, 규범적 사실들은 여러 종류의 사실들 가운데 하나로 나타난다. 양자가〔규범적 어휘와 비규범적 어휘가〕세분되고 설명되는 공동의 의무론적인 점수관리 어휘는 규범적 사실과 비규범적 사실 간의 차이가 소실되지도 않고 궁극적으로 이해불가능한 이원론의 형태를 취할 우려도 없다는 것을 보장한다"(625 f.). 이렇게 규범을 사실로 동화시키는 것이 갖는 귀결들 가운데 우리의 논의와 관련하여 특히 관심을 끄는 하나의 귀결은 바로 참인 규범적 명제들이 기술적 명제들과 똑같은 방식으로 사실을, 즉 규범적 사실을 재현한다는 것이다.

　이것은 이미 실천적 의도에 대해 모델 구실을 하는 단언적 발화행위의 특권적 위상으로부터 귀결된다. 한편으로 브랜덤은 사실과 규범의 메타이론적 구분을 — 이 구분은 규범적 언어 안에서 행해져야 하는데 — 바로 이 규범적 언어와 관련하여 상대화한다. 다른 한편 그는 우리가 진술을 행할 때 항상 규범적 언어를 사용한다는 가정하에서 규범적 사태를 사실처럼 취급한다. 이때 브랜덤은 바로 자신의 시도를 염두에 두고 있다. 규범적 화용론은 결국 규범적 개념들을 가지고 논의적 실천에 대한 참된 기술을 제시하고자 하는 것이다. 그러나 이때 브랜덤은 일상적 실천에서 규범적 어휘가 논리적 해명을 위한 인지적 목적에 이용되는 것이 아니라, 무엇보다도 행위의 지향방향 설정에 이용된다는 중요한 사실을 간과하고 있다. 그는 우리가 그 **어떤** 평가적 언어나 규범적 언어를 통해 진술하는 **모든 것**을 규범적 사실의 영역에 속하는 것이라고 선언한다. "규범적 어휘와 비규범적 어휘의 구별에 상응하여 규범적 사실과 비규범적 사실도 구별된다 … 이런 방식으로 규범적인 것은 사실적인 것의 하위영역으로 판별된다"(625).

　(2) 하지만〔규범적 화용론의〕연구의 수행과정에서 — 진리와 현존이라는 존재론적 함의를 갖는 — 단언적 발화행위가 제공하는 분석토대는 규제적(*regulativ*) 언어사용을 제대로 연구하기에는 너무나도 협소

하다는 것이 드러난다. 브랜덤은 다음과 같은 세 단계로 연구를 진행한다. 그는 먼저 ⓐ 우리가 지향적 행위와 함께 암묵적으로 떠맡게 되는 정당화의무와 단언적 발화행위와 결부된 논증의무를 비교한다. 그런 다음 그는 ⓑ 어떻게 행위가 실천적 추론의 형태로 정당화될 수 있는지를 설명한다. 이것은 결국 ⓒ 몇 가지 비대칭성에도 불구하고 모든 행위가 **마치** 사실주장처럼 정당화될 수 있다는 그의 핵심주장으로 이어지게 된다.

ⓐ 행위는 주장과 마찬가지로 합리적 표출〔*Äußerungen*, 발언〕에 속한다. 왜냐하면 언어능력 및 행위능력을 지닌 주체는 자신의 판단에 대해서와 마찬가지로 자신의 행위의도에 대해서도 책임을 져야하기 때문이다. 두 경우 모두에 대해서 근거가 제시되고 요구될 수 있다. 실천적 의도(실천적 관여, *practical commitments*)와 관련하여서도 인식적 주장(의견적 관여, *doxastic commitments*)의 제기와 귀속 및 인정에 해당하는 것을 찾아볼 수 있다. 화자가 단언적 발화행위와 함께 'p'라는 판단에 확정적으로 관여하듯이, 지향적으로 행위하는 주체는 'p'를 '참'으로 만들겠다는 자신의 의도를 알려준다. 두 경우 모두에서 '관여'는 발언된 의견 내지는 행위로 표현된 의도의 근거를 — 필요한 경우에는 — 제시하겠다는 용의를 함축하기 때문에, '관여'의 귀속과 '권한'의 인정의 분석은 실천적 의도나 진리주장에 똑같은 방식으로 적용될 수 있다. 해석자의 시각에서 볼 때 행위자는, 적절한 근거를 가지고(혹은 더군다나 명시적으로 적절한 근거에서) 행위할 때, 자신의 의도에 대한 정당한 권한을 갖는다. 하지만 브랜덤은 행위자가 자신의 행위에 대해 지는 실천적 "책임"이 주장의 경우에만 문제가 될 수 있는 인식적 정당화의 책임으로 그 의미가 **남김없이** 포착되는가라는 물음은 제기하지 않는다.

ⓑ 칸트처럼 브랜덤은 합리적 행위를 격률(*Maxime*)에 따라, 즉 규

칙의 개념에 따라 행위할 수 있는 능력으로 설명한다. 모든 의도는 의사선택능력(*Willkür*)을, 즉 자신의 의지(*Wille*)를 표상된 규칙에 구속시키는 능력을, 따라서 확정적으로 그러한 규칙준수의 책임을 질 수 있는 능력을 전제한다. 그런 까닭에 실천적 추론은 (브랜덤이 든 예를 그대로 들자면) "은행직원은 넥타이를 맬 의무가 있다"거나 "너는 어느 누구에게도 아무런 이유 없이 해를 끼쳐서는 안 된다"와 같은 격률이나 행위규칙과 연관되어 있다. 하지만 "의무가 있다", "해야 한다"〔당위〕, "요구된다"〔명령〕 등과 같은 표현들은 오직 명시적 행위규칙에서만 등장한다. 이 표현들은 일반적으로 감추어져 있는 의무론적 의미를 명시적으로 개념화한다. 보통은 "나는 출근길의 은행직원이기 때문에 넥타이를 매고 있다"라거나 "우리가 이 흰소리를 계속한다면 누군가에게 아무런 이유도 없이 마음의 상처를 줄 것이기 때문에 나는 그만 두겠다"와 같은 실질적 추론으로 족하다.

밑바탕에 깔려 있는 규범에 따라 제각기 행위자의 의지를 상이한 방식으로 구속하는 상이한 유형의 행위근거들이 존재한다. 예를 들어 비에 젖지 않으려면 지금 우산을 펴는 게 좋겠다와 같은 사리분별적 근거(*Klugheitsgründe*)나 은행직원의 복장규정과 같은 관습적 근거 또는 어느 누구에게도 아무런 까닭 없이 해를 입혀서는 안 된다는 계명과 같은 도덕적 근거들이 그것이다. 여기까지는 문제가 없다. 하지만 우리는 이런 저런 종류의 행위를 논증할 때, 과연 무슨 근거를 가지고 논증하는가? 본질적으로 사실에 비추어 규범을 논증하는가?

(c) 브랜덤은 자신의 개념실재론적 배후가정을 근거로 사실과 규범 간의 차이를 제거하는 일원론적 견해 쪽으로 기운다. 진술의 논증은 ―그 진술이 규범적 종류이든 기술적(記述的) 종류이든 간에― 진리주장과 단언적 발화행위를 특별취급하는 논의실천의 틀 안에서는 오직 사실에 의한(혹은 사실을 동원한) 정당화로서만 이해될 수 있다. "발화행위에 의하여 관여의 책임을 명시적으로 떠맡는 것에 대한 어떠한 참

고도 없이 실천적 관여를 이해한다는 것은 불가능하다. 그런 까닭에 실천적 관여는 본질적으로 언어적 현상이다. 그러나 실천적 관여가 전제하는 유일한 종류의 발화행위는 바로 주장, 즉 실천적 관여의 인정이 아니라 의견적 관여의 인정이다"(266). 행위규범은 관찰자시각에서 보아 사실로서 기술될 수는 있다. 하지만 행위규범의 정당화는, 실천적 추론이 '나'의 입장의 **형태**를 취하는 데서 이미 알아볼 수 있듯이, 오직 참여자시각에서만 행해질 수 있다. 그러나 참여자시각에 볼 때 단언적 발화행위와 사실은 규범의 정당화에 있어 어떠한 **본질적** 역할도 수행하지 않는다.

브랜덤 자신도 논증된 실천적 의도와 논증된 인식적 주장 간의 비대칭성을 지적하고 있다. 화자가 'p'에 대해 제기하는 진리주장이 타당하다면, 모두가 그 진리주장을 정당한 것으로 간주할 수 있어야 한다. 그러나 이것은 분명 비 올 때 우산을 펴고자 하는 것과 같은 실천적 의도에는 해당되지 않는다. 어떤 특정 상황에서는 비에 젖지 않기 위해 우산을 펴는 것이 오직 어떤 특정 행위자에게만 이성적인 일일 수 있기 때문이다. 그와 같이 행위하는 동기는 어쨌든 행위자에 대해 상대적이다. 칸트는, 사리분별적 근거의 선택에 동기를 부여하는 선호사항들이 단지 주관적인 것이기 때문에, 이러한 선호준거적 행위를 "타율적"이라고 칭한다.

이 비대칭성은 근거의 구속력과 유효범위에는 해당되나, 그 인식적 특성에는 해당되지 않는다. 사리분별적 근거는 사실을 근거로 하는 합목적성의 고려에 **의지한다**. 이처럼 **어떻게**〔어떤 상황에서〕비에 젖지 않기 위해 우산을 펴야 하는지와 관련된, 암묵적으로 준수된 규칙은 경험적 내용을 가지며, 그런 점에서 행위자에 대해 독립적으로 논증되거나 비판될 수 있다. 합목적적 수단선택의 경우 행위자가 채택한 규칙은 주관적인 행위근거와 — 기술적(技術的)으로 이용된 — 사실지식을 결합시킨다. 말했다시피 수단의 적절성을 보증하는 사실근거는 오직 행위자가 이미 특정 목적을 추구하기로 확정한 경우에만 행위자의 의지를 규정한다. 이때 선호사항 자체는 더 이상의 정당화를 필요로 하지 않는다.

그런데 칸트적 시각에서 볼 때 실천적 의도는 행위자의 의지가 이성적 숙고에 의해 결정되는 정도가 크면 클수록 그만큼 더 이성적이다. 행위자가 얼마나 자율적으로 행위하는가는 그가 우연적 규정들로부터, 즉 단순한 선호사항이나 지위와 전통에 대한 관습적 고려로부터 어느 만큼이나 벗어나는가에 달려있다. 지위에 좌우되는 행동이나 전통에 의해 규정된 행동마저도 사리분별적 또는 합목적적 행위보다는 덜 타율적이다. 왜냐하면 제도적 또는 문화적 근거는 개별 구성원들의 선호사항은 고려치 않고 해당 사회 전체의 모든 구성원들로부터 인정을 요구하기 때문이다. 오직 도덕적 근거만이 **절대적으로**, 즉 개별 인격체의 선호사항과는 무관하게 그리고 특정 공동체의 가치지향은 고려치 않은 채 행위자의 의지를 구속한다. 칸트는 이런 경우를 자율성이라고 말한다. 왜냐하면 이 경우에 도덕적 선(善) 의지가 **전적으로** 적절한 근거만을 지침으로 삼기 때문이다. 사리분별적(prudentiell) 근거와 관습적 근거는 의사선택능력을 오직 주어진 이해관계상황과 현존의 사회적 가치지향과 관련하여서만 구속하는 반면, 도덕적 근거는 의지를 전적으로 관통할 것을, 즉 절대적으로 규정할 것을 요구한다. 이점을 브랜덤도 고려하고 있다.

사리분별적 근거는 (적어도) 한 사람에 대해서, 즉 행위자 자신에 대해서 타당성요구를 제기하고, 관습적 내지는 윤리적 근거는 여러 사람에 대해서, 즉 한 공동체나 문화의 구성원들에 대해서 타당성요구를 제기하지만, 도덕적 근거는 모든 합리적 주체들로부터 인정과 존중을 요구한다. 왜냐하면 논의에 참여하고 근거에 의해 촉발될 수 있는 모든 사람은 시공간적으로 무한한 도덕적 공동체의 일원이기 때문이다. 이 경우에는 인식적 주장의 정당화와 실천적 의도의 정당화 간의 비대칭성이 해소된다. 우리는 주장에 대해서처럼 도덕적 행위에 대해서도 보편적 타당성을 요구하기 때문이다. 하지만 이 타당성의 **효력범위**의 유사성이 타당성의 **토대**의 대조적 차이를 은폐해서는 안 된다. 도덕적 행위의 정당화 근거는 사실근거와는 다른 인식적 특성을 갖는다. 바로 도덕적 종류의 실천적 추론에서 ― 그러나 또한 윤리적 내지는 관습적 종류의 실천적 추론에서도 ― 근거 범주상의 비대칭성이 드러난다. 사실들은 이 실천적 의도의 정당화를 위한 충분한 토대는커녕 본질적 토대조차도 형성하지 않는다.

인식적으로 고찰할 때, 의사소통참여자가 주장을 통해 정당화를 필요로 하는 인식적 〔진리〕주장에 확정적으로 관여하는 것과 유사한 방식으로, 행위자는 의도적 행위를 통해 정당화를 필요로 하는 실천적 의도에 확정적으로 관여한다는 것은 납득이 간다. 그러나 이로부터, 브랜덤이 다음과 같이 말하듯이, 행위의도의 정당화가 단언적 발화행위의 논증모델에 따라 이해될 수 있다는 결론이 나오게 되는 것은 아니다. "명시적으로 규범적인 어휘는 (예를 들어 '은행직원은 넥타이를 맬 의무가 있다'거나 '의지할 데 없는 이방인을 괴롭혀서는 안 된다'와 같은) 주장을 하는 데 이용될 수 있다. 이 주장들은 참인 것으로 간주되거나 주장되거나 의도될 수 있다. 사실들은 바로 참인 주장들이기 때문에 …, 이것은 규범설명적 어휘가 사실진술적 작업선상에 있다는 것을 의미한다. … 이런 방식으로 규범적인 것은 사실적인 것의 하위영역으로 판별된다"(625). 은행직원은 넥타이를 매야 한다는 규범적 기대의 정당화는 (도대체 그에 대한 수긍할 만한 정당화라는 것이 있다고 한다면) 사실에 관한 논변에 의거한다기보다는 "강한 가치평가"에, 예를 들어 일정한 복장규정과 〔편협한〕 시민계급문화의 구성원들이 그들의 시각에서 볼 때 신뢰할 만한 금융업무 관리와 결부시키는 가치지향 간의 연관관계에 의거할 것이다. 그리고 "누구에게도 해를 입히지 말라!" (*Neminem Laedere!*) 와 같은 도덕원칙의 정당화는 일정한 정의(正義)

개념이나 해당 이해관계의 보편화가능성을 근거로 내세울 것이고, 따라서 이 경우에도 본질적으로 사실이 아니라 규범적 관점이나 규범적 내용을 갖는 절차를 근거로 내세울 것이다.

브랜덤도 선호하는 의무론적 도덕관은, 우리들의 개념의(가치평가적 개념과 도덕적 개념을 포함한 모든 개념의) 객관적 내용을 세계 자체의 개념적 구조 속에 근거지우기 위해 브랜덤이 제안하는, 도덕적 어휘에 대한 개념실재론적 이해와는 어울리지 않는다. 달리 말하자면 칸트의 자율성개념은 사실과 규범 간의 단절을 없애버리는 그림(像)에는 맞지 않는다. 이 자율성개념은 오히려 언어능력 및 행위능력을 지닌 주체들에게 요구되는 구성적 성취에 대한 강한 기대를 내포한다. 물론 간주체적으로 공유된 생활세계 속의 합리적 존재는 자신들의 행동거지에 대해 세계 내에서 일어나는 우연적인 일들의 처리·극복과 관련하여서도 상호간에 논의적으로 책임져야 한다. 그러나 이들이 당위적으로 행해야 하는 것에 대한 실천적 책임은 이들이 주장할 수 있는 것에 대한 인식적 책임만으로는 충분히 규명되지 않는다. 왜냐하면 이들은 자신들 상호간의 교류를 위한 어떠한 규범적 지침도 객관세계로부터는 획득할 수 없고, 따라서 이러한 객관세계의 우연적 제약하에서 어떤 규범에 따라 자신들의 공동생활을 정당하게 규제하고자 하는지에 대해 **함께 협의**[상호이해]해야만 하기 때문이다.

탈선험화의 길

∴

칸트에서 헤겔로 그리고 다시 헤겔에서 칸트로

우리는 헤겔 이래의 가장 흥미로운 사유활동들의 역사를 인식주체의 탈선험화를 향한 그와 똑같은 수만큼의 행보로 기술할 수 있다. 하지만 이에 대한 동기를 제공한 사람이 바로 헤겔임에도 불구하고, 우리는 헤겔 자신을 이 역사 속에 포함시키지는 않을 것이다. 헤겔은 최초로 칸트의 선험적 주체를 차안(此岸)의 맥락 속으로 다시 끌어내렸고, 이 맥락을 관통하고 있는 이성을 사회적 공간과 역사적 시간 속에 "자리매김"하였다. 훔볼트, 퍼스, 딜타이, 카씨러, 하이데거 그리고 비트겐슈타인은 언어, 실천 또는 삶의 형식을 이성의 상징적 구현매체로 파악하려는 자신들의 시도에서 헤겔의 영향을 받았거나 또는 비트겐슈타인의 경우처럼 헤겔로부터 영향을 받았을 수도 있으리라고 가정할 수 있는 철학자에 속한다. 예나(Jena) 시절에 헤겔은 인간정신을 각인하고 변형시키는 매체로서 "언어"와 "노동" 그리고 "상호인정 관계"를 도입하였다. 간주체적으로 파악된 "정신" 개념을 감안할 때, 왜 우리가 헤겔을 저 강력한 탈선험화 운동의 주창자로 인정하기를 주저하는지를 이해하기란 쉽지 않을 것이다. 첫눈에 보기에 아마도 헤겔과 그 이후 세대들을 갈라놓는 것은 바로 강한 "합리주의"일 것이라고 말할 수도 있을 것이다. 하지만 실용주의와 역사주의 그리고 언어철학은 시간과 공간 저편의 누메논적(noumenal, 可想體的) 주체의 위상을 파괴하면서도, 그 자체로 이미 합리성의 기준의 통약불가능성 내지 자문화(自文化) 중심주의에 대한 저 유명한 논쟁의 계기를 제공하였던 것과 같은 종류의 맥락주의를 불러일으키지는 않았다. 1)

물론 저 "최후의 형이상학자" 또는 사변적, 관념론적, 일원론적 사상가와 절대정신 개념으로부터 더 이상 어떠한 의미도 찾아낼 수 없는 후계자들을 갈라놓을 수 있는 관점들은 존재한다. 그러나 마찬가지로 우리는 "19세기의 사유에서의 혁명적 단절"을2) 넘어서도 여전히 관철되고 있는 친연성(親緣性)들을 강조할 수 있다. 이 시각에서 볼 때는 오히려 정신주의가 칸트와 피히테로부터 헤겔과 그의 뒤를 이어 탈선험화의 족적을 좇은 이들을 분리하는 분수령을 형성한다. 나는 정신주의적 근본개념들의 틀에 대한 이 비판을 다시 한 번 끄집어내어3) 왜 헤겔이 나중에 예나 시절의 본래적 통찰을 다시 포기하였는지를 분석하고자 한다. 하지만 이번에는 "억압된 간주체성"4)이란 주제를 인식론적 문제제기의 관점에서 접근하고자 한다. 5)

---

1) J. Habermas, "Konzeptionen der Moderne," in: 같은 이, *Die postnationale Konstellation*, Frankfurt a. M. 1998, 195~231, 특히 221~228.

2) 이것은 칼 뢰비트의 유명한 연구서 《헤겔에서 니체로》의 부제이다. Karl Löwith, *Von Hegel zu Nietzsche*, Zürich 1941.

3) "Arbeit und Interaktion," in: J. Habermas, *Technik und Wissenschaft als Ideologie*, Frankfurt a. M. 1968, 9~47 참조.

4) M. Theunissen, "Die verdrängte Intersubjektivität in Hegels Philosophie des Rechts," in: D. Henrich, R. P. Horstmann (Hg.), *Hegels Philosophie des Rechts*, Stuttgart 1982, 317~381 참조.

5) 나는 다음의 글에서 이 동일한 주제를 다른 관점에서 다룬 바 있다. J. Habermas, *Der philosophische Diskurs der Moderne*, Frankfurt a. M. 1985, 34~58, 특히 50 ff. 참조.

나는 먼저(Ⅰ) 내가 말하는 "정신주의"(*Mentalismus*)와 그것의 "선험적 전회"의 의미가 무엇인지를 약술할 것이다. 여기서 나는 정신주의적 패러다임 일반에 본질적인 의미의 "자기반성"과 이 패러다임과는 무관한 다른 세 가지 방식의 자기반성을 구분한다. 우리는 인식적 성취에 필수적인 주관적 조건의 합리적 재구성이나 윤리적 연관성을 갖는 자기기만의 비판적 해체 또는 실천적 논의의 참여자들에게 요구되는 각기 자신의 시각의 탈중심화도 "자기반성"이라고 칭한다. 그 다음에 (Ⅱ) 나는 헤겔이 그릇된 반성철학적 대립설정이라고 비판하는 이원론들에 대해 상론할 것이다. 헤겔은 정신적인 것과 육체적인 것 사이에, 우리의 의식과 그 대상들 사이에 극복되어야만 할 간극이 존재한다고 생각하지 않는다. 인식주체는 언제나 이미 자신의 타자에(*bei seinem Anderen*) 존재한다. 이 탈정신주의적 견해는 이미 당시 막 발흥하던 정신과학의 핵심개념으로부터 영감을 받은 것이다. "정신"이라는 이념은 인간정신의 역사성과 그 상징적 구현들의 객관성 그리고 행위하는 인격체 및 그들의 행위맥락의 개성〔개체성〕에 대한 당대의 사유 속에 표출되었다. 이 논문의 중심부분은(Ⅲ) 예나 시절의 체계초안에서 도입된 언어와 노동 그리고 상호작용이라는 "매체"를 집중적으로 다룰 것이다. 이 매체들은 인식하거나 행위하는 주체가 세계 내의 대상들에 대하여 취할 수 있는 관계들을 선행적으로 구조화한다. 사랑의 관계는 상호인정 관계에 대한 첫 번째 모델로서 어떻게 보편적인 것이 구체적으로 보편적인 것의 형태로 특수한 것 및 개별적인 것과 착종되는지를 예시한다. 이어서(Ⅳ) 나는 간주체성과 객관성의 관계를 해명하기 위하여 주인과 노예의 변증법을 다룰 것이다. 객관세계에 대한 우리의 지식은 사회적 성격을 갖는다. 경험과 판단의 객관성의 간주체적 조건으로부터 나오는 역사주의의 유혹에 대해 헤겔은 근대적 사유형식이 출현하게 되는 합리성의 역사를 가지고 대응한다. 마지막에(Ⅴ) 나는 처음에 제기했던 문제, 즉 왜 헤겔은, 예나 시절의 간주체주의적 단초를 보건대 그에게 다른 대안이 더 설득력이 있었음에도 불구하고, 객관적 관념론의 길을 택하였는가라는 문제로 돌아갈 것이다. 상호작용론적 자기의식 모델은 자기 자신의 근거를 정립하고 스스로를 충족시키는 계몽문화에 대한 탈정신주의적 구상의 토대를 제공했었을 것이다. 6) 헤겔은 자기비판적이고 자기규정적인 정신이 갖는, "내가 이성적이라고 보지 않는 것은 어느 것도 인정하지 않을" 권리를 항상 옹호하기는 하지만, 그럼에도 불구하고 그는 근대적 사유형식을 절대지(絕對知)로의 이행단계로만 파악한다. 이 생각과 함께 헤겔은 그 자신이 한때 설득력 있게 비판하였던 자기의식 내지 주관성의 사유도식으로 다시 후퇴하게 된다. 절대정신의 완성된 형태로서 자기 이외에는 더 이상 어느 것도 허용할 수 없는 저 주관성은 한때 언어와 노동 및 상호작용을 통해 매개되었던 주체와 객체의 관계를 그 자신 속에 완전히 포용된 과정의 개념적 동학(動學)으로 내면화한다.

---

6) 호네트(A. Honneth)가 《인정투쟁》(*Kampf um Anerkennung*, Frankfurt a. M. 1992)에서 체계적으로 전개한 시각 참조.

I

(1) "정신주의"라는 표현 뒤에는 데카르트에서 칸트까지 그리고 피히테에서 후설과 사르트르를 거쳐 로드리크 치좀(Roderick Chisholm)이나 디터 헨리히(Dieter Henrich)와 같은 현대 철학자들에까지 이르는 복잡하고 복합적인 이념의 역사가 숨어있다. 7) 나는 여기서 이 대단히 복잡하게 얽힌 논의에 조금도 개입할 의사가 없으며, 단지 칸트가 물려받아 변형시켰던 저 근본개념적 틀의 본질적 구성요소들을 거칠게나마 몇 마디 말로 상기시키고자 한다. 8)

(a) 우리가 데카르트와 결부시키는 인식론적 전회는 어떻게 우리의 지식의 신뢰성을 확보할 수 있을 것인가라는 물음으로 요약된다. 이 물음은 인식주체가 대상〔객체〕들에 관한 표상을 가지고 있다는 새로운 지식개념을 낳았다. 여기서 새로운 것은 세 번째 용어로 표현된 것, 즉 인식하는 주체와 인식되는 세계 사이를 매개하는 **표상**(*Vorstellung*)이다. 주체는 대상들에 관한 표상을 갖는 반면, 세계는 주체에 의해 표상될 수 있는 모든 대상들로 이루어져 있는 것이다.

(b) 인식주체는 자아 혹은 나(*Ich*)와 동일시된다. 많은 후속결과를 초래하는 이 자기지시(*Selbstreferenz*)는 어떻게 경험지식의 (즉 제 1단계

---

7) M. Frank, *Selbstbewußtsein und Selbsterkenntnis*, Stuttgart 1991, 9~49와 또한 프랑크가 편집한 두 권의 논문집 *Selbstbewußtseinstheorien von Fichte bis Sartre*, Frankfurt a. M. 1991과 *Analytische Theorien des Selbstbewußtseins*, Frankfurt a. M. 1994 참조. 헨리히와 투겐트하트 그리고 나 사이의 논쟁에 대해서는 B. Mauersberg, *Der lange Abschied von der Bewußtseinsphilosophie*, Diss. phil., Frankfurt a. M. 1999 참조.

8) 또한 R. Rorty, *Philosophy and the Mirror of Nature*, Princeton U. P. 1979도 참조.

236

의 지식의) 발생조건에 관한 (제2단계의) 지식이 가능한가라는 물음에
대한 답을 가능하게 하는 듯이 보인다. 이것은 자기의식에 의해서, 즉
대상들에 관한 표상을 가질 능력이 있는 나에 대한 반성을 통해서 설
명된다. 나는 대상들에 관한 표상을 다시금 또 다른 표상의 대상으로
삼음으로써 "주관성"이라고 불리는 내면성을 개창(開創)한다. 이런 점
에서 의식의 영역, 즉 표상의 공간은 자기의식과, 즉 내가 표상을 가
지고 있다는 것에 대한 반성과, 처음부터 착종되어 있다. 나아가 자기
반성은 통각(統覺)을, 즉 내가 어떤 것을 의식하고〔알고〕 있다는 의식
을 의미한다. 그밖에 자기반성은 "너 자신을 알라"라는 윤리적 의미를
갖는 고대 그리스적 명령에 진정으로 인식론적인 의미를 부여하는 행
위로 이해된다.

(c) 자기의식이라는 새로운 인식론적 개념은 이원론적인 주객관계
의 틀을 시사하는데, 이 틀은 다음과 같은 세 가지 기본가정으로 표현
된다.

– 내성(內省)을 통해 인식주체는 직접적으로 자명한 체험으로서 주
  어져 있는, 대체로 투명하고 교정 불가능한 자신의 표상들에 대
  한 특권적 접근통로를 획득한다.
– 이렇게 자신이 소유하는 주관적 체험 전체의 확보는 경험을 통해
  매개된 대상지식을 발생론적으로(genetisch) 설명할 수 있는 길을
  열어준다.
– 내성이 주관성으로의 길을 열어주고, 지식의 객관성의 확보는 그
  것의 주관적 원천으로까지 파고 들어가는 데 있기 때문에 인식론
  적 진술들은 직접적으로 — 그리고 그 밖의 모든 진술들은 간접적
  으로 — 주관적 명증성 내지는 확실성으로서의 진리를 기준으로 평
  가된다.

(d) 이 기본가정들은 — 소여(所與)의 신화와 주체 내에서의 지식의
발생을 통한 지식의 정초, 그리고 확실성으로서의 진리는 — 물리적인

것과는 구분된 **정신적인 것**이라는 개념을 함축한다. 이 직관적 대립설
정에는 세 가지의 이원론이 밑에 깔려있다. 정신적인 것은 1인칭 인격
의 시각에서 보아 나와 나 아닌 것(*Nicht-Ich*) 사이에, 즉 나의 의식의
내부에 있는 것과 그 **외부**에 있는 것 사이에 존재하는 경계에 의해 규정
된다. 이 내부와 외부는 또 다른 두 경계설정과 부합하는 데, **사적인**
영역과 **공적인** 영역 간의 경계설정 및 직접적으로 확실한 것과 간접적
으로 주어진 것 내지는 그렇게 확실하지 않은 것 간의 경계설정이 바
로 그것이다.

이 인식주체와 가능한 대상들의 영역의 분리는 당연히 상호작용에
대한 문제를, 특히 인식론의 고전적 문제인 지식의 원천에 대한 문제
와 — 한쪽이 다른 쪽에 영향을 미치거나 한쪽이 다른 쪽에 "맞추는"
(*direction of fit*) — 인과적 방향에 대한 문제를 야기하였다. 경험주의와
합리주의는 지식의 원천의 문제에 대하여 후험적 지식 내지는 전험적
지식을 원천으로 내세움으로써 답변한 반면, 실재론과 관념론은 인과
적 방향의 문제에 대하여 인간정신의 수용성 내지는 자발성을 편드는
방식으로 답변하였다.

(2) 이것이 바로 헤겔로 하여금 인식주체의 탈선험화라는 반대방향
의 행보를 취하도록 도발한 저 선험적 전회가 이루어지게 된 출발상황
이었다. 〔선험적 전회의〕 핵심요지는 인식주체가 자신이 "세계" 내지
물자체에 의해 감각적으로 촉발되는 조건을 스스로 확정한다는 것이
다. 경험가능한 대상들의 세계는 우연적 환경의 인과적 자극에 완전히
내맡겨져 있지는 않으나, 또한 실재적 현실이 부과한 제약에서 완전히
벗어나기 위하여 자신의 세계를 관념론적으로 창출할 능력도 가지고
있지 않은 주체의 세계기안적(企案的) 자발성에서 기인한다. 인식주체
는 "완전한 자발성을 가지고 이념에 따른 질서를" 창출하며, "이 질서
에 경험적 조건을 맞추어 넣는다."[9]

238

현상하는 대상들의 세계의 기안 내지 구성 활동은 종속의 측면과 함께 자유의 측면도[10] — 실재적 현실의 우연적 제약에 응답해야만 하는 유한한 정신의 인지적 입법(立法)의 자유의 측면도 — 드러내 보인다. 경험대상의 올바른 재현은 세계형성적 이념의 지도하에서 감성과 지성의 공동작용으로부터 결과한다. 칸트는, 어떻게 선험적 주체가 자신에게 어떤 것이 세계 내의 객관적인 것으로서 현상할 수 있는 조건을 규정하는가에 대한 발생적 설명을 제공한다. 자발적 지성은, 감각자료를 개념적으로 조직하고 이를 통해 정리되지 않은 특수한 것의 잡다함에 통일성과 보편성을 부여함으로써, 감각기관을 통해 받아들인 내용을 가공한다. 따라서 정신과 세계의 상호작용은 다시금 대립개념들을 가지고 기술된다. 자발성 대 수용성, 형상〔형식〕 대 질료, 보편성과 종합적 통일 대 특수성과 잡다함이 바로 그것이다.

이 이원론들은 칸트가 정신주의 패러다임과 함께 물려받은 문제들을 어떻게 풀고자 하였는지를 보여준다. 그것은 바로 표상하는 사유와 표상가능한 대상 간의 대비에 의존하는 개념체계를 사용하는 것이었다. 동시에 칸트는 정신주의적 틀에 본질적인, 분석되지 않은 주관성 내지 자기의식 개념을 그대로 수용하였다. "선험적 통각" 개념은 — 내 스스로가 나의 표상의 주체임을 알 수 있기 위해서 나의 모든 표상에 동반될 수 있어야만 하는 '나는 생각한다'〔코기토, cogito〕라는 개념은 — 라이프니츠가 그 개념과 결부시켰던 것과 동일한 직관에 의존하고 있다. 하지만 그 개념 속에 실뭉치처럼 뒤죽박죽 얽혀 있던 혼동들은 피히테의 학문론에 와서야 비로소 뚜렷이 드러나게 된다. 우리가 오로지 표상하는 사유를 통해서만, 즉 대상들의 표상을 통해서만 어떤 것을 인식할 수 있다면, 또한 자기의식 속에서 수행된 나의 표상들의 표상은

---

9) I. Kant, *Kritik der reinen Vernunft*, A 548 f.

10) R. B. Pippin, *Kant on the Spontaneity of Mind*, in: 같은 이, *Idealism as Modernism*, Cambridge U. P., 1997, 29 ff.

자신의 의식을 대상으로 삼아야 한다. 그러나 대상화된 형태로는 주관성의 본질적 측면을 놓치게 된다. 왜냐하면 선험적 자발성 자체는 어떠한 대상화도 허용하지 않기 때문이다.

(3) 그런데 우리는 이 〔정신주의〕 패러다임에 고유한 자기의식과 다른 방식의 자기반성들을 구분해야 한다. 이미 칸트 자신에게서도 정신주의의 근본개념 틀과는 무관한 세 방식을 찾아볼 수 있다.

- 제 1 비판서〔《순수이성비판》〕의 선험적 분석론에서 칸트는 무엇보다도 인식주체 스스로가 어떤 경험이 객관적 타당성을 가질 수 있는지를 규정할 때 따르는 규칙들을 밝히고 있다. 이때 그는 경험판단 일반에 필수적인 주관적 조건의 **합리적 재구성**을 수행하는 선험적 반성을 그 근거로 내세운다(덧붙여 말하자면 장 피아제는 자신의 발생론적 인식론의 맥락에서 이 유형의 자기반성을 학습메커니즘으로 다루고 있다. 그는 행위구조에 대한 "반성적 추상"이라고 지칭한 이 작용을 성숙기 아동의 정신 〔발달단계〕 자체에 속하는 것으로 본다).
- 칸트는 선험적 변증론에서는 자기반성을 다른 의미로 사용한다. 여기서 그는 지성의 범주를 현상계에 국한된 경험의 영역을 넘어서서 제멋대로 사용함으로써 초래되는 무의식적 실체화를 해명하고 있다. 일반적으로 칸트는 망상적인 세계이해 및 자기이해의 **비판적 해체**를 계몽과정으로 파악하는데, 이때 이 계몽과정은 지식의 진보를 의미하는 것이 아니라, 순진함(*Naivität*)의 상실을 의미한다(프로이트는 임상적 실천의 맥락에서 무의식적 동기의 〔정신〕**분석적 의식화**를 망상적 자기이해의 비판적 변화라는 치료 목적을 위해 사용한다).
- 자율성개념은 자기반성과 자유 간의 또 다른 관계를 드러내준다.

정언명령은 우리로 하여금 모든 사람이 의욕할 수 있는 것에 대한 불편부당(不偏不黨)한 평가에 비추어 행위준칙을 선택할 것을 종용한다. 이것은 자기 자신의 자기이해 및 세계이해를 다른 모든 참여자의 시각들의 공평한 고려를 통해 탈중심화할 것을 요구한다. 합리적 재구성이 인식적 목적에 기여하고, 자기 자신에 대한 망상의 해체라는 의미에서의 비판은 윤리적 자기이해 확보를 촉진하는 반면, 자기반성의 도덕적 사용은 실천이성의 핵심을 형성한다.

Ⅱ

(1) 헤겔은 인식의 원천과 인과적 종속관계에 관한 인식론적 문제가
— 칸트의 이원론적 답변과 마찬가지로 — 그릇된 정신주의적 패러다임
의 인위적 구성물이라는 것을 확신하고 있다. 그는 우리를 오도(誤導)
하는 이 가정들을 다음과 같이 두 단계에 걸쳐 비판한다. 그는 (a) 칸
트의 견지에서 볼 때 감성과 지성의 협력으로부터 나오는 "물자체" 개
념을 분석하고, (b) 정신주의적 패러다임의 핵심을 이루는 주체와 객
체 간의 대립설정을 논박한다.

(a) 경험과 판단이 두 개의 독립적 원천으로부터 — 이념의 지도를
받는 자발적 지성과 외부로부터 촉발된 수동적 감성으로부터 — 나온다
는 가정은 칸트로 하여금 불가피하게 "물자체"와 현상을 구분하도록 만
들었다. 헤겔은 그 당시 격렬한 논쟁의 대상이 되었던 문제, 즉 어떠
한 개념적 파악도 허용하지 않는 실재를 그럼에도 불구하고 개념으로
포착하는 것이 도대체 어떻게 가능할 수 있겠는가라는 문제를 끊임없
이 되짚어 본다. 어떻게 칸트는, 인과성 개념이 — 자발성과 수용성 간
의 상호작용에 대한 다른 모든 개념들과 마찬가지로 — 오직 협력하는
양쪽 중 한쪽에만, 즉 범주화하는 지성 쪽에만 속함에도 불구하고, 전
적으로 접근불가능한 실재에 대해서 그것이 감관을 "촉발한다"고 주장
할 수 있는가? 개념적으로 파악불가능한 것을 개념적으로 파악할 수
있다고 하는 이 역설은 그에 상응하는 형상과 질료의(또는 도식과 내용
의) 이원론, 보편적인 것과 특수한 것의(또는 통일성과 잡다함의) 이원
론에도 해당된다.11) 오직 이 대립개념들을 사용함으로써만 형상화(形

11) R. B. Brandom, *Making it Explicit*, Harvard U. P. 1994, 614 ff.

相化)되지 않은 자료는, 또는 아직 정돈되지 않은 반복불가능한 사건은, 또는 모든 통일성과 구조를 결여한 잡다함은 선(先)개념적인 것으로서 개념적으로 파악될 수 있다. 그러나 전적으로 주어진 것은, 전적으로 개별화되고 잡다한 것은, 만들어진 것과 규칙에 따라 보편화된 것이나 통일된 것과 마찬가지로 개념적 사안이 아니다. 헤겔은 이 풀기 어려운 문제에 대해 주체와 객체 간의 잠재적 관계를 **선행적으로** 구조화하는 "매체" 개념을 가지고 답변한다.

(b) 예나 시절의 정신철학 강의의 주요 공격목표는 자족적이며 외부와의 경계를 설정하는 주관성이라는 정신주의적 표상이다. 이 생각으로부터 내부와 외부, 사적임과 공적임, 직접적임과 매개됨, 자명함과 불확실함 간의 이원론이 파생된다. 헤겔은 이 대립설정들을 무시하고, 이미 칸트에 의해서 본질적으로 실천적인 것으로 파악된 인식주체의 작업들을 자기도취적으로 자기 안으로만 향하는 자아의 격리상태로부터 해방시킨다. 주체는 언제나 이미 만남과 교환의 과정 속에 얽혀 들어가 있으며, 그 자체로 언제나 이미 맥락 속에 들어있다. 주체가 당장 〔다른 주체와〕 관계를 맺고 실제로 세계와 접촉하기 전에 이미 주객관계의 노선망(路線網)은 조성되어 있고, 대상들과의 가능한 연결관계는 형성되어 있는 것이다. 세계 속에서 주체는 세계연관 속에 들어와 있는 인자(*Element*)로서 작동한다. 헤겔은 인식하고 말하고 행위하는 주체가 자신과 자신과는 분리된 타자 간의 간극을 극복해야 하는 과제를 안고 있다는 것을 부인한다. 처음부터 **타자에**(*beim Anderen*) 존재하는 주체는 보충을 요하는 결핍을 느끼지 않는다. 지각과 판단은 언어적으로 선행투입된 개념들의 조직망 속에 〔분절적으로〕 표출되고, 행위는 익숙한 실천관행의 궤도를 따라 수행된다. 이러한 주체는 타자에 존재하지 않고서는 자기의식도 가질 〔자기 자신에도 있을, *bei sich selbst sein*〕 수 없다. 그리고 이러한 주체는 다른 주체들과의 교류를 통해서 비로소 자기 자신에 대한 의식을 형성한다.

이 핵심적 경험은 인지적 중요성만을 갖는 것이 아니라 사랑, 즉 타자 속에서 자기-자신에-있음(*Bei-sich-selbst-Sein im* **Anderen**)과 자유, 즉 타자-속에서-자기-자신에-있음(*Im-Anderen-bei-sich-**selbst**-Sein*)이라는 헤겔의 규범적 개념들을 해명해주는 열쇠이기도 하다.[12) 하지만 헤겔은 이 직관을 표상가능한 대상들의 세계에 대립하는 표상하는 주관성에 대한 인식론적 비판의 맥락 속에서 피력하고 있다.

주체-객체 관계라는, 저 착각을 불러일으키는 암시적인 그림을 헤겔은 다음과 같은 주장으로 되받아 치고 있다. "경험적 직관에서나 기억 및 개념적 파악에서나 이 의식의 계기들을 대립의 양측이〔주체와 객체가〕각기〔주·객의〕통일〔자〕에(*zu dem Eins*)한 몫을 하는 방식으로 결합, 구성되어 있는 것으로 간주하고, 이 구성에서 각기 어떤 부분이 능동적인 것인가를 묻는 것은 완전히 그릇된 것이다."[13) 헤겔은 비생산적인 인식론 논쟁 대신에 주체와 객체 간의 관계를〔이들간의〕모든 실제적 만남 이전에 이미 구조화하는 저 "매체"들로 토론의 방향을 유도하고자 한다. 양측, 즉 주체와 객체는 오직 상호관계를 통해서 그리고 상호관계 속에서만 존재하기 때문에,〔이들 간의〕매개 자체는 더 이상 정신주의적으로는 파악될 수 없는 상관자(相關者)들이다. 그럼에도 불구하고 헤겔은 1803년에서 1805년에 걸쳐 보다 상세히 분석한 ― 언어와 노동과 상호작용이라는 매체에 대해 "정신"이란 용어를 사용한다. "사실 그러한 주체나 객체가 아니라 정신이 화두(話頭)가 되어야

---

12) M. Theunissen, *Sein und Schein*, Frankfurt a. M. 1978, Kapitel Ⅰ.
옮긴이 주: 이 문장 속의 고딕체 및 이탤릭체 강조는 하버마스가 인용하고 있는 토이니쎈의 서술을 참고하여 역자가 행한 것이다. 이 문장은 "주체는 처음부터 타자에 존재한다"라는 난해한 말로 표현된, 자기관계와 타자와의 관계의 통일성이라는 헤겔의 근본이념을 바탕으로 사랑과 자유라는 관계적 존재〔*In-Beziehung-Sein*〕양태의 차별성을 ― 우리말로 옮기기가 극히 난망한 방식으로 ― 표현하고 있다. 여기 직접 인용된 부분은 앞의 책 49쪽이다.
13) Hegel, *Jenaer Systementwürfe* Ⅰ, Hamburg 1986, 203 f.

한다.”14)

(2) 이 근본개념의 선택은 1800년경의 정신과학의 출현과 부상을 상기시킨다. 레오폴트 랑케(Leopold Ranke), 야콥 그림과 빌헬름 그림(Grimm) 형제, 칼 폰 사비니(Carl von Savigny), 빌헬름 슐레겔(Wilhelm Schlegel) 등등15) 창시자들의 위대한 저작들이 당시에는 아직 출간되지 않았음에도 불구하고, 새로운 역사적 의식이 헤겔의 생존 시에 이미 고전적 “인문학” 개념을 혁명적으로 변화시키게 될, 막 생성중인 학문분야들의 배경을 형성하였다. 역사학파의 철학은 유스투스 뫼저(Justus Möser), 고트프리트 헤르더(Gottfried Herder), 요한 게오르그 하만(Johann Georg Hamann), 프리드리히 슐라이어마허(Friedrich Schleiermacher), 빌헬름 폰 훔볼트 그리고 프리드리히 슐레겔의 사상에 이미 형성되어 있었다. 16) 이 “역사적 사유형식”과 함께 (a) 인간정신의 역사성과 (b) 상징형식들의 객관성, 그리고 (c) 행위하는 인격체의 개성이라는 세 차원이 처음으로 철학적 중요성을 획득하게 되었다.

(a) 새로운 역사적 의식은17) 곧 철학에도 영향을 미쳐 철학의 자기 이해에 도전장을 내밀었다. 철학은 이제 이중적 측면에서 인간정신의 유한성에 직면하게 되었기 때문이다. 인간정신은 더 이상 단지 외부적 자연으로부터 오는 우연적 자극에만 내맡겨진 것이 아니라, 또한 안으로부터 역사적 전통의 각인과 선별적 힘에도 내맡겨지게 되었다. 공간과 시간의 저편에 자리한 선험적 주체의 누메논적 위상은, 단지 감성

---

14) 같은 책, 205.

15) E. Rothacker, *Logik und Systematik der Geisteswissenschaften*, Bonn 1948.

16) K. Ott, *Menschenkenntnis als Wissenschaft*, Frankfurt a. M. 1991.

17) R. Koselleck, *Vergangene Zunkunft. Zur Semantik geschichtlicher Zeiten*, Frankfurt a. M. 1979.

의 경로를 통해 우리의 세계이해 및 자기이해를 정면으로 공격할 뿐만
이 아니라, 의미의 의사소통을 통해 배후에서 정신을 조형하는 영향작
용들에 의해 위협받게 되었다. 이로써 고전적 인식론의 문제는 이제부
터 지배적 위상을 점하게 된 역사주의의 문제로 바뀌게 된다. 자신이
역사 속에 편입되어 있고 구조적으로 역사에 종속되어 있다는 것을 알
게 된 철학은 다른 종류의 회의론과 마주치게 된다. 헤겔은 불안을 야
기하는 근대의 문제를 해결하고 자신의 시대를 "사유로 포착"해야 할
필요성을 지각한 최초의 철학자이다. 우리 자신의 합리성기준의 역사
적 기원과 문화적 배경을 자각하게 되는 즉시, 우리에게 타당한 기준이
또한 그 자체로도 타당성을 가질 수 있을 것인가라는 문제가 불가피하
게 제기되는 것이다. 이것은 헤겔로 하여금 〔인간〕 개체와 유(類)의
역사 속에서의 의식의 형성을 발생론적으로 고찰하도록 만들었다. 헤
겔은 이러한 합리성의 발생사에 비추어 우리가 어떻게 현재 타당하다
고 여기는 우리의 기준들을 단계적인 오류수정의 결과로 수용하는 것
을 배우게 되었는지를 보여주고자 하였다. 이 발생론적 정당화는, 과
거에 우리에게서 먼저 순진함을 몰아내었던 회의론적 반론들에 대해서
도 회의적 태도를 유지하는 학습과정의 재구성형식을 취한다.

　(b) 역사적 세계의 가장 눈에 띄는 특징은 행위자들이 상호작용하고
서로 말을 나눔으로써 간주체적으로 공유하는 것의 상징적 구조이다.
즉 세계상과 심성구조(Mentalitäten) 및 전통, 문화적 삶의 형식, 규범
과 가치, 제도, 사회적 실천관행 등의 상징적 구조다. 이 현상들은 정
신과학의 대상영역을 형성한다. 이 현상들과 함께 사회문화적 생활세
계의 재생산을 매개하는—언어와 의사소통, 행위와 협력이라는—
"매체"들도 전면에 드러나게 된다. 언어와 노동의 인식론적 역할을 발
견한 것은 바로 헤겔의 공적이다. 이 언어와 노동 속에—모든 이원론
적 기술들과는 반대로—애초부터 인식주체를 이런저런 방식으로 그의
대상들과 결합시켜 놓은 초(超) 주관적인 "정신"이 표출된다. 언어와 노

동은 정신주의가 갈라놓았던 내적인 것의 측면과 외적인 것의 측면이 결합되어 있는 매체이다. 이로써 인식주체의 본질적으로 실천적인 성격이 갖는 다른 면이 부각되게 된다. 선험적 주체의 종합능력은 의식의 사적 영역으로부터 공론장〔공(개)적 영역, *Öffentlichkeit*〕으로 나오게 된다. "말하는 입이나 일하는 손, 원한다면 여기에 덧붙여, 두 발도 행위로서의 행위(*Tun*) 혹은 내적인 것 그 자체를 바로 자신 안에 가지고 있는 실현 및 성취 기관(器官)이다. 그러나 내적인 것이 기관들을 통해 획득하는 외면성은 개인〔개체〕으로부터 분리되어 나온 실재적 현실로서의 행위〔행위결과, *Tat*〕이다. 언어와 노동은 개인이 더 이상 자기 자체에 스스로를〔내적인 것을〕 간직하고 소유하는 것이 아니라 내적인 것을 전적으로 자기 밖으로 배출시킴으로써 이 내적인 것을 타자에게 넘겨주는 외적 표출(*Äußerungen*)이다."18) 내적인 것은 주관성의 한계를 초월하는 매체 속에 외화(外化)된다. 발화된 말과 수행된 행위에서는 "안"〔내적, *innen*〕과 "밖"〔외적, *außen*〕의 대립이 사라진다. 정신내적 사건이나 관찰가능한 사건과 비교할 때, 이러한 외적 표출은 — 그 상징적 매체 덕분에 — 화자와 행위자의 지향으로부터 독립성을 획득하는 반면, 외적 표출의 의미내용은 다시금 외적 표출의 사건 자체보다 더 오랜 지속성을 갖는다.

(c) 문화적 현상은 "정신"의 상징적 형태들의 특징인 "역사성"과 "객관성" 외에도 "개〔체〕성"이라는 특징을 갖는데, 이 특징은 라이프니츠의 단자론에도 불구하고 헤겔 이전에는 어떠한 철학적 중요성도 획득하지 못하였다. 여기서 내가 말하는 "개〔체〕성"이란 특정한 인격체이해에 맞추어 특별히 강조된 의미로 사용된 개념이다. 이것은 인간과 동

---

18) Hegel, *Phänomenologie des Geistes*, (Meiner), Leipzig 1949, 229.
   옮긴이 주: 이 인용문의 번역은 임석진 교수의 우리말 번역을 참고하여 역자가 다시 옮긴 것이다. 헤겔, 《정신현상학 I²》, 임석진 역, 분도출판사 1981, 377 f.

물을 구별짓는 특징이다. 19) 동물은 아무리 고도로 발전된 동물이라 할
지라도 자신의 삶을 그 동물 종(種)의 개별적 실례(實例)로서 재생산
한다. "개체 자체가 행하는 것은 직접적으로 그 유(類) 전체를 대표하
는 행동(Tun)이 (된다) ; … 그리고 마찬가지로 그 유 전체의 존재와 행
동은 개체의 존재와 행동이 된다. 동물적 개체이익(Eigennutz)은 직접
적으로 비(非)개체이익적이며, 이 비개체이익성은, 즉 개체의 개별성
의 지양은, 개체의 직접적 이익인 것이다."20) 인간은 문화적 삶의 형
식 속에서 자신의 개성을 형성·도야하는(ausbilden) 반면, 동물들에게는
개〔체〕성의 의식이 결여되어 있다. 인간은 나와 타인(Ego와 Alter)으로
서 서로 관계를 맺는 동시에, 자신들의 절대적 상이성을 의식한 채 공
동체를 형성하는 인격체로서 고유한 자기이해를 습득한다. 이 "동물의
본성이 개별성으로부터 벗어나는 것"과 함께 자연은 역사로 이행하고,
일단 자연에 외화되었던 정신은 스스로에게로 귀환한다. 그러나 역사
가 — 주체들이 인격체로서 서로 만나는 영역이 — 철학적 중요성을 갖
게 되는 즉시, "특수성"과 "개성"은 보다 면밀하게 구분하여 분석되어
야 한다. 이 분석은 전통적인 유적 논리의 구분들 가지고는 더 이상
충분하게 수행될 수 없다.

　우리는 관찰자의 시각에서 개별적 대상들의 동일성을 확정하고, 일
정한 관점에 따라 그것들을 다른 존재자들과 구분한다. 그러나 인격체
의 동일성〔정체성〕은 또한 그 자신이 어떻게 — 그리고 무엇이라고 — 1

---

19) 옮긴이 주: 이러한 하버마스의 설명에 따라 "Individualität"가 이 논문에서처
　럼 인격체와 관련된 강조적 의미로 사용되는 경우 "개성"이라고 옮긴다. 다
　른 가능한 번역어인 "개체성" 내지 "개별성"은 우리 문맥상 동물을 포함하여
　개체화가 가능한 모든 사물에 적용되기 때문에 하버마스가 뜻하고자 하는
　바와는 오히려 배치되는 함의를 갖는다. 하지만 저 강조된 의미로 사용되는
　경우에도 인격체가 아니라 인격체의 행위맥락과 관련하여 사용되는 경우에
　는 "개체성"이라고 옮긴다.

20) Hegel, *Jenaer Systementwürfe* I, 182.

248

인칭 인격의 시각에서 자신의 동일성을 확정하는가에도 달려있다. 성숙한 인격체는 자신만의 뚜렷한 삶의 이력을 가짐으로써 스스로를 다른 인격체들과 구분한다. 그런 까닭에 인격체는 경우에 따라 다른 인격체들에 맞서 자신의 삶의 계획을 내세우면서 이들이 자신을 하나의 동일하면서도 동시에 고유한 개체로〔개인으로〕인정할 것을 요구할 수 있다. 말하고 서로 의사소통하며 행위하는 인격체들의 이 개성적 특징은 또한 그들이 다른 사람들과 공유하는 문화적 삶의 형식과 실천관행들에도 일정한 방식으로 반영된다. 헤겔은 이 현상이 함축하는 철학적 도전을 통찰하였다. 인격체들은 상호인정관계 속에서 사회를 통해 개인화되는데, 모든 역사적 현상은 정도의 차이는 있지만 이 상호인정관계의 변증법적 구조에 관여한다. 21) 헤겔은 간주체성이 주관성의 핵심임을 발견했기 때문에, 인식주체와 "나"를 동일시하는 ─ 일단은 눈길을 끌지 않는 ─ 정신주의적 결단이 초래하는 파괴적 결과도 통찰했다.

"나"는 스스로를 "인격체 일반"으로 이해하는 동시에 아무에게도 자신의 개인적 생활사(生活史)를 대리하도록 할 수 없는 "교체불가능한 (unverwechselbar) 개인"으로 이해한다. 나는 다른 모든 사람들과 똑같이 인식하고 말하며 행위하는 인격주체의 본질적 속성들을 공유하는 **보편적 인격체**이다. 동시에 나는 특징적이면서도 또한 유일무이한 개인적 생활사에 대해 **어느 누구도 대리할 수 없는** 방식으로 책임을 지는 **교체불가능한** 개인이다. 하지만 나는 오직 일정한 공동체에서 성장함으로써만 이 인격체 일반이자 개인으로서의 자기이해를 획득한다. 공동체는 본질적으로 **구성원**들 간의 상호인정관계의 형태로 존재한다. 헤겔은 이 개인적 인격체의 공동체화가 갖는 간주체적 구조를 지침으로 삼아 "구체적 보편자" 또는 "총체성" 개념을 논리적으로 해명한다.

아리스토텔레스의 논리학은 유(genus)와 종(species) 그리고 개별 존

21) J. Habermas, "Individuierung durch Vergesellschaftung," in: 같은 이, *Nachmetaphysisches Denken*, Frankfurt a. M. 1988, 187~241.

재자(*ens singularis*)를 개념적으로 구분함으로써, 유의 종적 세분화로
서의 "특수한 것"을 "보편적인 것"과 "개별적인 것" 간의 중간적 추상단
계에 자리매김하는 개념적 토대를 제공하였다. 특수한 것은 몇몇 맥락
에서는 유형적인 것(*das Typische*)이라는 의미를 가질 수 있었다. 그러
나 헤겔 이전에는 "개별적인 것"이라는 논리적 표현이 완전히 개체화된
인간존재라는 강한 의미를 갖지 않았다. 헤겔에 의해 비로소 저 전통
논리학의 개념들과 사회화된 개인들이 상호 인정하는 다음과 같은 세
관점 간의 상관관계가 설정된다. 즉 사회화된 개인들이 서로를 본질적
측면들에 있어 다른 모든 인격체와 동일한 **보편적** 인격체로서, 또한 출
신 공동체의 고유한 특징들을 공유하는 **특수한** 구성원으로서, 그리고
다른 모든 개인들과 구분되는 **개인**으로서 인정하는 세 관점이 그것이
다. 따라서 이 공동체화의 기반구조에는 특정 공동체 구성원들의 특수
주의적 관계와 ─ 인간본성의 공통성이라는 측면과 각 개인의 절대적
상이성이라는 측면 모두에 있어 서로에 대해 똑같이 존중해야 하는 ─
개인 인격체들 간의 보편주의적 관계가 착종되어 있는 것이다.[22]

---

22) L. Wingert, *Gemeinsinn und Moral*, Frankfurt a. M. 1993, 179 ff.

Ⅲ

(1) 예나 시절의 문화적 배경과 학문적 배경은 헤겔의 정신 개념을 일반적으로 규정하는 것이 바로 **객관적 정신의 특징들**이라는 점을 이해할 수 있게 해준다. 정신은 포괄하고 결합하는 매체로서 항상 개별 주체의 의식을 초월한다. 1803년에서 1805년 사이 시기의 헤겔에게 이 개념은 어떻게 "정신"이 주체와 객체 간의 관계를 형성시키고 구조화하는가라는 인식론적 문제를 해명하는 열쇠를 제공한다. 《정신현상학》으로의 이행기를 형성하는 예나 시절의 강의에서 헤겔은 언어와 노동 및 상호작용의 매개기능을 가지고 저 정신의 역할을 설명한다.

이 매체들은 "제 3의" 혹은 "중간적" 요소로서 "의식하는 자"와 "그에 의해 의식된" 대상 간의 근원적 착종을 확보해주는 반면, 이 둘 사이의 상호작용은 매체 자체의 유지에 기여한다. 이 매체들은 주체 및 객체와 결합하여 순환과정을 이룬다. " … 그런 까닭에 〔주·객의〕 통일은 이들 간의 중간으로서, 이 둘의 작업성과(Werk)로서, 이것들의 상호 연관의 준거가 되며, 그 안에서 하나가 되지만 동시에 이것들을 서로 구분시켜주기도 하는 제 3의 것으로서 현상한다. "23) 의식은 언어와 노동을 통해서야 비로소 현존에 이르게 된다. "중간으로서의 의식의 저 최초의 결합된 현존은 언어로서의 존재, 도구로서의 존재이다 … "24) 헤겔은, 가족과 시민사회 그리고 국가, 즉 일반적으로 말해 정신의 본질적으로 간주체적인 구성상태를 상론하기 전에, 외적 자연에 대한 분석을 통해 개별 의식의 형성을 추적한다. 언어와 노동의 매개 속에서 개별 주체의 (a) 이론적 의식과 (b) 실천적 의식이 발전된다. 이 결과, 지배를 목적으로 한 자연과 도구의 기술(記述)이 나오게 된다. 그러나

---

23) Hegel, *Jenaer Systementwürfe* Ⅰ, 191.
24) 같은 책, 193.

개별 주체들이 산출하는 것은 (c) 간주체적으로 공유된 생활세계의 틀 안에서야 비로소 공동체의 문화나 노동분업적 사회의 물적 토대의 구성요소가 됨으로써, 항구적 현존을 획득할 수 있다.

(a) "매체들"의 역할은 일반적으로 "정신이 행사하는 최초의 창조력인"[25] 언어를 예(例)로 하여 설명될 수 있다. 헤겔은 먼저 언어를 의미론적 관점에서 서술의 인지적 기능과 관련하여 분석한다. 감각내용은 언어의 문법적 형식을 통해 개념적으로 구조화된 지각과 기억 및 판단으로 가공된다. "의식은 언어를 통해 이상적인 것의 총체성으로 (스스로를 조직한다)."[26] 주관적 정신은 언어라는 매체를 통해 모든 외적인 것과 내적으로 결합되어 있다. 표상하는 주체와 표상된 객체 간의 대립은, 주체의 성취능력이 언어의 "명명적"(命名的)이고 개념적인 에너지를 섭취하는 한, 지양(止揚)되어 있는 것이다. 표상된 대상은 말하자면 이름에 의해 호명되어 주변의 다른 대상들과 뚜렷이 구분된다. 인식주체에게는 모든 상징적 매개와 독립된 어떤 적나라한 감각자극의 토대도 존재하지 않는다. 인식주체는 처음부터 언어적으로 개창된 경험가능성의 지평 속에서 활동하기 때문이다.

헤겔은 단어와 문장의 실질적 함축에 대한 연구를 통해 소여(所與)의 신화를 파괴한다. 예를 들어 "파란 것" 같은 구체적 지각내용은 암묵적으로 보편적 색채개념을 지시하고, 이에 의존하며 색상표(色相表) 상의 어딘가에 위치한다. 나는 내가 보고 있는 저 파란 대상이 ― 녹색도 빨간색도 노란색도 아닌 ― 한 색깔을 가진 것이며, 그것이 보라색보다는 밝고 오렌지색보다는 어둡다는 것을 안다.[27] 나의 언어지식이 현재의 내 지각을 선행적으로 구조화하기 때문에 나는 개념의 그물 속

---

25) Hegel, *Jenaer Systementwürfe* Ⅲ, Hamburg 1987, 175.

26) Hegel, *Jenaer Systementwürfe* Ⅰ, 208.

27) 같은 책, 202 f.

에 편입시키지 않고서는 어떤 것도 지각할 수 없다. 이런 이유로 헤겔은, 노동의 실천적 기능을 "도구"와 결합시키는 것과 유사한 방식으로, 언어의 인지적 기능을 "기억"과 결합시킨다. 동물적 수준에서의 영상의 흐름이 고정적인 이름의 질서로 변형되기 때문에 인간정신은 맨 먼저 이름을 기억하는 것을 배워야만 한다. "기억의 연습은 각성된 정신의 첫 번째 노동이다."28) 그러나 우리는 왜 오직 한 민족의 집단적 기억만이 개인들의 지식과 세계조망방식을 **공유된** 전통의 형태로 보존하고 증식시킬 수 있는 것인가를 곧 살펴보게 될 것이다.

(b) 노동은 행위자에 대해 언어의 인지적 기능이 인식주체에 대해 수행하는 것에 상응하는 의미를 갖는다. 헤겔은 노동을 행위자가 목표를 실현하고 욕구를 충족시키는 목적지향적 세계개입으로 파악한다. 실천적 의식은 노동으로 현시(顯示)되고 노동을 통해 존재를 획득한다. 언어의 경우에서처럼 노동을 통한 "매개"는 이른바 극복되어야 할 간극이라는 그릇된 표상을 제거해준다. 노동을 행하려 하는 주체는 먼저 대상을 응시한 뒤에야 그 대상과 접촉을 행하는 것이 아니다. 반항적인 실재를 극복하고 상황에 대처하고자 하는 행위자는 수행적(*performativ*) 태도를 취한다. 노동의 수행이 갖는 이 수행적 성격을 감안하면, 행위자가 어떻게 현실과 접촉하게 되는가의 문제는 — 우리가 지시의 문제라고 부르는 이 문제는 — 제기조차 될 수 없다. 노동과정은 복합적 과정이며, 이 과정에서 현실은 참여자와 정면으로 마주치는 것이 아니라 협력적으로 마주한다. 익숙한 실천이 〔문제없이〕 작동하는 한 실재적 현실은 협력하지만, 익숙한 실천이 실패하는 즉시 반항적 현실은 이 실천 속에 암묵적으로 들어있는 기대에 — 정확히 참여자가 이 실천에 개입함으로써 확정되게 된 바로 그 조건하에서 — "이의를 제기한다". 이렇게 행위자는 "언제나 이미" "자신의 타자"에 존재한다.

---

28) Hegel, *Systementwürfe* III, 178.

노동하는 자가 자연과의 대결을 통해 자연으로부터 배우는 것은 도구로 응고되는 지식이다. 노동하는 자는 도구를 가지고 자연에 대한 자신의 통제를 확장하는데, 이 도구는 개입과 〔욕구〕충족이라는 일시적 순간들을 넘어서는 지속성을 갖는다. "도구는 현존하는 이성적 중간자(Mitte)이다. … 도구는 그 속에서 노동이 자신의 항구성을 확보하는 것이며, 노동하는 자와 노동이 가해지는 것으로부터 유일하게 남게 되는 것이고, 그 속에서 이것들의 우연성이 항구화되는 것이다."29) 단어와 문장의 의미론적 내용은 그 자체로 이미 개별 발화자의 언설사건으로부터의 특유한 독립성을 향유한다. 이 언어적 의미의 객관성에 짝하는 것이 기술(技術)의 객관성인데, 여기에는 축적된 지식과 이전 세대들의 경험이 침전되어 있다. 방직기계를 보면서 헤겔은 이미 노동의 자동화를 다음과 같이 예기하고 있다. "여기서 충동은 전적으로 노동으로부터 물러난다. 그것은 자연으로 하여금 일하도록 하고, 조용히 지켜보며, 거의 힘들이지 않고 전체를 통제한다 ─ 간지(奸智)."30)

(c) 언어와 노동의 매개기능은 주체-객체 관계에 대한 정신주의적 표상을 무너뜨린다. 그러나 연구가 자연과 맞서는 개별 주체의 이론적 의식과 실천적 의식에 머물러 있는 한, "객관성"의 의미 ─ 언어와 노동 및 도구가 갖는 저 주관성을 넘어서는 위상 ─ 역시 해명되지 않은 상태로 존재한다. 언어는 언어**공동체**의 맥락 속에서 비로소 의사소통적 기능이나 앎의 전승을 떠맡을 수 있다. 기술 또한 사회적 노동**분업**의 조건하에서 비로소 그 경제적 기능을 이행할 수 있다. 언어와 기술은 공동의 삶의 형식의 문화적 세계해석과 물질적 재생산에 기여함으로써

---

29) Hegel, *Systementwürfe* I, 211. 헤겔은 평생 이 통찰을 고수한다. *Wissenschaft der Logik* II, Leipzig 1951, 398 참조: "그런 점에서 수단은 유한한 목적보다 더 고차원적인 것이다 … ; 쟁기는 직접적인 향유보다 더 영예로운 것이다. … 도구는 보존되는 반면 직접적인 향유는 사라지고 망각된다."

30) Hegel, *Systementwürfe* III, 190.

254

비로소 헤겔이 "민족정신"(*Volksgeist*)이라고 명명한 것의 구성요소가 된다. 공동체에 구현된 정신은 그것이 동일한 전통에 의존하고 동일한 실천에 참여하는 구성원들에 의해 "간주체적으로" 공유되는 만큼 "객관적"이다. 이 "공동성"의 의미는 해명을 요한다. 한 공동체의 구성원들이 세계상이나 삶의 형식을 **공유한다**는 것, **공동의** 실천을 수행한다는 것, **동일한** 전통을 계승한다는 것은 무엇을 뜻하는가?

헤겔은 무엇보다도 상호인정의 형식을 지침으로 삼는다. 고전적인 아리스토텔레스적 형태의 인륜성은 근대적 생활조건하에서 재구성되어야 했는데, 처음부터 헤겔에게 있어 이 인륜성 분석의 열쇠로 이용된 것은 서로 사랑을 주고받는 대칭적 사랑의 관계였다. 이러한 관계에서는 성적으로 매력을 발하는 인격체 전체의 "성격" 내지는 "자연적 개성"이 인정의 대상이다. 헤겔은 〔사랑의〕 열정 자체를 "타자를 위한 존재"로, "자기외존재"(自己外存在)로[31] 기술하며, 사랑은 사랑하는 자에게 "타자 내에 자신의 본질을 갖는" 만족을 준다.[32] 이것은 일단 각자가 타자 속에서 자신을 상실하고 자신의 독립성을 희생하는 외양을 갖는다. 그러나 실제로는 두 인격체는 바로 서로 상대방에 비추어 자신을 특정한 성격〔을 가진 존재〕으로 바라보는 것을 배움으로써 새로운 단계의 독립성을 획득한다. 각자는 상대방이 자신에게 인정하는 성격을 자신의 성격으로 인식한다. 상호간의 "성격 인식"을 통해 양측은 자기 자신에 대한 최초의 의식을 — 자기의식의 최초 형태를 — 획득한다. 친밀한 교환에 의해 이들이 서로에 대해 보여주는 모습이 이들 자신에게 반성〔반영〕됨으로써, 이들은 자신의 고유한 개성을 확인한다.

---

31) 옮긴이 주: 여기서 '자기외존재'로 번역한 헤겔의 '철학적' 개념어 Außer-sichsein은 열정이나 흥분, 놀람 등의 이유로 '제정신이 아니다', '흥분하다'라는 뜻을 갖는데, 헤겔이 이러한 일상어적 의미를 염두에 두고서 이 표현을 사용하고 있다는 것은 말할 나위가 없다.

32) 같은 책, 193.

헤겔은 낭만적 사랑의 예에서 상호인정의 보편적 구조를 읽어낸다. 사랑하는 두 사람은 서로 동등하면서 동시에 상이한 존재로서 만난다. 이들은 서로에 대해 타인으로서만 매력을 가지지만 동시에 이들은 사랑하는 사람들로서 서로 동등하다. "각자는 서로 상대방에 대립함으로써 상대방과 동등하다. 그런 까닭에 자신을 상대방[타인]과 구분하는 것은 자신을 상대방과 등치시키는 것이다."[33] 이들은 서로를 상이한 성격[을 가진 존재]으로 인정하나, 또한 각기 자신의 의지를 가진 동등한 인격체로 인정한다. 그런데 이 개별성과 보편성의 측면 외에 아직 특수성의 측면이 결여되어 있다. 사랑하는 이들의 일시적 관계는 오직 상호간에 규범적으로 일정한 행태를 기대하게 되는 가족적 틀 안에서만 안정화된다. 이 관점에서 양측은 동시에 서로를 특정한 공동체의 성원으로 — 즉 권리와 의무가 사회화("자식의 교육")와 물질적 재생산("가산"[家産])의 기능을 중심으로 결정화(結晶化)되는 가족의 구성원으로 — 인정한다.

공유된 세계상과 삶의 형식의 간주체성에 본질적인 인정관계는 특수성과 보편성 그리고 개별성이라는 세 차원에 따라 분화된다. 인정관계는 서로를 동일한 공동체의 구성원으로 인정하는 동시에, 본질적 측면에서 서로 동등하며 또한 서로 절대적으로 구분되는 인격체로 인정하는 동일한 공동체의 구성원들 간에 존재한다.

헤겔은 혼인과 가족의 형태로 항구화된 사랑 이외에도 다른 두 상호인정 패턴을 분석한다. 여기서 나는 헤겔이 사법적(私法的) 인격체들 간의 계약관계와 입헌군주정체하에서의 시민들의 자기입법으로부터 읽어내는 이 인정관계들의 자세한 내용에 대해서는 상론하지 않겠다.[34] 인정구조의 차원들은 그대로 동일하지만, 당사자들이 상호간의 귀속과

---

33) 같은 책, 192.
34) 헤겔의 예나 시절 저술들에서의 상호인정 단계인 "사랑", "법" 그리고 "연대"에 대해서는 A. Honneth (1992) 참조.

확인을 통해 획득하는 자유와 자기의식의 의미는 각기 다르다. 사법(私法) 체계 내에서는 인격체들이 자신들의 법적으로 구성된 행위자유를 인정하는 반면, 헌정국가의 시민들은 서로를 자율적 정치공동체의 작자(Autoren)이자 구성원으로 인정한다. 이들은 공민적(公民的) 연대의 형태로 동시에 "한 민족의 정신"을 실현한다. 헤겔에게 있어 이성적 국가에 실현된 "민족정신"은 "개별자의 완전한 자유와 자주성 속에서의 보편성"을 의미한다. 35)

(2) 우리는 이제 왜 조망방식을 "공유"하거나 공동의 실천에 "참여"한다는 것의 의미를 설명하고자 할 때 상호인정의 구조가 제시되는지를 이해하게 되었다. 나아가 말하고 행위하는 주체들 간의 가능한 상호이해가 갖는 간주체성의 기본특징들에 대한 분석은 의사소통적 언어사용과 사회적 행위의 화용론적 틀을 해명하는 데 도움을 준다. 그러나 상호인정 구조가 정신주의의 수정에서 갖는 의미가 무엇인지는 아직도 해명되지 않았다. 지금까지 말한 것으로부터는 상이한 인식론적 결론이 도출될 수 있다.

그중 한쪽 편은 다음과 같은 주장을 펼 수 있다. "언어"와 "노동"은 "정신"의 현시(顯示)이다. 매체들의 통합적 힘은 이 정신에서 기인한다. 인정관계의 구조는 정신의 종합적 성취를 파악하기 위해 제시된다. 따라서 언어와 노동이 주체와 객체 사이를 매개하는 방식은 전통과 삶의 형식의 "공유" 및 공동의 실천관행에의 "참여"라는 모델에 따라 이해돼야 한다. 이 경우 모든 주·객 대립에 선행하는 정신의 "객관성"은 공동의 사회적 생활세계의 "간주체성"의 개념들로 설명된다. 정신주의적 이원론들의 극복 문제는 주·객 관계를 간주체적 관계로 동화시킴으로써 해결될 것이다. 말하는 주체 또는 도구적으로 행위하는 주체

---

35) Hegel, *Systementwürfe* Ⅲ, 232.

가 자연에 대해 취하는 모든 객체화적 거리두기에 선행하는 "타재성" (他在性, *Sein beim Anderen*)의 맥락설정적 편입이나 수행적 친숙함은 단지 사람간의 대칭적 관계 속에서 말 그대로 "타자에 존재함"〔타재성〕을 특징짓는 연대와 친밀함의 방식만을 변화시킬 뿐이다.

다른 한쪽 편은, 이렇게 세계연관을 에고-알터〔*Ego-Alter*, 나-남〕 관계로 동화시키는 것이 너무 지나친 일이라고 보기 때문에, (나 역시도 선호하는) 보다 약한 해석을 선호할 수 있다. 우리는 헤겔이 자연과 대면한 개별 의식에 전념하는 동안 일시적으로 도외시했던 배경을 고려하는 즉시, "언어"와 "노동"을 통한 "종합"이 무엇을 뜻하는지 알게 된다. 사실 헤겔은 일단 개별 주체가 공동체의 의사소통적 실천과 협력적 실천을 통해 이미 사회화되어 있어야만 한다는 점을 먼저 고려하지 않은 채 단지 개별 주체의 이론적 의식과 실천적 의식만을 고려한다. 임의의 어떤 것("저기 있는 파란 것")의 모든 현재적 지각은 오로지 이 암묵적으로 존재하는 맥락 덕분에 언어공동체에게 간주체적으로 개창된 세계의 범주적 그물 속에 이미 편입되어 있다. 오직 이 언어적으로 처분가능하게 된 개념적 작용공간 속에서만 보편성은 특수성과, 개별성은 다수성과 대립관계를 형성할 수 있다. 그런 까닭에 이 대립관계들은 바로 반성철학이 가정하는 것처럼 각기 대립관계의 한쪽 부분으로는 개념적인 것의 영역을 넘어서는 것을 가리킬 수 없다. 이와 유사한 방식으로 익숙한 실천 속에서 이의를 제기하는 실재와 마주하는 노동하는 자는 선행적으로 산출된 현실과의 접촉의 덕을 본다. 이렇게 자발성과 수용성은, 형상과 질료는 서로 맞물려 있으며, 해명이 요구되는 어떠한 이원적 대립관계도 형성하지 않는다. 주제화되지 않은 채〔암묵적으로〕협력하는 현실이 그 속에 구성요소로서 이미 통합되어 있는 실천이 수행되는 동안, 이 측면들은 대립관계로 나타날 수 없다.

하지만 이 해석방식은 오로지 상호인정구조가 일정한 인식론적 역할을 수행한다는 전제하에서만 설득력을 갖는다. 한 공동체의 구성원들이 그들의 언어로 (세계 속의 무언가에 대해) 서로 의사소통하고 (세계 속에서) 공동의 실천을 수행할 수 있기 위해서는 그들의 세계연관이 상호 조율되어 있어야 한다. 이들은 간주체적으로 공유하는 생활세계의 구성원으로서 — 그에 대해 무언가를 말할 수 있고 그것으로 무언가를 할 수 있는 — **독립적으로** 현존하는 대상들의 **동일한** 세계가 존재한다고 가정해야만 하며, 또한 서로 이 가정을 공유하고 있다고 생각해야만 한다. 하나의 의견은, 그 의견이 추정상(推定上) **객관적** 세계 속의 어떤 것의 모습이나 그것에 대한 견해를 표현하지 않는다면, 모든 사람에 의해 공유되어야 한다는 규범적 주장과 결합될 수 없을 것이다. 마찬가지로 실천도 모든 참여자에게 **동일한** 하나의 세계와의 연관 속에서 실행될 수 없다면 공동으로 수행될 수 없을 것이다. 그런 까닭에 공유된 전통과 공동의 삶의 형식에 본질적인 저 상호인정구조는 동시에 객관세계의 형식적 가정의 간주체적 토대를 형성해야 한다.

IV

(1) 우리가 인식하거나 취급할 수 있는 모든 것의 객관성의 간주체적 창출은 후설이 그의 "다섯 번째 데카르트적 성찰"에서 해결하려고 시도하였으나 수포로 돌아갔던 문제에 다른 토대를 제공한다. 당시 후설이 해결하려 했던 문제는 선험적 원(原)-자아(Ur-Ich)의 단자적(單子的) 세계의 시각에서 타인의 주관성을 구성하는 것이었다. 이 문제가 제기된 이유는, 원-자아적(primordial, 일차적) 세계를 객관적 세계로 확장하는 데에 상이한 주체들의 시각의 간주체적 착종이 요구되었기 때문이다. 헤겔은 선험적 주관성 대신에 인정관계의 순수한 간주체성으로부터 출발한다. 헤겔로서는 최초의 상호인정모델인 사랑관계를 분석할 때에는 아직 공동의 세계연관의 간주체적 구성 문제에까지 신경을 써야할 필요가 없었던 것이다. 사랑은 탈(脫)세계적이며 타재성에 침잠하는 열정이다. 각자가 다른 시각에서 지각하고 판단하는 세계가 왜 그럼에도 불구하고 두 파트너에게 하나의 동일한 세계인가라는 문제는 아직 논의주제가 되지 않는다. 그러나 행위자들이 자기의식과 독립성을 획득한 뒤에 서로—각기 자신의 가족의 대표자로서—대립하게 되는 즉시, 이 투쟁하는 주체들 스스로에게 세계의 객관성 문제가 불가피하게 제기되게 된다.

바로 이 지점에서 헤겔은 예나 시절의 정신철학 강의에서 홉스의 자연상태에 상응하는 "인정투쟁"을 도입한다. 이 동일한 인정투쟁은 《정신현상학》에서는 체계상 다른 지점에서 도입된다. 《정신현상학》에서 인정투쟁은 "의식"의 단계에서 "자기의식"의 간주체적 구성으로의 이행 지점을 이룬다. "지배와 예속"에 관한 장은 다음과 같은 문장으로 시작된다. "자기의식은 그것이 다른 또 하나의 자기의식을 위해서 즉자대자적으로(an und für sich) 존재하는 가운데 그리고 또한 그렇게 존재

260

함으로써 스스로 즉자대자적으로 존재한다. 다시 말해 자기의식은 오직 인정받은 것으로서만 존재한다."36) 이로써 예기된 목적은 분명하다. 자기의식적 주체들은 독자적 판단과 계획을 가진 주체들로서 자기중심적으로 자신을 내세울 수 있는 것이 아니라 서로를 규범적 주장의 원천으로 상호인정하지 않으면 안 된다는 것을 배워야만 한다는 것이다. "이들은 서로 인정함으로써 스스로를 인정한다."37)

이 유명한 장의 명시적 주제는 새로운 단계의 "자립성"을 쟁취하기 위한 투쟁이다. 이 투쟁은 하나의 자기의식이 다른 자기의식과 대면함으로써 촉발된다. 맨 먼저 자기의식은 사랑하는 이들 사이의 조화로운 협화음적 관계 속에서 형성되어 나왔다. 그러나 자기 자신을 의식하게 된 주체들이 가족의 보호막을 벗어나 서로 독립적인 주체들로서 만날 때, 이들은 자신들의 의견과 의도의 불협화음을 인지하게 된다. 이들 각자로 하여금 서로 세계를 다르게 — 혹은 다른 세계를 — 지각하고 다른 기획을 추구하게끔 하는 관점들의 다양성이라는 낯설고도 놀라운 사실은 이들에게 하나의 도전이다. 각각의 당사자는 이제는 상대화된 자신의 세계조망방식의 단자론적 성격을 깨닫고, 양측 모두가 서로 왜 상대방이 다른 시각에서 그의 계획을 추진하는지를 이해하게끔 자신의 시각을 불가피하게 확장할 필요를 감지한다. 이를 통해 처음에는 실천적 사안처럼 보이고, 타인의 의지에 대립하여 자신을 주장하려는 갈등관계에서 기인하는 것처럼 보이는 인정투쟁은 또한 인식적 의미도 획득하게 된다.

자기의식적 행위자들은 각기 자기의 독자적 기준에 비추어 자기 의견이 참이며 자기 의도가 이성적이라고 믿거나 혹은 다른 이들에겐 그릇된 근거에서 그와 같이 믿는다고 비판하는데, 〔갈등관계의〕 양측은

---

36) Hegel, *Phänomenologie des Geistes*, 141 〔옮긴이 주: 헤겔, 《정신현상학 I》, 임석진 역, 분도출판사 1980, 247 참조〕.
37) 같은 책, 143 〔옮긴이 주: 《정신현상학 I》, 임석진 역, 250 참조〕.

또한 바로 자기의 독자적 기준의 확증과 **간주체적** 인정을 쟁취하기 위해서 투쟁한다. 이에 관한 테리 핑커드(Terry Pinkard)의 다음 서술은 정곡을 찌른다.

> 진리주장 행위는 우리의 다양한 기획을 만들어내는 욕망체계를 충족시키기 위한 세계와의 전반적인 실천적 교류의 일부이다. 그리고 우리는 믿음이나 행위의 신뢰할 만한 〔권위 있는〕 근거라고 여겨지는 것에 대한 우리의 생각을 이 전반적인 실천과 욕망 속에 통합함으로써 사물을 인식한다. 그런데 〔상이한〕 두 관점은 충돌할 수 있기 때문에 한 개인의 주장을 이와 갈등하는 다른 이들의 주장과 조율하는 문제가 발생하게 될 것이다. 그러나 진정한 조율은 당사자들이 개인적 관점을 떠난 객관적 관점을 취할 수 있을 경우에만 실현될 수 있을 것이다. … 즉 오직 이들이 전적으로 자기의 시각과 경험의 관점에 따라서만 자기의 주장을 판단하는 것이 아니라 주관적 경험을 초월하는 것에 의거하여 자기의 주장을 판단할 수 있을 경우에만 실현될 수 있을 것이다. … 하지만 개인적 관점을 떠난 객관적 관점의 발견은 불가능하기 때문에 … 행위자들은 스스로 사회적 관점을 구축해야 한다. 38)

주인과 노예의 변증법은 억압과 해방을 목적으로 한다기보다는 오히려 객관적 세계연관과 간주체적 구속력을 갖는 판단을 가능하게 하는 ― 주장컨대 ― 불편부당한 관점의 사회적 구성을 목적으로 하기 때문에 인정투쟁은 적어도 생사를 건 투쟁은 아니다.

상이한 시선들을 하나의 동일한 객관세계로 모으는 조율은 진정으로 자립적인 자기의식의 사회적 구성에 필수적인 인지적 조건이다. 노예는 자기 주인의 명령을 수행하면서 실재적 현실의 극복을 위해 각고의

---

38) T. Pinkard, *Hegel's Phenomenology. The Sociality of reason*, Cambridge U. P. 1994, 57.

노력을 기울이고, 이 과정에서 어떻게 자연을 지배할 수 있는지를 바로 자연으로부터 배움으로써 획득한 인지적 자립성 때문에 자신을 예속시키는 사슬을 깨부순다. 주인은 노예로 하여금 자기 대신 일하도록 채찍질함으로써 간접적으로만 자신의 소망을 충족시킨다. "그러나 노예는 자신의 관점이 자신이 만든 인공물 속에 구현되어 있음을 깨닫게 된다."[39] 처음에는 노예가 주인의 세계조망방식을 전적으로 자기 것으로 만듦에도 불구하고, 주인은 노예와의 상호작용과정에서 세계에 대한 노예의 지적 대결로부터 불가피하게 귀결되는, 이제 공동의 것이 된 시각의 설명과 확장을 인정하지 않을 수 없게 된다.

주인과 노예 간의 밀접한 관계는 양자의 상호 의존관계를 성립시킨다. 한 사람은 명령하고 다른 한 사람은 복종하는 동안 "한 사람의 행위는 다른 한 사람의 행위"이다. 이 착종은 시각의 변증법적 역전에 결정적이다.

> 주인은 이제 자신의 견해를 노예의 견해와 조율하는 것을 배워야 하며 노예에 대한 그의 지배가 단지 우연적인 것일 뿐 … '외부에 실재하는' 어떤 형이상학적 진리의 반영이 아니라는 것을 이해해야 한다. 주인과 노예의 변증법은 각자가 자기의 기획을, 무엇을 믿음과 행위에 대한 충분한 근거로 간주할 것인가를 판단함에 있어 신뢰할 만한 권위를 갖는 것으로 확정함으로써 시작되었지만, 이제는 각자가 다른 이의 관점과의 관련을 ― 즉 양자에게 공통되는 사회성과의 관련을 ― 고려하지 않은 채 자기 견해를 확정할 수는 없다는 것을 깨닫게 되었다.[40]

사회적 상호 의존관계는 왜 세계가 양측 모두에게 동일한지를 해명해준다. 그리고 노동을 통한, 반항적인 자연의 가공이 주는 학습효과는,

---

39) 같은 책, 61.
40) 같은 책, 62.

왜 양측 모두에게 동일한 세계가 또한 객관적 세계임이 입증되는가를 해명해준다.

(2) 그런데 "자기의식의 자립성과 비자립성"이라는 제목의 장은 양측의 주관적 시각을 불편부당한 관점으로 모으는 대칭적 조율과 지양이라는 천명된 목적의 실현에 아직 완전히 이르지는 못한다. 그러나 독립적인 자기의식의 간주체적 구성은 양측에게 경험과 지식의 객관성이 사회적인 것임을 명백히 보여준다. 주체는 자신의 형성과정의 사회적 성격을 인식하지 않고서는 참된 자기의식에 도달할 수 없다. 무엇이 "우리에게" 지식으로서의 가치를 갖는가를 결정하는 기준은 "나"나 "너"의 잣대가 아니라 모두로부터 인정받을 만한 기준이다. 간주체적 구속력을 갖는 기준이 없다면, 우리가 객관세계 내의 어떤 것에 대해 동일한 의견을 갖게 되리라고 서로에게서 기대할 수 있는 정당성을 우리에게 확보해주는 불편부당한 관점도 존재하지 않는다.

이러한 결과는 세 가지 중요한 함의를 갖는다. 이중 첫 번째 함의를 헤겔은 "불행한 의식"이라는 제목의 장에서 논의하고 있다. 우리가 객관성의 사회적 기원을 인식하게 되는 즉시, 이제까지 순진하게 자기 안으로만 향하던 자기중심적인 자기의식에 대한 회의가 일어난다. 이 회의는 객관적 지식의 가능성에 대한 지속적 추구와 이 가능성에 대한 의심 사이에서 어쩔 줄 모르고 방황하는 나선형의 자기반성과정을 촉발한다. 비록 이 불안한 방황은 근대의 자기이해에 끊임없이 고통을 주는 하나의 가시로 남아있지만, 이 의심으로 인한 절망은 일단 공통의 인간이성이라는 전제에 자리를 내준다. 계몽주의의 심성구조는 인간의 타고난 이성이 객관화하는 자연과학과 사회의 합리적 조직에 대한 능력을 가지고 있다고 믿는다.

둘째, 헤겔은 "관찰하는 이성"이라는 제하의 장에서 법칙론적 경험과학의 방법과 한계를 논한다. 역사적으로 형성된 인간정신의 본질은

264

과학적 인간상(人間像)으로—즉 나중에 셀라스가 "the scientific image of man"이라고 부르게 되는 것으로는—포착될 수 없다. 근대 과학은 그 자체 일정한 역사적 단계의 기획이며, 따라서 우리는 과학과 정치적 계몽에 구현되어 있는 합리성유형을 정신의 **특수한 형태의** 구성요소로 파악해야 한다. 그런데 이로써, 셋째로, 바로 이 우리 자신에 고유한 잣대의 정당화라는 문제가 제기된다. 다시금 헤겔의 비판은 인간과 세계에 대한 정당한 이해에 근거해야만 하는 것이다.

헤겔은 자기 자신으로부터 자신의 근거를 정립할 수 있다고 생각하는 지성적 문화의 관점에서 발언한다. 이 현재적 입장이 다시금 역사적으로 상대화될 수 있는 여러 입장들 중 하나로 되지 않으려면, "우리의" 잣대의 기원이 일단은 완결된 학습과정의 결과로 서술될 수 있어야만 한다. 헤겔이 《정신현상학》에서 수행하고 있는 이 계획은 역사주의와 자연주의 및 선험철학, 이 셋과의 동시적 결별을 예고하고 있다. 헤겔은 이 트릴레마(Trilemma)를 벗어나고자 한다. "이성"은 오로지 관찰만을 토대로 하는 과학의 대상이 아니다. 이성은 자연주의적으로 설명 가능한 소재로 이루어져 있지 않은 것이다. 마찬가지로 이성은 자칭 불변적이고 공간과 시간을 초월한 주관성과 등치될 수도 없다. 선험적 분석이 도외시하는 이성의 구현과 현시들도 이성 자체에 속하는 것이다. 그러나 또한 자신의 발생사를 파악하고자 하는 현재의 이성은 단순한 서사적 서술로는 합당하게 서술될 수 없다.

헤겔이 《정신현상학》에서 추구하고 있는 분석전략을 이해하기 위해서는 그가 이 책에서 실제 행하고 있는 자기반성의 유형을 분명히 인식해야 한다. 헤겔은 (a) 우리가 "윤리적 자기이해 확보"라고 명명할 수 있는 아리스토텔레스적 유형의 자기반성을 활용하고 있다. 이 윤리적 자기이해 확보는 인식적 성취능력의 필수 전제조건의 합리적 재구성이나 무의식적으로 비판을 무력화(無力化)시키는 실체화 혹은 자신의 시각의 탈중심화와 마찬가지로 정신주의적 개념틀과는 무관하다.

헤겔은 (b) 근대적 자기이해의 발생사를 목적론적 학습과정으로 서술하는 이성의 생성〔론〕으로 역사주의적 자기상대화의 위험에 대처한다. 하지만 그는 이 과정에서 (c) 전체 형성과정의 주체에게 정신주의적 사유도식으로의 복귀라는 대가를 치르고서만 얻게 되는 개념적 형태를 부여할 수밖에 없는 처지에 놓인다.

(a) 헤겔은 예나 강의에서 이론 이성의 실천적 성격을 새로운 방식으로 조명하였다. 지적 능력은 단지 언어와 노동을 통해서만 선험적 틀로부터 벗어나는 길을 여는 것이 아니다. 인간정신은 또한 "객관화하여" 스스로를 상호인정을 통해 열린 사회적 공간 속에서 "공개적으로" 현시함으로써 자신의 실천적 성격을 드러낸다. 정신은 공동의 생활세계의 견해와 실천관행들에, 즉 생활세계 구성원들이 간주체적으로 "공유하는" 것에 거(居)한다. 그리하여 정신은 또한 심성구조와 전통에도, 헤겔이 스토아주의와 회의주의 및 계몽주의라는 제하에 분석하고 있는 의식의 역사적 구성체들에도 반영된다. 정신은 자신의 상징적 표현형식들 때문에 본질적으로 객관적 정신인 것이다. 주관적 정신은 예를 들어 자신이 민족정신의 추상물임을 꿰뚫어 보는 것을 배워야 한다. 헤겔은 《정신현상학》 제1부에서 개별 의식의 자기반성의 행로를 개괄하고 있다. 헤겔은 전기작가처럼 자신의 독자들에게 전기의 대상인 주체가 자전적(自傳的) 자기반성에 휩쓸려드는 즉시 다시 한 번 경험하고 겪게 되는 의식의 전회와 전환들을 묘사하고 있다. 저자는 독자들이, 이 표본적인 실험대상 인격(Versuchsperson)의 회상에 대한 분석을 통해, 어떻게 자신들의 또 다른 자아(Alter Ego)가 결국 자신의 성숙한 자기이해와 세계이해를 규정하는 바로 그 기준들의 타당성을 단계적으로 확신하게 되는가를 인식하기를 바란다. 이와 같이 독자들은 계몽의 완성 이후 바로 자신들에게 구속력을 갖는 합리성의 기준의 발생사를 개념적으로 파악하게 된다.

헤겔은, 상징적 표출들로 객관화되는 발현주의적 (*expressivistisch*) 정신개념을[41] 가지고, 간주체적으로 공유된 삶의 형식과 심성구조 및 전통을 개인과 공동체의 "윤리적 자기이해 확보"를 상기시키는 자기반성의 대상들로 도입한다. 이와 같은 (1인칭 단수 혹은 복수로서의) 자신의 형성과정의 자기확인 유형은 정체성문제 해명에 도움을 준다. 자신의 정체성 확인은, 우리가 어떻게 해서 우리 스스로를 다른 이들에 의해 인정받기를 바라는 그대로의 인격체 내지는 공동체로 받아들이게 되었는지를 자기비판적으로 회상하는 것을 의미한다. 자기이해 확보의 과정은 기술적(記述的) 단계들과 평가적 단계들을 결합시킨다. 먼저 아리스토텔레스에 의해 프로네시스(*Phronesis*)로 분석된 바 있는 이러한 방식의 자기반성은 오늘날 철학적 해석학에 의해 가장 설득력 있게 개념화되었다. [42]

하지만 우리가 그 안에서 우리 자신의 정체성을 확인하는 고전적 전승물의 해석학적 전유(專有)는 현재 유효한 합리성기준의 까다로운 발생론적 정당화를 위한 충분한 모델을 제공하지 못한다. 윤리적 자기이해 확보에서의 "자기" 대신에 이제 이성과 같은 극히 비인격체적인 것이 등장하기 때문이다. "현상학적" 자기반성은 객관적 경험의 필수 전제조건의 합리적 재구성과 망상적 자기상(自己像)의 비판적 해체를 근대적 자기정체성의 해석학적 계몽과, 따라서 또한 (역사적) 계몽주의의 종료 이후 우리 문화의 자기근거정립의 근간을 이루는 기준들의 확인과도 결합시키는, 복합적이고 매우 독특한 형식의 분석을 뜻한다.

(b) 헤겔은, 회상적 관점에서, 우리로 하여금 오늘날 유효한 합리성기준을 발전시키고 구속력을 갖는 것으로 받아들이도록 한 저 학습과정을 서술하고 있다. 그러나 이 이성의 탈선험화로의 행로는 매우 상반된 이중적 의미를 갖는다. 우리가 헤겔과 같이 자기 자신의 활동을

---

41) Ch. Taylor, *Hegel*, Frankfurt a. M. 1983, Kapitel Ⅰ.
42) H. G. Gadamer, *Wahrheit und Methode*, Tübingen 1960.

자기반성적으로 의식하고, 그로써 불변적인 이성구조를 밝혀낼 수 있는 선험적 의식이란 존재하지 않는다는 입장에서 출발한다면, 우리는 우리를 불안하게 만드는 한 가지 사실을 극복해야 한다. 우리는 우리 자신의 기준들에 따라 납득할 만한 근거에 비추어 참이거나 구속력을 갖는 것으로, 유효하거나 가치 있는 것으로 통찰할 수 없는 것은 어느 것도 타당한 것으로 받아들이지 않는데, 바로 이 우리 자신의 기준들은 또한 명백히 하나의 특정한 삶의 형식, 즉 오늘날 전세계에 확산된 근대적 삶의 형식의 완벽한 구성부분이다. 그러나 우리의 기준들이 이 특수한 삶의 형식과 내적으로 결합되어 있다면, 그것들이 이 특수한 삶의 형식의 맥락을 넘어서는 보편적 타당성을 주장할 수 있는가는 결코 확정된 사항이 아니다. 근대적 자기정체성형태에 대한 어떠한 해석학적 확인과 마찬가지로 어떻게 우리와 같이 사회화된 사람들이 지배적인 기준들을 인정하는 것을 배웠는지에 대한 발생론적 설명도 이 의혹을 해소시킬 수 없다.

그러므로 헤겔은 현상학적 반성을, 한 공동체가 자신들이 선호하는 고유한 삶의 형식에 대해 행하는 윤리적 자기이해 확보와는 다른 것으로 이해해야 한다. 그는 우리의 합리성 기준이 — 그것들을 구성부분으로 갖는 근대적 삶의 형식과 함께 — **어느 누구든지** 추체험할 수 있는 **보편적 학습과정**으로부터 생성되어 나온 것임을 보여주어야 한다. 헤겔은 "우리가" 오늘날 유효한 기준들과 오늘날 올바르다고 여겨지는 범주들을 자기 것으로 만드는 것을 배웠던 행로를 정신 **일반**이 이수해야만 했던 의식의 변천의 교육과정으로 재구성한다. 이 필연성은 논리적 필연성이다. 자기 자신에 대해 스스로를 계몽하는 의식이 일정한 도식을 따르기 때문이다. 이 의식은 처음에는 단지 암묵적으로만 알고 있는, 불확실하게 된 세계관의 전제조건들을 명시화하고, 이를 통해 현존하는 갈등과 모순을 제거하는 해방적 의식의 태도를 취함으로써 매 단계마다 새로이 발생하는 인지적 불협화음을 해소한다.

여기까지는 그래도 헤겔의 체계적 사유를 기꺼이 따르려고 하는 이들도, 다음 문제와 관련해서는, 헤겔주의자와 탈(脫)헤겔주의자로 갈리게 된다. 즉 도대체 누가 그 교육과정을 이수하고 현상학적 학습과정을 스스로 경험하는 "우리"인가 하는 문제이다. 독자들이 추체험해야하는 저 정신의 발생사에서 도대체 저 정신은 누구의 정신인가? 이 "우리"는—우리의 논의에 편입되어 있고 적어도 전세계적으로 지배적이된 우리의 합리성기준에 대한 간(間)문화적(*interkulturell*) 논의에 참여하는 모든 이들을 포함한—서양문화의 구성원들인가? 이 해석은 어쨌든 근대의 정신을 반성적 실천의 절차적 특성에서 찾았던, 지금까지선호되었던 엄정한 의미의 간주체주의적 입장과 잘 어울리기는 한다. 아니면 주체로서의 저 세계사적 의식의 변천의 근저에 근대적 사유형식과 삶의 형식을 넘어서는 **초월적** 정신을 부가하는 편이 더 나은가? 그러한 정신은 논의절차와 정당화실천을 **가능하게** 하는 것만으로 완전히 포괄되지는 않을 것이며, 말하자면 우리의 정신이 아닐 것이다. 이경우 근대의 아들과 딸인 우리는 스스로를 보다 포괄적인 과정 속의변수들로 파악해야만 할 것이다.

아직도 여전히 "근거를 제시하고 요구하는"(브랜덤) 우리의 실천을고수하는 우리가 그 이상의 의식전환의 소용돌이 속으로 들어갈 수 있으리라는 단순한 기대만으로 이미 근대정신의 형태변화가 야기될 것이다. 왜냐하면 이 선취된 관점에서 볼 때, 자기비판적 계몽의 근대문화는 **보다 폭넓은** 과정 속의 이행단계로 비칠 것이고, 이 과정의 포괄적주체는 현재 세대들의 반성력이 접근할 수 있는 것보다 더 많은 것을알고, 심지어는 아예 **다른 종류의** 지식을 가지고 있는 것으로 비칠 것이기 때문이다. 하지만 헤겔은 하이데거가 아니며, 전혀 다른 타자에열광하지도 않는다. 그는 철학자들과 "개념적 파악에 대한 내적인 요구의 부름을 받은 적이 있는" 모든 사람들이—우리의 **동료들**(*peers*)의 "예"와 "아니오"를 통해 스스로를 입증해야 하는—간주체적으로 형성된 협소한 정신의 지평을 초월할 수 있으며, "특수하고 우연적인 것 속에서가 아니라 즉자대자적인 것 속에서 주관적 자유를 가지고 존립할 수 있다는" 것을 전적으로 확신한다. 43)

(c) 오늘날 미국의 헤겔 전문가들 중에는 이 형이상학적인 "절대정신" 개념을 긴축(緊縮)시키려는(deflationieren) 경향이 존재한다. 이 개념은 "그것이 한 사람의 자기이해를 결정하는 근거를 제공하는 공동체의 언어적·문화적 실천관행과 사회적으로 제도화된 상호인정구조일 뿐이라는"44) 탈형이상학적 통찰과 조화될 수 있어야 한다는 것이다. 절대정신은 전세계적으로 수행된 종교적·철학적 논의의 간주체적 구조에 의해서가 아니라 오로지 사회적 경계파괴(Entgrenzung)에 의해서, 즉 인간의 얼굴을 한 모든 존재의 완벽한 포용에 의해서만 객관정신과 구별된다는 것이다. 이 해석방식에 따르면 절대정신은 확장되고 세속화된 종교공동체적 신앙심(Gemeindereligiosität)의 영감의 원천과 같은 것이다. "종교는 한 공동체가 자신들의 믿음과 실천의 기초가 되는 다른 모든 것의 '근거'라고 여기는 것에 대해 반성하는 제도화된 사회적 실천형식이다. 종교는 한 공동체에게 — 헤겔식으로 표현하자면 — '즉자대자적으로 존재하는' 것으로 여겨지는 것에 대한 종교공동체적 반성이다."45) 종교적 단계의 절대정신을 형식상 공동의 삶의 형식이라는 객관정신에 동화시키고, 내용상 의견과 행위방식의 정당화라는 인식적 역할로 한정한 후에, 절대 이념으로부터 모든 과도한 것들을 떼어내 버리는 것은 어렵지 않게 된다. 그렇게 되면 절대 이념은 단지 "인류공동체가 자신들이 절대적 원리로 여겨야 할 것을 스스로 정립하는 것은 바로 자신들의 근거제시 활동의 내적 요구조건들을 만들어내

---

43) Hegel, *Rechtsphilosophie*, Vorrede 16〔옮긴이 주: 헤겔, 《법철학 I》, 임석진 역, 지식산업사 1989, 35 참조〕.

44) Pinkard (1994), 252.

45) 같은 책, 222.

270

는 데 있다는 것을 깨닫게 된다"는 것 정도를 의미하게 될 뿐이다. 46)

　이것은 헤겔의 사유를 바로 탈주술화된(entzaubert) 세계의 거주자들에게 그런 대로 체계적으로 이해시킬 수 있을 정도로 그의 사유의 핵심을 이끌어내는 데에는 좋은 전략일 수 있다. 또한 이런 방식으로 탈(脫)헤겔적 사조인 실용주의와 해석학, 언어분석철학과 철학적 인간학을 헤겔 철학 자체에 접목시킬 수 있다. 하지만 헤겔 자신의 전제 하에서 볼 때 절대정신의 간주체주의적 해석은 두 가지 중요한 측면에서 결함이 있다. 첫째, 완벽히 포용적인 공동체의 시각에서 볼 때조차도 우리가 간주체적으로 공유하는 사회적 세계와 우리가 직면하고 있고 그에 대처해야만 하는 객관적 세계 사이에는 매개되지 않은 차이가 여전히 존속한다. 둘째, 마찬가지로 "우리에게" 타당한 것과 "즉자대자적으로" 타당한 것 간의 긴장은 제거될 수 없다. 우리가 보기에 합리적으로 수용가능한 것이 객관적으로 참인 것과 반드시 일치하지는 않는다. 자신의 현재와 과거에 사로잡혀 있는 유한한 정신은, 그것이 아무리 절대적으로 타당한 것의 이념에 따른다고 할지라도, 미래의 보다 나은 지식에 비해서는 여전히 편협한 상태에 머물러 있다.

　간주체성과 객관성 간의 구조적 차이는 두 가지 방향의 결과를 야기하여 탈형이상학적 사유를 객관적 관념론과 분리시킨다. 첫째, 불가항력적인 세속화과정의 후계자인 우리가 외부적 자연과 관련하여 관찰하는 이성의 객관주의를 극복하고 자연의 우연성을 이른바 "안으로부터" 파악할 수 있다고, 즉 관찰가능한 자연과정을 단지 법칙적 가설을 가지고 설명하는 것만이 아니라 비(非)유명론적 방식으로 이해할 수 있다고 기대할 수 있는 권한을 가질 어떠한 근거도 존재하지 않는다. 둘째, 우리는 또한 우리의 언어와 우리의 논의적 실천의 지평을 깨부수고 나와서, 확장가능한 논변공동체의 오류가능한 불편부당성과 탈중심

---

46) 같은 책, 254.

화된 우리-시각을, 최종 지점으로부터 뒤돌아보면서 총체적으로 종결 짓는 절대지(絕對知)의 관점으로 대체할 수도 없다. 물론 우리는 우리의 인식맥락의 한계를 안으로부터 계속해서 확장할 수 있다. 그러나 우리가 〔위에 서서〕 조망할 수 있을 모든 맥락들의 맥락이란 존재하지 않는다. 우리가 최종적 발언권을 가질 것이라고 기대할 수 있는 권한을 부여해주는 것은 아무 것도 없다.

V

(1) 모든 주체를 완전히 포함하는, 이상적으로 확장된 공동체의 집단적 정신 역시 여전히 간주체적 구조의 유한한 특징들을 가질 것이다. 헤겔은 절대정신에 대한 이 긴축주의적 해석방식에 동의할 수 없다. 물론 객관적 관념론의 해석방식에 따르더라도 의식의 변천은 개별 주체들에게서 이루어지며, 현상학적으로 기술된 학습과정을 스스로 경험하는 존재는 바로 사회화된 개인들이다. 그러나 의식의 변천은 오직 자기 자신의 근거를 정립하는 근대 계몽문화의 자기비판적 구성원들에게만 **학습의 과정으로** 현상한다. 그러나 저자 헤겔이 바로 이 독자층을 염두에 두고 의도했던 핵심요지는 다른 것이었다. 즉 그의 계몽된 동시대인들은 "그것에 대한"(*für es*) 시각에서 "우리에 대한"(*für uns*) 시각을 거쳐 "즉자대자적"(*an und für sich*) 시각으로의 계속적인 시각변경을 통해 근대적 의식단계를 넘어서는 결정적 행보를 내딛어야 한다는 것이다. 헤겔이 자신의 서술의 독자로 겨냥하는 이들은 단지 자신들이 **이미 거쳐온** 의식의 변환들을 회고하는 것에 그쳐서는 안 된다. 이들은 **스스로** 단순히 주관적인 모든 것을 압도하는—숙명적으로 민족정신들의 영역을, 즉 간주체적 삶의 형식들의 역사를 관통하는—정신의 힘에 대한 인식으로 전환해야 한다. 이 〔무리한〕 요구는 긴축주의적 해석이 없애려고 시도했던 객관정신과 절대정신 간의 문턱을 표시하는 것이다. 이 문턱을 넘어서는 행보를 통해 헤겔은 정신개념에서 그것이 객관정신의 간주체적 형태들로부터 유래한 흔적들을 지워버린다. 〔헤겔의〕 완숙한 체계에서, 정신의 본질적 규정은 자연에 대한 정신의 우위성을 통해서, 즉 존재론적으로 수행된다. "우리에게 있어(*für uns*) 정신은 자연을 자신의 전제조건으로 가지나, 자연의 진리는, 그리고 이로써 자연의 **절대적 제일자**(第一者)는 바로 정신이다."[47]

우리는 예나 시절의 헤겔의 사유를 추적하였고, 일단 반성철학과의
결별을 낳은 그의 사유의 반(反)정신주의적 특징들을 강조하였다. 내
성(內省)을 통해 개창된 주관성을 거부하는 것이 곧 헤겔이 다른 형태
의 자기반성에 여전히 의지하고 있다는 것을 배제하는 것은 아니었다.
인지적 성취능력의 필수 전제조건의 합리적 재구성, 무의식적 실체화
와 그릇된 자기상(自己像)의 비판, 자기중심적 시각의 탈중심화, 자기
정체성의 확인 — 이 모든 작업들은 정신주의적 자기의식개념에 본질적
인, 자신의 표상들의 표상이라는 의미의 자기성찰과는 전적으로 무관
한 것들이다. 그러나 예나 시절 끝 무렵의 헤겔에게 있어 그가 보다
상위의 지식을 — 즉 자기 자신의 근거를 정립하는 문화의 합리적 논의
에 참여하는 참여자들의 협력적 진리추구로부터 나올 수 있는 모든 지
식보다 범주상 우월한 지식을 — 귀속시킬 수 있는 더 높은 단계의 주
체에 관한 유일하게 가능한 모델은 이 모호한 자기의식의 "자기" 뿐이
었다.

절대정신은, 자연적 진화과정과 세계사적 과정을 관통하여 자신을
실현하는 방식으로, 피히테(Fichte)의 자기 스스로를 "정립하는" 자아
의 "순수행위"(*Tathandlung*)를[48] 구현하고 영속화한다. 자연과 역사를
관통하여 일어나는 이 실현과정을 헤겔은 "스스로를 개념적으로 파악
하는 지식"을 목적으로 하는 대규모의 자기반성으로 파악한다. 이 지
식은 자기 자신을 외화(外化)하는 정신이 스스로를 절대정신으로 실현
하는 모든 단계들을 회상하는 것과 완전히 일치한다. "정신의 이 최종적

47) Hegel, *Enzyklopädie der philosophischen Wissenschaften*, § 381.
48) 옮긴이 주: Tathandlung은 자아가 스스로를 반성적 자아로 정립하는 원초
적 행위를 가리키는 피히테의 개념으로 '사행'(事行)이라고도 번역된다. 이
어색한 조어는 어떠한 '대상'도 정립하지 않는 자아의 순수한 자기정립 행위
그 자체를 뜻한다고 볼 수 있을 어떠한 실마리도 제공하지 않기 때문에 채택
하지 않았다.

274

형태"에 대해 헤겔은 다음과 같이 말한다. 이 정신은 "자신의 완전하고 참된 내용에 동시에 자기 (Selbst) 라는 형식을 부여한다."49) 헤겔은 "실체에서 주체로의" 정신의 자기복귀를 그 자신이 한때 그렇게 설득력 있게 비판한 바 있던 주관성 개념을 가지고 사유한다. 물론 그는 자신이 이전에 정신주의에 대해 행한 비판의 결과를 고려하지 않은 채 이 모델을 도입할 수는 없었다.

이전에 헤겔은 주체와 객체 간의 관계는 인식하고 행위하는 주체 자신으로부터 출발할 수는 없으며, 언어와 노동 및 상호작용의 선행적 구조 속에서 발생한다는 통찰에 도달했다. 내적인 것과 주관성은 외적인 것과 객관성에 대한 우위성을 상실한 것이다. 자재성 (自在性, Bei-sich-Sein) 은 "언제나 이미" 타재성을 통해 매개되어 있다. 자기의식은 각기 타자 속에서만 자기 자신을 인식하는 주체들 간의 상호인정 관계 속에서 형성된다. 주체들이 형성되어 나오는 형성과정 자체는 어떠한 주체도 갖지 않는다. 인식주체의 탈선험화의 역사를 성취시키는 매체들은 본래 탈주체적 주체들이며, 아직은 거대주체의 어떠한 현시도 아니다.

그러나 늦어도 《정신현상학》의 끝 부분에 와서는 헤겔이 의식의 역사의 근저에 다시금 그러한 〔거대〕주체를 상정한다는 것이 명백히 드러난다. 이 주체는 하나이자 전체인 것으로, "자기 외부에는 어떠한 것도 가질 수 없는" 총체성으로 사유된다. 그런 까닭에 절대정신은 그때까지 익명적으로 조종되었던 형성과정을 자기 자신의 발생사로 내면화해야 하고, 그로써 주관성의 우위성을 회복시켜야 한다. 절대정신은 "자기 자신의 타자"를 더 이상 **자기 외부에** 있는 반항적 실재나 동등한 또 다른 자아 (Alter Ego) 라는 제약적 대립물 내지 상대방으로 용인할 수 없고, 단지 ― 자기 자신의 형성사의 소재로 격하시켜서 ― **자기 안에**

---

49) Hegel, *Phänomenologie des Geistes*, 556 〔옮긴이 주: 《정신현상학 II》, 임석진 역, 분도출판사 1982, 394 참조〕.

서 인내할 수 있을 뿐이다. 이로써 "타자에 있음, 즉 타재성"으로부터 타자성(他者性)의 가시가 뽑히고, 낯선 것에 대한—동시에 극복되기도 한—거리라는 계속 유지되었던 긴장이 제거된다. 이제 타자는 과거의 자기외화(自己外化)들에 대한 회상의 형태로 우리와 마주하는 즉 자대자적 자기[소유물](*das an und für sich Eigene*)이다. 헤겔은 이 "타자"를 개념의 운동이 이루어지는 시간 속의 생기(生起)와 동일시하는 반면, 절대적 자기를 시간을 자기 안에 삼켜서, 말하자면, 먹어치워 버리는 개념으로 파악한다. 이로써 이성의 역사성은 그 도발적 성격을 상실한다. 이성의 역사성은, 논리가 다시 전통적인 방식으로 역사에 대해 결국 승리할 때, 적어도 그 날카로움을 잃게 된다. "시간은 현존하는 개념이다. … ; 그런 까닭에 정신은 필연적으로 시간 속에 현상한다. (그러나) 정신은 (단지) 자신의 순수한 개념을 포착하지 못하는 동안에만, 즉 시간을 **지워버리지** 못하는 동안에만 시간 속에 현상한다." [50] 시간 속으로 외화된 정신은 영원한 생성과 소멸 속에서 언제나 자기 자신과 동일하게 존재하는 플라톤적 요소로서 결국 다시금 시간에 대해 승리를 구가한다.

한때 반정신주의적 전회를 증거했던, 언어와 노동 및 상호인정이라는 매체들은 발전된 체계 내에서는 전적으로 사라지거나 변변찮은 위상을 갖게 된다. 언어는 심리적 충동을 표현하는 몸(*Leib*)이라는 발현주의적 몸 모델에 흡수, 통합되게 된다. [51] 왜냐하면 내적인 것을 밖으로 표명하는 표현매체로서의 몸은 자기 자신을 외화하는—이 이화(異化)된 표출들 속에서 스스로를 다시 인식하기 전에 자기 자신을 외화하는—주관성에 대한 정신주의적 표상에 잘 들어맞기 때문이다. **노동**과 **도구**는 주관적 정신에 대한 장의 한 절(節)로 축소된 "정신현상학"(《엔치클로패디》 §§ 413~439)에서 완전히 사라진다. 그것들은 이제

---

50) 같은 책, 559(《정신현상학 II》, 397 참조).
51) *Enzyklopädie* § 411과 §§ 458 ff.

단지 논리적 범주로서의 목적활동에 대한 해명에만 이용될 뿐이다. 52)
인정투쟁은 《엔치클로패디》의 해당 부분에서 다루어지기는 하지만, 상
호인정의 간주체적 구조는 자아와 자기반성에 대한 정신주의적 개념에
서는 더 이상 중요하지 않게 된다. 헤겔은 《논리학》에서 이 개념을 자
아나 순수한 자기의식의 모델에 따라 전개하기 때문이다. 53) 간주체성
은 절대이념의 서술 속에 어떠한 흔적도 남기지 못한 채 주관성에 의
해 밀려나게 된다.

(2) 〔개념들의〕 이러한 위상변경이 왜 일어나게 되었는가를 아주 명
백히 밝혀주는 한 가지 설명이 있다. 간주체적으로 파악된 정신의 "객
관성"이 "주관성"의 이론전략적 역할을 떠맡게 될 탈정신주의적 개념체
계는 헤겔이 자신의 "통일철학"54)으로 처음부터 의도하였던 거창한 주
장을 이행할 수 없었다는 것이다. 헤겔은 항상 철학이 근대적 인간을
사물화된 내적 본성 및 복속된 외적 자연 모두와 화해시키고 사회로부
터의 개인의 소외를 극복하는 과업을 성취할 것을 요구하였다. 그는
〔자신의 잣대에 비추어 볼 때〕 실재론적 방식으로 근대의 양분된 인륜성
을, 결코 상실되어서는 안 될 주관적 자유의 성취를 훼손하지 않으면
서도, 거침없고 손상되지 않은 삶의 흐름의 통일성과 자발성으로 되돌
리고자 하였다. 헤겔이 이러한 의도를 가지고 있었다는 찰스 테일러의
지적은 정당하다. 55) 그러나 탈형이상학적 사유의 상황을 이미 받아들
인 사람이라면 누구라도 이 상투적인 설명에 동요하지 않는다. 사변적
관심은 탈형이상학의 시대에도 그 자체의 가치를 유지한다. 헤겔이 간
주체주의적 입장 자체에서 난점을 발견했다면 우리는 좀더 동요했을

---

52) Hegel, *Logik* Ⅱ, Leipzig 1934, *Teleologie*, 특히 396 ff.
53) 같은 책, 220.
54) D. Henrich, *Hegel im Kontext*, Frankfurt a. M. 1971.
55) Ch. Taylor (1983).

것이다. 혹시 헤겔로 하여금 결국에는 예나 시절에 수용했던 간주체주
의적 노선을 다시 버릴 수밖에 없도록 만든 어떤 내적인 이유가 존재했
는가? 프랑스 대혁명에 대한 비판적 회고는 적어도 탈선험화가 초래할
특정한 귀결을 회피하고자 하는 바램에 거창한 근거를 제공하였다.

다른 동기들을 도외시한다면, 근대적 형태의 "혁명적 실천"(맑스)에
대한 회의는 왜 헤겔이 사회화된 개인들의 주관성을 간주체적으로 형
성된 의식형태들의 반성적 역동성만이 아니라— 오직 절대정신의 견지
에서만 그 이성적 실체가 평가될 수 있는— 보다 견고한 형태의 객관
정신으로 포섭하였는지를 해명해줄 수 있다(a). 그러나 설득력이 거의
없는 이러한 문제해결방안의 근저에 여전히 심각하게 받아들여야 할
문제의 진단이 놓여 있다면, 우리는 적어도 부분적으로나마 절대정신
하에 객관정신을 종속시킬 수밖에 없는 동기를 제공한 문제에 대해서
다른 방식의 해결책을 찾아야 한다. 이 문제는 바로 오늘까지 우파 헤
겔주의를 가만히 놔두지 않는 다음의 문제, 즉 자기 자신의 근거를 정
립하는 문화의 틀 안에서 주체들이 구조적으로 너무 과도한 부담을 요
구받고 있는 것은 아닌가 하는 문제이다(b).

(a) 헤겔은 계몽주의의 문화가 칸트의 이론에서 가장 높은 단계의
도덕적 의식에 도달했다는 것을 확신한다. 그에게 자율성개념은 여전
히 주관적 자유의 결코 상실되어서는 안 될 척도임에도 불구하고, "도
덕적 세계관"을 언제나 인륜적 관계의 안정성을 깨는 원천이기도 하다
고 보았다.[56] 《법철학》의 해당 소절(小節)들에서(§§ 105~156) 헤겔
은 오로지 준칙의 보편화가능성이라는 도덕적 관점만을 지침으로 삼는
보편주의적 의무윤리학이 말하자면 허공에 떠있는 것과 같은 상태에
있다는 것을 보여주었다. 물론 여기서 헤겔이 정말 칸트를 공정하게

---

56) Hegel, *Phänomenologie des Geistes*, 424 ff [옮긴이 주: 《정신현상학 Ⅱ》,
    185 이하].

해석하고자 진력했던 것은 아니며, 누메논적 자아의 탈선험화 이후 오히려 시사하는 바가 더 컸을 보편화원칙의 간주체주의적 해석방식을 성취하기 위해 노력했던 것은 더더욱 아니다. 57) 그러나 윤리학적 형식주의의 과도한 추상화요구에 대한 그의 세 가지 반론은 여전히 주목할 만한 가치가 있다. **첫째,** 윤리학적 형식주의는 도덕적으로 행위하는 인격체들의 실제 동기나 성향을 도외시한다. 도덕적 명령은 행위자들이 사회화과정을 통해 형성한 일정한 선호사항이나 보다 장기적인 욕구성향 및 가치지향과 아무런 문제없이 그냥 일치하지는 않는다. **둘째,** 칸트는 경우에 따라 행위자들이 책임을 져야 하는 복합적인 행위결과의 예측가능성 문제 역시 고려하지 않는다. 일목요연하게 조망할 수 없는 상황에서는 때때로 좋은 의도가 나쁜 결과를 낳는다. **셋째,** 구체적 사례에 보편적 규범을 적용하는 문제에 대한 — 특히 첫눈에 똑같이 적절해 보이는 규범들이 서로 충돌하는 경우에 어떻게 적용해야 하느냐라는 문제에 대한58) — 해결방안이 결여되어 있다.

헤겔의 주장은 추상적 도덕이 개개인들에게 너무 과도한 동기상의 부담과 인지적 부담을 요구한다는 것으로 이해될 수 있다. 이러한 결손사항들은 이 부담을 제도적 차원에서 경감할 것을 요구한다. 주관적 정신이 수행할 수 없는 것은 객관적 정신이 보충해야 한다. 헤겔은 객관화한 인륜성이 "주관적 의견과 의향을 초월하여 존립한다"고 생각한다. 59) 헤겔은 거대한 사회적 제도들에서 주관적 정신의 협소한 지평을 넘어서는 현존하는 이성을 확인한다. 왜냐하면 이 이성은 이념을 이해관계 및 기능과 조율하기 때문이다. 이 이성은 인륜적 권력을 정당화

---

57) J. Habermas, "Treffen Hegels Einwände gegen Kant auch auf die Diskursethik zu?," in: 같은 이, *Erläuterungen zur Diskursethik*, Frankfurt a. M. 1991, 9~30.

58) K. Günther, *Der Sinn für Angemessenheit*, Frankfurt a. M. 1988.

59) Hegel, *Philosophie des Rechts*, Hamburg 1953, § 144.

하는 이념을 사회 구성원들의 이해관계상황 및 분화된 사회의 기능적 요구사항과 조율한다. 제도는 구체적 의무의 선행적 규정과 관철을 통해 과도한 요구를 받고 있는 개인들의 선의(善意)와 지적 능력의 부담을 덜어준다. 반면 개개인들은 그들이 정당한 것이라고 파악하지 않는 어떤 것이라도 수용하지 않을 수 있어야 한다. 근대국가는 "주관성〔주체성〕의 원리를 개인 인격체적 특수성의 극단적 자립성으로 완성되도록 하는 동시에, 이를 다시 실체적 통일성 속으로 복귀시키는 엄청난 힘과 깊이를" 갖는다.[60] 그런 까닭에 헤겔은, 오로지 제도가 ─ 모든 이의 동등한 자유의 실현이라는 기준에 비추어 볼 때 ─ 이성적 형태를 취한다는 것을 유보조건으로 걸어서만, 주관적 정신을 객관적 인륜성 아래 종속시킨다.

헤겔은, 국가가 자신이 철학적으로 발전시킨 국가개념에 대체로 상응한다는 조건 하에서, 강한 제도주의를 선호한다. 그러나 프랑스 대혁명의 동시대인으로서 그는 이 유보조건으로부터 나오는 문제를 알고 있었다. 즉, 아직 〔헌정국가가 성립되지 않아서〕 이미 성립되어 있는 헌정국가의 안정된 궤도를 좇아 수행될 수 없고 오히려 이성적 제도를 창설하는 과제를 해결해야 하는 실천은 어떻게 규정되어야 하는가? 공화주의적 국가공동체의 자유주의적 제도들이 결여되어 있는 상황에서는 일단 법규의 정당화와 실정화(實定化) 및 적용을 위한 포괄적이고 유효한 절차와 실천관행이 먼저 창설되어야 한다. 그런데 헤겔의 견해에 따르면, 이로써 정치적으로 행위하는 주체들은 개인으로서도 그리고 공동체로서도 과도한 부담을 요구받게 된다. 이것은 바로 칸트의 도덕이론에 대한 비판으로부터 나오게 되는 이유들 때문이다.

이는 이성적 제도의 뒷받침 없이는 로베스피에르나 프리스(Fries) 같은 혁명이나 민족운동의 대변자들은 반드시 다시 추상적 도덕의 수

---

60) 같은 책, § 260.

준으로 떨어질 수밖에 없기 때문이다. 이 경우 이들은 누구에게나 도
덕적 행위를 요구할 수 있게 될 상태를 만들어내는 일을 옹호하는 똑똑
한 당파심이 갖는 아포리아에 빠지게 된다. 이들은 이 보다 고차원의
도덕적 목적을 위해서는 전략적으로 행위하고, 불가피한 경우에는 도
덕적 명령의 위반도 감수할 수 있다고 생각한다. 이들은 자신들이 보
기에 좋은 것으로 추정되는 것을 **주관적으로** 선취함으로써 결여된(경우
에 따라서는 성취가 불가능한) ― 모든 이들의 동등한 자유의 유일한 보
장책인 ― **간주체적** 동의를 면제받는다고 믿기 때문에, 이 논변은 이런
종류의 모든 정치가 억압으로, 다른 이들의 이해관계의 침해로, 돌변
할 우려가 있다는 올바르고 핵심적인 통찰을 담고 있다. 헤겔은, "덕
성과 세계의 추세"에 대한 그의 고찰로, 나중에 "혁명윤리"라고 불리게
될 것에 대한 논쟁을 선취하고 있다. 도덕 일반을 목적으로 하는 야심
적인 실천이 덕성의 공포정치(*Tugendterror*)로 돌변한다는 것은 20세기
의 전체주의 정권들에 의해 비극적 방식으로 확증되었다.

　이것이 바로 헤겔이 가진 문제였다. 개인 인격체들이 단순한 도덕적
행위에서조차도 부담의 경감을 필요로 할진대 정치로 고양된, 도덕적
으로 자기지시적인〔자기근거 정립적인〕행위의 경우에는 두말할 나위가
없다. 자기 스스로를 규정하는 자율적 인격체들의 과도한 부담이라는
문제는 국가와 사회의 혁명적 변혁을 통해 새로운 인륜적 토대를 창출
하고자 하는 문화가 자기 스스로에 대해 요구하는 과도한 부담이라는
문제로 첨예화된다. 헤겔은 역사 **전체**가 이성에 복속되어 있다는 확신
을 가지고 이 문제에 대응한다. 정치적으로 행위하는 시민들은, 오로
지 **이들의 의사와는 무관하게** 역사적으로 스스로를 실현하는 이성에 의
해서만, 도덕적 부담을 경감시키는 헌정국가의 제도들을 스스로 창출
해야 하는 부담에서 벗어날 수 있다. 그러나 이것은 객관정신에서 절
대지로의 이행이라는 구성을 요구한다. 이 구성은 근대세계의 인륜적
현실이 우리들의 조력이 없이도 스스로 이성적이 될 것이라는 역사철

학적 확신을 지녀야 한다. 절대정신과 객관정신의 분리는 동시에 이론과 실천의 분리를 초래한다. 이로써 현존 제도가 과연 이성적인가, 그리고 이성적이라면 얼마나 이성적인가에 대한 판단은 이 세계가 어떠해야 하는지에 대한 세계의 교화(教化)에 언제나 너무 늦게 임하는 철학의 사변적 고찰에만 맡겨질 수밖에 없다.

(b) 탈형이상학적 사유의 조건하에서 우리는 더 이상 우리의 판단을 그러한 권위에 맡길 수 없다. 그럼에도 불구하고 오늘날의 헤겔주의자들이 스스로를, 민주주의 정치체제의 자유주의적 제도와 절차를 거의 전세계적으로 관철시킨 역사적 과정의 행복한 후계자로 간주할 때, 이들의 생각이 결국은 옳은 것처럼 보이는 듯하다. 어쨌든 서방세계의 대부분의 시민들은, 적어도 역사적으로 은총 받은 자신들의 지역에서는, 현재 세대들을 이미 성립되어 있는 제도와 절차의 명백한 수익자로 만드는 헌정체제가 현실로 실현되었다는 점에서 자신들이 옳았음이 판명되었다고 생각할 만한 이유를 갖고 있다. 이 민주주의 정치체제의 시민들은, 그들의 사회가 이제 "혁명적으로 전복"되기에는 그 사이 지나치게 복잡해졌다는 이유만으로도, 도덕적으로 모순에 찬, 혁명적 전위의식으로 무장한 모험가들로부터 자유로워졌다. 다른 한편 헤겔의 문제점은 헌정국가의 절차화된 제도들이 시민권의 **실현과정**을 — 헤겔 자신에 따르면 결코 있을 수 없을 — 민주적 자치의 실천을 통해 항구화함으로써 완화되었다.[61]

반성적이 된 헌정국가는 헌법을 〔언제나 실행중인〕 기획(*Projekt*)으로 제도화한다. 이 헌정국가는 법이라는 매체를 통해서 시민의 주관적 의식과 제도의 객관적 정신 간의 긴장을 — 헤겔이 이 둘 다를 절대정신 하에 복속시킴으로써 해결해야 한다고 믿었던 긴장을 — 내적으로 소화한다. 민주적 자치의 실천은 이 긴장을 전적으로 해소하는 것이 아니

---

61) J. Habermas, *Faktizität und Geltung*, Frankfurt a. M. 1992.

라, 단지 헌법적으로 제도화된 공적 의사소통의 역동성으로 변화시킨
다. 헤겔은 ― "개념으로 해방, 승화되지 못한 한낱 추상물의 족쇄"[62]
로 지각하였던 ― 국가의 "개념"과 "눈앞의 현실" 간의 관찰된 차이를,
과도한 부담을 요구받는 개개인의 협소한 주관성의 탓으로 돌릴 수밖
에 없었다. 하지만 오늘날 이 동일한 불협화음은, 정치적 공론장에서,
제도화된 의견다툼과 의사형성의 추진력이 되거나 사회운동의 원동력
이 된다. 사회가 어느 정도의 정치적 행위능력을 갖게 되고 자기 스스
로에게 어느 정도의 영향력을 미칠 수 있는가에 따라서 민주주의 헌법
은 시민들에게 평등한 시민권의 제도화를 계속 진척할 수 있는 **권력을
부여한다.** 물론 민주주의 헌정국가의 절차는, 아무리 유리한 환경에서
효과적으로 제도화되어 있다고 할지라도, 기껏해야 성공에 대한 유력
한 전망의 근거만을 제공할 뿐, 성공 자체를 보장해 주지는 않는다.
그렇지만 이 절차는 근대 주체의 과도한 구조적 부담에 대한 헤겔의
의문에 적어도 하나의 탈형이상학적 답변을 제시한다. 이 절차는 현행
헌법이 규범적으로 기대하는 사회의 자기변혁이라는 근본적(*radikal*)
개혁주의를 가능하게 한다.

　물론 정치적 행위능력의 조건이 충족되어 있어야 한다. 그런데 바로
이 점이 위의 답변에 대해서도 의심을 불러일으킨다. OECD 국가의
시민들은 전후의 특권적인 경제적·사회적 조건하에서 사실상 그들의
현행 헌법질서의 원칙과 **일치하여** 동등한 권리의 동등한 사용가치의 실
현을 위한 사회복지국가적 기획에 적극 참여할 수 있는 기회를 향유하
고 활용했을 수 있다. 그러나 헌법 자체는 구구절절 흠잡을 곳 없이
제정되어 있지만 그것이 단지 극히 선별적으로만 관철된 법질서의 상
징적 외양에 불과한 사회들의 경우,[63] 헤겔의 저 문제는 다른 방식으

---

62) Hegel, *Rechtsphilosophie*, Vorrede, 16〔옮긴이 주:《법철학 I》, 임석진
　　역, 35 참조〕.
63) M. Neves, *Symbolische Konstitutionalisierung*, Berlin 1998; L. F.

로 다시 부각된다. 이런 나라들의 사회적 현실은 〔헌법적〕규범들의
타당성을 부정하고 있으며, 이 규범들의 이행을 위한 실제적 전제조건
과 정치적 의지가 결여되어 있다. 심지어 서방의 정착된 민주주의마저
도 이와 유사한 "브라질화(化)" 경향에 휩쓸려들 수 있다. 이곳에서도
세계화된 시장과, 국민국가의 경계를 넘어서 확장되어야 하지만 그럼
에도 불구하고 민주적 정통성을 유지해야만 하는 정치 사이의 새로운
균형 창출에 실패한다면, 헌법질서의 규범적 실체가 공소화(空疎化) 될
것이기 때문이다. 64)

　여기서 "창출"이라는 신중하지 못한 표현은, 오늘날 민주적 헌정질
서를 가진 국민국가의 과도한 구조적 부담이라는 형태로 새로이 제기
되고 있는, 헤겔의 '과도한 요구'라는 문제를 상기시킨다. 65) 이 문제에
대한 해결책은 오직 평등주의적 보편주의의 제도화된 원칙들이 절호의
역사적 시점에 사회운동의 동기유발의 동력 및 학습능력이 있는 체계
의 지적 능력과 연합함으로써 필요한 추진력을 획득하는 상황에서만
기대될 수 있다. 헤겔 이후, 오류가능성을 인정하게 된 철학자들의 이
성 역시 더 좋은 해답을 알지는 못한다. 현재라는 십자가에 드리워진
장미는66) 탈색되기는 하였으나 아직 시들지는 않았다.

Schwartz, *Die Hoffnung auf radikale Demokratie*, Diss. jur. Frankfurt
a. M.

64) U. Beck, *Was ist Globalisierung?*, Frankfurt a. M. 1997; U. Beck
(Hg.), *Politik der Globalisierung*, Frankfurt a. M. 1998.

65) J. Habermas, *Die postnationale Konstellation*, Frankfurt a. M. 1998.

66) 옮긴이 주: 이 표현은 헤겔의 《법철학》 서문의 유명한 구절 "Die Rose im
Kreuze der Gegenwart"의 인용이다(헤겔, 《법철학 I》, 임석진 역, 35).
여기서 현재라는 '십자가'는 고통스런 현실을, '장미'는 이러한 현실의 극복
에 대한 희망을 상징한다.

진리와 정당화

리처드 로티의 화용론적 전회에 대하여

《야생란과 트로츠키》에서 리처드 로티는 자신의 철학적 성장과정을 낭만적으로 회고한다. 그는 "성장소설" 형식으로 자신의 지적 성장과정을, 야생란의 비상한 아름다움과 속세의 고통으로 찌든 사회의 해방을 단 하나의 그림 속에 융합하고자 하였던 — "현실과 정의를 단 하나의 전망 속에 품어 안고자"(예이츠) 하였던 — 사춘기 소년의 꿈으로부터 점차 멀어져 가는 과정으로 묘사한다. 로티의 신(新)실용주의의 실존적 배경을 형성하는 것은 이론적 욕구와 동시에 심미적 욕구 및 도덕적 욕구를 충족시킬 수 있노라고 사기치는 철학의 허황한 약속에 대한 반란이다. 형이상학은 한때 아름다움 속에서 좋음을 카타르시스적으로 (淨化的으로) 관조하는 수행으로 이끌고자 하였다. 그러나 플라톤과 아리스토텔레스 그리고 토마스 아퀴나스에 열광했던 젊은 로티는, 이론이 약속한, 비(非)일상적인 것의 실재와의 매혹적이면서도 유화적(宥和的)인 접촉이, 혹시 보다 견고한 기도(祈禱)의 형식을 통해서는 몰라도, 철학의 길로는 결코 이루어질 수 없을 것이라는 뼈아픈 경험을 하게 된다. 그뒤 로티는 맥케온(McKeon)과 레오 슈트라우스(Leo Strauss) 그

288

리고 모티머 아들러(Mortimer Adler)의 비방을 받았던, 1940년대 후반의 시카고에서는 아직 완전히 잊혀지지는 않았던 듀이(Dewey)를 상기하게 된다. 일상적 현실의 배후에는 어떠한 고차원적 실재도, 황홀경 속에서 개창될 수 있는 어떠한 즉자적 존재자도 감추어져 있지 않으며, 실천이 어떠한 구원의 전망도 허용하지 않는다는 통찰은 각성한 그를 플라톤적 병마로부터 치유하였다. 물론 이러한 통찰이 어린 시절 뉴저지 서북부의 산에서 본 야생란의 이국적 모습과 황홀한 향기에 대한 기억을 완전히 지울 수는 없었지만 말이다.

대략 이렇게 로티는 지금 우리에게 자신의 책 《우연성, 아이러니, 연대성》[1]에서 개진한 듀이와 하이데거의 이중 지배체제에 대한 견해의 자전적(自傳的) 동기를 설명하고 있다. 기이하게도 이 자전적 서술은 연합적 지배체제의 세 번째 인물인 비트겐슈타인의 특출한 역할에 대해서는 한 마디도 언급하지 않는다. 철학적 도야의 체험에 대한 이 보고는 예일대학교에서의 학창시절이 끝나가고 직업적 철학자로서의 작업이 막 시작될 무렵의 헤겔 읽기와 함께 돌연 중단된다. 실제 스승인 윌프리드 셀라스에게 받은 본격적인 분석철학 수업과 물리주의에 대한 철저한 확신 그리고 젊은 분석철학자로서의 성공적인 경력은 전혀 언급되지 않고 있다. 그러나 이 전통에 대한 상반된 태도만이 — 바로 로티는 오로지 이 전통의 언어로 논변하는 것을 배웠고, 오늘날까지도 이 언어로 자신의 선동적 학설을 탁월하게 전개한다 — 왜 그가 자신의 반플라톤적 전회에 일개인으로서의 로티와 자신의 사적인 철학적 견해의 변천사를 단연 넘어서는 문화비판적 의미를 부여하는지 해명해줄 수 있다.

로티의 신실용주의적 구상의 논증 자체로 논의를 좁히기 전에, 나는

---

1) 옮긴이 주: 로티의 이 저서 *Contingency, Irony, and Solidarity* (Cambridge U. P. 1989)는 김동식과 이유선에 의해 우리말로 번역됐다. 로티 지음, 《우연성, 아이러니, 연대성》, 민음사 1996.

철학함 자체와 결별하고자 하는 철학함의 방식의 계기가 된 동기를 간략히 다루겠다(Ⅰ). 로티는 언어철학적 전회의 화용론적 혁신으로부터 인식에 대한 비(非)실재론적 이해를 얻어낸다(Ⅱ). 그 다음에 나는, 그가 언어학적 전회를 올바른 방식으로 혁신하고 있는지를 검토하기 위해, 맥락주의적 문제제기를 근대 회의론자의 인식론적 회의와 비교한 뒤(Ⅲ), 정합설적 진리개념과 항상 결부되어 있는 문제, 즉 진리와 합리적 수용가능성을 어떻게 구분할 수 있는가라는 문제를 상기시키고자 한다(Ⅳ). 이 문제에 대해서는 견해가 엇갈린다. 로티는 실재론적인 일상적 직관을 희생시키면서 진리를 정당화에 흡수, 통합하고 있는 반면, 다른 사람들은 언어철학적 패러다임 안에 머무르면서도 — 진리문제의 긴축(緊縮, *Deflationierung*)에 의해서든 정당화과정 자체의 이상화를 통해서든 간에 — 이 직관을 고려하려고 시도한다. 한편으로 나는 의미론적 진리개념에 의지하는 긴축주의에 대항하여 화용론적 고찰방식의 타당성을 주장하려 한다(Ⅴ); 다른 한편 나는 이 시각에서 나 자신이 한때 옹호한 바 있는 일종의 진리개념의 인식화(*Epistemisierung*)를 비판할 것이다(Ⅵ). 이를 통해 나는 절대적 진리주장의 해체에 대한 대안을 개진할 것인데(Ⅶ), 저 절대적 진리주장의 해체는 결국 로티로 하여금 불가피하게 언어화된 이성의 의심스러운, 적어도 후속문제들을 걸머진 자연화를 행하도록 만들었다(Ⅷ).

I. 플라톤적 동인에서 나온 반(反)플라톤주의자

리처드 로티는 언제나 해당 사안에 대해 통달해 있고 명민하게 자신의 주장을 펴는 매우 뛰어난 분석철학자 중의 하나이다. 그러나 모든 철학을 청산하려는 철학의 기획은 언어학적 전회를 실용주의적으로 끝까지 밀어붙이고자 하는 계몽된 분석철학자의 자기비판에서 나온 것이라기보다는 분명 환멸에 차서 유명론적 동인에 의해 고무된 형이상학자의 멜랑콜리에서 나온 것이다. (두 종류의) 분석철학이 제1차 세계대전 이전에 한때 신칸트주의가 획득했던 것과 유사한 전 세계적 영향력을 획득했던 1967년에, 로티는 야심만만하면서도 간결한 《언어학적 전회》(The Linguistic Turn)라는 제목 하에 분석철학적 사유의 역사에서 —지금 돌이켜 보건대 분명 그러한— 하나의 분기점을 이루는 독본(讀本)을 편찬한 바 있다. 이 독본에 수록된 글들은 이중의 목표를 겨냥한 것이었다. 이 글들은 승리에 찬 발전과정을 결산함으로써 동시에 그 종말을 예고하려는 것이기도 했다. 어쨌든 편찬자가 이 글들에 주석을 달면서 취했던 메타철학적 거리는, 아직은 찬사의 형식을 취하고는 있지만, 정점에 도달한 정신의 모든 형태는 변증법적으로 몰락할 운명에 처하게 된다는 헤겔적 메시지를 드러내 보인다. 당시 로티는 이제는 "후기분석철학적"(postanalytisch)이라는 이름을 갖게 된 논의의 출발을 알리는 신호탄을 쏘아 올렸던 것이다. 그는 서론에서 분석철학을 과거형으로 바꾸어 놓는 분석철학의 "미래"에 대해 고찰한다. 그는 아직도 꺾이지 않은 정통파에 대항하여, "논변을 통해 논증될 수 있는 철학적 진리가 존재하고 그것을 발견하는 것이 가능하다는" 보편적 근본가정에 대해 한 목소리로 이의를 제기하는 세 입장에 주의를 환기시킨다. 그는 이 반플라톤주의적 입장들을 하이데거와 비트겐슈타인 그리고 (로티가, 당시에 이미, 나중에 듀이의 실용주의에 대해 서술하게 될 것과 유사한 방식으로, 서술하고 있는 프로그램의 소유자인) 바이스만 (Waismann)이라는 이름들과 결부시킨다.

분석철학에 대해 거리를 취하는 이 시각은 이제 **자신의** 전통을 떠나려고 하는 전수자가 갖는 커다란 존경심을 결코 감추지 않는다. "언어 분석철학은 지난 30여 년에 걸쳐 파르메니데스에서 데카르트와 흄을 거쳐 브래들리(Bradley)와 화이트헤드에까지 이르는 철학의 전통 전체를 수세로 몰아넣는 데 성공했다. 이 성공은 전통적 철학자들이 자신들의 문제를 일정한 방식으로 표현할 때 언어를 사용하던 방식에 대한 주의 깊고도 철저한 검토를 통해서 성취되었다. 이 성취는 이 시기를 철학사에서 위대한 시대들 중의 하나로 자리매김 하기에 충분하다."[2] 오로지 분석철학적 논변의 저항하기 어려운 매력만이 로티의 **진정한** 고통이 무엇인지를 밝혀준다. 이 매력은 형이상학이 내건 약속과의 결별을, 분석철학 이후에도 탈형이상학적 사유를 대체할 어떠한 대안도 불가능하게 할 정도로, 돌이킬 수 없는 것으로 만들고 있다. 그럼에도 불구하고 로티는 여전히 아도르노가 《부정변증법》의 말미에서 말하고 있는 것처럼 "형이상학의 추락의 순간에 형이상학과 연대하는"[3] 사유를 추구하고 있다. 로티가 오늘날 선전하고 있는 부자연스러운 아이러니에는 멜랑콜리가 드러난다. "로티의 탈(脫)-철학적 지성인은 진리가 전적으로 그가 그랬으면 하고 바라는 바로 그것이 아니라는 것을 스스로 깨닫고 있기 때문에 아이러니컬한 것이다. 아이러니는 본질적으로 일종의 **진리에 대한** 향수에 의존한다."[4] 아이러니와 진지함 간의, 하이

---

2) R. Rorty, *The Linguistic Turn. Recent Essays in Philosophical Method*, University of Chicago Press, Phoenix Edition 1970, 33.

3) T. W. Adorno, *Negative Dialektik*, Gesammelte Schriften, Bd. 6, Frankfurt a. M. 1973, 400.

4) M. Williams, *Unnatural Doubts*, Princeton U. P., Princeton N. J., 1996, 365 (Fn. 51), 또한 R. Rorty, "Is Derrida a Quasi-Transcendental Philosopher?," *Contemporary Literature*, 1995, 173~200.

데거와 듀이 간의 낭만적 분업도 고통을 멈추게 할 수 없다. 형이상학은 오로지 인식의 언어에만 숙달되어 있어서, 형이상학의 진리주장의 미학화(美學化)는 교양형성을 위한 지적 자산으로서의 전통을 마비시키는 결과를 낳는다. 플라톤의 이론이 우리에게 만나게 해주겠다고 약속했던 이데아의 실재세계는 심미적 경험의 비상한 매력과 동일하지 않다. 한때 매우 강렬한 의미에서 "진리"이고자 하였던 것은 "정신을 고양시키는 것"(das Erhebende)의 방식으로는 보존될 수 없다. 형이상학은 자신의 판단의 구속력과 함께 자신의 내용도 상실한다. 5)

이 딜레마에 직면하게 되면, 로티가 오늘날에도 여전히 저 비길 데 없는, 야생란과 트로츠키의 결합이라는 "가르침"을 조금이나마 철학에 되돌려주기 위하여 — 흥분시키는 동시에 많은 실천적 영향력을 갖는 통찰의 태도를 적어도 모방하기 위하여 — 결국 내딛게 되는 행보가 이해된다. 그러나 철학을 통이 작은 탈형이상학적 사유의 불모성으로부터 해방시키고자 하는 형이상학적 욕구는 이제는 오로지 탈형이상학적 방식으로만 충족될 수 있다. 분석철학과의 결별이 가치를 상실한 형이상학으로 되돌아가는 것일 수는 없다. 그런 까닭에 유일하게 남아 있는 가능성은 철학 전체와의 결별을 극적으로 과장하는 것뿐이다. 결별행위 자체가 충격을 불러일으켜서 삶에 영향을 미칠 수 있을 경우에만, 바로 "철학이 추락하는 순간에" 철학 자체에 단순히 학술적인 수준을 넘어서는 중요성이 주어질 수 있을 것이다. 그러나 분석철학적 방법을 가지고 수행한 분석철학과의 결별이 무엇을 통하여, 이 사유가 자신의 위대한 전통의 광휘 속에서 최후로 빛을 발할 수 있는 방식으로, 중요성을 획득할 것인가? 내가 로티의 자연주의적으로 굴절된, 위대한 철학으로의 동인을 이해한 바에 의하면, 로티는 바로 이 물음에 대해 답하고자 한다.

---

5) Th. McCarthy와 Richard Rorty 간의 의견 교환 참조. *Critical Inquiry* (16), 1990, 355~370; 633~641.

로티는 먼저 분석철학이 스스로가 무가치한 것으로 평가절하한 전통과 본질적인 전제를, 즉 "아직도 발견될 수 있는 철학적 진리가 존재한다는" 확신을 공유하고 있음을 보인다. 그런 다음 그는 하이데거에게서 빌려온 매우 독일적인 이념을 가지고 서양 형이상학의 이 첫째가는 거짓말(proton pseudos)에 극적인 중요성을 부여한다. 이 테제에 따르면, 서양의 세속적 역정은 각기 오직 획기적인 존재이해, 즉 형이상학에 의해 주재(主宰)된 존재이해의 활동공간 안에서만 일어났던 것이 된다. 물론 로티는 분석철학 이후의 탈형이상학적 사유를 더 이상 하이데거처럼 성스러운 "존재의 회념(懷念)"으로 미화할 수는 없다. 그는 형이상학의 역사의 해체를 비트겐슈타인적인 의미에서 긴축적(緊縮的) 진단으로 파악한다. 반플라톤주의는 자신의 지극히 실생활적인 의의를 오로지 자신이 치유해야 할 병증(病症)의 위중함으로부터만 이끌어낸다. 플라톤주의의 본질에 대한 폭로는, 강단철학을 넘어서, 플라톤주의적으로 자기소외된 문화를 겨냥한다. 결별행위가 결국 단순한 부정으로만 그치지 않으려면, 로티는 긴축된 낡은 자기이해를 대체할 수 있는 새로운 자기이해의 시각을 열어야 한다. 이를 위해 그는 플라톤주의적 선입견에 의해 더 이상 왜곡되지 않은 일상적 실천에 대한 시야가 열리도록 듀이의 헤겔주의를 재해석한다. 헤겔처럼 이 "최후의" 철학자들도 다시 한 번 그들의 시대를 사유로 포착한다.

물론 로티는 이러한 메타철학적 숙고만으로는 철학의 자기이해를 변화시킬 수 없다는 것을 잘 안다.[6] 그는 철학 안에서 자신의 생각을 관철시키지 않고서는 철학을 떠날 수 없다. 그리고 로티가 재(再)교육자의 수사학적 역할만을 고집한다면 실제의 그처럼 그렇게 세심하고 예민하며 생산적이고 고무적인 철학자일 리가 없다. 그릇된 자기이해의 진단 역시 이론적 작업이다. 로티는, 자신의 동료들에게 "설득"(über-

---

6) R. Rorty (1970), 39.

zeugen)과 "설복"(*überreden*) 간의 "플라톤적" 구분이 무의미하다는 것을 설득시키기 위해서는, 논변을 제시해야 한다. 그는 분석철학조차도 스스로 그렇게 극복하려고 노력했던 형이상학의 세력권에서 벗어나지 못했다는 것을 분명히 보여주어야 한다.

Ⅱ. 화용론적 전회

로티는 그의 탁월한 연구서인 《자연의 거울》(1979)[7]로 여러 가지 목적을 추구한다. 그는 의식철학의 해체를 수행함으로써 미완의 언어학적 전회를, 우리 문화에 깊이 뿌리내린 플라톤주의적 자기오해가 명백히 드러나도록, 완성시키려고 한다. 나의 의문은 이 두 번째 행보와 관련된 것이다. 로티가 의미론적으로 고정된 입장들에 대해 이의를 제기하면서 정당하게 요구하고 있는 화용론적 전회는 우리에게 반드시 인식에 대한 반실재론적 이해를 강요하는가?

(1) 주체철학의 근본개념 틀은 퍼스에서 비트겐슈타인과 하이데거에 이르기까지 끈질긴 비판을 받아왔다. 로티는 이성비판적 의도에서 인식론의 정신주의적 근본가정들을 폭로하기 위하여 동시대의(누구보다도 셀라스와 콰인 및 데이빗슨의) 논변들을 이용한다. "자기의식"과 "주관성"의 이념은, 인식주체가 비록 직접적으로 대상을 향하지는 않더라도 반성적으로 대상에 대한 자신의 표상을 향하게 되면, 직접적으로 접근가능하고 절대적으로 확실한 체험의 특출한 영역을 개창할 수 있다는 것을 함의한다. 고전적 인식론의 본질적 특징은, 1인칭 인격이 자신의 체험에 대해 특권적 접근통로를 갖는다는 것을 근거로 하는 안과 밖의 구분, 즉 정신과 육체의 이원론이다. 1인칭 인격의 인식적 권위는 다음과 같은 세 가지의 패러다임 형성적 가정에 의존한다.

---

7) 옮긴이 주: 이 책의 원래 제목은 *Philosophy and the Mirror of Nature* (Princeton U. P. 1979)이지만 독일어로는 《자연의 거울》(*Der Spiegel der Natur. Eine Kritik der Philosophie*, Frankfurt a. M. 1981)이란 이름으로 번역되었다. 우리말 번역본은 《철학 그리고 자연의 거울》(박지수 역, 까치 1998)이다.

- 우리는 다른 무엇보다도 우리의 심리적 상태를 더 잘 안다.
- 인식은 본질적으로 대상을 표상하는 방식으로 수행된다.
- 판단의 진리성은 확실성을 보장하는 명증성에 의거한다.

우리의 체험 및 사유내용의 언어적 형식에 대한 분석은 이 가정들에서 이에 상응하는 세 종류의 신화를 찾아낸다. 바로 소여의 신화와 표상적 사유의 신화, 그리고 진리가 확실성이라는 신화이다. 그리고 우리가 지식의 서술 및 의사소통의 매체로서의 언어적 표현을 우회할 수 없다는 것도 밝혀진다. 오직 사적으로만 접근가능하고 공적인 평가나 교정을 불허하는, 해석되지 않은 경험이란 존재하지 않는다. 대상에 대한 앎은 명제적 구조를 갖는 사태에 대한 지식을 위한 충분한 모델이 아니다. 그리고 진리는 비판가능한 진술의 결코 상실될 수 없는 특성이다. 진리는 오직 근거에 의해 정당화될 수 있을 뿐, 표상의 생성을 통해 확증될 수 있는 것이 아니다.

그런데 로티는 이 정신주의 비판과 한 걸음 더 나아간, 언어학적 전회의 혁신이라는 목적을 연결시킨다. 그는 "언어철학으로 칸트와 흄을 모방하는 일을 일단 그만두게 되면 언어철학으로부터 어떤 결과가 나오는지를"[8] 보여주고자 한다. 주체-객체 관계를 단순히 명제-사실 관계로 전이시키는 한, 의미론적 답변들은 정신주의적 문제제기에 사로잡혀 있게 된다. 사태의 서술이 대상의 표상과 마찬가지로 — 서술이나 표상이나 둘 다 영어로는 "representation"이다 — 2항적(二項的) 관계로 파악되는 한, 언어학적 전회는 — 세계에 대한 인식의 메타포인 — "자연의 거울"을 그대로 내버려두게 된다.

로티는 언어철학이 개창한 이론구상의 여지를 철저하게 이용하고자 한다. 퍼스를 따라서 로티는 표상하는 주체와 표상된 객체 간의 2항적 관계를, 해석공동체에 대하여 한 사태의 타당성을 관철시키는 상징적

8) R. Rorty, *Der Spiegel der Natur*, Frankfurt a. M. 1981, 287.

표현의 삼항적 관계로 대체한다. 객관세계는 더 이상 모사(模寫)되어야 할 것이 아니라, 단지 어떤 것에 대해 서로 의사소통하는 의사소통 공동체 구성원들 간의 상호이해과정의 공동의 준거점일 뿐이다. 의사소통된 사실은 의사소통과정과 분리될 수 없으며, 마찬가지로 객관세계의 상정(想定)도 ― 의사소통참여자들의 모든 활동에 항상 선행적으로 전제되어 있는 ― 간주체적으로 공유된 해석지평과 분리될 수 없다. 인식은 더 이상 명제와 사실 간의 대응으로 완전히 포섭되지 않는다. 그 까닭에 철저하게 끝까지 밀어붙인 언어학적 전회에 의해서 비로소 정신주의와 함께 자연의 반영이라는 인식모델도 극복될 수 있다.

(2) 내가 관심을 갖는 문제는 로티가 언어학적 전회의 ― 납득이 가는 ― 화용론적 혁신을 올바른 방식으로 수행하고 있는가라는 문제다. 우리가 인식론적 문제제기를 더 이상 서술의 문법적 형식으로서의 언어가 아니라 언어의 의사소통적 사용과 연관시키면, 그물처럼 연결된 상호작용과 공동의 전통이라는 한 단계 더 높은 차원이 ― 언어 이용자들에 의해 간주체적으로 공유된 생활세계의 공적 공간이 ― 개창된다. 이 확장된 시각은 사회화된 개인들의 인식작용과 이들의 협력과정 및 상호이해과정의 착종을 분명하게 파악할 수 있게 해준다. "사람과 사태 간의 대립설정, 즉 대결 대신에 사람들 간의 대화, 즉 의사소통을 대치시키면, 우리는 자연의 거울을 내던질 수 있게 된다."9) 인식에 관한 "의사소통모델"은, 우리가 세계의 존재자들에 대하여 여과되지 않은, 즉 우리의 상호이해 실천 및 언어적으로 구성된 우리의 생활세계의 맥락과는 독립된 접근통로를 가지고 있지 않다는 통찰의 타당성을 관철시킨다. "우리가 '언어' 혹은 '정신'이라고 부르는 것의 요소들은 우리가 '실재'라고 부르는 것 속에 아주 깊숙이 침투해 있어서, 우리 자

―――――――――
9) Rorty (1981), 191.

신을 마치 '언어에 대해 독립적인' 어떤 것을 '지도 위에 그대로 모사하는 사람'으로 표상하는 기획 자체는 애초부터 치명적 결점을 갖는다."

이 말은 로티에 동의하는 퍼트남의 표현이다.[10] 그러나 로티가 구상하는 것은, 인식의 객관성의 조건은 오직 말한 것에 대한 상호이해의 간주체성의 조건과의 **연관 속에서만** 분석될 수 있다는 것을 강조하는 [퍼트남의] "내적 실재론" [internal realism]과는 다르다. 로티의 견해에 따르면 "실재와 접촉한다는 것"은, ─ 정신주의가 자연의 반영이나 표상과 표상된 것 간의 대응으로 그에 부응하고자 했던 ─ 실재론적 직관이 전적으로 소멸되는 방식으로, "인간 공동체와 접촉한다는 것"의 **개념들로** 번역돼야 한다. 로티가 보기에 객관세계 내의 어떤 것에 대한 재현은 그 방식이 어떻든 모두 위험한 망상이다. 물론 화용론적 전회와 함께 자신의 내면을 들여다보는 1인칭 단수의 인식적 권위가 1인칭 복수에게로, 즉 ─ 각자가 자신의 견해를 그 앞에서 정당화해야 하는 ─ 의사소통공동체의 "우리"에게로 이전되었다는 것은 맞는 말이다. 그러나 이 새로운 권위를 경험주의적으로 해석함으로써 비로소 로티는 "지식"을 우리가 우리의 공동체의 잣대에 따라 각기 "합리적인" 것으로 수용하는 것과 동일시하게 된다.

로크와 흄이 그들의 정신주의적 사유를 경험상의 인격체의 의식과 연관시킨 것처럼, 칸트는 자신의 정신주의적 사유를 인격체 "일반"의 의식과 연관시켰다. 언어분석적 사유도 의사소통공동체 "일반"을 연관의 준거로 삼을 수 있다. 그러나 유명론자인 로티는 경험주의적 전통에 서서 인식적 권위를 "각각의 우리의" 공동체의 익숙한 사회적 실천과 연관시킨다. 그는 "우리의 사회적인 정당화 실천관행 속에서 그러한 실천관행 이상의 것을 보고자"[11] 하는 것은 무의미하다고 생각한

---

10) H. Putnam, *Realism with a Human Face*, Harvard U. P., Cambridge, Mass. 1990, 28; R. Rorty, "Putnam and the Relativist Menace", *The Journal of Philosophy* (XC) Sept. 1993, 443.

다. 로티 스스로 한편으로 화용론적 전회의 맥락주의적 해석 및 인식에 대한 반실재론적 이해와 다른 한편으로 칸트적 분석전략의 거부 사이의 연관관계를 다음과 같이 밝히고 있다. 12) "인식을 자연을 모사하려는 노력이 아니라 대화 실천과 사회적 교류에 의존적인 것으로 고찰하게 됨으로써, 가능한 모든 사회적 실천형식에 대한 비판을 수행하는 더 이상의 어떠한 메타적 실천(Metapraxis)의 가능성도 기대하지 않게 되기를 바란다."13) 로티가 보기에 이러한 형식화용론적 시도는 토대주의로의 복귀일 것이다. 17세기에 주관성과 자기의식이라는 근본개념들은 당시 새로운 물리학에 견줄 만한 새로운 위상을 개척해야만 했던 철학에 정신 혹은 마음이라는 독자적 대상영역과 내성이라는 독자적인 방법을 확보해주었다. 이를 바탕으로 철학은 다른 모든 과학의 토대를 통제하고 정당화하는 근본학문이라는 자기이해를 가질 수 있었다. 그런데 이제 로티는, 언어철학이 인식과 정당화에 대한 맥락주의적 이해를 수용하기를 주저한다면, 언어철학 역시 동일한 토대주의적 자기이해에 사로잡히게 되는 것이라고 주장한다. 언어철학에 대한 보편주의적 입장이 이러한 혐의의 대상이 되는데, 로티는 예를 들어 더밋이나 내가 바로 이런 입장을 갖고 있다고 본다.

---

11) R. Rorty (1981), 422.

12) R. Rorty (1981), 200: 맥락주의적 견해는 "과학과 문화 전반에 대한 철학의 관계에 관한 신칸트주의적 구상을 위협한다. 주장과 행위가 단지 다른 주장과 정합적이어야 할 뿐만 아니라, 나아가 사람들이 말하고 행위하는 것과는 독립적으로 존재하는 어떤 것에 대응하는 것이기도 해야 한다고 말하고 싶어하는 충동은 진정 철학적 충동 그 자체라고 일컬어도 좋을 것이다."

13) R. Rorty (1981), 191.

III. 언어철학적 패러다임 특유의 문제로서의
맥락주의와 회의론

로티가 맥락주의를 언어학적 전회의 완성으로부터 나오는 불가피한 귀결로 간주하는 것은 일면 타당하다. 맥락주의는 언어실천 속에 구현된 이성을 고려할 때에야 등장할 수 있는 문제를 가리키는 말이기 때문이다. 그러나 로티가 동시에 맥락주의를 이 문제의 해결방안으로 이해하는 것은 잘못된 것이다. 이러한 견해는, 내 생각이 옳다면, 철학적 패러다임들에 대한 문제성 있는 이해에서 기인한다.

로티 역시 (예를 들어 아펠이나 투겐트하르트처럼) 철학사를 세 패러다임의 연속으로 바라본다. 이를 로티는 형이상학, 인식론 그리고 언어철학이라 칭한다.[14] 그런데 언어철학의 정신주의와의 결별은 단지 마지못해 한 반 토막의 결별이었다. 그래서 로티는 언어학적 전회의 철저한 완성은 오직 철학 자체를 넘어서는 이성비판의 형태로만 이루어질 수 있다고 믿는다. 그의 책 《자연의 거울》의 부제도 바로 "철학 자체의 비판"이다.[15] 한 패러다임에서 그 다음 패러다임으로의 도약과 함께 단지 문제들만 바뀌는 것이 아니라, 바로 문제제기 방식도 바뀐다. "고·중세 철학의 관심사는 사물이었고, 17세기 철학의 관심사는 관념이었으며, 계몽된 우리시대의 관심사는 말이라는 도식은 상당한 설득력을 갖기는 한다. 하지만 이 패러다임의 연속이 무엇이 일차적인 것내지는 토대인가에 대한 세 가지 대립적인 견해를 나타내는 것이라고 믿어서는 안 된다. 아리스토텔레스는 관념과 언어가 사물의 개념체계를 통해 가장 잘 설명될 수 있다고 믿었던 반면, 데카르트와 러셀은

---

14) 이에 대해서는 H. Schnädelbach, "Art. Philosophie," in: E. Martens, H. Schnädelbach, *Grundkurs Philosophie*, Heidelberg 1985, 37~76 참조.

15) 옮긴이 주: 이것은 《자연의 거울》의 독일어 번역본의 부제이다.

이 설명의 방향을 바꿨다고 하는 것은 타당하지 않다. 오히려 아리스토텔레스는 인식론을 가지고 있지 않았을 뿐만 아니라 그에 대한 욕구도 없었고, 데카르트와 로크는 어떠한 의미이론도 가지고 있지 않았다고 하는 편이 더 옳을 것이다. 아리스토텔레스의 말들은 로크의 물음들에 대한 좋은 답도 나쁜 답도 될 수 없으며, 마찬가지로 로크의 언어에 대한 언급들 역시 프레게의 물음들에 대한 어떠한 답도 주지 않는다.”16) 이 **불연속성**이 의미하는 바는, 철학적 문제는 올바른 답변을 통해 해결되는 게 아니라, 통용가치를 잃고 나면 폐기된다는 것이다. 그리고 이는 바로 인식의 객관성 문제에도 해당된다는 것이다.

정신주의적 견해에 따르면, 표상하는 주체가 올바른 방식으로 자신의 대상과의 지시연관관계를 설정할 때 객관성이 확보된다. 이 주체는 객관세계에 비추어 자신의 표상의 주관성을 검증한다. “‘주관적’이란 개념의 반대말은 ‘외부에 존재하는 것에 대응하는’이며, 따라서 ‘단지 여기 내 안에서 일어나는 것의 산물이다’라는 정도의 의미를 갖는다.”17) 언어철학적 견해에 따르면, 의견의 주관성은 더 이상 직접적으로 세계와의 대면을 통해 검증되는 것이 아니라, 의사소통공동체 안에서 성취된 공적인 합의를 통해 검증된다. “‘주관적’ 생각은 이성적인 대화상대에 의해 마땅히 무시 … 되는 생각이다.”18) 이로써 상호이해의 간주체성이 경험의 객관성을 대체하게 된다. 언어-세계 관계는 화자와 청자 간의 의사소통에 의존하게 된다. 어떤 것에 대한 표상이나 그에 관한 진술의 수직적 세계연관은 의사소통참여자의 수평적 상호관계로 반전(反轉)된다. 주체들이 다함께 거주하는 생활세계의 간주체성이 고독한 주체가 홀로 대면하고 있는 세계의 객관성을 밀어내버리는 것이다. “실용주의자들의 경우 객관성에 대한 욕구는 자신의 공동체의 제

16) R. Rorty (1981), 289.
17) R. Rorty (1981), 368.
18) 같은 책, 같은 곳.

302

약을 벗어나고자 하는 욕구가 아니라, 단순히 가능한 한 가장 광범위
한 간주체적 합의에 도달하고자 하는 욕구이다."19) 이로써 로티가 말
하고자 하는 바는 저 패러다임 변동이 인식론적 문제 자체를 끝장내는
방식으로 시각을 변화시킨다는 것이다.

이 반실재론이 나오게 된 원인인 언어학적 전회에 대한 맥락주의적
이해는, 지속적인 주제들과 패러다임들을 넘어서는 학습과정 모두를
배제하는 패러다임 변동개념에서 연원한다. 사실 우리가 패러다임들을
비교할 때 동원하는 개념들은 해석학적 출발상황을 반영하며, 이로써
비교하고 있는 우리 자신의 패러다임을 반영한다. 로티가 패러다임 비
교를 위해 객관성과 주관성 및 간주체성의 연관틀을 선택한 것은, 우
리가 지금 마찬가지로 정신주의의 언어학적 전회를 기술하고 있는 바
로 그 근본개념적 시각에서 나온 것이다. 반면 이 기술이 통약불가능
한 패러다임들의 우연적 연속이라는 구상과 자연스럽게 조화되는 것은
아니다. 오히려 후속 패러다임은 선행 패러다임이 무효화되면서 남겨
놓은 문제에 대한 답이다. 패러다임들은 로티가 생각하듯이 그렇게 우
연적인 순서를 형성하는 것이 아니라, 변증법적 상호연관관계 속에 들
어있다.

유명론은 사물로부터 내적 본성 내지는 본질을 박탈하였고, 보편개
념이 유한한 정신의 구성물임을 천명하였다. 그 이후로 사유를 통한
존재자의 포착은 존재자 자체의 개념적 구조에 근거하는 토대를 상실
했다. 정신과 자연의 대응은 더 이상 존재의 관계로 파악될 수 없었
고, 논리학의 규칙은 더 이상 실재적 현실의 법칙을 반영하는 것이 아
니었다. 이 도전에 대하여 정신주의는 — 로티에게는 실례되는 말이지
만 — 설명방향을 뒤바꾸는 것으로 응답하였다. 인식주체는, 실격한 자
연으로부터 더 이상 인식의 잣대를 빌려올 수 없게 되어, 반성적으로

19) R. Rorty, *Solidarität oder Objektivität?*, Stuttgart 1988, 14 f.

개창된 주관성 자체로부터 이 잣대를 얻어내야 했다. 자연의 질서 속에 객관적으로 구현된 이성이 주관적 정신 속으로 물러나게 된 것이다. 이로써 세계의 즉자성(卽自性, *das Ansich*)은 주체인 우리에게 주어진 세계의 — 표상된 혹은 **현상하는** 대상들의 세계의 — 객관성으로 바뀌게 된다. 그때까지는 즉자적 세계의 구조가 사유와 실재의 대응을 — 참인 판단을 — 가능하게 하였던 반면, 이제 판단의 진리성은 그 판단이 명증적 체험의 확실성에서 나왔는가에 따라 판정하게 되었다. 표상적 사유는 그것이 현상하는 세계를 포착하는 한에서 객관적 인식을 낳게 된다.

주관성 개념으로 안과 밖의 이원론이 도입되는데, 이 이원론은 인간 정신에게 안과 밖의 간극을 넘어서야 하는 난감한 과제를 부여하는 듯이 보였다. 이로써 근대적 형태의 회의론이 만개하게 되었다. 자아의 절대적 확실성의 근거인 각각의 '나'의 체험이 갖는 사적 성격은 동시에 우리에게 현상하는 세계가 단지 망상에 불과하지 않을까라는 의심의 토대를 제공하였다. 이 회의는 정신주의의 패러다임적 근본개념들에 뿌리박고 있다. 이 회의는 동시에 존재론적 패러다임의 밑천이었던 — 판단의 진리성이 실재 자체에 근거한, 실재와의 대응에 의해 보장되었던 — 안도감을 주던 직관에 대한 기억을 다시 불러내었다. 패러다임 변동에도 불구하고, 〔망상을 유발하는〕 암시적 힘을 결코 상실하지 않은 채 "여전히 남게 된" 이 직관은, 우리의 체험의 명증성으로부터 표상과 대상 간의 일치가 발생론적으로 논증가능한 것인가 그리고 가능하다면 어떻게 논증가능한 것인가라는 새로운 회의론적 문제와 결합되었다. 그리고 바로 이 문제에 의해서 비로소 관념론과 경험론 간의 인식론 논쟁이 불붙게 되었다.[20] 그러나 이 계보학에 비추어 보면 —

---

20) 오직 경험론자들만이 "외부에 존재하는 것에 대응하는"(로티) 경험을 기꺼이 "객관적"이라고 부를 용의를 가지고 있었던 반면, 선험적 관념론자들은 경험의 객관성마저도 경험가능성의 필수적인 주관적 조건으로 환원하였다.

그리고 이것이 바로 내가 중요하게 생각하는 요점인데 — 맥락주의는, 마치 회의론이 정신주의의 근본개념들 속에 이미 들어있는 것처럼, 언어철학적 패러다임의 근본개념들 속에 이미 들어있음이 드러난다. 그리고 선행 패러다임들로부터 여전히 남게 된 혹은 떨어지지 않고 달라붙어 있는 진리직관들은 다시금 이 문제의 첨예화를 초래하게 된다.

중세 말의 보편논쟁이 객관적 이성의 무효화에 기여했던 것처럼, 19세기 말에 이루어진 내성과 심리학주의에 대한 비판은 주관적 이성의 동요에 기여하였다. 이성이 인식주체의 의식으로부터 행위주체들이 상호 의사소통하는 매체인 언어로 이동하게 됨으로써, 설명방향은 다시 한 번 바뀐다. 인식적 권위는 경험의 객관성의 잣대를 자기 자신으로부터 끄집어내는 인식주체로부터 언어공동체의 정당화실천으로 옮겨간다. 그전까지는 의견의 간주체적 타당성이 사유내용이나 표상들의 사후적 일치로부터 나왔다. 그리고 간(間)인격적 합의는 참인 판단의 존재론적 근거나 인식주체들의 공통된 심리학적 내지는 선험적 능력으로 설명되었다. 그러나 언어학적 전회 이후에는 모든 설명이 공동의 언어의 우선성으로부터 출발한다. 객관세계의 상태와 사건에 대한 기술은, 주체만이 특권적으로 접근가능한 주관적 체험에 대한 자기서술과 마찬가지로, 공동의 언어에 대한 해석적 사용에 의존적이다. 그런 까닭에 "간주체적"이란 표현은 더 이상 상이한 사람들의 사유내용이나 표상들의 일치에 대한 관찰의 결과와 관련된 것이 아니라, — 의사소통공동체의 구성원들이 세계 내의 어떤 것에 대해 서로 의사소통하기 전에 이미 그 안에 들어있는 — 언어적 선이해나 생활세계적 지평의 선행적인, 참여자 자신들의 시각에서 전제된, 공통성과 관련된다. 공유된 의견의 간주체성이 (언제나 이미 해석된) 실재와의 대면에 대해 갖는 이 우위성으로부터 마침내 회의론의 인식론적 의심과 혼동되어서는 안 되는 맥락주의적 문제제기가 나오게 된다.

화용론적 전회는 우리의 기술(記述)과는 독립적인 세계의 존재에 대한 어떠한 의심의 여지도 남기지 않는다. 오히려 퍼스에서 비트겐슈타인에 이르기까지 비생산적으로 공회전 하는 데카르트적 회의를 수행적 자기모순이라고 거부하였다. "모든 것을 의심하고자 하는 사람은 결코 의심에 이르지도 못할 것이다. 의심하기(Zweifeln)의 놀이 자체는 이미 확실성을 전제하고 있다."[21] 다른 한편 모든 지식은 오류가능하며, 의문시될 경우에는 논증되어야 한다. 인식의 객관성의 잣대가 사적 확실성에서 공적인 정당성 실천으로 이전되는 즉시, "진리"는 삼항적(三項的)인 타당성 개념이 된다. 원칙적으로 오류가능한 진술의 타당성(Gültigkeit)은 공중을 향하여 논증된 타당성(Geltung, 효력)으로 입증된다.[22] 그리고 언어철학적 패러다임에서 진리는 단지 합리적으로 수용가능한 것의 형태로만 접근가능하기 때문에, 이제는 그럼에도 불구하고 도대체 어떻게 진술의 진리성이 그것의 정당화의 맥락으로부터 분리될 수 있겠는가라는 물음이 제기된다. 이 문제로 인한 불안은 낡은 진리직관들을 다시 불러낸다. 이 불안은 사유와 실재의 대응이나 실재와의 감각적으로 확실한 접촉에 대한 기억을 불러일으키는 것이다. 이제 인기는 떨어졌으나 여전히 〔망상을 불러일으키는〕 암시력을 갖고 있는 이 생각들이, 바로 어떻게 우리가 정당화된 의견들의 언어적 지평을 초월할 수 없다는 사실이 참인 진술이 사실에 상응한다는 직관과 조화될 수 있을 것인가라는 문제의 배후에 숨어 있다. 오늘날의 합리성 논쟁이 진리개념과 지시개념을 둘러싸고 벌어지고 있는 것은 결코 우연이 아니다.[23]

21) L. Wittgenstein, *Über Gewißheit*, § 115.
22) H. Schnädelbach, "Thesen über Geltung und Wahrheit," in: 같은 이, *Zur Rehabilitierung des animal rationale*, Frankfurt a. M. 1992, 104~115.
23) 로티의 입장에 대한 비판과 관련하여 나는 아래에 이어지는 글에서는 진리 문제에만 국한할 것이다. 다만 나는 학습과정의 가능성에 대한 해명은, 상이한 기술들 하에서 존재자들을 동일한 존재자들로 알아 볼 수 있는 능력에

회의론이 단순히 존재를 가상에 흡수, 통합시키는 것이 아니라, 우리가 양자를 설득력 있게 분리시킬 수 있는 능력을 가지고 있지 않다는 데 대한 불안의 표현이듯이, 마찬가지로 올바로 이해된 맥락주의도 진리를 정당화된 주장가능성에 흡수, 통합시키지 않는다. 오히려 맥락주의는 이것들 중 각기 하나를 다른 하나에 흡수, 통합해야만 할 경우에 생겨나게 될 당혹감의 표현이다. 맥락주의는 문화상대주의가 수행적 자기모순을 범함으로써 그릇된 해결책을 제시하게 되는 문제 하나를 자각하게 만든다.

대한 해명이 없이는, 불가능하다는 점만을 지적하겠다.

IV. 진리와 정당화

세계 내의 상태와 사건에 대한 기초적인 진술의 이해에 있어서조차
언어와 실재는 우리로서는 **분리불가능한** 방식으로 상호 침투되어 있다.
진술을 참으로 만드는 실재의 제약조건을, 이 진리조건을 확정하는 의
미론적 규칙들로부터 분리시킬 수 있는 어떤 자명한 가능성도 존재하
지 않는다. 우리는 오로지 사실진술의 진리성 덕분에 무엇이 사실인가
를 해명할 수 있고, 오로지 참인 것의 개념적 파악을 통해서만 무엇이
실재하는 것인가를 해명할 수 있다. 투겐트하트가 말하듯이 '-임/있음'
(*Sein*, 존재) 은 '진리표현적 -임/있음'이다. [24] 그리고 의견이나 명제의
진리성은 다시금 오로지 다른 의견과 명제를 통해서만 논증될 수 있기
때문에, 우리는 언어의 세력권을 벗어날 수 없다. 이러한 사정은 반
(反) 토대주의적 인식개념과 전체론적 정당화개념이 옳다는 것을 시사
하는 듯하다. 우리는, 우리의 명제를 그 자체 이미 언어적으로 삼투되
어 있지 않은 어떠한 것과도 대질시킬 수 없기 때문에, **제 스스로** 자신
을 정당화하고 일직선적 논증고리의 토대로 사용될 수 있는 방식으로
특권화된 어떠한 특출한 토대명제도 가질 수 없다. 로티는 정당하게
"어떤 것을 정당화라고 간주하는 것은 오직 우리가 이미 수용한 다른
어떤 것과 관련해서만 가능하다"고 강조하고, 이로부터 "우리는 우리의
언어와 의견 밖으로 벗어나는 것으로는 우리의 주장들의 정합성기준과
무관한 독립적 검증기준에 도달할 수 없다"는 결론을 이끌어낸다. [25]

24) E. Tugendhat, *Einführung in die sprachanalytische Philosophie*, Frankfurt
a. M. 1976, 60 ff.
옮긴이 주: '진리표현적 -임/있음'에 대해서는 이 책의 서론의 옮긴이 주
55) 참조.
25) Rorty (1981), 199 f.

하지만 이것은 우리의 의견들의 정합성이 — 중심문제로 부각된 — 진리개념의 의미를 해명하는 데 충분하다는 것을 의미하지는 않는다. 물론 언어철학적 패러다임 내에서 진술의 진리성은 더 이상 세계 속의 어떤 것과의 대응으로 파악될 수 없다. 만약 그렇다면 우리는 언어를 통해 "언어 밖으로 벗어날" 수 있어야 할 것이기 때문이다. 우리가 언어적 표현을 해석되지 않은 혹은 "적나라한" 실재의 한 조각과 — 즉 언어에 사로잡혀 있는 우리의 감독의 눈길을 벗어나는 지시대상과 — 비교할 수 없다는 것은 명백하다. 26) 그러나 대응개념은 적어도 진리술어가 갖는 의미의 본질적 측면에 타당한 고려를 할 수 있었다. 그런데 이 절대적 타당성이라는 측면은, 한 진술의 진리성이 다른 진술들과의 정합성이나 혹은 상호연관된 주장들의 체계 내에서의 정당화된 주장가능성으로 파악되면, 무시되게 된다. 잘 정당화된 주장은 그릇된 것으로 판명될 수도 있는 반면, 우리는 진리를 진술의 "결코 상실될 수 없는" 특성으로 이해한다. 정합성은, 이 경우에는 이 잣대를 따르고 저 경우에는 다른 잣대를 따르는 정당화실천에 의존적이다. 그렇기 때문에 다음과 같은 물음이 제기된다. "왜 우리의 믿음들이 상호 연관되어 있다는 사실은, 그것들이 정말 그렇다고 할 경우에도, 그것들이 참이라는 징후를 조금도 제공하지 않는가?"27)

진리술어의 "경고적" 사용은28) 우리가 진술의 진리성에 우리가 가진 모든 명증성을 넘어서는 절대적 주장을 결부시킨다는 점을 보여준다.

---

26) M. Williams (1996), 232 참조: "우리는 단지 이러한 비교가 의지하고 있는 사실의 '직접적' 포착이 명제적 내용을 지닌 인지적 상태로 간주되는지 아닌지 만을 묻기만 하면 된다. 만약 아니라면 그것은 검증에 어떠한 영향도 미칠 수 없다. 그러나 만약 그렇다면 우리에게 주어진 것이라고는 오직 또 다른 종류의 믿음일 뿐이다."

27) M. Williams (1996), 267.

28) R. Rorty, "Pragmatism, Davidson and Truth," in: E. Lepore (Hg.), *Truth and Interpretation*, London 1986, 343.

제 5 장 진리와 정당화 / 309

다른 한편 우리가 우리의 정당화맥락 속에서 그 타당성을 관철시키는 명증적 근거들은 우리에게 진리주장의 **권한을 부여하기에** 충분해야 한다. 진리가 정합성과 정당화된 주장가능성으로 환원될 수는 없지만, 진리와 정당화 간의 내적 연관관계는 있어야 한다. 그렇지 않다면, 진리가 성공개념도 아니고 한 진술이 얼마나 잘 정당화될 수 있는지와 무관함에도 불구하고, 어떻게 우리의 잣대에 비추어 볼 때 'p'에 대한 성공적인 정당화가 'p'의 진리성을 뒷받침하는 것으로 설명될 수 있겠는가? 마이클 윌리엄스(Michael Williams)는 이 문제를 똑같이 설득력을 갖는 두 생각 간의 충돌로 묘사하고 있다. "이 두 생각은 첫째, 우리가 객관세계에 대한 지식을 가질 수 있다면, 우리가 세계에 대해 믿는 바의 진리 여부는 그에 대한 우리의 믿음과는 무관한 것이어야 한다는 것이고, 둘째, 정당화는 불가피하게 믿음들을 다른 믿음들을 가지고 뒷받침하는 문제라는 것, 그리하여 이러한 최소의미에서의 정합성의 문제라는 것이다."[29] 이로부터 다음과 같은 맥락주의적 문제가 나오게 된다. "단지 우리가 세계에 대해 믿는 바에 대한 지식과 우리의 믿음들이 얼마나 서로 잘 들어맞는지에 대한 지식만이 주어져 있다고 할 때, 우리는 이 믿음들이 참일 가능성이 높다는 것을 어떻게 입증할 수 있는가?"[30]

하지만 이 문제는 **회의론적으로** 이해되어서는 안 된다. 왜냐하면 우리가 사회화된 개인들로서 언제나 이미 언어적으로 개창된 우리의 생활세계적 지평 속에 들어있다는 구상은 세계의 접근가능성에 대한 총체적 회의를 무의미한 것으로 만드는, 간주체적으로 공유되고 실천적으로 입증된 믿음들이라는 의문시되지 않는 배경을 함축하기 때문이다. 우리가 "결코 벗어날 수 없는" 언어는 외부의 표상가능한 대상들의 세계로부터 마치 단절되어 있는 듯한 표상하는 주체의 내면성과 유사

---

29) M. Williams (1996), 266.
30) 같은 글, 249.

한 것으로 이해되어서는 안 된다. 논증가능성과 진리 간의 규명되어야
할 관계는 〔주체의〕 내부와 외부 사이의 어떠한 간극도, 반드시 극복되
어야만 할— 우리 세계 전체가 혹시 망상이 아닌가 하는 회의론적 문
제를 야기할 수 있을— 어떠한 이원론도 암시하고 있지 않다. 화용론
적 전회는 이러한 회의의 기반을 박탈한다. 이유는 간단하다. 일상적
실천에서 우리의 언어사용은 반드시 행위로서 이루어지기 때문이다.
언설(言說, 말) 자체는 발화행위의 방식으로 수행되며, 발화행위는 상
호작용의 연관관계 속에 편입되어 있고 도구적 행위와 착종되어 있다.
우리는 행위하는 주체, 즉 상호작용하고 개입하는 주체로서 우리의 진
술대상이 될 수 있는 사물들과 이미 접촉하고 있다. 말놀이와 실천관
행은 상호 착종되어 있는 것이다. "우리는 언젠가는 … 문장들의 (그리
고 텍스트들의) 영역을 떠나야 하며, (가령 술어 사용의 경우) 행위와
경험에서의 일치를 고려해야 한다."31) 우리는 "언제나 이미 사상(事
象)들에 존재한다"는 후설의 현상학적 소견의 타당성은 언어철학적 견
지에서 입증된다.

그런 까닭에 왜 우리가 확보가능한 명증적 근거들에 비추어 정당화
를 넘어서는 절대적 진리주장을 제기할 수 있는가를 해명해주는, 정당
화와 진리 간의 내적 연관관계에 대한 물음은 인식론적 물음이 아니
다. 문제는 존재냐 가상(假象)이냐가 아니다. 여기서 문제가 되는 것
은 실재의 올바른 재현이 아니라, 결코 와해되어서는 안 되는 실천이
다. 맥락주의적 불안감은 말놀이와 실천관행의 순조로운 작용에 대한
염려의 무의식적 표현이다. 의사소통참여자들이 유일한 객관세계를 지
시의 준거점으로 삼을 수 없고, 그로써 단순히 주관적인 모든 것과 뚜
렷이 구분될 수 있는, 간주체적으로 공유된 공적 공간을 안정시킬 수
없다면, 상호이해는 작동될 수 없다.32) 우리의 기술과는 독립적인 객

---

31) F. Kambartel, "Universalität, richtig verstanden," *Dtsch. Z. Philos.* (44),
1996, 249.

관세계의 상정은 우리의 협력과정과 상호이해과정의 필수적 작동조건
을 충족시킨다. 이 객관세계를 상정하지 않는다면, 단순한 의견과 무
조건적 지식 간의 (어느 면에서) 플라톤적인 구분에 의존하고 있는 실
천은 와해될 것이다.[33] 우리가 이 구분을 결코 행할 수 없다는 것이
밝혀지게 된다면, 그 결과는 망상적인 세계이해라기보다는 〔우리〕 자
신에 대한 병리적인 오해일 것이다. 회의론이 인식론적 오류에 대한
의심으로 가득 찬 추정인 반면, 맥락주의는 우리식의 생활방식의 구조
적 결함에 대한 추정이다.

따라서 맥락주의는, 우리가 원칙적으로 '진리'와 '참이라고 간주한
것'을 구분할 수 있다는 직관이 언어철학적 패러다임 속에 과연 다시
수용될 수 있겠는가, 그리고 수용될 수 있다면 어떻게 수용될 수 있겠
는가라는 물음을 제기한다. 이 "실재론적" 직관은 인식론적 의미의 "실
재론적" 직관이 아니다. 이 문제에 대해서는 실용주의 진영 내부에서
도 견해가 엇갈린다. 이 견해들 중 일부는 실재론적인 일상적 직관을
―그리고 이 직관이 보여주는 정합성과 진리 간의 내적 연관관계를―
진지하게 받아들일 정도로 실용주의적 태도를 취하는 반면, 다른 일부
는 이 내적 연관관계의 해명 시도를 무망한 것으로 간주하고, 일상의
실재론을 착각으로 취급한다. 로티는 이 착각을 수사학적으로 퇴치하
고자 하며, **재교육**(Umerziehung)을 주장한다. 객관성에 대한 욕구를
연대에 대한 욕구로 대체하고, 윌리엄 제임스를 따라서 "진리"를 다름

---

32) 이런 이유로 나는 행위이론적 맥락 속에서 하나의 객관세계의 문법적 상정
   이라는 형식화용론적 개념을 도입하였다. J. Habermas, *Theorie des kom-
   munikativen Handelns*, Frankfurt a. M. 1981, Bd. 1, 114~151과 Bd. 2,
   183 ff. 참조.

33) M. Williams (1996), 238 참조: "'어떤 식으로든 존재하는 것'으로서의 객
   관세계 개념이 함축하는 것은 단지, 어떤 객관적 명제가 참이라는 것과 우
   리가 그것을 참이라고 믿는 것, 혹은 그것을 참이라고 믿는 것이 정당화되
   어 있다는 것은 서로 전혀 무관한 것이라는 것이다."

312

아닌 서구문화 혹은 서방사회의 자유주의적 구성원인 "우리"가 믿어서
좋은 것으로 이해하는 데 익숙해져야 한다는 것이다. "(실용주의자들
은) 스스로를 자신들의 공동체의 상식, 즉 그리스 형이상학과 가부장
적 일신교로부터 많은 영향을 받은 상식 간의 접점에서 작업하는 사람
이라고 생각해야 한다. … 그들은 스스로를 자신들의 공동체의 수사학
과 상식 및 자기상(自己像)을 변화시키기 위한 장기적 시도에 종사하
는 사람이라고 생각해야 한다."34)

　　나는, 이 제안에 대해 논의하기 전에, 다른 대안들이 과연 로티가
생각하듯이 그렇게 무망한 것들인지를 검토하고자 한다. 우리의 맥락
에서 성공적인 정당화가 정당화된 진술의 맥락독립적인 진리성을 뒷받
침한다는 데 대한 설득력 있는 설명은 정말 존재하지 않는가? 나의 관
심을 끄는 설명시도는 특히 다음의 두 시도이다. 즉 하나는 "진리" 자
체가 해명되어야 할 어떤 본질을 갖고 있다는 것을 부인하는 긴축주의
적 설명시도이고, 다른 하나는 정당화된 주장 개념을, 진리가 정당화
과정의 극한치(極限値)가 될 정도로, 과도하게 팽창시키는 인식적 설
명시도이다. 그런데 긴축주의는 진리개념을 단지 실재론적 직관을 아
직 유지할 수 있을 정도까지만 탈(脫) 주제화할 수 있는 반면, 인식적
개념구상은 정당화조건을 단지 이 팽창적 논변이 아직 "우리의" 실천범
위를 벗어나지 않도록 하는 정도까지만 이상화할 수 있다. 35)

34) R. Rorty, "Is Truth a Goal of Enquiry? Davidson versus Wright," *Philos.
　　Quart.*(45), 1995, 281~300, 여기에 인용한 부분은 300.
35) 데이빗슨은 이론주의적 내지는, 그 자신이 제안하고 있는 것처럼, "방법론
　　적"이라고 칭할 수 있는 제3의 전략을 추구한다. D. Davidson, "The Folly
　　of Trying to define Truth," *The Journ. of Philosophy* (XCⅢ), 1996, 263
　　~278 참조. 데이빗슨은 비(非)긴축주의적으로 이해된 의미론적 진리개념
　　을 경험적 언어이론을 위한 정의되지 않은 근본개념으로 사용한다. 언어적
　　표현의 이해를 설명코자 하는 이 이론과 함께 동시에 이 이론에서 이론적 용
　　어로 사용된 진리개념의 올바름도 입증될 수 있다. 그런 까닭에 데이빗슨의

암묵적 "진리이론"은 오직 그의 이론 전체의 맥락 속에서만 논의될 수 있다. 나는 대체로 다음과 같은 난점을 지적하고자 한다. 데이빗슨은 한편으로, 진리개념이 해명가능한 내용을 갖는다는 것을 부인한다는 점에서, 진리의 의미를 설명하려는 시도들에 대한 긴축주의적 논박에 동조한다. 다른 한편 그는 의견 내지 믿음의 진리가능성(*the veridical nature of beliefs*)을 설명할 수 있기 위해서는 진리술어의 — 인용부호소거적(消去的) 기능을 넘어서는 — 일정한 합리성이론적 내용을 확보해야만 한다. 이런 점에서 그는 〔진리〕 규약 'W'가 진리의 고유한 의미에 대해서는 아무 것도 말해주는 것이 없다고 비판적으로 확언하는 퍼트남과 더밋에 동조한다. 이 두 입장의 중간에 서 있는 데이빗슨은 "정의할 수 없는 것으로" 선언한 개념을 단순히 사용하는 대신, 이 개념에 대한 유익한 논문들을 쓸 수밖에 없는 처지에 놓이게 되었다. 이 논문들에서 그는 어쨌든 메타비판적 방식으로 진리와 결부된 실재론적 직관의 문제에 접근하고 있다. D. Davidson, "The Structure and Content of Truth," *The Journ. of Philosophy* (LXXXVII), 1990, 279~328 참조. 데이빗슨은 우리가 우리 자신이 만들지 않은("which is not of our own making") 객관세계에 대해 무언가를 알 수 있다는 견해를 고수한다. 이 견해는 데이빗슨과, 헛되이 데이빗슨을 자신의 폐지론적 진리이해 쪽으로 끌어들이고자 노력하는 로티를 갈라놓는다. D. Davidson, "A Coherence Theory of Truth and Knowledge," in: A. Malachowski (Hg.), *Reading Rorty*, Oxford 1990, 120~239 및 R. Rorty (1996) 참조. 데이빗슨과 나의 언어이론적 입장에 대한 비교로는 B. Fultner, *Radical Interpretation or Communicative Action*, Diss. Northwestern Univ., Evanston 1995 참조.

V. 의미론적 진리개념과 화용론적 시각

"'p'는 정확히 p일 경우에 그리고 오직 그 경우에만 참이다"라는 타르스키(Tarski)의 진리규약은 진리술어의 인용부호소거적(消去的) 사용에 의거하는데, 이 인용부호소거적 사용의 예로는 가령 "그 증인이 어제 말한 것은 모두 참이다"와 같은 다른 사람의 진술에 대한 확인을 들 수 있다. 이 말로 화자는 다른 사람이 "말한 모든 것"을, 자신이 그것에 해당하는 주장을 1인칭 인격의 태도에서 반복할 수 있는 방식으로, 자기 것으로 만든다. 이러한 진리술어 사용은 두 가지 측면에서 주목할 만하다. 첫째, 이 진리술어 사용은 언급되기는 하였으나 명시적으로 인용되지는 않은 내용에 대한 일반화적 지시를 가능하게 한다. 타르스키는 이 특성을 [진리규약] 'W'의 모든 대입(代入) 사례를 넘어서서 일반화하는 진리이론의 구축에 이용한다. 둘째, 이렇게 사용된 진리술어는 두 언어적 표현들 간의 등가관계를 형성시킨다. 그리고 이 점이 타르스키의 설명전략 전체의 핵심이다. 인용부호소거적 기능을 이용해서 언어와 세계 내지는 명제와 사실 간의 접근불가능한 "대응관계"를 대상언어적 표현과 메타언어적 표현 간의 접근가능한 의미론적 관계로 사상(寫像)하는 것이 가능하게 되는 듯이 보이기 때문이다. 진술의 서술기능을 어떻게 구상하든 간에 ― 진리조건의 "충족"으로 구상하든 사실과 명제 간의 "상응"으로 구상하든 간에 ― 여기에는 언제나 언어를 넘어서는 관계들에 대한 이미지들(Bilder)이 아른아른 거리고 있다. 그런데 이제 이러한 이미지들을 **언어내적 연관관계**를 가지고 명백히 정리할 수 있게 된 것처럼 보이게 된 것이다. 이 애초의 생각은 왜 의미론적 진리개념에 ― 이 개념이 포퍼 식의 인식실재론을[36] 뒷받

---

36) K. R. Popper, "Truth, Rationality, and the Growth of Scientific Knowledge," in: 같은 이, *Conjectures and Refutations*, London 1963, 215~

침할 수 없다는 것은 분명하지만 그래도 — 약한 의미의 실재론적 함의가 결부되어 있는지를 이해할 수 있게 해준다.

하지만 의미론적 진리개념이 진리개념의 의미해명에 대한 요구를 충족시킬 수 없다는 점은 이미 일찍이 지적된 바 있다.[37] 그 이유는, 인용부호소거적 기능이 서술기능을 이미 전제하기 때문에, 새로운 내용을 충분히 담고 있지 않아서였다. 진리규약의 의미를 이해하는 경우는 쌍조건문(Bikonditional)의 오른쪽 부분이 무엇을 말하는지를 알 때이다. "그 증인이 어제 말한 것은 모두 참이다"라는 문장 속의 술어의 의미는 그 증인이 행한 주장들의 단언적(assertorisch) 양식에 기생(寄生)한다. 주장이 인용될 수 있으려면 먼저 "제기"되어야만 한다. 이 단언적 의미는 반론을 제기하거나 이를 다시 반박하는 논변참여자들의 '예'/'아니오'라는 입장표명을 본보기로 하여 분석될 수 있고, 또한 설득력 있게 논증된 진술들조차 그릇된 것으로 판명될 수 있다는 논변참여자들의 경험을 상기시키는 진리술어의 "경고적" 사용을 가지고 분석될 수도 있다.

진리술어는 논변의 말놀이에 속한다(물론 그것이 전적으로 이 말놀이에만 속하는 것은 아니지만 말이다). 그런 까닭에 진리술어의 의미는 — 적어도 또한 — 이 말놀이 속에서의 진리술어의 기능들에 따라, 즉 진리술어의 특정한 사용의 **화용론적 차원**에서 해명될 수 있다. 명제와 명제에 대한 메타언어적 논평의 의미론적 차원에만 국한하는 사람은 — 내가 앞으로 보여주게 되는 바와 같이 — 심지어 일상적 실천에까지 영향을 미치는 선행적 언어실천의 반영만을 포착할 뿐이다. 물론 진리개념에 대한 긴축주의적 취급방식은 진리의 화용론적 의미에 대한 의미

250.

37) E. Tugendhat, "Tarskis semantische Definition der Wahrheit," *Philos. Rundschau* (8), 1960, 131~159 참조. 이 논문은 같은 이, *Philosophische Aufsätze*, Frankfurt a. M. 1992, 179~213에 재수록 되었음.

론적 차단으로부터, '지식'과 '단순한 의견' 간의 구분 내지는 '진리'와
'참으로 간주함' 간의 구분에 대한 최소한의 지향을 반드시 포기하지
않으면서도 진리의 "본질"에 대한 토론을 회피할 수 있다는 장점을 취
한다. 이 전략은 이 기본적인 구분들을, 본질적인 인식론적 견해들을
둘러싼 논쟁으로부터 분리시키는 것을 목적으로 한다. 의미론적 진리
개념이 통상적인 연구방법과 이론선택 방법을 설명하기에 충분하다는
것을, 따라서 또한 과학활동에서 "성공"이나 "지식의 증대"로 여겨지는
것을 설명하기에도 충분하다는 것을 입증할 수 있다면, 우리는 진리개
념의 인식실재론적 부하(負荷) 없이도 우리의 기술과는 독립적인 세계
에 대한 약한 의미의 실재론적 상정을 유지할 수 있다. 38)

　다른 한편 과학은 진리개념이 사용되는 유일한 영역도 아니며, 일차
적 영역은 더더욱 아니다. 긴축주의적 진리개념이 우리의 연구활동의
작동방식을 명료하게 밝히려는 목적에서 과학의 실제 모습을 규명하기
에 족하다고 할지라도, 그것으로 이미 맥락주의적 회의를 없앴다고 할
수는 없을 것이다. 왜냐하면 맥락주의적 회의는 단지 이론의 구성과
선택에만 국한되는 것이 아니며, 또한 논변실천 일반에만 국한되는 것
도 아니기 때문이다. 의미론적 진리개념은 일상적 실천에서의 '이론 이
전의'(vortheoretisch) 진리지향과 관련하여서는 더더욱 어떤 도움도 주
지 못한다.

　생활세계에서 중요한 것은 행위확실성과 논의적으로 정당화된 주장
가능성 사이를 매개하는, 양면성을 지닌 진리의 화용론적 역할이다.
익숙한 실천관행의 네트워크 속에서 — 간주체적으로 공유된 믿음들의
광범위한 배경하에서 수용된 — 암묵적으로 제기된 타당성주장은 마치
행위를 이끄는 확실성들의 궤도와 같은 것을 형성한다. 그러나 이 암

---

38) 호어위치(P. Horwich)와 파인(A. Fine)의 입장들을 다루고 있는 윌리엄스
(M. Williams)의 논문 "Do we (Epistemologists) need a Theory of
Truth?," *Philos. Topics* (xiv), 1986, 223~242 참조.

묵적인 타당성주장이 우리의 행위를 제약하는 이 자명한 것들의 뒷받침을 더 이상 받지 못하게 되면, 발판을 상실한 확실성들은 같은 숫자만큼의 불확실성들로 바뀌게 되고, 이로써 논의의 주제가 된다. 행위에서 논의로 이행하게 되는 경우39), 처음에 순진하게 참이라고 간주된 것들은 행위확실성의 양태를 상실하고 가설적 진술의 형태를 취하게 되는데, 이것의 타당성은 논의가 진행되는 동안 미정(未定)의 상태에 있게 된다. 논의에서의 논변행위는 논란이 되는 타당성주장을 뒷받침하거나 이를 반박하는 보다 나은 논변을 둘러싼 경쟁의 형태를 갖게 되며, 협력적 진리추구에 도움을 준다.40)

그러나 진리지향적 정당화실천에 관한 이 기술(記述)과 함께 다시금, 기껏해야 정당화된 의견을 낳는, 적절한 근거의 체계적 동원이 어떻게 정당한 진리주장과 정당하지 않은 진리주장을 구분하기에 충분한 것일 수 있는가라는 문제가 제기된다. 나는 먼저 단지 행위이론적으로 확장된 시각이 제공하는 순환과정의 모습만을 확인하고자 한다. 교란된 행위확실성은 논의의 차원에서는 논란의 대상이 되는 가설적 진술의 타당성주장으로 바뀌게 된다. 이 타당성주장은 논의를 통해 검증되고 필요한 경우에는 이행되며, 그 결과 수용된 진리는 다시 행위의 맥락 속으로 복귀할 수 있게 된다. 이로써 확실하게 참이라고 간주된 것에 근거하는 (경우에 따라서는 다른) 행위확실성이 복구될 수 있다. 그러나 논의참여자들에게 정당화된 주장들을 행위자로서 아무런 유보 없이 진리로 수용할 수 있는 **권한을 부여하는**, 논의를 통해 획득된 합의가 갖는 신비스러운 힘은 여전히 설명을 필요로 한다. 왜냐하면 논변이

39) 나는 사회학의 언어이론적 정초에 관한 크리스티안 가우쓰 강의(Christian Gauss Lectures)에서 이 행위와 논의의 구분을 도입하였다. J. Habermas, *Vorstudien und Ergänzungen zur Theorie des kommunikativen Handelns*, Frankfurt a. M. 1983, 1~126, 특히 104 ff. 참조.
40) J. Habermas (1981), Bd. 1, 44~71.

맥락과는 무관한, 바로 절대적 의미에서의 진리를 지향점으로 삼는 경우에만 문제가 된 행위확실성의 **장애제거** 역할을 수행할 수 있다는 것이 이 행위이론적 기술에 의해 명백하게 드러나기 때문이다.

우리는 반성적 태도를 취함으로써 모든 지식이 오류가능하다는 것을 알지만, 일상생활에서는 단지 가설들만을 가지고서는, 즉 계속해서 오류가능주의적으로는, 살아갈 수 없다. 연구활동에서의 계획된 오류가능주의는 행위와는 **분리된** 합의창출에 이용되기 때문에 논란이 된 진리주장에 대한 가설적 취급방식을 항구화할 수 있다. 하지만 이것은 생활세계의 모델이 될 수 없다. 분명 생활세계에서도 우리는 불완전한 정보를 바탕으로 결정을 내릴 수밖에 없으며, 가장 가까운 사람의 상실, 질병, 노화 그리고 죽음과 같은 실존적 위험부담들은 인간의 삶의 표징이다. 그러나 일상의 관행은, 이러한 위험성들에도 불구하고, 일반인이나 전문가의 지식에 대한 무조건적 신뢰를 바탕으로 한다. 우리가 어떤 일이나 물건에 사용된 지식을 불확실한 것으로 간주하고, 이런 것들의 생산이나 실행에 적용된 가정을 참이라고 여기지 않는다면, 우리는 어떤 다리도 지나다니지 않을 것이고, 자동차도 이용하지 않을 것이며, 수술을 받지도 않을 것이고, 심지어는 맛있게 조리된 음식조차 먹으려 하지 않을 것이다. 행위확실성에 대한 수행적(*performativ*) 필요 때문에 적어도 원칙적인 진리유보는 배제된다. 비록 의심 없는 단순한 행위수행이 중단되게 되면, 그 즉시 진리주장은 오직 논의적으로만, 즉 오직 각각의 정당화맥락 내에서만 이행될 수 있다는 것을 우리가 알지만 말이다. 진리는 행위확실성으로도 그리고 정당화된 주장 가능성으로도 흡수, 통합되어서는 안 된다. 오로지 플라톤주의라는 평가를 받는 강한 의미의 지식개념 및 진리개념만이 행위와 논의에서 각기 상이한 역할을 맡는 주장들이 갖는 발화수반적 의미의 통일성에 올바로 부응할 수 있다는 것은 명백하다. "진리들"은 실천에서는 행위확실성을 뒷받침하는 반면, 논의에서는 진리주장의 준거점을 제공한다.

VI. 화용론적 시각에서의 인식적 진리개념

진리와 정당성의 관계에 대한 끈질긴 문제는, 정당화조건의 이상화 (理想化)를 통해, "진리"와 "합리적 수용가능성"을 구분하려는 시도를 이해할 수 있게 해준다. 이에 따르면 각각의 맥락 속에서 정당화된 진술이 모든 맥락 속에서 정당화될 수 있을 진술과 구분되듯이, "우리의" 잣대에 따라 정당화된 진술은 참인 진술과 구분된다. '참인' 진술은 이상적 인식조건하에서(퍼트남)[41] 정당화될 수 있거나, 이상적 발화상황 속에서(하버마스)[42] 내지는 이상적 의사소통공동체 내에서(아펠)[43] 논변적으로 획득된 합의에 도달할 수 있을 진술이다. 진리는 이상적 상황하에서 합리적인 것으로 수용될 수 있는 것이다. 퍼스로부터 연원하는 이 제안에 대하여 설득력 있는 반론들이 제기되었다. 이 반론들의 일부는 가정된 이상적 상태의 개념적 난점을 겨냥한 것이고, 다른 일부는 정당화조건의 이상화가 정당화된 주장가능성으로부터 너무 멀리 나가게 되거나, 아니면 충분히 멀리 나가지 못하기 때문에 목표를 달성할 수 없다는 것을 보여준다.

첫 번째 종류의 반론들은 극한치(極限値)로 설정된 "완전한" 혹은 "최종적으로 타당한" 지식의 역설적 성격을 지적하고 있는데, 보완의 필요성과 오류가능성을 제외한 이러한 지식은 더 이상 어떠한 (인간의) 지식도 아닐 것이라는 것이다.[44] 그 이상의 어떤 의사소통이나 해석도

41) H. Putnam, *Realism and Reason*, Cambridge U. P. 1983, Introduction.
42) J. Habermas, "Wahrheitstheorien"(1972), in: 같은 이(1983), 127~186.
43) K. -O. Apel, "Fallibilismus, Konsenstheorie der Wahrheit und Letzt-begründung," in: Forum f. Philosophie (Hg.), *Philosophie und Begründung*, Frankfurt a. M. 1987, 116~211.
44) C. Lafont, "Spannungen im Wahrheitsbegriff", *Dtsch. Z. Philos.*(42), 1994, 1007~1023; Williams (1996), 233 ff.

중단시키게 될 최종적 합의나 확정적 언어라는 이념도 역설적이기는
매한가지여서, "결과적으로 이상적인 상호이해의 상황이라고 주장되는
것이 결국 언어적 상호이해의 필요성을 (그리고 문제들을) 넘어서는 상
황으로 밝혀지게 된다."45) 이 반론은 단지 최종적 상태를 세계 속에서
도달 가능한 상태로 실체화하는 이상화만을 겨냥하고 있지 않다. 이상
적 준거점이 원칙적으로 도달 불가능하거나 단지 근사적(近似的)으로
만 도달 가능한 목표로 이해된다고 하더라도, "우리가, 그 이상(理想)
의 실현이 곧 인류 역사의 종말을 의미하게 되는 바로 그 이상의 실현
을 위해 노력해야 하는 의무를 갖게 되는 역설은" 그대로 남게 된
다.46) 규제적 이념으로서의 진리의 지향이 갖는 비판적 의미는 논변행
위의 목표가 아니라 그것의 형식적 내지는 과정적 특성들이 이상화될
때에야 비로소 분명해진다.

두 번째 종류의 반론들도 이와 동일한 결론에 도달한다. 이 반론들
은 목표상태의 이상화가 갖는 비(非)정합적 결과를 겨냥하고 있는 것
이 아니라, 이상화작업 자체를 겨냥하고 있다. 인식조건들을 이상화를
통해 어떻게 평가절상하든 간에, 그것들은 우리에게 익숙한 정당화 실
천관행에의 접속을 단절하게끔 하는 요구를 통해서 진리주장의 절대적
성격을 충족시키거나, 아니면 합리적 수용가능성이 이러한 이상적 상
황하에서도 오류를 배제하지 못한다는 대가를, 즉 "결코 상실될 수 없
는" 특성을 흉내 내지 못한다는 대가를 치르고서야 우리에게 익숙한 실
천과의 연결을 유지한다. "그러한 조건들은 오류가능성을 허용하거나
아니면 의도된 인간능력과의 연계성을 이용할 수 없을 정도로 그렇게
이상적일 것이라는 점이 명백해질 것이다."47)

45) A. Wellmer, *Ethik und Dialog*, Frankfurt a. M. 1986, 91.
46) A. Wellmer, "Wahrheit, Kontingenz, Moderne," in; 같은 이, *Endspiele*, Frankfurt a. M. 1993, 162.
47) D. Davidson, *The Structure and Content of Truth* (1990), 307.

퍼트남과 나의 입장에 대한 비판적 논의에서 로티는 진리의 인식화를 악평하는 데 이 반론들을 이용하는 것이 아니라, 오히려 진리의 인식화를 더 철저하게 관철하는 데 이용한다. 그는 진술의 합리적 수용가능성의 잣대가 역사적으로 변화하기는 하나 결코 임의로 변경시킬 수는 없다는 데 대해서는 그의 반대자들과 견해를 같이 한다. 합리성의 기준은 ─ 적어도 참여자의 시각에서 볼 때에는 ─ 비판될 수 있고 "혁신될" 수 있다. 즉 충분한 근거를 바탕으로 개선될 수 있다. 그러나 퍼트남과 달리 로티는 정당화실천이 각각의 정당화맥락을 넘어서는 진리이념을 지향한다는 것을 용인함으로써 '학습할 수 있다'는 사실에 부응하고자 하지는 않는다. 그는 모든 이상화하는 한계개념 자체를 거부하며, 어떤 견해를 제안하는 사람이 각기 자신의 견해를 단지 지금 여기에서만 옹호하려는 것이 아니라, 또한 다른 공중 앞에서도 옹호할 용의를 가지고 있다는 식으로 정당화와 진리 간의 구분을 해석한다. 이런 의미에서 진리를 지향하는 사람은 기꺼이 "자신의 믿음을, 능력을 갖춘 공중 앞에서 정당화" 하거나 또는 "대화공동체의 규모와 다양성을 확대한다."[48] 로티의 견해에 따르면 그 이상의 모든 이상화는, 우리가 이상화를 행할 때 반드시 이미 알고 있는 것으로부터, 통상 "우리"로부터, 즉 우리가 알고 있는 바의 의사소통공동체로부터 출발해야만 한다는 점 때문에, 실패하게 된다. "나로서는 아무리 생각해 보아도 '이상화된 합리적 수용가능성'이 '하나의 이상적 공동체에 의해 수용될 수 있다는 가능성' 이외의 다른 것을 의미할 수 있다고는 생각하지 않는다. 또한 그러한 공동체 중 어떠한 공동체도 신의 관점을 가질 수는 없을 것이라는 점을 전제로 할 때, 이 이상적 공동체가 우리가 당연히 그랬으면 하는 바의 '우리' 이상의 어떤 것일 수도 없다고 생각한다. 또한 여기서 '우리'란 교육받고 매우 세련되고 관용적인 우리, 항상 다

---

48) R. Rorty, "Sind Aussagen universelle Geltungsansprüche?," *Dtsch. Z. Philos.*(42), 1994, 982 f.

른 편의 말에 기꺼이 귀 기울이고 그들의 말이 함축하는 모든 것을 깊이 생각할 자세가 되어 있는 유연한 자유주의자(*wet liberals*)로서의 우리 등등을 제외한 다른 의미를 가질 수는 없다고 생각한다."49)

그러나 이러한 견해에 대해서, 정당화조건의 이상화는 결코 각각의 고유한 문화의 "진한"(*dicht*) 특성들로부터 출발해서는 안 되며, 오히려 —비록 결코 언제나 제도화된 형태를 갖는 것은 아니라 할지라도— 실로 모든 문화에 유포되어 있는 정당화 실천관행 일반의 형식적·과정적 특성을 출발점으로 삼을 수 있다는 반론의 제기가 가능하다. 논변적 논의의 실천이 참여자들 스스로 반사실적 내용을 화용론적으로 상정하지 않을 수 없도록 만든다는 사정은 바로 이러한 반론을 뒷받침한다. 다른 사람들과의 대화를 통해 어떤 것에 대한 확신을 얻고자 하는 진지한 의도를 가지고 토론에 참여하는 자는 누구든 참여자들이 그들의 '예'와 '아니오'라는 입장을 오직 보다 나은 논변의 강제력에 의해서만 결정하리라는 것을 수행적으로 상정해야만 한다. 그러나 이와 함께 이들은, 통상 반사실적으로, 공개성과 포용성, 등권적(等權的) 참여, 외적 강제나 내재적 강제로부터의 면제상태 그리고 참여자들의 상호이해 지향성(즉 정직한 발언)이라는 있음직하지 않은 조건들이 충족되어 있는 대화상황을 상정한다.50) 이 불가피한 논변조건들에는, 참인 진술이란 공간적, 사회적 그리고 시간적 한계를 갖지 않는 반박시도들을 물리칠 수 있는 진술이라는 직관이 표현되어 있다. 설득력 있는 근거를 가지고 우리가 참이라고 간주하는 것은, 단지 다른 어떤 맥락 속에서만이 아니라, 가능한 모든 맥락 속에서, 즉 언제나 누구에 대해서든, 옹호될 수 있어야 한다. 이것은, 어떤 진술이 참인 경우란 그 진술이 합리적 논의의 까다로운 조건들 하에서 모든 반박시도들을 물리

---

49) R. Rorty, "Putnam"(1993), 451 f.

50) J. Habermas, *Erläuterungen zur Diskursethik*, Frankfurt a. M. 1991, 131 ff. 그리고 164 f.

칠 수 있는 경우이다 라는 논의이론적 진리개념을 고취한다. 51)

이것은 그 진술이 바로 그렇기 때문에 이미 참이라는 것을 의미하지는 않는다. 'p'의 타당성을 내세우는 진리주장이 뜻하는 바는 'p'의 진리조건이 충족되어 있다는 것이다. 그런데 그것이 과연 사실인지에 대한 확인은 오직 논변을 통해서만 가능하다. 왜냐하면 해석되지 않은 진리조건의 직접적 파악은 우리에게 허용되어 있지 않기 때문이다. 그러나 진리조건이 충족되어 있다는 상황규정은 우리가 오직 진리주장의 논의적 이행을 통해서만 — 우리가 사전에 이미 각기 적합한 종류의 근거들에 비추어 해석해야 하는 — 이 조건이 충족되어 있는지를 확인할 수 있다는 것 자체만으로 곧 인식적 상황규정이 되지는 않는다.

논의이론적 설명의 일관된 인식적 해석방식은 앞에 언급된 모든 과정적 특성들이 다 "인간능력과의 연계성"을 보유하지는 않는다는 것만으로도 실패한다. 우리는 현재 시점에서 적어도 보편적 포용성, 등권적 참여, 강압의 배제 그리고 상호이해 지향이라는 논변적 논의의 전제조건을 이상적인 방식으로 거의 충족시키는 상황을 상상할 수 있다. 하지만 이것은 미래시점에 대한 선취, 장래의 확증에 대한 선취에는 해당되지 않는다. 물론 이 미래시점 지향 역시 본질적으로 우리에게 각기 성취된 동의의 — 그 동의가 아무리 합리적 동기에서 나온 동의라 하더라도 갖게 되는 — 자문화(自文化) 중심적 제약성과 오류가능성을 상기시키는 비판적 의미를 갖는다. 즉 우리 정당화공동체의 시야를 가일층 탈중심화할 것을 일깨우는 비판적 의미를 갖는다. 그러나 시간은 존재론적 성질의 제약이다. 시간 속에서 행해지는 모든 실재적 논의는 미래 시점에 비해서 국지적이기 때문에, 우리는 현재 거의 이상적인 조건 하에서조차도 합리적으로 수용가능한 진술이 과연 미래에도 논박시도들을 물리칠 수 있는지를 알 수가 없다. 다른 한편 이 동일한 국지성

51) L. Wingert, *Gemeinsinn und Moral*, Frankfurt a. M. 1993, 277.

은 우리의 유한한 정신으로 하여금 합리적 수용가능성을 진리성에 대한 하나의 **충분한 증거**로 여기는 것에 만족할 수밖에 없도록 만든다. "우리가 적절한 논변과 설득력 있는 자명한 증거를 토대로 진리주장을 제기할 때마다, 우리는 … 미래에 우리의 진리주장에 대한 의혹을 제기할 어떠한 새로운 논변이나 자명한 증거도 나타나지 않을 것이라고 상정한다. "52)

왜 논변참여자들이 언어능력과 행위능력을 지닌 주체들로서 그렇게 행동해야만 하는가는 생활세계 속에 편입되어 있는 그들의 논의에 대한 화용론적 기술 하에서는 그리 어렵지 않게 이해될 수 있다. 우리가 앞에서 보았다시피, 사회화된 개인들은 실천 속에서는 행위확실성에 의존하고 있으며, 이 행위확실성은 오로지 어떠한 유보도 없이 수용된 지식에 근거하는 동안에만 확실성을 유지한다. 이 점은 우리가 수행적 태도를 가지고 'p'라는 주장을 제기할 때에는 반드시 'p'가 절대적으로 참이라는 의도를 가지고 말해야 하지만, 반성적 태도를 취할 경우에는 내일 혹은 다른 곳에서 'p'를 무효화하는 근거와 자명한 증거가 나타날지도 모른다는 가능성을 배제하지는 않는다는 문법적 사실과 일치한다. 그러나 이로써 왜 우리가, 진술 'p'가 논의조건하에서 합리적으로 수용되는 즉시, 'p'에 대해 명시적으로 제기된 진리주장을 이미 이행된 것으로 간주해도 좋은지가 아직 해명된 것은 아니다. 진리주장이 논의적으로 "이행"될 수 있다는 것은 무슨 말인가?

---

52) A. Wellmer (1993), 163; 또한 이에 상응하는 라이트의 "초과주장가능성"
(*superassertibility*)에 대한 생각도 참조. C. Wright, *Truth and Objectivity*, Harvard U. P., Cambridge, Mass. 1992.

VII. 화용론적 진리개념

무엇이 우리에게 — 유한한 정신의 한계 내에서 — 이상적으로 정당화된 것으로 상정된 진술을 참이라고 간주할 권한을 부여하는지는 여전히 불분명하다. 이와 관련하여 벨머(Wellmer)는 "장래의 확증에 대한 선취" 속에 들어있는 "과잉"에 대해 말하고 있다. 그러나 논란이 되는 타당성주장의 정당성을 확신하는 논변참여자들이 보다 나은 논변의 강제 없는 강제력에 의해 시각을 변경하게 되는 지점에 도달했다고 말하는 편이 더 낫지 않을까 싶다. 논의과정이 진행되는 동안 참여당사자들이 모든 관련 정보를 아는 상태에서 중요한 근거들을 모두 헤아려 본 뒤에 'p'에 대한 반론가능성이 더 이상 없을 정도로 철저히 따져보았다는 확신에 도달한 경우는 논변행위를 지속할 동기가 소진된 것이다. 이 경우에는 어쨌든 잠시 미정상태로 둔 'p'에 대한 진리주장에 대해서 가설적 태도를 유지해야 할 더 이상의 어떤 합리적 동기도 존재하지 않는다. 부분적으로 교란된 배경적 합의를 회복시키기 위해 일시적으로 반성적 태도를 취했던 행위자들의 시각에서 볼 때, 논란의 대상이었던 진리주장의 문제해결은 세계와의 보다 소박한 교류 속에 얽혀들어 있는 행위자의 태도로 복귀해도 좋다는 권한부여를 의미한다. 무엇이 사실인지에 대한, "우리"와 "다른 사람들" 간의 의견차이가 해소되는 즉시, "우리의" 세계는 세계 "자체"와 융합될 수 있다.

논의참여자로서 'p'에 대한 진리주장을 정당한 것으로 수용하는 우리는 이 전환지점에서 그때까지 문제시되었던 "사태 'p'"를 다시 1인칭 인격의 시각에서 제기 가능한 주장 "Mp"로 복권시킨다. 이렇게 논변적으로 문제가 해결되어 행위맥락 속으로 다시 복귀된 주장은 우리가 행위자로서 유일한 객관세계 내의 어떤 것을 지시할 때의 배경적 지평을 이루는, 간주체적으로 공유된 생활세계 내에 자리하게 된다. 이 경우

326

사안의 핵심은 바로 어떠한 특정 내용도 예단하지 않는 〔객관세계의〕 형식적 상정이다. 이 형식적 상정은 로티가 실재론적 직관과 항상 결부시키는 "사물의 본질에 대한 정확한 상"이라는 목적을 암시하지도 않는다. 행위주체들은 세계 "자체"에 대처해야만 하기 때문에 자신들의 생활세계의 맥락 속에서는 실재론자일 수밖에 없다. 그리고 이들의 말놀이와 실천관행이 조금도 실망시키지 않고 잘 작동하는 한, 수행과정 자체 내에서 이것들의 올바름이 "입증"되기 때문에, 이들은 또한 실재론자일 수 있는 충분한 이유를 갖고 있는 것이다.

이 확실성 확보의 ― 객관세계를 상정함으로써 실재론적으로 해석된 ― 화용론적 심급은 단지 논변만이 중요시되는, 행위부담을 벗어난 논의의 반성적 차원에서는 일시적으로 유보된다. 이 경우 시선은 말하자면 객관세계를 ― 그리고 우리가 객관세계와의 직접적 교류 속에서 겪게 되는 실망을 ― 떠나서, 전적으로 우리의 상충하는 세계해석들을 향하게 된다. 이 논란이 되는 해석들의 간주체적 차원에서, 주장은 오직 근거를 통해서만, 즉 실천적으로 경험한 실망이 아니라 가능한 논박이라는 심급을 통해서만, "입증"된다. 하지만 이때 의견들이 잘 논증된 경우라 할지라도 우리가 틀렸을 수 있다는 오류가능주의적 의식은 ― 논의 중에는 폐기되었던 ― 일상적 실천에서의 실재론에까지 뿌리내리고 있는 진리지향에 의존한다. 논의참여자들로 하여금 이상적 정당화 조건을 상정하도록 만들고, 정당화공동체를 계속해서 가일층 탈중심화하도록 만드는 절대적 진리의 지향은 생활세계에서 요구되는, 단순한 믿음과 지식간의 또 다른 차이의 반영이며, 이 차이는 의사소통적 언어사용에 뿌리박고 있는 유일한 객관세계의 상정에 근거한다.[53] 이와 같은 방식으로 생활세계는 진리와 지식에 대한 강한 의미의 행위연관

---

53) C. Lafont (1994), 1021 참조: "유일한 객관세계를 전제함으로써 비로소 (우리는) 진리타당성의 절대성과 우리의 지식에 대한 오류가능적 이해를 결합할 수 있게 된다."

적 개념과 함께 논의에까지 그 촉수를 뻗치고 있으며, 논의참여자들 사이에 우리 해석의 오류가능성에 대한 의식을 생생하게 유지하는 저 정당화 초월적 준거점을 제공한다. 역으로 이 오류가능주의적 의식은, 생활세계의 신념체계(Dogmatik)를 파괴하지 않으면서도, 실천에도 영향을 미친다. 왜냐하면 논의참여자로서 어떠한 확신도 비판으로부터 안전하지 못하다는 경험을 한 행위자들은, 생활세계에서도, 문제가 된 자신들의 확신에 대해 더욱 비(非)독단적인 태도를 함양하게 된다.

행위맥락과 논의에 따라 층위가 구분된 협력과정과 상호이해과정에 대한 쌍안경적(雙眼鏡的) 지각은 생활세계 속에 논의가 편입되어 있음을 인식할 수 있게 해준다. 행위에서 확신은 논의에서와는 다른 역할을 수행하며, 그 "입증" 방식도 다르다. 실천에서는 반성 이전의(vor-reflexiv) "세계에 대한 대처"가 확신이 "잘 작동하는지" 아니면 의혹의 소용돌이 속으로 빠져드는지를 결정하는 반면, 논변적 논의에서 논란의 대상인 타당성주장이 합리적 동기를 갖는 인정을 받을 만한지 아닌지는 오로지 근거에 달려 있다. 비록 정당화와 진리의 내적 연관에 대한 물음은 오로지 이 반성적 차원에서만 제기되지만, 이 물음에 대한 답변에 의해서 비로소 행위와 논의 간의 상호작용이 가능하게 된다. 우리가 논변의 차원에 머물러 있고, 행위하는 사람의 지식이 논변하는 사람의 지식으로 바뀌게 되는, 말하자면 한 사람의 인격체적 통일성을 통해 확보된 것과 같은 지식의 변형을 그 반대방향의 지식의 전이(轉移)와 마찬가지로 무시하는 한, 맥락주의적 회의는 제거될 수 없다. 양면적인 진리개념이 행위맥락과 논의에서 행하는 두 가지 상이한 화용론적 역할의 착종만이 왜 우리의 맥락 속에서 성공적인 정당화가 정당화된 의견의 맥락독립적 진리성을 뒷받침하는 지를 해명해줄 수 있다. 한편으로 진리개념이 동요된 행위확실성을 문제시된 진술로 번역하는 것을 가능하게 해주는 반면, 다른 한편으로 진리지향성의 고수는 논의적으로 정당화된 주장을 복구된 행위확실성으로 재(再)번역하는 것을 허용한다.

　이러한 설명을 얻기 위해서는 지금까지 축적된 부분적 진술들을 올바로 조합하기만 하면 된다. 생활세계에서 행위자는 행위확실성에 의존한다. 여기서 행위자는 객관적이라고 상정한 하나의 세계에 대처해야 하며, 그런 까닭에 단순한 의견과 지식 간의 구분을 가지고 작업해야 한다.[54] 절대적으로 참이라고 간주한 것에 대해 직관적으로 신뢰해야 하는 **실천적 필연성**이 존재하는 것이다. 이렇게 절대적으로 참이라고 간주하는 방식은, 논의의 차원에서는, 각기 존재하는 정당화맥락을 넘어서서 — 정당화공동체의 탈중심화를 귀결하는 — 이상적 정당화조

---

54) 우리의 논의맥락에서 나는 논의적 이행에 바탕을 두고 있는 도덕적 타당성 주장과 기타 규범적 타당성주장에 대해서는 논할 수 없다. 이 주장들에는 의사소통적 언어사용에 바탕을 둔 유일한 객관세계를 상정함으로써 진리주장에 주어지는 정당화의 초월이 결여되어 있다. 규범적 타당성주장은 사회적 세계의 간인격적 관계에 대해 제기되며, 사회적 세계는 "우리의 관여"로부터 객관세계와 똑같은 방식으로 그렇게 독립적이지 않다. 그러나 논의적 취급은 실천적 논의의 참여자들이 — 명령이나 허용 혹은 금지로서의 — "유일하게 올바른 응답"이라는 목적을 지향한다는 점에서 "진리와 유사"(wahr-heitsanalog)하다. 사회적 세계는 그 내적 본질상 역사적이다. 즉 존재론적으로 객관세계와는 다른 구조를 갖는다. 그런 까닭에 사회적 세계에서의 정당화조건의 이상화는 앞으로 있을 반박의 예견적 무효화라는 의미에서의 "미래적 입증의 선취"를 포함할 수 있는 것이(빙어트, Wingert) 아니라, 오직 〔이상적 정당화조건의〕 근접에 대한 유보라는 비판적 의미에서의, 즉 현재 도달한 정당화공동체의 탈중심화 수준에 대한 유보라는 비판적 의미에서의 "미래적 입증의 선취"로만 이해될 수 있다. 진리주장의 논의적 이행은 주장가능성 조건으로 해석된 진리조건이 충족되어 있다는 것을 함의한다. 규범적 타당성주장의 경우, 논의적으로 획득된 동의는 해당 규범이 인정받을 만한 가치를 갖는다는 것을 논증하며, 그런 점에서 스스로 그 규범의 타당성조건의 충족에 기여한다. 〔진리주장의 경우〕 합리적 수용가능성은 한 진술의 진리성을 단지 보여주기만 하는 반면, 〔규범적 타당성주장의 경우〕 합리적 수용가능성은 규범의 타당성에 구성적 기여를 한다. 이 책 373쪽 이하 참조.

건의 상정을 강제하는 진리주장의 함의 속에 반영된다. 그런 까닭에 정당화과정은 **정당화를 초월하기는 하나** 행위에 있어서는 언제나 이미 **기능 상 효력을 갖는** 진리를 지향할 수 있다. 일상적 실천에서 진술의 타당성이 갖는 기능은 왜 타당성주장의 논의적 이행이 동시에 실용적 정당화에 대한 수요의 충족으로 해석되어도 좋은가를 해명해 준다. 그러나 동요된 행위확실성을 문제시된 타당성주장으로 변형시키는 과정을 작동시키는, 이 정당화에 대한 수요는 오로지 논의적으로 정당화된 의견을 행위의 준거가 되는 진리로 재번역함으로써만 충족될 수 있다.

일상의 실재론적 직관에 대한 맥락주의적 회의를 물리치는 것은 바로 이 상호작용이기 때문에, 생활세계에 편입되어 있는 논의에 대한 이 편향적 기술이 논란의 대상인 문제 전체를 예단하고 있다는 반론이 제기되는 것은 자명하다. 분명 로티는 논의와 행위의 연관관계를 부인하지는 않을 것이다. 또한 그는 우리가 두 시각 간의 연관관계를 ― 서로에 대해 자신들의 해석의 정당성을 설득하고자 하는 논변참여자들의 시각과 자신들의 말놀이 및 실천관행에 얽혀들어 있는 행위주체들의 시각간의 연관관계를 ― 만들어내는 것에도 동의할 것이다. 그러나 로티는 이 시각들을 서로에 대해 상대화하는 방식으로 구분하지는 않을 것이다. 자신의 기술(記述)을 위해 그는 논변참여자의 시각으로부터 우리에게 정당화의 맥락을 벗어나는 것을 허용하지 않는 '대화 속에 갇혀 있는 상황'을 차용하는 동시에, 행위자의 시각으로부터는 세계에 대한 대처라는 방식을 끌어온다. 그리하여 상반되는 이 두 시각의 내적 상호교착으로부터 자문화(自文化)중심적 확실성이 형성되어 나오는데, 이 확실성은 로티로 하여금 도대체 왜 우리가 논변경험으로부터 획득한 맥락주의적 통찰을 생활세계에 귀속시킨 저 일상적 실재론과 조화시키려고 해야만 하는가 하는 물음을 제기하게 만든다. 행위자들이 생활세계에서 ― 잠정적으로 ― "실재론자"일 수밖에 없다면 그들에게는 바로 그런만큼 더 고약한 일일 뿐이다. 그렇다면 오류로 이끄는 상식적인 진리개념을 개혁하는 일은 철학자들의 손에 달려 있다.

그런데 이 목표에 비추어볼 때 마이클 윌리엄스처럼 의미론적 진리 개념을 가지고 작업하는 긴축주의는 여전히 너무 강하다. 그리하여 로티는 이러한 긴축주의 대신 진리개념의 인식화를 일관되게 관철시킨다. 단지 정당화만이 존재할 뿐이고, 한 진술의 정당화된 주장가능성으로부터 그 진술의 진리성을 뒷받침해줄 어떤 것도 나오지 않기 때문에, 진리개념은 불필요하다. "… 정당화와 진리 간에는 한 청중에 대한 정당화가 다른 청중에 대한 정당화가 아니라는 것을 상기시키는 것 이외에 어떠한 차이도 없다."[55] 유일하게 불필요하지 않은 진리술어 사용인 "경고적" 사용 역시 재해석을 필요로 한다. 이때 중요한 문제는, 진리개념 없이도 아무런 지장을 받지 않으면서 (하나의 객관세계의 상정, 사실의 재현에 대한 언설 등과 같은) 실재론적 직관을 소거시키는 새로운 어휘체계의 창안과 관철이다. "우리는 단지 일정한 방식으로, 즉 플라톤적 방식으로 말하는 것을 거부할 뿐이다 … 우리의 설득노력은 낡은 말하기 방식을 통한 직설적 논변의 형태보다는 새로운 말하기 방식의 점차적 도입의 형태를 취해야 한다."[56]

---

55) R. Rorty, *Is Truth a Goal to Enquiry?* (1996), 300.

56) R. Rorty, *Relativism: Finding and Making* (Ms. 1995, 출간 중), 5.
   옮긴이 주: 로티의 이 논문은 1999년에 다음의 책이 서론으로 출간되었다.
   R. Rorty, *Philosophy and Social Hope*, Harmondsworth: Penguin Books, 1999, xvi~xxxii.

Ⅷ. 언어화된 이성의 자연화

로티의 재교육 프로그램은 여러 의문과 반론을 유발하였다.[57] 무엇보다도 로티는 상식인의 언어를 현재와 같은 상태로 놔두려 하지 않는 데 대한 입증책임을 갖는다. 통상 실용주의자들은 자신들의 견해가 상식과 잘 조화된다는 점에 대해서 커다란 자부심을 갖는다. 그런데 신실용주의자들은 이상하게도 "압도적으로 종교적인 문화 속에서 무신론자" 역할을 한다는 점을 자랑한다. 이들의 치료법은 철학자들의 병리적인 말놀이만이 아니라, 플라톤주의가 일상적 삶 자체 내에 야기한 사유태도들에까지도 영향을 미쳐야 한다는 것이다. 플라톤주의의 관념론적 폭력을 설득력 있게 제시하기 위해서 로티는 서양 형이상학의 타락의 역사라는 진단을 행할 수밖에 없다. 그러나 예를 들어 하이데거나 데리다가 상당히 형이상학적인 방식으로 형이상학 비판에 대해 말하고 있는 것은, 로티 자신의 평가에 따르면, 차라리 사적(私的)인 자기완성에만 국한되어야 할 "수양" 서적류에 속하는 것이며, 적어도 소외된 생활상태에 대한 공적 비판에는 도움이 되지 못한다.[58] 그런데 동기보다 더 중요한 것은 그 기도(企圖)의 수행가능성이다. 이에 대해 나는 끝으로 단지 다음의 두 가지 질문만 제기하고자 한다. (1) 로티가 의도하는, 우리의 자기이해의 수정은 미리 전험적(前驗的)으로(a priori) 한계가 그어져 있지 않은, 학습할 수 있다는 사실과 조화될 수 있

---

57) Th. McCarthy, "Philosophie und gesellschaftliche Praxis. Richard Rortys neuer Pragmatismus," in: 같은 이, *Ideale und Illusionen*, Frankfurt a. M. 1993, 19~51.

58) R. Rorty, "Habermas, Derrida, and the Function of Philosophy," *Rev. Internationale de Philos.* (49), 1995, 437~460, 그리고 이에 대한 나의 답변, 같은 곳, 553~556.

는가? ⑵ 이성의 규범적 성격은 어찌 될 것이며, 그가 권장하고 있는 이성적 존재의 신(新) 다원주의적 자기기술(記述)은 얼마나 반(反) 직관적인 것인가?

⑴ 깊이 새겨진 플라톤적 선입견을 이성적으로 수정하는 프로그램은, 단지 주어진 어휘체계 내에서 그리고 주어진 맥락 속의 현존 척도에 준하여 수행될 수 있는 정도를 넘어서, 어휘체계 및 척도 자체까지도 수정대상으로 삼는 학습과정을 우리에게 요구한다. 바로 이 이유 때문에도 로티는 현존하는 각각의 정당화맥락을 초월하는 진리지향을 대치할 수 있는 적절한 대안을 제시해야 한다. 그러나 "참"과 "정당화됨" 간의 차이가 'p'를 주장하는 사람이 다른 공중 앞에서도 'p'를 옹호할 용의가 있다는 정도로 축소된다면, 그러한 선취를 가능하게 하는 준거점이 결여된다. 이 반론에 대하여 로티는 정당화조건의 신중한 이상화를 용인하는 것으로 대응한다. 전통적으로 "진리추구"라고 불렸던 것은 "끊임없이 확대되는 보다 큰 대화자집단들 간의 간주체적이고 비강제적인 합의의 추구"로도 마찬가지로 잘 묘사될 수 있다는 것이다. "우리는 가능한 한 많은 공중과 광범위한 공중집단에 대해서 우리의 믿음을 정당화하기를 바란다."[59] 로티는 이것을 "[접근하면 할수록] 계속해서 그만큼 더 뒤로 물러나는 목표"의 지향으로, 즉 규제적 이념으로 이해하고자 하지는 않는다. 확대된 공중과 포괄적 맥락 역시 단지 다른 공중과 다른 맥락만을 뜻할 뿐이라는 것이다. 그럼에도 불구하고 로티는 이 기술에, 앞에 언급한 지속적 확장과 지속적으로 확대되는 다양성이라는 특징을 부가한다. 즉 전적으로 우연적이라고는 할 수 없는 특정한 측면에서 논변의 성공가능성을 어렵게 만드는 조건들을 부가한다.

---

59) R. Rorty, *Is Truth a Goal of Enquiry ?* (1996), 298.

로티는 화용론적으로 볼 때 불필요한 이 어려움의 가중을 설명할 수 없다. "더욱 더 많고", "더욱 더 규모가 크며", "더욱 더 다양한" 청중에 대한 지향을 통해 로티는 그 자체로는 명확하게 이해되지 않는 약한 이상화를 논의에 끌어들인다. 맥락의존적이며 인식적인 '우리에-대한-타당성'(Geltung-für-uns)을 위해서 진리개념이 소거되는 즉시, 왜 'p'를 주장하는 사람이 'p'에 대해서 자신의 집단의 한계를 넘어서는 동의를 얻기 위해 노력해야 하는지를 설명해줄 규범적 준거점이 사라진다. 우리에게 동의하는 청중의 규모가 커지면 커질수록 반박당할지도 모른다는 두려움이 그만큼 줄어든다는 이야기는 바로 논증되어야만 할 관심을, 즉 "가능한 한 광범위한 간주체적 합의에 대한 욕구"를, 이미 전제하고 있다. "우리에게" 좋은 것이라는 이유로 "우리에 의해" 정당화된 것으로 인정받는 것이 바로 "참"이라고 한다면, 〔우리의〕 구성원의 범위를 확대해야 할 어떠한 합리적 동기도 존재하지 않는다. 특히 로티처럼 자기 자신의 문화공동체(Ethnos)를 그 앞에서 내가 해명해야 할 책임을 느끼는 집단으로 규정한다면, 정당화공동체를 탈중심적으로 확장해야 할 어떠한 이유도 있을 수 없다. 그러나 〔이 경우〕 자신의 문화공동체를 넘어서 "낯선 이들"의 동의를 지향하는 데 대한 어떠한 규범적 정당화도 존재하지 않으며, 오직 — 대체로 비(非)독단적인 태도를 취하는 "우리 〔서양의〕 지식인들"의 — "자유주의적인 서양문화"의 우연적 속성들에 대한 해명적 언급만이 존재할 뿐이다. 하지만 로티는 우리에게조차도 다음과 같이 확언한다. "우리는 실천상 우리 자신의 집단을 우선해야 한다. 비록 이러한 행동에 대한 비(非)-순환논리적 정당화가 있을 수 없지만 말이다."[60]

(2) 정당화 실천은 규제적 진리이념을 상실함으로써 정당화의 기준

---

60) R. Rorty, *Solidarität oder Objektivität?* (1988), 26.

과 "통상적" 규범을 구분시켜주는 지향점도 상실한다. 정당화 실천의
사회학적 범주화(Soziologisierung)는 이성의 자연화를 의미한다. 일반
적으로 사회적 규범은 단지 사회학적 관찰자의 시각에서만 기술될 수
있는 것이 아니라, 참여자의 시각에서 자신들이 타당하다고 여기는 기
준에 비추어 정당화될 수도 있다. 그러나 이 기준 자체는 진리나 이성
의 준거 없이는 더 이상 어떠한 자기수정 가능성도 가질 수 없을 것이
며, 이로써 그 자체도 정당화가 가능한 규범의 지위를 상실하게 될 것
이다. 이 관점에서 보면, 이 기준은 더 이상 통상적 규범일 수조차도
없을 것이다. 이 경우 이 정당화기준은 사회적 사실에 불과하다. 그것
이 비록 여전히 "우리에 대해서는", 즉 관련된 정당화공동체에 대해서
는, 그 타당성을 요구할지라도 말이다. 그럼에도 불구하고 정당화실천
이 와해되지 않고, "이성적"이라는 술어가 그 규범적 성격을 상실해서
는 곤란하다면, 즉 둘 다 작동 가능한 상태로 존재해야 한다면, 우리
에게 타당한 합리성기준은 정당화될 필요는 없다고 하더라도 적어도
해명은 필요하다.

이를 위해 로티는 인간을 욕구충족의 목적을 가지고 환경에 최대한
잘 적응하기 위해 도구를 고안해내는 생물체로 보는 자연주의적 기술
(記述)을 끌어댄다. 언어 역시 이러한 하나의 도구이지, 결코 실재적
현실의 서술을 위한 매체가 아니다. "그 도구가 망치이건 총이건 신념
이건 혹은 진술이건 간에 도구사용은 유기체가 자신의 환경과 갖는 상
호작용의 일부이다."[61] 언어적으로 구성된 인간 정신 가운데 우리에게
규범적인 것으로 현상하는 것은, 단지 지적인 작업이 행위를 통해 실
재에 "잘 대처해야만" 하는 [생물]종의 보존에 기능적으로 유용한 것이
라는 점만을 나타낼 뿐이다. 이 신다원주의적 자기기술은 아이러니컬
한 대가를 요구한다. 즉 로티는 "사실의 정확한 기술"을 "환경에 대한

---

61) R. Rorty, *Finding and Making* (1995), 11 f.

성공적 적응"으로 대체함으로써, 단지 하나의 객관주의를 또다른 하나의 객관주의로 ─ "표상된" 실재적 현실의 객관주의를 도구적으로 "처리된" 실재적 현실의 객관주의로 ─ 교체했을 뿐이기 때문이다. 이로써 인간과 세계 간의 상호작용의 적응방향이 바뀌기는 하지만, 우리가 "서술"할 수 있는 것이든 "처리"할 수 있는 것이든 간에 이 모든 것의 총체로서의 객관세계라는 준거점은 바뀌지 않는다.

화용론적 전회의 의의는 재현적 인식모델을 ─ 환상에 불과한 경험의 객관성을 성공적인 간주체적 상호이해로 대체하는 ─ 의사소통모델로 교체하는 것이다. 그러나 바로 이 간주체적 차원은, 그 자체로 오직 참여자시각에서만 파악될 수 있는 협력과정과 상호이해과정을 객관화하는 기술 하에서는, 다시금 은폐된다. 로티는 참여자시각과 관찰자시각 간의 차별화를 더 이상 허용하지 않는 은어를 사용한다. 공동의 언어의 간주체적 소유에 근거하는 간인격적 관계가 적응적 행태의(내지는 도구적 행위의) 패턴으로 흡수, 통합되는 것이다. 이에 상응하게 전략적 언어사용과 비(非)전략적 언어사용 간의 차이를, 성공지향적 행위와 상호이해지향적 행위 간의 차이를 제거함으로써, 로티는 설득과 설복(說服) 간의 직관적 구분을, 근거제시를 통한 동기부여와 인과적 영향력행사 간의 직관적 구분을, 학습과 세뇌 간의 직관적 구분을, 적절히 고려할 수 있는 개념적 수단을 상실한다. 이것들의 반(反)직관적 혼합은 일상에서 작동하는 비판적 척도를 상실하게 되는 거북한 결과를 초래한다. 로티의 자연주의적 전략은, 우리의 기술(記述)이 실천에 있어서는 구별이 되는 구분들에 대해서 무감각하게 되는 방식의 범주적 무차별화를 낳는다. 62)

───────────────

62) 이와 동일한 객관주의와 이와 동일한 종류의 무감각성은 해석과정에 대한, 예를 들어 문화간의 상호이해라는 까다로운 경우에 대한, 로티의 자기중심적 내지는 자문화중심적 기술에서도 입증될 수 있을 것이다. 가다머와는 달리 로티는 화자와 청자가 인칭대명사체계를 사용함으로써 습득하고, 처음에

는 크게 차이가 나던 해석지평들의 상호접근을 가능하게 하는 시각수용의 대칭적 조건에 기대지 않는다. 대신에 그는 "우리"와 "그들" 간의 비대칭적 관계로부터 출발함으로써, 우리는 그들의 발언을 우리의 기준에 따라 판단하고, 그들의 기준을 우리의 기준에 흡수, 동화시켜야만 하게 된다(J. Habermas, *Nachmetaphysisches Denken*, Frankfurt a. M. 1988, 175 ff. 참조). 이해에 대한 이 동화론적(同化論的) 모델은 데이빗슨의 해석모델과 일정한 공통점을 갖는다. 그러나 데이빗슨의 경우 언어적 표현의 해석을 경험적인 것을 향한 진리이론에 대한 가설의 적용으로 파악하려는 방법적 결단의 결과인 것이 로티의 경우에는 자연주의적 기술어휘를 채택하겠다는 이론전략적 결단으로부터 나오게 된다.

가치와 규범

．
．
．

힐러리 퍼트남의 칸트적 실용주의에 대한 논평

　힐러리 퍼트남은 자기의 스승인 라이헨바하(Reichenbach)와 카르납의 논리경험주의에 대해서는 강하게 비판했던 반면 그들의 과학적 에토스와 칸트적 성향은 충실히 따르고 있다. 비판적 거리두기와 추종이라는 이 두 가지 태도로부터 나온 결과는 칸트적 정신에 기반한 실용주의이다. 퍼트남은 선험사상을 언어철학적으로 수용하여 이를 실재론쪽으로 전환시킨다. 인식하고 행위하는 주체의 탈선험화는 예지계와 현상계라는 두 세계에 대한 형이상학적 배후가정을 대상으로 할 뿐, 칸트 철학의 핵심은 건드리지 않고 그대로 둔다. 바로, 근거를 "중시하는" 이성적 주체들의 자기이해, 즉 유한성과 자율성이라는 규정성을 갖는 자기이해 말이다. 퍼트남은 칸트를 좇아서 과학의 이성적 권위를 인정할 뿐만 아니라, 실천이성의 공간을 확보하기 위하여 이 권위를 과학주의적으로 독립시키는 것에도 반대한다. 또한 생활세계의 권위, 즉 상식과 도덕도 이성적이다. 하지만 퍼트남이 이 목표를 달성하는 것은 실천이성을 이론이성으로부터 분리시켜내는 방식을 통해서가 아니다.

퍼트남은 가치판단의 고유한 객관성을 도덕적 판단이 갖는 진리와 유사한 타당성과 등치시키지 않는다. 그는 이 객관성을 칸트가 했던 것처럼 사실로서 존재하는 당위(*das Faktum des Sollens*)로, 즉 경험적 진술의 진리성과는 상이한 타당성 양식으로 환원시키지 않는다. 오히려 퍼트남은 사실판단과 가치판단 간의 연속성을 주장한다. 사물을 보는 우리의 시각은, 가치들로 포화되어 있는 사실로부터 모든 규범적인 것을 벗겨내려는 시도가 무의미할 정도로 그렇게 깊이 이해관계와 가치지향들로 각인되어 있다. 그런데 의심할 바 없이 참인 경험적 진술들이 이미 구속력을 갖는 가치들(*Wertbindungen*)과 떼려야 뗄 수 없이 착종되어 있다면, 그러한 가치들을 명시적으로 표현하는 평가적(*evaluativ*) 진술들이 참 또는 거짓일 수 있다는 것을 부인하는 것도 마찬가지로 무의미하다는 것이 바로 〔퍼트남의〕 핵심 논변이다.

퍼트남은 인식론의 경계를 넘어서서도 여전히 인식이론가이기 때문에 그는 실천철학에서도 일종의 내적 실재론(*interner Realismus*) 쪽으로 기운다. 그는 이론철학에서는 언어학적 칸트주의 노선을 따르는 반면, 실천철학에서는 실용주의적으로 이해된 아리스토텔레스를 지향한다. 여기서는 에우다이모니아〔*eudaimonia*〕가 — 인간의 번영(*human flourishing*)이 — 최종적 발언권을 갖는다. 퍼트남은 자율성을 이성적인 도덕적 자기입법이라는 칸트적 의미로 이해하기보다는 성찰적 삶의 영위라는 고전적 의미로 이해한다. 퍼트남의 철학을 이러한 방식으로 기술함으로써 나는 다음과 같은 물음을 제기하고자 한다. 즉, 이렇게 충성심의 대상을 둘로 나눈 것에 대해 치러야 할 대가는 얼마나 될까? 퍼트남은 자신의 실용주의를 정립함에 있어 전 노선에 걸쳐 칸트주의자로 머무르는 것이 더 낫지 않았을까?

나는 오늘 이 회의의 취지에 적합한 에움길을 통해 이 물음에 대한 답변에 접근하고자 한다. 1) 제1절(Ⅰ)에서 나는 어떻게 퍼트남이 인식론에서《순수이성비판》의 유산을 이어받아 독단론과 회의론 사이에서

올바른 길을 찾아 나아가고 있는지를 개괄할 것이다(1). 이 길은 그를
실재론에 대한 탈형이상학적 이해로 이끄는데(2), 이 탈형이상학적 이
해는 정신의 자연주의적 환원과도(3), 진리에 대한 맥락주의적 상대화
와도 결합될 수 없다(4). 그런 다음 제2절(Ⅱ)에서는 어떻게 퍼트남
이 자신의 인식론에서 도입한 실용주의적 이성개념을 토대로 실천철학
의 문제들을 처리하는지를 보여줄 것이다(5). 성공적 삶을 향한 노력
이라는 아리스토텔레스적 시각에서 퍼트남은 비(非)인지주의적 입장과
상대주의적 입장 모두에 반대하면서 가치지향들의 객관성을 옹호한다
(6~7). 그러나 실용주의적 가치윤리학은 평등지향적(*egalitär*) 도덕의
보편주의적 타당성 및 민주주의 법치국가의 토대들과 쉽게 조화될 수
없다(8~9).[2]

---

1) 이 글은 2000년 6월 14일~18일 뮌스터에서 열린 "퍼트남과 실용주의 전통"
   이라는 학술회의에서 행한 개회강연문이다.
2) 여기 마지막에 표명한 이 유보적 언급은 동시에 힐러리 퍼트남이 프랑크푸
   르트에서 열린 나의 70세 생일 기념 학술회의에서 발표한 논문 "가치와 규
   범"("Values and Norms")에서 제기한 반론에 대한 나의 메타비판적 답변이
   기도 하다. H. Putnam, "Werte und Normen," L. Wingert/K. Günther
   (편), *Die Öffentlichkeit der Vernunft und die Vernunft der Öffentlichkeit.
   Festschrift für Jürgen Habermas*, Frankfurt a. M. 2001, 280~313쪽 참조
   (여기서는 영어 원고본에 의거하여 인용함).

340

I

(1) 칸트는 회의론을, 형이상학을 "달콤한 독단의 꿈"에서 깨워내지만, 그러나 회의에만 머물러 있어서는 안 되는 "엄한 교사"로 간주하였다. 칸트의 "비판"은 회의적 방법을 지성의 독단적 사용의 선험적 가상을 폭로하기 위하여 이성의 자기반성에 이용한다. 그런데 〔칸트의〕비판이 취하는 독단론과 회의론 사이의 이 입지설정은 이미 초기 비판이론이 한편으로는 신(新)토마스주의(Neothomismus)에 대항하여, 그리고 다른 한편으로는 신실증주의에 대항하여 취한 이중의 전선 설정에서도 똑같이 반복된다. 막스 호르크하이머는 신토마스주의를 "지나간 객관적 이성의 이론들을 부활시키려는"3) 시도로 보았고, 신실증주의는 토대에 대한 구명(究明)이 되어 있지 않은 과학적 방법을 절대화하는 것으로 보았다. 논리경험주의가 과학 "자체"를 "절대적 권위"라고 주장할 수 있기 위해서는 — 전통주의와 유사하게 — 자명한 최상의 원칙들로 되돌아가야만 하기 때문이다.4)

퍼트남은 호르크하이머와 정치적 지향만이 아니라, 양 방향에 대한 "비판"의 칸트적 경계설정도 공유한다. 그는 형이상학적 실재론의 형태로 등장하는 독단론에 대해서도, 경험주의자들의 회의론에 대해서도 똑같이 반대한다. 그런데 경험주의자들에 대한 퍼트남의 비판은 다른 시각에서 행해진다. 호르크하이머는 빈 학단(Wiener Kreis)을 안중에

---

3) M. Horkheimer, *Zur Kritik der instrumentellen Vernunft*, Frankfurt a. M. 1967, 66쪽.

4) 같은 책, 80쪽. 초기 비판이론의 이중의 전선 설정에 대해서는 J. Habermas, *Theorie des kommunikativen Handelns*, Frankfurt a. M. 1981, 제1권, 497~505쪽 참조〔옮긴이 주: 이 책의 우리말 번역은 다음과 같다. 하버마스, 《의사소통행위이론》, 전2권, 장춘익 역, 나남출판 2006〕.

두고 있었던 반면, 퍼트남은 빈 학단이 후기 카르납의 규약주의(Kon-ventionalismus)로 발전해나간 과정을 조망하고 있다. 호르크하이머는 "진리"를 "과학"과 등치시키는 과학주의적 시각이 독단적임을 지적하였다. 퍼트남도 이 논변에 동의하기는 하지만 이 논변으로부터 그는 다른 논점을 이끌어낸다. 퍼트남이 마주하는 회의론자는 더 이상 고전적 형태의 회의론자가 아니라 문화적 상대주의자라는 현대적 의상을 걸친 회의론자이다. 그는 분석적 과학이론이 형이상학적 직관들을 비록 최소한도이기는 하지만 어쨌든 구제하려고 시도함으로써 불가피하게 상대주의적 견해에 빠져들게 되는 것을 본다.

회의론의 독단적 핵심은 진리와 정당화가 갖는 규범적 성격을 전혀 보지 못하는 상대주의로 표출된다.

> 실증주의자들은 사람들이 수용하는 정당화에 관한 정의(定義)들('확증의 정도'에 관한 정의들) 중 어떤 정의가 규약적인지, 혹은 효용의 문제인지, 아니면 단순히 '제안'을 수용하는 문제인지를 말함으로써 (정신의 규범성 ─ 필자) 문제를 회피하려고 시도하였다. 그러나 제안들은 목적이나 가치들을 전제한다. … 실증주의적 '제안들' 중 어떤 제안들이 가장 나은 것인지와 관련하여 보편적으로 합의된 목적이나 가치들이 존재하지 않기 때문에 저 〔궁극적 목적과 가치들의 좋음 내지 나쁨은 전적으로 주관적이라는 ─ 옮긴이〕 학설로부터 그 학설 자체가 단지 일정한 언어형식(과학적 형식) 또는 일정한 목적(예측)에 대한 주관적 선호의 표현에 불과하다는 결론이 도출된다. 우리는 전적으로 일관된 실증주의자는 종국에는 완전한 상대주의자가 될 수밖에 없다는 이상한 결론을 갖게 된다. 5)

---

5) H. Putnam, "Why Is a Philosopher?," 같은 이, *Realism with a Human Face*, J. Conant 편, Cambridge(Mass.) 1990, 116쪽.
옮긴이 주: 인용문 중 괄호 속 내용 "(정신의 규범성 - 필자)"는 하버마스의 보충이며, 괄호〔 〕안의 내용은 옮긴이가 보충한 것이다. 그 밖의 괄호( )

퍼트남이 70년대 중반부터 발전시켜 온 (그리고 그 사이 약간의 중요하지 않은 수정이 가해진) 내적 **실재론**의 구상은 회의론의 오늘날의 형태인 상대주의를 겨냥함과 동시에 독단론의 한 형태인 형이상학적 실재론을 겨냥하고 있다.

칸트의 유산은 이러한 경계를 설정하게 된 동기들에서만 간파할 수 있는 것이 아니라, 내적 실재론 자체에서 그 연원이 선험철학이라는 것을 알아볼 수 있다(2). 그래서 또한 왜 인식주체의 탈선험화가 콰인식의 자연주의로도(3) 로티식의 맥락주의로도(4) 나아가지 않았는지가 설명된다.

(2) 인식이론가 퍼트남은 언어와 실재가 우리로서는 침투하기가 불가능한 방식으로 상호 착종되어 있다는 것으로부터 출발한다. 그러나 그는 이 상호침투를 언어의 구조들에 사로잡혀 있어서 실제 세계(*Wirklichkeit*)에 대한 신뢰할 만한 인지적 접근에 장애를 겪는 인간 정신의 **제약**을 드러내는 징후로 보지 않는다. 오히려 언어는 ― 언어적 서술형식을 통하지 않고서 우리의 서술과는 독립적인 실재로서는 결코 파악될 수 없는 ― 실재에 대한 접근을 **가능하게** 해준다. 형이상학적 실재론은 해석되지 않은 세계가 세계 밖의 신의 관점에서 우리에게 보여줄 허구적 광경을 희구한다. 그래서 형이상학적 실재론은 "고정되고 완성된" 세계라는 존재론적 세계상(像)과 인식을 "표상하는 사유"로 보는 패러다임, 그리고 대응설적 진리개념을 갖게 된다. 이 세 가지 구상들을 비판적으로 검토하면서 퍼트남은 자신의 내적 실재론을 전개한다. 6)

우리는 우리의 개념들을 통하지 않고서는 실재 그 자체를 파악할 수 없기 때문에, 우리가 개념들의 언어적 세계와 모든 주관적 첨가물들을 씻어낸 벌거벗은 실재 사이를 뚫고 들어갈 수 있으리라는 생각은 말도

속 내용은 퍼트남 자신의 것이다.

6) 이 책 287~336쪽 참조.

안 되는 소리다. 물론 우리는 우리가 언어를 통해 개창된 세계 속에서 마주하는 것들과의 지적인 교류를 통해 우리의 언어를 개혁할 수는 있을 것이다. 그러나 우리는 언어의 지평 자체로부터는 결코 벗어날 수 없다. 지평은 기껏해야 변경되거나 확장될 수 있을 뿐이다. 이 통찰은 우리가 명제와 사실이 서로 대응하는지 혹은 서로 잘 들어맞는지를 확인하기 위해 그것들을 상호 비교할 수 있다는 환상을 파괴한다. 이와 함께 세계가 인식주체 내부에 세계 속의 대상들을 정도의 차이는 있으나 어쨌든 정확하게 모사하는 표상들을 불러일으킨다는 생각도 붕괴된다.

대응설적 진리개념 및 재현으로서의 인식개념과 함께 자연의 책이라는 은유도 가치를 상실한다. 자연은 "그 자신의 언어로" 기술될 것을 기다리고 있지 않다. "세계 자체의 언어와 같은 것은 존재하지 않는다. 오직 우리 언어 사용자들이 우리들의 다양한 목적을 위해서 창안한 언어들만이 존재한다."[7] 퍼트남은 우리들의 개념화와는 무관하게 확실히 존재하며, 다른 대안은 하나도 없이 오직 단 한 가지 형식의 재현만 가능한 방식으로 그렇게 우리의 정신을 압박하는 대상들 또는 사실들의 세계라는 모델을 비판한다.

> 우리는 우리가 구성하는 해석체계들(versions)과 이 해석체계들 내에서 '존재'와 '진리'를 말하는 것에 의미를 부여하는 절차 및 실천들과는 무관한 사물들의 '존재'나 진술들의 '진리성'이라는 개념들을 가지고 있지 않다.[8]

이로써 동일한 사태에 대해 서로 경합하는 기술들이 있을 수 있다는

---

7) H. Putnam, *Pragmatism. An Open Question*, Oxford 1995, 29쪽.
8) H. Putnam, "Why Reason Can't Be Naturalized," 같은 이, *Realism and Reason (Philosophical Papers*, Vol. 3), Cambridge 1983, 230쪽.

것을 고려하면서도 칸트의 **물자체**라는 의심이 가는 사상은 결코 용인하지 않는 언어선험주의의 구상이 모습을 드러낸다. 이 구상은 언어 및 행위 능력을 가진 모든 주체들이 지시하는 세계는 하나의 동일한 세계이다라는 실재론적 기본가정을 고수한다. "실재론은 단순히 사유와 언어가 사유와 언어의 부분들이 아닌 세계의 부분들을 재현할 수 있다는 생각으로 이해된다."[9] 퍼트남이 비록 선험 개념은 기피하고 있지만, 왜 선험철학적 입장이 그에게 호소력을 갖는지는 쉽게 파악할 수 있다. 그는 칸트로부터 인간정신의 유한성이 결점이 아니라 장점이라고 인간정신의 근본조건을 기술하는 것을 배웠다. 공동의 객관세계에 대한 지시연관이 각인되어 있는 언어로 표출된 세계지평은 필터처럼 정신과 세계 사이에 밀어 넣을 수 있는 것이 아니다. 개념체계들 혹은 언어들은 〔실재에의 접근을〕 **가능하게 하는** 조건들의 앙상블이다. 그것들은 시선을 차단하기 위하여 치는 베일처럼 실제 세계 위에 덮어씌워지지 않는다. 그것들은 우리가 우리의 믿음들을 세계와의 협력적 교류와 우리들 상호간의 논의적 교류를 통해 수정할 수 있는 방식으로 우리의 시선을 실제 세계로 향하게 한다. 세계에 대한 변화된 지식은 결국에는 일단 먼저 우리에게 세계에 대한 접근통로를 열어주어야만 하는 언어지식도 변화시킨다. "절대적 관점이란 개념이 이해할 수 없는 것이라면, 절대적 관점에서 말할 수 없다는 것은 무능력이 아니다."[10]

(3) 물론 언어학적 전회와 함께 경험과 판단의 객관성의 필요조건에 대한 선험적 시각도 변화한다. 선험적 주체는 시간과 공간의 저편에 위치한 자신의 위상을 상실하고, 언어를 통해 표출된 생활세계의 협력

---

9) H. Putnam, "The Question of Realism," 같은 이, *Words and Life*, J. Conant 편, Cambridge (Mass.) 1994, 299쪽.

10) H. Putnam, "Replies and Comments," *Erkenntnis* 34 (Special Issue on Putnam's Philosophy) 1991, 404쪽.

적 연관관계와 실천관행들 속에 존재하는 수많은 언어 및 행위 능력을 가진 주체들로 탈바꿈한다. 능력을 갖춘 발화자로서 이들은 한편으로 선험적 대상구성을 대체한 언어적 세계해석의 자발성에 관여하는 사회적 관여자들(Teilhaber)이다. 세계의 우연성들에 대처해야만 하는 이성적 행위자로서 이들은 다른 한편으로 언어적으로 선행투입된 의미연관들을 수정할 수도 있는 학습과정 및 새로운 해석에 착수할 주도권을 보유한다. 선험적 이성은 예지계의 대좌(臺座)에서 하강하여 역사적 언어공동체들의 실천관행 및 생활형식들의 미세한 구멍들 속에 자리 잡았다. 이렇게 이성이 문화적으로 구현됨으로써 선험적 구분들은 그 구분의 선명성을 상실하게 된다. 물론 그렇다고 그것들이 흔적 없이 사라지는 것은 아니다. 예지계와 현상계의 구분은 탈선험화된 형태로 다시 등장한다.

말하고 행위하는 주체들이 존재하는 맥락을 형성하는 **생활세계**와 이들이 서로 의사소통하고 개입해 들어가는 대상인 **객관세계** 간의 문턱이 없어진 것은 아니다. 우리가 우리의 생활세계의 실천관행에 참여하는 참여자의 시각에서 객관세계 내의 무언가를 향하는 관찰자의 시각으로 시각을 바꾸면, 모든 정신적 활동을 특징짓는 저 규범성이 우리에게서 떨어져나가게 된다. 객체와 사실들에 대한 지시나 태도가 갖는 고유한 지향성은 오직 우리가 간주관적으로 공유하는 공동의 실천관행의 지평으로부터 다른 생명체들은 분명 가지고 있지 않은 객관세계에 대한 거리를 유지하는 동안에만 우리 앞에 현전(現前)한다. 관찰자시각으로 시각을 변경하게 되면 우리는 의미론적 차원을, 즉 문법적 언어와 규범적 생활형식을 통해 사회화된 이성적 존재들의 직관적 지식으로의 접근통로를 상실하게 된다. 생활세계의 우회불가능성(Nicht-Hintergeh-barkeit)은 층층이 메타언어를 도입하는 것으로도 엄격한 객체화를 통해서도 결코 속일 수 없는 일상언어의 자기지시적 성격에서 명백히 드러난다.[11] 비트겐슈타인과 더밋에 동조하면서 퍼트남은 다음과 같이 강조한다. "한 말놀이에서의 말의 사용은 그 말놀이에 동원된 개념들과 연관되어 있는 개념들을 사용하지 않고서는 기술될 수 없다."12) 우리가 객체화하는 태도를 가지고 오직 외부적 관점에서만 언어를 바라보는 즉시, 언어는 우리에게 자신의 의미론적 차원을 박탈하는 벌을 내린다. 이 점은 인간 정신의 모든 성취와 표현형식 일반에 다 해당된다. 이것들은 규범적으로 구조화되어 있기 때문에 오직 규범적 어휘를 통해서만 기술되고 설명될 수 있다. 이성은 자연화 될 수 없다.

퍼트남은 우리 언어가 세계와 의미론적으로 연결되어 있는 것이 아니라 전적으로 인과적으로 연결되어 있다고 주장하는 반(反)직관적인 견해를 비판한다. 그의 비판의 표적은 콰인이 내세운 지시의 불확정성 테제이다.

> 말초신경의 자극은 외부의 사물들에 의해 일으켜지며(혹은 '촉발되며'), 그 사물들이 무엇인지에 대한 지식은 그 유기체에게는 접근 불가능하다. … 표피적 자극과 피부 바깥에(혹은 안에) 있는 것 사이에 어떠한 합리적 연결도 결여되어 있다고 한다면, 언어가 결국에는 실재에 대한 어떠한 확정적 지시도 갖지 않게 되리라는 것은 놀라운 사실이 아니다. 13)

이에 반해 퍼트남은 직접적 지시 이론을 전개한다. 왜냐하면 대상들과 관련하여 상이한 기술들 하에서도, 때로는 개별 패러다임들을 넘어서는 경우에도 그것들이 동일한 대상들임을 다시 알아볼 수 있는 능력이 없다고 한다면, 우리들의 오류가능한 정신이 갖는 학습능력에는 전

---

11) K. -O. Apel, *Transformation der Philosophie*, 전 2권, Frankfurt a. M. 1973.

12) H. Putnam (1995), 46쪽; H. Putnam, "Realism without Absolutes," 같은 이 (1994), 283쪽도 참조.

13) H. Putnam, "Realism without Absolutes," 같은 이 (1994), 282쪽.

험적으로 통찰 가능한 어떠한 한계도 지워져있지 않다는 사실이 설명 불가능하기 때문이다.

퍼트남은 콰인이 전험적이고 분석적인 진리개념을 기각한 것을 비판 하는데, 이 메타비판이 아마도 퍼트남이 칸트에 가장 가까이 다가간 사례일 것이다. 모든 진술이 본질적으로 후험적이라면, 우리는 논리학 도 경험과학과 같은 수준에 놓아야만 할 것이다. 널리 수용된 이 견해 에 반대하여 퍼트남은 프레게의 심리학주의 비판의 핵심요지를 내세운 다. 이때 그는 특유하게 칸트적인 사유도식을 사용한다. 그는 양가원 칙을 예로 들어 논리적 진리들을 부정한다는 것이 무엇을 의미할지 우 리는 전혀 이해하지 못한다는 것을 보여준다. "논리적 진리들은 우리 가 (현재) 이해하고 있는 바의 부정(否定)들을 가지고 있지 않다."[14] 우리가 다른 진술들에서 암묵적으로 언제나 이미 전제할 수밖에 없는, 더 이상 논증이 불가능한 진리성을 갖는 진술들을 부정하려고 하는 것 은 말도 되지 않는다. 이 주장은 (약한 의미의) 선험적 논변의 형식을 갖는다. 이 **불가결성(不可缺性) 논변**(*indispensability argument*)은 우리가 다른 대안은 생각할 수 없는 전제의 수정불가능성이나 필연성이 아니 라 ― 당분간의 ― 불가피성을 논증하고 있다는 점에서 "약하다".

(4) 어떤 것이 "우리에게는" 이해가 되지 않거나 말도 안 된다고 할 때, 이것은 모든 이성적 존재들을 포괄하는 "우리"라는 준거점을 전제 한다. 그런데 언어학적 전회 이후 우리는 이 포괄적 "우리"를 더 이상 선험적 의식의 강단(講壇)으로 이해할 수 없다. 일인칭 복수의 역할은 이제 기존의 논의를 속행하고 새로운 논의를 시작하는 구체적인 정당 화 공동체들이 떠맡게 되었다. 오직 이 논의의 광장에서만 어떤 논변 들이 지속적으로 반론들을 물리치고 스스로를 관철시킬 논변들인지가

---

14) H. Putnam, "Rethinking Mathematical Necessity," 같은 이 (1994), 256쪽.

348

드러날 수 있다. 그러나 이와 함께 다음과 같은 물음이 제기된다. 즉, 많은 역사적 형태들로 분화, 현상한 선험적 의식이 똑같은 숫자만큼의 이성의 조각들로 분산되는 것인가, 아니면 의사소통적 이성의 공적 사용은 문화적으로 다양하게 이루어지지만 그 속에서 현시되는 의사소통적 이성은 **동일한** 의사소통적 이성인가? 칸트주의자로서 퍼트남은 이론선택의 과학적 영역과 문화 상호간의 의사소통의 생활세계적 영역 모두에서 성찰적 보편주의를 옹호한다.

퍼트남은 통약불가능성 테제를 비판적으로 검토하면서 한 이론에서 다른 이론으로 바뀌게 될 때 일어나는 기본개념들의 의미변화가 이론들 간의 번역가능성을 배제하지는 않는다는 입장을 견지한다. 퍼트남은 개별 패러다임들의 경계를 넘어설 수 있는 정당화의 실천관행들을 염두에 두고 있다.

> 패러다임들을 비판하고 창안하는 활동은 합리성과 정당화를 전제하고 있으며, 이 합리성과 정당화 자체는 어떤 하나의 패러다임에 의해 규정된 것이 아니라는 것을 … 인식하는 것이 중요하다 … . 탈패러다임적인(*nonparadigmatic*) 정당화개념이 존재한다면, 이론들에 대해 그 이론들이 속한 패러다임들과는 무관하게 일정한 것들을 말하는 것이 가능해야만 한다. 15)

과학적 논의는 생활세계적 맥락 속에 들어가 있다. 세계는 과학에 결코 단 하나만의 올바른 언어를 강요하지 않기 때문에, 우리가 어떤 관점에서 어떤 어휘〔체계〕들을 가지고 세계 속에서 일어나고 있는 일들을 기술할 것인가는 우리의 관심과 생활맥락들(*Lebenszusammenhänge*)에도 달려있다. 이론형성이 갖는 이 실용적〔화용론적〕 뿌리는 다시금 맥락주의를 전면에 불러내는데, 이번에는 문화적 생활형식 전체가

---

15) H. Putnam, "The Craving for Objectivity," 같은 이 (1990), 125쪽 이하.

그 대상이다. 우리의 정당화실천의 토대를 이루는 합리성의 표준들은 오직 자기 문화의 고유성만을 반영하고 있지는 않은가? 하나의 문화적 세계 속에 사로잡혀 있는 수인(囚人)들인 우리는 본질적으로 낯선 발언들을 자신들의 합리성의 척도에 동화시키는 도리밖엔 없다고 주장하는 방법적 자문화중심주의에 반대하면서, 퍼트남은 흥미롭게도 대화 상대방들 간의 관계가 갖는 우회불가능한 대칭성을 지적한다. 16) 서로 아무리 낯선 문화를 가진 사람들끼리 만났다 하더라도 이들이 함께 무언가에 대해 의사소통하기 위해 대화를 하게 되면, 이들은 서로에 대해 화자와 청자의 시각을 떠맡아야 한다. 자연언어의 의사소통적 사용에는 인칭대명사체계를 통해 일인칭 시각과 이인칭 시각의 상호교환이 내재되어 있기 때문이다. 이 일인칭 시각과 이인칭 시각의 상호교환은 유아론적으로 이해된 문화 상대주의를 근거가 없는 것으로 만든다.

다른 사람의 시각을 수용하도록 하는 실용적〔화용론적〕 강제는 — 객관세계에 대한 실재론적 상정 및 논리적 일관성에 대한 요구와 함께 — 서로 문화적으로 아무리 소원한 〔대화〕 상대방들일지라도 서로서로 수정을 하면서 공동의 언어를 만들어나갈 수 있는 공동성의 지반을 형성한다. 물론 맥락을 떠난 이성의 사용이란 존재하지 않으며, 국지적 연관관계 속에서 해석되지 않아도 되는 합리성의 표준들 역시 존재하지 않는다. 그러나 비판을 수행하는 과정 자체에서 이성은 수행적으로 모든 국지적 속박에 저항한다.

어떤 영역에서든 무엇이 '옳고' '그르다'고 말하는 것은 오로지 물려받은 전통을 배경으로 하여서만 뜻이 통하게 된다. 그러나 전통 자체

16) 퍼트남과 로티의 논쟁에 관해서는 J. Habermas, "Die Einheit der Vernunft in der Vielfalt ihrer Stimmen," 같은 이, *Nachmetaphysisches Denken*, Frankfurt a. M. 1988, 175쪽 이하 참조〔옮긴이 주: 이 책의 우리말 번역본은 《탈형이상학적 사유》(이진우 역, 문예출판사 2000)이다〕.

350

는 비판될 수 있다. … 이성은 … 내재적이면서(구체적인 말놀이와 제
도 밖에서는 찾아볼 수 없으며) 초월적이다(모든 행위와 제도의 실행
을 비판하기 위하여 우리가 사용하는 규제적 이념이다).17)

이성은 허공 속에서 자유롭게 부유하는 과정은 아니다. 그러나 각각
의 상황 속에 위치한 이성의 **수행**(*Vollzug*)에는 모든 맥락을 안으로부
터 초월하려는 경향성이 각인되어 있다. 비록 금방 또 다시 보다 확장
된 맥락 속에서 다른 형태로 구현되어 등장하게 될지라도 말이다.

---

17) H. Putnam, "Why Reason Can't Be Naturalized," 같은 이 (1983), 234쪽.

II

(5) 이제 실천철학의 문제들은 자연스럽게 이론철학의 해법들을 이어받는다. 왜냐하면 퍼트남은 — 실용주의적 연구논리의 전통을 따라서 — 이미 연구과정 자체를 사회적 협력의 한 사례로 파악하기 때문이다. 비록 연구자 공동체가 자연과의 실험적 교류와 전문가들과의 논의적 교류라는 특수한 조건하에서 그들의 협력적 진리추구를 행한다 할지라도, 이 복잡한 작업 속에 구현되는 지적 능력(*Intelligenz*)은 다른 종류가 아니라 바로 우리들의 통상적 실천과 일상의 의사소통도 규정하는 그 지적능력이다. 연구의 실천〔관행〕과 이것이 뿌리 내리고 있는 생활세계적 맥락 간에는 내적 연관관계가 존재한다. 이점을 퍼트남은 성과에 의해 통제되는 모든 행위에 고유한 반성적 특성(*Reflexität*)을 고려하면서 설명하고 있다.

> 모든 협력적 행위는 연구의 계기를 포함하고 있다. 단지 그것이 행위가 매끄럽게 잘 행해지고 있는지 아닌지에 대한 진행 중의 지각에 불과할지라도 말이다. 그리하여 (과학적) 연구의 합리적 … 실행에 본질적인 것은 어느 정도까지는 모든 협력적 행위의 지적 실행에도 본질적이다. [18]

이 행보를 통해 퍼트남은 연구의 논리를 충족시키지 못하는 모든 것을 비합리적이라고 보는 과학주의적으로 협소화된 합리성개념으로부터 벗어난다. 그런 까닭에 법칙론적 경험과학이라는 보다 좁은 의미의 과학개념에 비추어 볼 때 과학적이지 않은 논의들이 곧 바로 **비과학적인** 것은 아니다. 철학 자체는 자연과학이라기보다는 정신과학이다.

---

18) H. Putnam, "Pragmatism and Moral Objectivity," 같은 이 (1994), 174쪽.

물론 과학이 우리에게 가르쳐주는 모든 것은 당분간은 지식으로 간주된다. 그러나 과학이 우리가 알 수 있는 모든 것을 다 포괄하지는 않는다. 예를 들어 과학의 객관화하는 처리방식에는 객관적 지식을 비로소 가능하게 하는 조건들에 대한 성찰이 결여되어 있다. 과학적 지식의 불완전성을 주장하면서 퍼트남은 칸트가 《순수이성비판》에서 사용한 지성과 이성의 구분을 자기 것으로 만들고 있다. 이 때 퍼트남의 관심사는 단지 인식론적으로 사용되는 이성만이 아니라 이성 일반이 갖는 본질적으로 실천적인 성격이다. 과학의 과학주의적 자기이해는 무엇보다도 연구의 실천〔관행〕이 가치지향의 지평 속에 들어가 있다는 것을 부인하기 때문에 그릇된 것이다.

> 칸트가 이미 통찰한 바대로 물리학의 세계가 배제하고 있는 것, 바로 그것이 우리에게 그 세계를 가능하게 해주는 것, 혹은 우리로 하여금 우리의 '감각적 자극들'로부터 바로 그 세계를 구성할 수 있도록 해주는 것이다. 즉 지향적이고 평가적이며 지시적인 '종합'의 작업을 가능하게 해주는 것이다. 요컨대 내 주장은 가치들이 존재하지 않는다면 우리는 **세계**를 가지지 못할 것이라는 것이다.[19]

이 생각의 핵심 포인트는 지성의 인식성과에 대한 철학적 해명이 그 **자체로** 가치지향의 실천적 정당화를 촉구한다는 데 있다.

이성은 그 자체로 실천적이기 때문에 인식론은 윤리학 없이는 불완전하다. 물론 연구과정은 진리와 객관성을 지향하며 이런 의미에서 "가치중립적"이다. 그러나 협력적 진리추구는 그 자체가 규범적으로 구조화된 작업이다. 어떤 문제를 제기할 것인가에 대한 선택이 중요도를 판정하는 관점에, 즉 외적인 가치지향에 달려있다는 평범한 사실은 차치하더라도 연구에는 **본래적인** 가치구조가 내재한다. 이 점은 무엇보다

---

19) H. Putnam, "Beyond the Fact/Value Dichotomy," 같은 이 (1990), 141쪽.

이론을 평가하고 수용하는 기준들에서 드러난다. 주지하다시피 이론을 선택하는 데에는 다른 영역에서 입증된 이론들을 잘 보존하고 있는가의 여부 또는 도구적 성취능력, 즉 경험적 지식이 예측을 위해 기술적으로 이용될 수 있는가의 여부와 함께 정합성, 단순성 또는 우아함도 결정적 기준이 된다. 이 인지적 가치들은 윤리적 가치들과 유사한 방식으로 "행위를 이끄는" 가치들이다. 이것들은 도구적 위상가치만이 아니라 구속성도 가지며, 그 자체로 논변적 논쟁의 대상이 될 수 있다.

그런데 연구 자체가 가치지향들을 따르면서도 그렇다고 해서 연구상의 진술들의 객관성에 대한 주장이 타격을 입지 않는다면, 왜 다른 영역의 가치판단은 덜 객관적이라는 취급을 받아야 하는가? "믿음 확정의 영역에는 '당위를 수반하는 사실들'(ought-implying facts)이 존재한다. 이 점은 어느 곳에도 '당위를 수반하는 사실들'이 존재할 수 없다는 견해를 수용하지 말아야 할 하나의 훌륭한 이유가 된다."[20] 이 언급에서 이미 실재론을 본래의 영역인 인식론에서 윤리학으로 전용(轉用)하려는 퍼트남의 논변전략이 드러난다. 퍼트남은 첫째로 가치의 "객관성"을 옹호하고(6), 둘째로 가치의 타당성[효력]의 문화적 상대화에 반대하며(7), 끝으로 상황처리와 문제해결에 대한 실용주의적 이해의 틀 안에서 독자적인 가치실재론적 견해를 정립한다(8).

(6) 퍼트남은 무어(Moore)식의 가치윤리학이나, 막스 셸러(Max Scheler) 혹은 니콜라이 하르트만(Nicolai Hartmann)식의 가치윤리학에 동조하지 않는다. 앞으로 살펴보겠지만, 퍼트남이 가치판단의 객관성을 논증하는 방식은 비트겐슈타인식에 가깝다. 하지만 퍼트남도 모든 타당성주장이 진리주장의 단언적 의미를 갖는다는 입장을 은근히 내비치고 있다는 점에서 예외가 아닌 듯하다. 또한 그는 가치판단의

---

20) H. Putnam, "Pragmatism and Moral Objectivity," 같은 이 (1994), 170쪽.

354

객관성이 경험적 판단의 진리성을 모델로 하여 구상될 수 있다고 생각하는 듯하다. 그러나 진리타당성에 대한 이 인식론적 차원의 해명이 판단 일반의 객관성에 대한 해명을 제공한다고 한다면, 사실판단의 존재론적 함의는 — 세계 자체에 의해 보증된 사태의 "존립"은 — 가치판단에도 영향을 미치게 된다. "그 이름에 값하는 진리는 세계에 의해 이끌어져야만 한다."21) 참인 가치판단은 사실과 유사한 가치들을 — 당위를 수반하는 사실들을 — 반영한다. 그런데 가치들로까지 확장된 인식실재론은 우리의 문법적 직관에 반한다는 점에서 "기이한" — 매키 (Mackie)의 표현을 따르자면 **괴상한**(queer) — 사실들을 상정한다. 경험적 판단은 객관세계 내의 사태가 어떠한지를 진술하는 반면, 평가적 판단은 우리의 생활세계 내의 어떤 것을 어떻게 평가하는 것이 마땅한지, 혹은 어떻게 취급해야만 하는지에 대해 우리에게 각별히 권고한다. 문제가 무엇인지는 명백하다. 가치판단이 비록 어떠한 기술적(記述的) 의미도 가지고 있지 않더라도 경험적 판단처럼 "참" 또는 "거짓"일 수 있어야 하는 것이다. 그러나 올바른 판단들은 경험적 내용을 갖느냐 아니면 규범적 내용을 갖느냐에 따라 각각 그 타당성의 의미가 다르다.

이러한 직관에 부응하기 위하여 칸트는 최소한 좁게 한정한 일단의 도덕적 판단들을 염두에 두고서 이성개념의 분화를 시도한다. 그는 순수이성의 이념이 인식하는 주체의 지성적 활동의 발견술과 관련된 것인지 아니면 **욕구하고 행위하는** 주체의 의지의 규제와 관련된 것인지에 따라 각각 이론적 이성사용과 실천적 이성사용을 구분한다. 사태가 어떠한지를 진술하는 단언적 판단과 무엇이 정언적(kategorisch) 구속성을 갖는지를 말하는 도덕적 판단은 각기 다른 타당성의 의미를 갖는다. 도덕적 통찰이 "객관적"이라 할 때 그 "객관성"의 의미는 경험판단의 그

---

21) H. Putnam, "Pragmatism and Relativism. Universal Values and Traditional Ways of Life," 같은 이 (1994), 195쪽.

것과는 다르다. 이로써 당위명제는 자연법의 존재론적 함의를 상실한
다. 일반화가 가능한 규범은 모든 사람의 공통의 이해관계에 들어맞기
때문에, 혹은 각각의 모든 이에게 똑같이 좋은 것이기 때문에 **마땅히**
인정을 받는 것이다. 미리 상정해본 포용적인 "목적의 왕국"에서의 상
호인정 관계가 규범의 타당성을 재는 척도가 된다. 규범은 사실처럼
객관세계에, 즉 우리를 실망시키는 실재에 대해 문제해결적으로 대처
할 때 우리가 처하는 제약들에 상응하지 않는다.

   퍼트남은 이 의무론적 견해를 공격한다. 올바르게도 그는 먼저 인정
을 요구하는 가치의 특성에 어떠한 여지도 남기지 않는, 의무와 심적
경향(*Neigung*)의 엄격한 구분을 비판한다. 오직 도덕적 가치만이 보편
화의 척도를 충족시키기 때문에 칸트가 행한 이성의 분화는 모든 비도
덕적 가치들을 자연주의적으로 취급할 것을 강요하는 것처럼 보인다.
그래서 퍼트남은 경험주의적 비(非)인지주의만이 아니라 다수의 비도
덕적 가치지향들을 단순한 심적 경향으로 평가절하 하는, 칸트의 도덕
이론에 아직 남아있는 경험주의도 공격의 대상으로 삼는다. [22] 도덕만
이 아니라, 성공적 삶에 중요한, 선호할 만하고 추구할 만한 가치가
있는 모든 현상들 전체를 이성적 언설(言說, 말하기, *Rede*)의 지평 속
으로 가져와야 한다. 가치판단은 정의(正義)의 문제라는 협소한 의무
론적 영역에서만이 아니라 추구할 만한 가치가 있는 삶과 관련된 모든
문제들에 걸쳐서 실용주의적으로 이해된 실재론의 의미에서 참 또는
거짓일 수 있는 진술들을 형성해야 한다.

   여기서 퍼트남은 아이리스 머독(Iris Murdoch)의 잘 알려진 논변들
에 의지한다. [23] "잔인하다", "무섭다", "뻔뻔하다", "순결하다", "변덕
스럽다" 혹은 "무정하다"와 같은 술어들로 이루어진 직설법 문장들이
문법적으로 기술적(記述的) 진술의 형식을 갖는 것은 우연이 아니다.

---

22) H. Putnam (2001) 참조.
23) I. Murdoch, *The Sovereignty of Good*, London 1970.

이 "진한" 평가적 기술들의 사용논리는 가치판단을 사실요소와 태도요소로 분해하자는 헤어(Hare) 등의 제안과는 반대된다. 화자는 이런 방식으로 어떤 사안을 서술하는 문장들을 말함으로써 동시에 가치평가를 행한다. 기술이 바로 입장표명이다. 화자는 자신의 평가적 어휘에 비추어 도처에서 현저한 특징들을, 예를 들어 마음이 이끌리거나 반감을 불러일으키는 특징들을 찾아낸다. 동시에 화자는 자신의 세계개창적 언어라는 접안렌즈를 통해 자신이 이러한 특징들에 대해 어떻게 반응해야 하는지를 보지 않았더라면 결코 이러한 특징들을 제대로 인지할 수 없었을 것이다.24) 모국어 사용자(native speaker)로서 화자는 직관적으로 어떤 사람의 모습에서 무엇이 자신을 섬뜩하게 하는 것인지, 어떤 만남에서 무엇이 매력적이거나 혐오스러운 것인지, 어떤 경험에서 자신을 짜증나게 하는 것이 무엇인지를 — 한 마디로, 왜 이 사안은 중요하고, 다른 사안은 중요하지 않은지를 — "안다." 화자는 이 어휘를 습득함과 동시에 자신이 심려하는 것을 — 자신의 삶의 계획이나 자신이 속한 공동체의 집단적 자기이해를 — 올바로 표현할 수 있는 적절한 낱말들도 습득한다.

  비트겐슈타인의 말놀이 개념을 통해 한 문화의 실천적 지식을 구성하는 주요 성분들이 평가적 어휘〔체계〕와 규범적 문장의 사용규칙에 침전된다는 것을 설득력 있게 입증할 수 있다. 여기까지는 나도 퍼트남과 같은 의견이다. 그러나 그렇다고 해서 이 평가적 지식이 갖는 "객관성"이 어떤 의미를 갖는 객관성인지가 이미 결정된 것은 아니다. 물론 가치들은 — 한 공동체의 생활형식을 가능케 하는 본질적 조건으로서 구성적 기능을 갖는데 바로 그 — 공동체 내에서 간주관적 인정을 받는다. 그리고 이러한 인정이 좋은 근거들에 의해 뒷받침 되는 한, 가치판단의 객관성은 한 문화의 틀 안에서 기본이 되는 가치기준들의

---

24) J. McDowell, "Virtue and Reason," *The Monist* 62, 1979, 331~350쪽.

수용이라는 사회적 사실 이상의 것을 나타낸다. 간주관적으로 공유하는 가치지향들과 같은 사용지식은 그것〔의 타당성〕이 실천적으로 "확증"되지 않았다고 한다면, 비록 국지적 맥락에서일지라도 수용되지 않았을 것이다. 바로 이 지점에서 퍼트남은 '잠깐!'을 외치며, 다음과 같은 물음을 제기한다. 평가적 부하를 갖는 언어들〔의 타당성〕은 — 경험적 언어들과 유사한 방식으로 — "실재에 의해서가" 아니라면 무엇에 의해서 확증될 수 있겠는가? 이 말은 윤리적 지식은 오직 해당 문화에 대해서만 타당성〔효력〕을 가지며 해당 전통과 생활형식을 벗어나면 지도력을 상실한다는 견해를 반박하는 것처럼 보인다.

(7) 사실판단과 가치판단의 타당성의 양태를 세분화하는 데 반대하면서 퍼트남은 세 가지 논변을 내세운다. 그는 (a) 앞에 언급한 인지적 가치와 비인지적 가치의 "중첩"과, (b) 이론 다원주의와 세계관 다원주의의 근친성, 그리고 (c) 낯선 실천관행과 사회적 상황에 대한 규범적 가치평가를 상론한다.

(a) 앞에 말했다시피 퍼트남은 연구의 토대를 이루는 가치구조 (*Wertbasis*)를 윤리학이나 다른 어떤 지식영역에서와 마찬가지로 과학에도 가치중립적인 사실확정이란 존재하지 않는다는 사실에 대한 결정적 힌트로 파악한다. 그러나 이 첫 번째 행보로 그가 경험적 지식과 윤리적 지식 간의 대립을 완화할 수 있는 경우는 오직 인지적 가치지향과 비인지적 가치지향 간의 연속성이 입증될 수 있을 경우뿐이다. 그러나 인지적 가치의 특징은 바로 기능적 진리연관인데, 이것은 다른 모든 가치들에는 결여되어 있는 것이다. 퍼트남은 이러한 종류의 〔인지적〕 가치들은 진리를 가능하게 한다는 특유한 성격을 갖는다는 반론에 대해 진리 자체는 다른 가치들과 "중첩"되는 가치다 라는 설득력이 거의 없는 주장으로 대응한다. [25] 우리의 연구 및 정당화 실천관행을

이끄는 규제적 이념을 형성하는 것은 진리 그 자체가 아니라 진리의
확인(*Vergewisserung*)이라는 인식적 개념이다. 진리는 더 가지거나 덜
가질 수 있는 자산이 아니라 하나의 타당성개념이다.

　(b) 그 다음에 퍼트남은 우리가 이성적으로 생각할 때 윤리적 지식
의 영역에서는 기대할 수 없는 의견일치의 가능성을 경험적 지식의 영
역에서는 기대할 수 있다는 테제를 상세히 비판한다. 물론 퍼트남은
빈번히 형이상학적 혹은 종교적 세계관과 착종되어 있는 삶의 계획 및
"좋음에 대한 개념들"(롤즈)의 다원주의를 부인하지 않는다. 그러나 그
는 그러한 해석들의 다양한 차이가 단지 실천적 지식만의 특징일 뿐
경험적 지식에는 해당되지 않는다는 주장에 대해서 이의를 제기한다.
"우리는 과학이 어떤 하나의 명확한 이론적 상(像)으로 수렴될 '운명'을
갖고 있는지 아닌지에 대한 사변을 정당화할 어떠한 뚜렷한 증거도 가
지고 있지 않다."26) 하지만 이 논변도 역부족이다. 물론 자연과학적
세계상들은 결코 어떠한 하나의 수렴점을 향해 나아가지 않는다. 그것
은 이미 과학적 이론들이 모든 것을 총체화하는 그런 종류의 지식으로
뭉뚱그려지지 않기 때문에 그렇다. 과학적 이론들은 기껏해야 그러한
포괄적인 상(像)들의 — **그림들, 이미지들, 포괄적인 학설들의** — 맥락 속에
편입될 수 있을 뿐이다. 그러나 실재론적 전제 하에서 바로 퍼트남 자
신이 통약불가능성 테제에 반하는 이론 상호간의 번역가능성을 상정하
고 있다. 또한 그는 나중의 물리학 이론들이 그 이전의 이론들이 내세
웠던 — 세계상들은 아니지만, 그러나 — 방정식들을 극단적인 케이스

25) H. Putnam, *Vernunft, Wahrheit und Geschichte*, Frankfurt a. M. 1982,
　　174쪽 이하[옮긴이 주: 영어 원서 *Reason, Truth and History*, Cambridge:
　　Cambridge Univ. Press, 1981. 우리말 번역본 《이성, 진리, 역사》, 김효
　　명 역, 민음사 1987]; H. Putnam, "Pragmatism and Moral Objectivity",
　　같은 이 (1994), 170쪽 이하.
26) H. Putnam, "Objectivity and the Science/Ethics Distinction," 같은 이
　　(1990), 171쪽.

로 포함하는 것을 가능하게 하는 이론변동의 항구성을 믿는다. 27)

이론과 달리 세계상들은 하나의 삶 전체를 구조화하는 힘을 갖는다. 그것들은 우리의 이론적 호기심보다는 삶의 방향설정에 대한 욕구를 충족시켜준다. 28) 그런 까닭에 세계상(世界像)의 다원주의와 과학적 이론들의 경쟁 간의 차이점은 **이성적으로 생각할 때** 예상 가능한 의견불일치(*Dissens*)의 종류이다. 여기서 말하고자 하는 것은 통상적인 **판단의 부담들이**29) 아니라, 〔아무리해도 의견이 일치하지 않는데도〕 여전히 합의에 도달하려고 하는 모든 더 이상의 시도를 무의미하고 심지어는 위험한 것으로까지 만드는 **이성적인 의견불일치**(*reasonable disagreements*)이다. 왜냐하면 실천에 있어서는 이러한 시도가 정당한 차이들을 억압하는 결과를 낳을 수 있기 때문이다. 이성적인 의견불일치에 대한 예상을 뒷받침하는 좋은 근거들은 다른 사람들에게 자신의 견해가 올바르다는 것을 설득하려는 시도를 중지해야 할 좋은 근거들이다.

그러나 이 말이 윤리적 결정은 전혀 합리적으로 논증될 수 없고 윤리적 문제들은 결코 논의를 통해 해명될 수 없다는 것을 의미하는 것은 아니다. 우리는 단지 올바른 시각을 갖기만 하면 된다. 30) 대체로

---

27) "뉴턴이 조수(潮水)는 달과 태양의 인력에 의해서 일어난다고 말했을 때 그는 옳았다. 그의 진술이 일반상대성이론의 시대에 재해석되었을지라도, 그리고 물리학에서 과학혁명이 계속되는 한 또 재해석되어야만 할지 몰라도 그는 옳았다." H. Putnam, "The Craving for Objectivity," 같은 이(1990), 131쪽.

28) 퍼트남은 다음과 같이 비트겐슈타인의 견해를 인용하면서 동의를 표명한다. "종교는 믿음의 표명보다는 사람들이 자신의 삶을 계획하기 위해 받아들이는 그런 종류의 상(像)과 더 많이 관련되어 있다." H. Putnam, *Renewing Philosophy*, Cambridge/Mass. 1992, 146쪽.

29) J. Rawls, *Political Liberalism*, New York 1993, 54~58쪽〔옮긴이 주: 이 책의 우리말 번역 — 롤즈, 《정치적 자유주의》, 장동진 역, 동명사 1998, 68~73쪽〕.

30) J. Habermas, "Vom pragmatischen, ethischen und moralischen Geb-

나에게 가장 좋은 것은 무엇인가?, 나는 누구인가?, 나는 무엇이 되고 싶은가? 등등의 윤리적-실존적 물음들은 집단적 정체성과 삶의 영위와 관련된 윤리적-정치적 물음들과 마찬가지로 일인칭 인격의 시각에서 제기된다. 윤리적 문제제기는 그 자체로 이미 반드시 그러한 해석학적 자기성찰의 준거점이 되는 각기 자신의 삶의 이력 내지는 우리들의 집단적 생활형식의 맥락을 선택한다. 이것은 실천적 지식이 갖는 직관적 본성만이 아니라 맥락의존성도 해명해준다. 자신의 실천관행과 생활맥락들에 대한 성찰은 객관화하는 과학과는 달리 어떠한 반직관적 지식도 드러내주지 않는다. 그리고 이러한 성찰은 각각의 고유한 생활세계의 지평 속에서 우리의 행위 일체에 대해 방향을 제시하기 때문에, 윤리적 지식과는 어떠한 보편적 타당성주장도 결합되지 않는다. 생활세계는 비록 그것들이 동일한 의사소통적 기반구조를 가지고 있다고 할지라도 항상 복수로 등장한다.

(c) 끝으로 문제가 되는 것은 강한 가치상대주의적 테제이다. 이 테제에 따르면 생활형식과 윤리적 세계상 및 문화들은 본질적으로 "진한" 가치개념들로 구성되어 있어서, 정당하게 규제된 간(間)인격적 관계들도 오로지 국지적 시각에서만 평가가 가능하다.[31] 이에 반대하면서 퍼트남은 지당하게도 "좋다"와 "옳다", "당위"와 "의무"와 같은 추상적 개념들이 모든 평가적 언어들에서 동일한 문법적 역할을 수행한다는 점을 강조한다. 이 공통의 의미론적 차원이 낯선 문화의 행위방식들에 대하여 맥락을 초월한 가치판단을 행하는 것도 가능하게 해준다.[32] 퍼트남은 지당하게도 왜 우리가 예를 들어 아즈텍 사람들의 신화는 그릇

---

rauch der Vernunft," 같은 이, *Erläuterungen zur Diskursethik*, Frankfurt a. M. 1991, 100~118쪽.

31) 왈쩌(M. Walzer)의 "도덕적 최소주의" 참조. M. Walzer, *Thick and Thin*, Notre Dame 1994.

32) H. Putnam, "Pragmatism and Relativism," 같은 이 (1994), 191쪽.

된 것이라고 여겨도 되는 반면 그들이 사람을 제물로 바치는 관행에
대해서는 판단을 유보해야만 하는가 라는 물음을 제기한다.

그런데 이 예는 퍼트남 자신이 거부하는 의무론적 구분이, 즉 보편
주의적인 정의의 도덕과 특수주의적인 삶의 영위의 윤리를 의무론적으
로 구분하는 편이 옳다는 것을 보여준다. 우리는 우리가 속한 공동체
에서만이 아니라 어느 곳에서든 사람들에게 고통을 가하는 것을 "잔인
하다"고 말한다. 그러나 우리는 기이한 교육관행과 결혼예식들에 대하
여, 즉 낯선 문화의 에토스를 구성하는 핵심요소들에 대하여, 그것들
이 우리의 도덕적 잣대에 ― 즉 보편주의적 타당성주장을 통해 다른 가
치들과 구분되는 핵심적 가치들에 ― 반하지 않는 한, 이의를 제기할
어떠한 권리도 결코 없다고 느낀다. 이와 유사하게 우리가 (물론 오로
지 극단적인 경우에만 한정되지만) 한 사회체계 전체의 병리현상을 진단
할 때 지침으로 삼는 임상의학적 직관들도 저 의무론적 구분이 옳다는
것을 보여준다. 33) 이러한 소외 혹은 아노미(Anomie) 상태와 관련하여
우리에게 "그릇된" 것 혹은 "비정상적인" 것으로 보이는 것은 바로 "사
회적 유대"의 붕괴, 즉 다만 보편주의적인 정의의 기준들의 이면일 뿐
인 사회적 연대성의 최소기준에 대한 침해이다. 34) 그러나 퍼트남은 보
편주의적 행위규범들과 특수한 가치들을 구분하는 이 의무론적 구분에
대해 불만을 표출한다. 왜냐하면 도덕적 명령의 (그리고 도덕적 함의를

---

33) "다원주의적 이상에 대한 믿음은 인간의 번영에 대한 이상이 어떤 것이든 간
에 모두 다 똑같이 좋다는 믿음과 동일한 것이 아니다. 인간의 번영에 대한
이상 중에는 잘못되었거나 유아적이거나 병적이거나 혹은 편파적이기에 우
리가 거부하는 이상들도 존재한다." H. Putnam (1982), 200쪽.

34) J. Habermas, "Gerechtigkeit und Solidarität," 같은 이 (1991), 49~76쪽;
같은 이, "Eine genealogische Betrachtung zum kognitiven Gehalt der
Moral," 같은 이, *Die Einbeziehung des Anderen*, Frankfurt a. M. 1996,
11~64쪽 [옮긴이 주: 하버마스, "도덕의 인지적 내용에 대한 계보학적 고
찰," 《이질성의 포용》, 황태연 역, 나남출판 2000, 21~72쪽].

갖는 "잔인하다"와 같은 표현들의) 정언적 구속성, 즉 〔공동체들 간의〕 경계를 초월하는 구속성과 함께 사실판단의 진리타당성 차원으로 환원될 수 없는 당위타당성의 차원이 작용하게 되기 때문이다.

(8) 버나드 윌리엄스(Bernard Williams)의 윤리학에35) 대한 퍼트남의 반론들을 다시 비판적으로 검토해보면, 주관적 내지 자의적으로 설정한 선호사항들과 달리 가치들은 일정한 객관성을 갖기는 하지만, 이 객관성은 경험적 내용을 갖는 사실확정들을 모델로 해서 실재론적으로 이해될 수 있는 것이 아니라는 결론에 이르게 된다. 오히려 이 객관성은 해당 생활형식을 준거로 할 때 좋은 근거들에 의해 뒷받침되는 가치기준들의 간주관적 인정을 바탕으로 한다. 간주관성으로 파악된 가치판단의 객관성은 특정 공동체와 연관되어 있다는 지표를 갖는다. 그런데 탈전통적 정의(正義)의 문제들과 함께 현존 공동체들의 맥락을 초월하는 가치기준들이 작용하게 된다. 보편주의적 도덕의 객관적 타당성은 "계속 확장되어가는" 공동체와의(미드〔George Herbert Mead〕의 표현을 빌자면, "ever wider community"와의) 내적 연관이라는 특징을 갖는다. 도덕적 타당성은 이러한 맥락의 초월을 통해 구성주의적 의미를 획득하게 된다. 비록 비(非)보편주의적 가치들의 객관성과 마찬가지로 동일한 사회적 인정의 차원 안에서 설명되어야만 한다고 하더라도 말이다.

보편적 인정을 받을 만한 도덕적 판단은 "옳다." 이 말은 그러한 도덕적 판단이 합리적이고 거의 이상적인 조건하에서 행해진 논의에서 그것과 어떻게든 관련이 있는 모든 당사자들의 동의를 받을 수 있을 것이라는 것을 의미한다. 진리주장과의 유사성은 합리적 수용가능성에 대한 요구에 있다. 기술적(記述的) 진술의 진리성도 오직 최대한 포괄

---

35) B. Williams, *Ethics and the Limits of Philosophy*, London 1985에 대한 나의 비판은 J. Habermas (1991), 120~125쪽 참조.

적이고 항구화된 합리적 논의를 통해 밝혀지고 확증될 수 있다. 하지만 두 타당성주장 간에는 오직 유사성만이 존재한다. 도덕적 올바름의 타당성개념은 정당화를 초월하는 진리개념이 갖는 존재론적 함의를 상실했다. "올바름"은 하나의 인식적 개념으로서 단지 보편적 인정합당성(認定合當性)만을 의미하는 반면, 진술의 진리성의 의미는 아무리 까다로운 확증의 인식적 조건들을 부과한다 하더라도 이것들을 넘어선다. 진리는 이상화된 정당화를 초월한다. 이와 같은 "진리"와 "도덕적 올바름" 간의 차이는 이론적 이성과 실천적 이성 간의 구분을 반영한다.

전면적인 실재론자인 퍼트남은 이러한 이성의 이분화와 이에 상응하는 타당성 차원의(진리타당성과 당위타당성으로의) 분화를 회피하고자 한다. 타당성 차원의 분할불가능성을 입증하기 위해 그는 때때로 "피터가 열심히 공부했더라면 보다 나은 철학자가 되었을 것이다"와 같은 예문들을 제시하였다. 실제로 논리학은 표현들이 어느 의미론적 영역에서 나온 것이건 간에 모든 표현들 간에 연결을 만들어낸다. 그러나 원자명제들의 논리적 연결은 앞에 제시한 자칭 반대예문이 보여주듯이 발화수반적 화법들(Modi) 간의 차이를 없애는 것을 뜻하지 않는다. 왜냐하면 발화행위 전체로 볼 때는 각기 한 화법이 주도적 역할을 하기 때문이다. 화자가 앞에 제시한 가정법적 조건문을 주장하는 즉시, 즉 단언적 화법을 사용하는 즉시, 그는 이 문장에 대해 주제를 제시하면서 진리주장을 제기하는 것이다. 주절(主節)에 표현된 피터의 철학적 업적에 대한 평가는 다른 문법적 형식을 통해, 예를 들어 "한스는 피터보다 더 나은 철학자이다" 같은 평가적 진술을 통해 직접 주제로 부각시킬 수 있을 것이다. 그러나 이 가치판단의 올바름 여부는 기초로 삼은 평가 잣대의 수용가능성과 올바른 적용에 달려있다. 명백한 것은 경험적 진술과 평가적 진술 그리고 도덕적 진술은 각기 그 진술들의 정당화에 적합한 근거들의 범주에 의해 구분된다는 것이다. 그리고 근거들의 종류는 해당 진술들이 갖는 타당성의 의미의 차이를, 즉 그 진

364

술들이 사용된 발화수반적 의미의 차이를 만들어낸다.

수학적 진술과 미학적 가치평가 그리고 해석학적 해석들이 다시금 각기 **다른 종류**의 근거를 요구한다는 점을 생각해보면, 이론이성과 실천이성이라는 전통적 구분은 너무도 불충분하다. 경험적 판단이나 수학적 판단처럼 도덕적 가치판단도 비도덕적 가치판단과 달리 타당성주장의 보편성이라는 특징을 갖는다. 도덕적 가치판단은 이성적 방식으로 보편적 동의를 기대할 수 있다. 반대로 어떤 사람의 "순결함"이나 "사랑할 수 있는 능력"에 대한 비도덕적 가치판단들은 어떠한 유보조건 없이는 보편적 동의를 받을 수 없으며, 단지 기본적인 가치기준들의 해석을 — 습관에 의해서든 좋은 근거에 의해서든 — 공유하는 사람들로부터의 인정만을 받을 수 있을 뿐이다. 이러한 종류의 가치판단들이 각기 문화적으로 고유한 혹은 생활형식에 따라 다른 타당성〔효력〕의 범위를 갖는다는 사실이 그것들의 인지적 내용을 침해하지는 않는다. 다른 한편 도덕적 판단의 타당성이 갖는 보편성에는 모든 사람을 완벽하게 포용적으로 동등하게 대우한다는 맥락초월적 의미가 결합된다. 이 당위타당성과 가치판단의 객관성은 인정합당성이라는 사회적 타당성 차원을 공유한다. 올바른 도덕적 판단이 보편적 타당성을 갖는 것은 참인 경험적 판단처럼 객관세계에 의한 실증 덕분이 아니라 합리적 동기에 의한 인정 덕분이다. 물론 이 인정은 "우리들에게서"만이 아니라 언어능력과 행위능력을 가진 모든 주체들의 논의의 세계에서 받을 수 있는 것이어야 한다. 그런데 모든 사람이 이와 같은 정당하게 규율된 간인격적 관계들의 포용적 왕국을 만들어내야 할 의무를 갖는다는 당위타당성의 구성적 의미는 다시금 — 직관주의적으로 이해된 — 수학적 진술들의 타당성 의미와 일맥상통한다. 수학적 진술의 분석적 진리성과 도덕적 진술의 올바름은 똑같이 경험적 진술의 사실적 진리성이 갖는 정당화 초월적 의미를 갖지 않는다. 하지만 수학적 진술은 경험적 진술처럼 사태를 지시하지, 도덕적 진술처럼 의도된 사태를 비로소 세상 속에 실현시키는 행위를 지시하지 않는다.

물론 퍼트남은 가치판단이 경험적 판단과 동일한 기술적 의미를 갖는다고 주장하지는 않는다. 하지만 그는 평가적 진술에도 참인 경험적 진술이 갖는 실재론적 타당성 의미를 확보하고자 한다. 이로부터 귀결되는 결과는 우리가 도덕이론에서 추구하는 논증전략에만 국한되지 않는다. 도덕적 실재론이 맞부딪히게 되는 난점들에 대해서는 여기서 논의하지 않아도 될 것이다.[36] 우리의 논의맥락상 더 중요한 것은 다음과 같은 다른 결과이다. 즉, 진리타당성과 당위타당성의 구분을 거부하면 특수성을 갖는 가치와 보편적 구속력을 갖는 도덕적 행위규범 간의 차이를 없애는 결과를 낳는다. 이러한 의무론적 구분을 포기하는 것은 바로 퍼트남도 포기하고 싶어 하지 않는 보편주의적 도덕관을 위태롭게 만든다. 이 점은 퍼트남이 공감하는 존 듀이의 실용주의 윤리학에서 잘 드러난다.

듀이는 예상을 벗어나는 환경의 우연성들에 대해 공세적으로 대처하는 협력적 공동체라는 그림에서 출발한다. 이 공동체는 도전적 상황들을 문제가 이론적 문제이든 실천적 문제이든 간에 모두 동일한 방식으로, 즉 "지능적 행동"을 통해 처리한다. 듀이는 지능적 행동을 사회적 협업과 기발한 가설적 사고 그리고 실험적 개입이라는 특징을 갖는 문제해결적 행동으로 이해한다. 그리고 인간의 지적 능력은 분할불가능하기 때문에 가치지향도 경험적 믿음과 마찬가지로 검증의 대상이다. 문제는 언제나 상황 속에서 제기되기 때문에 행위맥락 속에서 인지되고 처리된다. 이러한 전체적 연관의 틀 안에서 경험적 믿음들은 이해관계와 목적합리적 고려와 가치지향 및 포괄적인 윤리적 목적들과 함께 하나의 망(網)을 형성하는데, 이 망 속에서 믿음들은 서로가 서로를 교정할 수 있다.

---

36) J. Habermas, "Eine genealogische Betrachtung zum kognitiven Gehalt der Moral," 같은 이 (1996), 11~64쪽.

마음 속에 그리고 있는 목적을 달성하기 위한 수단으로서 한 상황은 보다 좋거나 나쁜 것으로, 보다 더 효율적이거나 덜 효율적인 것으로, 다른 바람직하지 않은 결과를 더 많이 수반하거나 더 적게 수반하는 것으로 평가될 수 있다. 의도하고 있는 목적으로서 한 상황은 그것의 실현에 필요한 수단에 의해서도 그리고 그것이 가져올 미래의 결과에 의해서도 평가된다. 이 모든 평가들은 합리적이다 ⋯ . 37)

이러한 전체론적 고찰방식은 가치의 발생과 창의적 산출 및 퇴적의 분석에 효과가 크다는 것이 입증된다. 이 고찰방식을 통해 한 공동체의 실천관행 속에 존재하는 가치들의 계보와 확증 및 안정화 과정이 밝혀진다. 38) 왜냐하면 지능적 행동은 그 정의(定義)상 "보다 좋거나 나쁘다고" 평가되는 상황의 개선을 지향하고 있기 때문이다. 듀이의 행위자들은 그들이 행하는 모든 것에서 자신들의 안녕과 행복에 대한 직관적 이해를 지침으로 따른다. 그들이 성과에 의해 통제되는 행위의 실패와 규범에 의해 규율되는 실천관행의 작동불능으로부터 학습하고 그로부터 개별 사실판단 및 가치판단의 수정을 위한 결론을 이끌어낼 수 있는 것은 오로지 공동의 삶의 기획이라는 포괄적인 맥락 속에서 경험과 경험적 믿음들이 목적과 선호사항 및 가치들에 대해 논리적 준거관계를 갖고 있기 때문이다. 그리고 각 개인들에게는 개인적인 삶의 기획이 있다면, 조직된 공동체에게는 공공의 복리라는 이념이 존재한다.

집단적으로 공유하는 좋은 삶에 관한 해석을 준거로 상정하는 듀이와 함께 퍼트남도 가치에 관한 확증된 믿음들의 합리성을, 좋이 아리스토텔레스적으로, 한 집단의 윤리적 자기이해에 의존적인 것으로 입론한다. 준거가 되는 것은 여전히 자각적으로 영위하는 삶이라는 고전

---

37) H. Putnam/R. A. Putnam, "Dewey's Logic. Epistemology as Hypothesis," H. Putnam (1994), 205쪽.

38) H. Joas, *Die Kreativität des Handelns*, Frankfurt a. M. 1992.

적 이념이다. 협력적 공동체에게는 바로 주어진 상황에서 공공의 복리
를—또는 구성원들이 공공의 복리라고 간주하는 것을—촉진하는 가
치지향들이 이성적인 것이다.

> 듀이의 연구 개념은 사회적이다. 이와 관련된 중요한 물음은 … 개인
> 들과 **공동체들**이 듀이의 '과학적 방법' 내지는 '지적 능력의 방법'을
> 따른다면 무슨 일이 일어날 것인가, 하는 것이다 … . 우리가 살고
> 있는 공동체들은 그것들 스스로가 '공동선'으로 묘사하는 것에 관심
> 을 기울인다. 39)

그런데 이와 같이 가치에 관한 믿음들의 이성적 개량과 각각의 공동체
와 그들의 문화적 생활형식에 대한 집단적 자기이해를 연결시키는 것
은 가치에 관한 실재론적 이해와도 부합하지 않고, 나아가 가치에 관
한 보편주의적 이해와도 부합하지 않는다.

(9) 다원주의자도 아니었고 폴리스가 유일하게 표준적인 생활형식이
라는 데 대해 아직 의심을 품지 않았던 아리스토텔레스조차도 실천적
지식에 진지하게 받아들여야 할 정도의 인식적 의미를 갖는 객관성을
부여하지 못했다. 우리가 가치들에 관한 모든 이성적인 계보학이 자신
들의 안녕과 행복을 염려하는 협력공동체가 갖는 '우리'의 시각에 구속
되어 있다는 전제로부터 출발한다면, 현대의 다원주의자들인 우리로서
는 더더욱 서로 충돌하는 이상들을—'인간의 번영의 이상들'을—가진
집단들 사이의 규범적 관계와 갈등들을 대체 어떻게 조정할 수 있는가
하는 물음에 직면할 수밖에 없다. 퍼트남과 실용주의가 그렇게도 결연
하게 옹호하는 평등지향적 보편주의의 원칙들이, 인권과 민주주의가,
차이에 민감한 다원주의의 규범적 토대들이 도대체 실용주의적 가치윤

---

39) H. Putnam/R. A. Putnam, "Dewey's Logic," H. Putnam (1994), 214쪽.

리학과 조화될 수 있는가?[40]

서로를 묶어주는 어떠한 공동의 생활형식이나 실천관행도 없는 사람들끼리는 서로 이방인으로 만나게 된다. 퍼트남은 이들에게서도 서로 조정해야 할 문제가 생기게 될 경우 논의를 통해 서로 의사소통할 것을 기대한다.

우리의 격률(格率, maxims)이 아무리 서로 다른 어휘들을 사용한다고 할지라도 우리는 공동의 어휘에 도달하고 이 어휘를 어떻게 적용해야 할지에 대한 공동의 이해에 도달하겠다는 목표를 가지고 ('의사소통행위'의 규범적 의미에서) 토론에 들어갈 수 있다.[41]

가치에 관한 합리적 믿음들의 지능적 형성에 간주관적으로 공유하는 공공의 복리에 관한 생각이라는 배경이 이미 전제되어야만 한다면, 이러한 기대는 충족되기가 어려울 것이다. 이러한 상황에서 참여자들은 논변행위 자체의 절차 말고는 더 이상 다른 어떠한 자산도 이용할 수 없기 때문에 퍼트남은 여기서 절차적 합리성 개념을 끌어들인다.

실용주의자들에게 우리의 합리성 및 정의의(강조는 필자, J. H.) 개념은 거의 '순수한 절차적 개념들'이다. 비록 절차들이 불완전할지라도 말이다…. 절차와 무관한 진리와 좋음은 기껏해야 규제적 이념들일 뿐이다.[42]

물론 듀이가 가설에 의거하는 실험행위를 가지고 설명한 지능적 행

---

40) 아래의 내용과 관련하여서는 A. Honneth, "Zwischen Prozeduralismus und Teleologie," *Deutsche Zeitschrift f. Philosophie* 47, 1999, 59~74쪽 참조.

41) H. Putnam (2001) 참조; 이 장의 주 2)를 참조.

42) H. Putnam/R. A. Putnam, "William James' Ideas," H. Putnam (1990), 225쪽.

동은 절차적 합리성의 예로 이해될 수 있다. 그러나 문제가 가치들의 합리성이라고 한다면, 이 지적 능력은 하나의 특정한 배경하에서 작업해야 한다. 이 지적 능력은 자신들의 공동의 복리가 관심사인 구성원들의 시각에서 사용될 수밖에 없다. 그런데 같은 협력공동체의 구성원들끼리 서로서로 같은 구성원임을 확인하는 이 수직적인 '우리'의 시각은 경계를 초월하는 논의들에는 결여되어 있다. 상이한 집단들 사이의 강력한 문화적 경계를 초월하는 실천적 논의에서 참여자들은 수직적으로 위에서 아래로 구성원들의 집단 전체를 향하는 것이 아니라 수평적으로 다른 이들에 대한 상호간 포용을 향하는 일인칭 복수의 시각을 취해야만 한다. 이들은 오직 이 시각에서만 한 규범이 모든 당사자들의 이해관계에 균등하게 들어맞는지를 검토할 수 있다. 이 당사자들이 자기네 공동체의 구성원이든 이방인이든 상관없이 말이다. 이 도덕적 관점을 구성주의적으로 해명한 사람은 다른 실용주의자인 조지 허버트 미드이다. 이 도덕적 관점은 모든 참여자들이 대칭적으로 상호간에 서로의 시각을 수용하는 방식을 통해 산출되어야 한다.

정언명령에 대한 미드의 간주관주의적 독법은 각각의 고유한 자기중심적인 혹은 자문화(自文化)중심적인 해석의 시각을 탈중심화할 필요성을 강조한다. 상호간의 시각수용은 반드시 다른 모든 집단들의 자기이해 및 세계이해가 갖는 다(多)중심적 구조를 고려하여 자신의 입장을 결정하도록 만든다. 이때 의무를 지우는 규범의 당위타당성은 보편적 인정합당성의 의미로 이해된다. 이렇게 타당성 차원을 구분하는 것이 결코 타당성의 이원론을 의미하는 것은 아니다. 왜냐하면 상호간에 포용적으로 서로의 시각을 수용하도록 하는 부드러운 강제는 모든 믿음들의 정당화에 ─ 그 믿음이 경험적인 것이든 수학적인 것이든 평가적인 것이든 도덕적인 것이든 간에 ─ 결정적인 구실을 하는 논변실천의 화용론적 전제조건에 이미 포함되어 있기 때문이다. 그런데 탈중심화의 강요는 정의(正義)의 문제들과 관련하여 각별한 중요성을 갖게 된다. 도덕적 논의에서는 서로가 서로를 반박할 수 있는 논변참여자들이 임의의 타자라는 역할로서가 아니라 개별적 인격체들로서 서로 만나게 된다. 이들은 오직 다른 사람에 의해 대리될 수 없고 또 다른 사람과 혼동될 수도 없는 개인의 자격으로서만 도덕적 세계의 구성원이 된다. 43)

각각의 모든 사람에 대해 똑같이 존중하고 연대적 책임을 갖는 도덕은 인권과 민주적 헌정국가와 마찬가지로 자신들의 복리를 염려하는 개별 공동체의 윤리적 시각에서는 논증될 수 없다. 이 두 가지를 인식 실재론 아래 통일시키고 싶어 하는 퍼트남은 민주주의에 대한 듀이의 인식론적 논증에 매혹되어 있다.

> 민주주의는 그저 성취가 가능한 여러 사회적 삶의 형식들 중의 하나에 불과한 것이 아니다. 민주주의는 사회문제의 해결에 지적 능력을 전적으로 사용하기 위한 선행조건이다. 44)

이것은 듀이가 과학적 방법을 본보기로 삼아 지능적 행동을 설명하고 있다는 점을 생각하면 상반된 효과를 가질 수 있는 양날의 주장이다. 듀이 자신의 의도와는 반대로 과학적 전문가통치(*Expertokratie*)가 우월한 조직형태라는 식의 독법도 또한 가능하기 때문이다. 민주적 과정은 충분히 논의적인 형식으로 조직된다면 단순한 이해관계의 타협에 의해서도 공동의 에토스에 대한 호소에 의해서도 해결될 수 없는 정의의 문제들과 관련하여서도 그리고 특히 정의의 문제들과 관련하여 인식적 기능을 갖는다. 그러나 이 기능은 아리스토텔레스와 듀이보다는 칸트

43) "다른 사람에 의해 대리될 수 없는 개별자"와 "동등한 권리를 갖는 구성원"으로서 당할 수 있는 두 가지 측면의 도덕적 침해가능성에 대해서는 L. Wingert, *Gemeinsinn und Moral*, Frankfurt a. M. 1993, 179쪽 이하 참조.
44) H. Putnam (1992), 180쪽.

와 미드를 가지고 더 잘 해명할 수 있다. 왜냐하면 정의를 둘러싼 갈등은 정당한 세계관적 다원주의의 조건하에서는 오직 서로 다투는 집단들이 상호간의 시각수용을 통해 **포용적인 '우리'의 시각을 만들어내는 일에 참여할 때에만 해결될 수 있기 때문이다.

올바름 대(對) 진리

제
7
장

도덕적 판단 및 규범의 당위적 타당성의 의미에 대하여

> "자유와 진리 간에는 본질적 연관성이 존재하며, 진
> 리에 대한 그릇된 견해는 그것이 무엇이든 동시에
> 자유에 대한 그릇된 견해이다."
> — 헤르베르트 마르쿠제 (1939, 유고에서 인용)

플라톤 이래로 철학적 관념론은 우리가 좋음(善)을 "인식할" 수 있다
는 확신을 지니고 있었다. 그리고 이 지식이 어떤 종류의 지식인가에
대한 논쟁의 역사 또한 거의 그만큼이나 오래된 것이다. 플라톤과 아
리스토텔레스 그리고 칸트가 이 물음에 대해 제시하였던 답변들은 우
리가 좋음과 나쁨의(내지는 선과 악의) 영역을 어떻게 규정하느냐에 따
라 달라진다. 좋음은 존재자 전체와 밀접하게 연관되어 있는가? 좋음
은 단지 이성적 생명체의 좋은 삶과만 관련이 있는가? 아니면 좋음은
오로지 의무감을 가지고 행위하는 이들의 선의지로부터만 나오는 것인
가? 좋음은 우주(코스모스) 속에 표현되는가, 혹은 한 공동체의 에토
스 속에 구현되는가, 아니면 예지적 자아의 도덕적 심성 속에 존재하
는가? 답변은 또한 우리가 인식과 지식을 어떻게 이해하느냐에 따라서
도 달라진다. 경험에 근거한 논증단계가 주로 지성적 직관의 추론적
(*diskursiv*) 준비에 이용되게 되면, 좋음의 직관적 포착이 최상의 인식
형태로서 권장된다. 모든 인식이 추론적 구조를 갖는 것이라면, 연역
적으로 논증된 엄정한 인식에 비해 좋은 삶에 대한 사리분별적 반성은

그 논리적 설득력을 상실한다. 이성이 반성적 자재성(自在性, Beisich-selbstsein)으로부터 최상의 확실성을 이끌어내는 생산적 능력으로 파악되면, 도덕은 이성적 자기입법으로부터 논증될 수 있다.

칸트는 실천이성을 객관적 인식을 가능하게 하는 작용에 국한되어 있는 이론이성으로부터 분리한다는 점에서 아리스토텔레스를 따른다. 그러나 동시에 그는 플라톤처럼 사변이성과 순수실천이성의 통일성을 고수하며, 나아가 욕구능력의 전험적(前驗的) 원칙의 능력인 이 순수실천이성에 우위성을 부여한다. 이성은, 실천적 사용에서는 의지를 규정하는 구성적 이념의 능력임이 입증되는 반면, 이론적 사용에서는 지성적 인식을 단지 지도하기만 하는 규제적 이념의 능력임이 입증되기 때문이다. 아리스토텔레스가 이론철학과 실천철학을 구분한 이래, 도덕적 "지식"의 규정에 관한 논쟁은 이론이성과 실천이성의 관계에 관한 논쟁과 결합되게 된다. 피히테는 이론이성을 자기 자신을 정립하는 자아의 실천이성으로부터 도출하고, 헤겔은 자기 자신을 뒤따라 잡는 사변이성에 우위성을 확보해주는 반면, 칸트는 아리스토텔레스처럼 실천이성을 판단력으로서 보다 낮은 차원의 인식능력으로 평가절하하지 않으면서도 실천적 이성사용과 이론적 이성사용 간의 구분을 고수한다. 이러한 방향설정은 내가 보기에 결코 부정하기 어려운 두 가지 직관에 들어맞는 것이다.

한편으로 도덕적 행위기대는 관습적 인륜과 관례와 같은 다른 사회규범에 비교해서 다음과 같은 특징을 갖는다. 즉 도덕적 행위기대는 어떤 행위를 단지 규칙에 맞거나 위배되는 것으로 평가할 뿐만 아니라, 규칙 자체와 관련하여 "옳다" 혹은 "그르다"고 평가한다. "명령" 혹은 "금지"의 규범규정적 의미는 "정당화됨"과 "정당화되지 않음"이라는 인식적 의미와 결합된다. 개별 사례에서 행위에 관한 그와 같은 인지적 평가를 가능하게 하는 규범들은 그 자체로 인지적 연관성을 갖는 의미에서도 타당성을 주장해야 한다. 이런 이유에서 도덕규범들은 한 결같이 왜 그것들이 인정받을 만한 가치를 갖는지를 설명해주는, 보다 포괄적인 "가르침"의 맥락 속에 편입되어 있었다. 모든 고급문화는 이런 종류의 가르침들에 의해, 즉 세계적 종교들에 의해 각인되었다. 이 종교들이 근대에 이르러 보편적 구속력과 공공의 신뢰성을 상실하게 되자, 이제는 ─ 그런 논증이 도대체 가능한 것이라고 한다면 ─ 오로지 "이성"을 통해서만, 즉 보편적으로 혹은 공공연하게 통찰될 수 있는 근거들을 통해서만, 충족될 수 있는 그런 논증의 필요성이 생겨나게 되었다. 이 계보학으로부터 출발한다면 도덕적 지식에 대해서 인식과 유사한 이해가 자명한 것으로 부각된다.[1] 이와 같은 방식으로 암시되는 유사성은 심지어 프로네시스와 에피스테메 간의 유사성보다 더 밀접하다. 왜냐하면 아리스토텔레스는 실천적 판단력에서 기인하는 사리분별적 지식을 단순한 개연성과 결합시켰고, 이로써 이 방식을 통해서는 도덕적 의무의 구속력이 도덕적 판단의 정언적(定言的, *kategorisch*) 타당성으로 번역될 수 없게 되었기 때문이다. 오직 도덕을 인식과 유사한 것으로 보는 견해만이 ─"사실로서 존재하는 이성"(*Faktum der Vernunft*)으로서의 "법규에 대한 존중"이라는 결코 거부할 수 없는 감정에 충실한 ─ 의무규범의 당위적 타당성에 대한 인지주의적 해석을 허용하는 것처럼 보인다.

다른 한편 도덕적 "지식"을 운위하는 것은 적절하지 않다. 왜냐하면 첫눈에 보기에도 이 지식은 결코 사실에 대한 지식을 의미할 수 없기 때문이다. 도덕적 믿음을 경험적 내용을 갖는 의견에 무차별적으로 동화시키는 것은 도덕적 믿음의 타당성의 의미가 갖는 명백한 차별성에

---

1) J. Habermas, "Eine genealogische Betrachtung zum kognitiven Gehalt der Moral," in: 같은 이, *Die Einbeziehung des Anderen*, Frankfurt a. M. 1996, 11~64〔옮긴이 주: 우리말 번역은 다음과 같다. 하버마스, "도덕의 인지적 내용에 대한 계보학적 고찰," in: 같은 이, 《이질성의 포용》, 황태연 역, 나남출판 2000, 21~72〕.

위배된다. 주장은 사태가 어떠한지를 말하고, 명령 내지 금지는 사태가 어떠해야 하는지 혹은 어떠해서는 안 되는지를 말한다. 사물들이 "사실적으로" 어떻게 연관되어 있는지를 아는 것은 무엇이 행해져야 하는가를 요구하는 것과는 — 혹은 올바른 또는 정의로운 공동생활이 가능하기 위해서 우리의 행위가 "반드시" 어떻게 서로 맞물려야만 하는가를 아는 것과는 — 다른 것이다. 도덕적 지식은 그 행위연관에 의해서 이미 경험적 지식과 구분된다. 도덕적 지식이 말하는 바는 바로 사람들이 어떻게 행동해야만 하는가에 대해서이지 사물들의 상황이 어떠한가에 대해서가 아니다. 기술적(記述的) 문장의 "진리성"이 의미하는 바는 진술된 사태가 "존립한다"는 것인 반면, 규범적 문장의 "올바름"은 명령된(내지는 금지된) 행위방식의 구속력을 반영한다. 칸트는 인식능력 및 욕구능력과 관련하여 이론적 이성사용과 실천적 이성사용을 구별함으로써, 이 인식적 지식과 실천적 지식 간의 구분에 부응하고자한다. 비록 이론이성도 선험적 의미에서 생산적이기는 하지만, 실천이성은 다른 의미에서, 즉 롤즈가 말하고 있는 바와 같이 바로 구성적의미에서, "입법적" 힘을 갖는다. 자발적으로(spontan) 산출된, 경험가능한 대상들의 세계의 전제된 통일성은 경험적 인식의 다양성 속에서 연관관계를 창출하는 반면, 실천이성으로부터 기획된 "목적의 왕국"은 행위주체가 어떻게 통찰에 근거한 자신의 의지의 자기구속을 통해 적절한 질서를 갖는 간인격적 관계의 세계를 — "덕성의 법칙에 의한 보편적 공화국을" — 산출해야 하는가를, 즉 구성해야 하는가를 제시한다.

이론이성과 실천이성의 관계에 대한 칸트의 규정에 대해 여기서 상론할 수는 없지만,[2] 칸트의 이 규정은 특히 선험적 관념론 전체의 건

---

2) 이에 대해서는 여전히 지침이 되는 헨리히의 다음 논문 참조. D. Henrich, "Der Begriff der sittlichen Einsicht und Kants Lehre vom Faktum der Vernunft," in: FS. *Gadamer*, Tübingen 1960, 77~115. 이 논문은 G. Prauss (Hg.), *Kant*, Köln 1973, 221~254에 재수록되어 있음.

축구조를 지탱하는 배경이 되는 형이상학적 전제에 의존한다. 이 규정
은 오늘날의 도덕이론 논쟁이 이어받을 만한 직접적 설득력을 갖지는
못한다. 이론철학과 실천철학 간의 불안정한 관계는 1800년경에는 칸
트에서 피히테를 거쳐 셸링과 헤겔에 이르는 사유운동을 불러일으켰던
반면, 오늘날에는 거의 논의주제가 되지 않는다. 언어철학은, 규범적
어휘와 실천철학의 근본개념체계를 차용해야 하는 경우에조차, 이론철
학으로부터 물려받은 문제상황에 집착한다.3) 실천적 학문분야의 상보
적 침체현상은 바로 이에 상응하여 나타난 것이다. 인식론적 혹은 존
재론적 가정과는 무관한 "중립적인"(freistehend) 정의관은 단지 전문화
가 진척됨으로써 생긴 결과만이 아니라, 프로그램적 성격을 갖는다.4)
그럼에도 불구하고 일단 도덕규범의 정당화와 타당성[효력]이 기술적
진술의 논증과 타당성에 대해 어떤 관계를 갖는가라는 물음이 불가피
하게 명시적으로 제기되는 경우, 이 물음은 대체로 독단적인 방향설정
에 의해 미리 결정된다. 그리하여 가령 투겐트하트는 (누군가에 대한
어떤 것의) 논증에 대한 화용론적 개념을 오직 이성의 실천적 사용에만
허용하는 반면, 의미론적 논증개념은 진리능력이 있는 진술에만 적용
되는 것으로 유보한다.5)

이에 반해 나는 먼저 도덕적 지식의 위상과 의미가 왜 여전히 철학
적 관심의 대상이 될 만한지를 보이고 난 뒤(I), 이와 연관된 심리학
논쟁으로부터, 내가 고전적 문제제기를 재개하려는 관점을 펼쳐 보이
고자 한다(II).

---

3) R. B. Brandom, *Making it Explicit*, Cambridge, Mass., 1994, 특히 1장
과 4장.

4) J. Rawls, *Political Liberalism*, New York 1993, § 2.

5) E. Tugendhat, *Probleme der Ethik*, Stuttgart 1983, 83 ff.

I

이론이성과 실천이성의 관계에 대한 물음은, 오로지 한편으로 도덕 일반에 인지적 내용을 인정하면서 다른 한편으로 실천이성을 수단과 목적에 대한 고려에 치우친 합리성으로 축소하지 않는 입장을 갖는 경우에만, 제기될 수 있다. 잘 알려진 비(非)인지주의적 입장들은 도덕적 판단의 내용을 일정한 입장을 취하는 주체의 감정이나 성향 혹은 결단으로 직접 환원하고자 한다. 6) 이러한 형태의 윤리적 주관주의는 사실판단과 가치판단을 명확히 분리하기는 하지만, 왜 규범적 문장과 가치평가적 문장이 1인칭 문장과는 문법적으로 다른 양상을 갖는지에 대해서는 오직 "오류이론"을 통해서만 설명할 수 있다. 감정표현과 선호사항 및 결단에는, 우리가 (찰스 테일러가 말하는) "강한" 가치부여와 결부시키고, 무엇보다도 특히 도덕적 판단과 결부시키는, 보다 광범위한 논증적 주장이 결여되어 있다. 도덕적 말놀이에 대한 비인지주의적 기술은, 참여자 스스로가 확실히 도덕적 행위갈등이 간주체적으로 인정된 규범적 행위기대에 비추어 근거를 제시함으로써 해결될 수 있다는 입장으로부터 출발한다는 점에서, 수정주의적이다. 서로 다투는 당사자들이 동의에 도달하고자 제시하는 이 근거들은 비인지주의적 기술 하에서는 같은 숫자만큼의 오류들로 바뀐다.

계약설은 이렇게까지 나갈 필요가 없다. 계약설은, 도덕적 규범의 타당성을 합리적 이기주의자들의 협약으로, 즉 이들 각자의 이해관계의 다행스런 일치로 환원함으로써, 도덕적 논쟁에서 인지적 내용을 보존한다. 그러나 이들 각자로 하여금 각기 자신의 선호사항에 비추어 동의하도록 만드는 합리적 동기들의 총합만으로는 아직 협약된 규범

---

6) H. Keuth, *Erkenntnis oder Entscheidung*, Tübingen 1993.

특유의 의무부과적 성격이 — 즉, 우리가 도덕공동체의 구성원으로서 서로에게서 일정한 행동을 기대하는 의무론적 구속력이 — 해명되지 않는다. "법규에 대한 존중"이라는 현상에 반영되어 있는 규범타당성의 정언적 의미에 대해 칸트는 하나의 이성적 번역을 제안하였다. 계약설에 대한 수정주의적 기술에서는 보편화의 관점에서 정당화될 수 있는 준칙들이 갖는 이 절대적 타당성주장이 사라진다. 7)

---

7) 보다 복합적인 구도를 갖는 투겐트하트의 이론 역시 이 현상에 대한 적절한 설명에 실패한다. E. Tugendhat, *Vorlesungen über Ethik*, Frankfurt a. M. 1993 참조. 이 신(新)계약설적 입장은 논증차원을 두 가지로 나눈다. 규범체계의 논증은 먼저 잠재적 수신자들을 상대로 이들 각자가 그러한 방식으로 구성된 공동의 실천에 대해 균일한 이해관계를 가질 수 있다는 것을 입증함으로써 이루어진다. 이 작업은 보편화원칙의 적용으로도 이해될 수 있다. "여기서 규범은 모든 사람에 대해 그 규범의 준수를 요구하는 것이 모두에게 똑같이 이익이 된다는 것을 보이는 방식으로 논증된다"(E. Tugendhat, *Dialog in Leticia*, Frankfurt a. M. 1997, 54). 한 도덕공동체의 구성원들에 대한 논증의 내적 시각에서 볼 때 중요한 것은 오직 행위자에 독립적인 근거들로서, 이 근거들은 비록 임의의 개인 각자의 이해관계와 관련된 것이기는 하지만 모두에게 인식적 근거로서 납득될 수 있어야 한다. "이 경우 이것들은 더 이상 동기라는 의미에서의 근거가 아니라, 진술에 대한 근거이다"(같은 책, 48). 그러나 이 차원에서 이른바 칸트식으로 논증된 규범체계는 다음의 논증차원에서, 즉 이보다 선행적으로 처리된 논증차원에서, 그 인지주의적 의미를 다시금 박탈당한다. 이 근본적 차원에서는, 행위가 (그리고 규범적으로 규제된 행위방식이) 결국 행위주체의 1인칭 시각에서만 논증될 수 있다는 계약설적 근본가정이 관철되기 때문이다. 내적 시각에 근거하여 잘 논증된 일단의 공동적 실천과 관련해서도 결국은 개개인 각자가 자신의 선호사항에 따라 스스로 그러한 도덕공동체에 "가입"할 합리적 동기를 갖는지에 대해 — 그렇게 하는 것이 "자신에게 좋은" 것인지에 대해 — 결정해야 한다. 그러나 각자가 언제든지 자신의 자기중심적인 시각에서, 도덕에 순응하는 것 자체가 자신에게 유익한 것인지에 대해 결정할 수 있다면, 도덕적 말놀이 내에서 가능한 수들은 그 정언적 구속력을 상실한다. 도덕적 판단과 규범은, 단지 도구적 타산의 결과에 상대적으로만 타당성을 주장할 수 있게 됨으로써, 그 발화수반적 의미가 바뀐다. 이에 대한 나의 비판은 "Eine

380

그런데 감정이 도덕적 논쟁에서 본질구성적 역할을 한다는 사실은 일견 인지주의적 입장과는 잘 조화되지 않는 것처럼 보인다. 도덕적 말놀이는 본질적으로 문법상 상호 연관된 세 표현으로 구성되어 있다. 즉 우리가 어떻게 행동해야 하는가(내지는 어떻게 행동해도 되는가 또는 안 되는가) 하는 판단과, 동의 또는 거부의 반응, 그리고 무엇보다도 논쟁 당사자들이 자신들의 동의 또는 거부의 태도를 정당화할 수 있는 근거가 바로 그것이다. 그러나 이때 긍정적 입장표명과 부정적 입장표명은 양면성을 갖는다. 한편으로 이 입장표명들은 — 여하튼 진리와 유사한 의미에서 — 옳거나 그를 수 있는 진술들에 대해 합리적 동기를 갖는 "예" 또는 "아니오"를 표현한다. 다른 한편으로 이 입장표명들은 동시에 옳거나 그르다고 평가된 행동에 대한 감정적 반응의 형태를 갖는다. 규범위반의 경우, 상처받고 모욕당한 희생자들의 앙심이나 굴욕적인 취급을 당하여 체면을 손상당한 희생자들의 고통은 규범위반자의 고집과 수치심, 죄책감 및 후회의 마음이나 이 규범위반에 대해 "개탄하면서 창피스럽게" 여기는 〔공동체〕 구성원들의 분노 내지 심지어는 격분과 마찬가지로 똑같은 작용을 한다. 감명을 주는 청렴한 행동이나 용기 있는 원조행위의 경우, 우리는 고마움과 경탄 및 존경의 감정을 가지고 반응한다.

이 감정들은 논의대상인 행동에 대한 도덕적 평가와 함께 나타나는 명제적 내용을 갖기 때문에 우리는 이를 — 지각처럼 — 묵시적 판단으로 이해할 수 있다. 특히 부정적 감정들은, 지각의 인지적 내용이 관찰진술의 형태로 명시화될 수 있는 것과 유사한 방식으로, 가치판단의 형태로 명시화될 수 있는 인지적 내용을 갖는다. 이렇게 언어적으로

genealogische Betrachtung zum kognitiven Gehalt der Moral," in: J. Habermas, *Die Einbeziehung des Anderen*, Frankfurt a. M. 1996, 33~38 참조. 또한 L. Wingert, "Gott naturalisieren? Anscombes Problem und Tugendhats Lösung," *Dtsch. Z. Phil.*(45) 4, 1997, 501~528 참조.

명시적인 형태를 갖게 되면, 감정 역시, 관찰이 경험적 논의에 수용되는 것처럼 그렇게, 실천적 논의에 수용되는 근거의 역할을 맡을 수 있다. 모욕감과 죄책감 및 분노심은 어떤 행위가 〔이미〕 상정되어 있는 상호인정의 도덕적 질서를 교란한다는 점을 보여주는 명백한 증거이다. 이 감정들은 경고신호로서 우리가 행위와 규범준거적 행위방식에 대한 우리의 반성된 논증을 검토·조절하는 직관적 경험의 토대를 형성한다. 8)

이러한 도덕관은, 도덕적 감정이 단지 한 공동체가 선행적인 규범적 합의의 준수나 현존하는 문화적 삶의 형식의 재생산을 위해 정립한 상이나 벌일 뿐이라는 견해와 상치된다. 이 해석은 규범의 효력〔타당성〕에 대한 경험주의적 이해에서 비롯된 것이다. 이 해석방식에 따르면, 규범은 한 공동체의 구성원들이 서로에 대해 무엇을 요구해도 좋은지를 강제력을 가지고 확정한다. 즉 규범의 규정적(präskriptiv) 의미가 그 강제가능성에 있다는 식으로 확정하는 것이다. 규범은, 외적 제재나 내적 제재의 위협에 의해 관철될 수 있는 한, "효력을 갖는" 것이다. 그러나 이 견해는 도덕적 규범의 본래적 타당성〔효력〕에도 맞지 않고, 그 논증필요성에 대해서도 적절치 않다. 경험주의적 기술로는 그것이 암묵적으로 모델로 삼고 있는 저 법규범의 복합적인 타당성양식조차도 파악될 수 없다. 법이 "법규에 대한 존중심"에서 준수될 수 있어야만 한다는 것은 실정법으로서 제재수단을 통해 수호되는 근대법의 정당성조건 가운데 하나이기 때문이다. 9)

도덕적 통찰은 우리에게 "올바른 것은 바로 그것이 올바른 것이기 때문에 (행해야)"10) 할 의무를 지운다는 심리학적 연구결과 역시 도덕

---

8) L. Wingert, *Gemeinsinn und Moral*, Frankfurt a. M. 1993, 72 ff.

9) J. Habermas, *Faktizität und Geltung*, Ffm. 1992, 45 ff.

10) G. Nunner, "Zur moralischen Sozialisation," *Kölner Z. f. Soz. u. Soz. psych.* (44), 1992, 252~272, 여기 인용부분은 266.

규범이 갖는 타당성주장을 진리의 경우와 유사하게 보는 해석을 뒷받침한다. 심리학적 연구들은 아이들이 일찍부터 절대적인 도덕적 금지규범을 다른 사회적 규칙 및 단순한 관습과 구분하는 것을 배운다는 점을 입증하고 있다. 11) 칸트는 "자유의지"를 도덕적 통찰에 의해 수용한 규범에 자신의 의사선택을 구속시키는 능력으로 파악하였다. 흥미롭게도 오늘날 동기(動機) 연구에서 바로 이 견해가 기존의 설명모델들에 대한 하나의 대안을 열어주고 있다. 12) 타당한 도덕판단과 단지 실제적 효력만 갖는 도덕판단을 구분하는 능력은 분명 참된 판단과 참이라고 간주한 판단을 구분하는 능력에 상응하는 것이다.

---

11) E. Turiel, *The Development of Social Knowledge. Morality and Convention*, Cambridge, Mass., 1983.

12) 이로부터 눈너(G. Nunner, 1992, 266)는 "자기구속모델"(*Selbstbindungsmodell*)을 발전시키고 있는데, 이 모델은 "형식적 동기구조와 내용적 판단형성의 분리를 가능하게" 함으로써 "바로 개인들이 자신들의 도덕적 행동을 결코 조건반사적인 반응패턴으로서가 아니라, 논증되고 정당화가 가능한 도덕적 판단의 의식적 실현으로 확실히 파악하고 있다는 도덕의 특성을 이론적으로 확보하게 해준다."

Ⅱ

인지주의적 발달심리학 역시 이처럼 올바른 도덕판단에 대하여 진리
와 유사한 것으로 보는 견해를 가지고 작업하는데, 이 발달심리학은
인식적 학습개념을 도덕의식의 발달에 확대, 적용한다. 여기에서 한때
독일 관념론에서 맹위를 떨쳤던 이론이성과 실천이성의 관계라는 장엄
한 문제가 긴축(緊縮)된 형태로 재등장한다. 한 인격체가 어떤 것을
"학습"했다고 하는 것은 그가 새로운 통찰을, 이제는 오류임을 꿰뚫어
보게 된 이전의 확신에 대한 수정에 비추어, 회고적으로 정당화할 수
있을 때이다. 이 학습의 현상학이 도덕적 확신의 획득에도 들어맞는다
면, 우리는 도덕적 판단이 참 또는 거짓일 수 있다는 입장으로부터 ―
또는 적어도 이와 유사하게 2가적(二價的) 코드를 갖는 타당성주장을
가지고 나타난다는 입장으로부터 ― 출발해야만 한다. 다른 한편 기술
적 진술과 마찬가지로 도덕적 진술에도 그것에 "들어맞거나" "조응하는"
"사실"이 존재하는지는 의문이다.

로렌스 콜버그(Lawrence Kohlberg)는 "논리적" 판단형식과 "도덕적"
판단형식 간의 "형식적 동일성"(Isomorphismus)을 이야기한다. 그는 인
지적 조작행위의 숙달을 그에 상응하는 단계의 도덕판단의 학습을 위
한 조건으로 간주한다. 그러나 이것은 "도덕판단이 단순히 일정 수준
의 지능을 도덕문제에 적용하는 것이라는" 것을 의미하지 않는다. "나
는 도덕발달이, 인지발달이 약간 다른 내용영역에 반영된 것이라기보
다는, 그 자체로 고유한 순차적 과정이라고 믿는다."13) 인식과 도덕적
통찰 간의 유비가 확보해주는 이성의 통일성과는 상관없이, 콜버그는
이론이성과 실천이성 간의 구분을 고수한다. 그러나 어떤 점에서 양자

---

13) L. Kohlberg, "From 'Is' to 'Ought'," in: 같은 이, *Essays in Moral Devel-
opment*, Vol. 1, San Francisco, 1981, 137 f.

가 서로 구분되는지는 불분명한 채로 남아 있다.

피아제(Piaget)는 무엇보다도, 인지능력의 발달을 동일한 학습메커니즘을 가지고 설명할 때, 시야에 들어오는 공통점을 강조한다. 한편으로 지성의 범주와 논리적 규칙들의 발달과 다른 한편으로 법과 도덕의 근본개념 및 규범들과 관련하여, 그는 "유사성"(Parallelismus)을 이야기한다. 피아제는 도덕적 학습과정이 인지 발달 일반과 마찬가지로 청소년이 학교나 일상생활에서 수용하는 내용으로 환원될 수는 없다는 것을 발견하였다. "아이가 매 단계마다 일정한 요소를 선별하여 일정한 질서에 따라 자신의 지성에 흡수, 통합할 때, 아이는 '물리적 현실'의 압박과 마찬가지로 '사회적 삶'의 압박을 수동적으로 감수하는 것이 아니라, 그 자신에게 제시되는 것과 그 자신이 자신의 방식대로 재구성하는 것을 능동적으로 구분한다."14) 이렇게 피아제는 객관세계가 사고작용 일반에 대해 행하는 것과 유사한 역할을 사회적 세계가 도덕의식의 발달에 대해 행한다고 추정한다. 아이는 자신의 물리적 환경과의 실천적 대결에서 반성적 추상을 통해 객관세계의 파악에 적절한 기본개념과 조작방식을 발전시킨다. 동일한 방식으로 아이는 자신의 사회적 환경과의 교류 속에서 행위갈등에 대한 적절한 도덕적 판단에 필요한 기본개념과 시각을 획득한다.

이러한 방식으로 발생적 인식론은, 구성주의적 입장을 가짐에도 불구하고, 실재론적 핵심을 간직한다. 왜냐하면 성숙한 인식형태의 보편성에는, 독립적이라고 상정된 객관세계가 실재적 현실의 극복을 위한 실천적 시도를 할 때 우리의 능동적 지성에 부과하는 불변적 제약들이 반영되어 있기 때문이다. 마찬가지로 사회적 세계의 불변적 특징들은 성숙한 형태의 도덕적 통찰에 반영되며, 도덕적 판단의 보편적 타당성〔효력〕을 밝혀주는 근거가 된다. 〔도덕적 통찰을〕 인식과 유사한 것으

---

14) J. Piaget, *Die Entwicklung des Erkennens*, Bd. Ⅲ, Stuttgart 1973, 179.

로 보는 이 이해는 분명 도덕적 판단의 내재적 타당성을 제대로 고려하고, 도덕규범의 인정합당성[15]과 그것의 사실적 인정 간의 구분을 적절히 참작한다는 장점을 갖는다. 하지만 사회적 세계가 도덕의식의 발달에 대해 객관세계가 인지발달 일반에 대해 행하는 역할과 유사한 역할을 행한다고 한다면, 우리가 그럼에도 여전히 이런저런 방식의 도덕적 실재론을 과연 회피할 수 있을 것인가라는 물음이 불가피하게 제기된다.[16] 이 의문은 또한 직관적으로 다음과 같이도 표현될 수 있을 것이다. 즉, 우리가 〔객관세계와〕 동일한 방식으로 "독립적으로 주어져 있다"고 전제하지 않는 사회적 세계가, 객관세계가 사실인식에 부과하는 것과 동일한 수준의 제약을 우리의 사회도덕적 인지에 대해 부과할 수 있는가? 우리가 어쨌든 일정한 방식으로 스스로 산출해내는, 상징적으로 구조화된 간인격적 관계의 세계가 어떻게 도덕판단이 타당한지 아닌지를 결정할 수 있는가?

도덕적 지식은 명백히 경험적 지식과는 다른 방식으로 사회적 세계의 역사 및 역사적 구성에 의해 촉발된다. 이것이 바로 행위의 도덕적 정당화가 갖는 독특한 2단계성(二段階性)의 근거인 것이다. 여기서 내가 말하는 바는 잘 논증된 도덕규범은 단지 "초견(初見)적으로만" (*prima facie*) 타당성을 주장할 수 있다는 주지의 사실과 관련된 것이

---

15) 옮긴이 주: "인정합당성"(認定合當性)은 "인정받을 만한 가치를 지니고 있음"을 뜻하는 Anerkennungswürdigkeit를 번역한 말이다. 이를 후자처럼 풀어서 옮기지 않고 우리말에서는 다소 어색한 "인정합당성"이라는 신조어를 만든 이유는, 하버마스가 이 말을 이론적 전문용어로 채택하고 있기 때문에 풀어써서는 그의 의도가 제대로 부각될 수 없는 경우가 있으며, 또한 우리말 흐름상 풀어쓰는 것이 오히려 더 어색한 경우도 있기 때문이다. 물론 이 두 경우를 제외하고는 가능한 한 풀어쓰고, 이 말의 형용사적 표현 anerkennungswürdig는 당연히 "인정받을 만한" 내지는 "인정받을 만한 가치를 지닌" 등으로 옮긴다.

16) 라폰트(C. Lafont)가 제안하는 논의윤리학의 실재론적 해석방식에 대한 나의 비판적 논의는 이 논문의 Ⅶ절을 참조.

386

다. 왜냐하면 사전(事前)에는 오직 우리가 논증하는 시점에 예견가능한 전형적인 경우의 결과와 부작용만이 고려되기 때문이다. 그리하여 나중에 나타나는 갈등상황들이 이루는 예견치 못한 상황구조로 인해서, 〔이에 따른〕 적용논의의 변화된 시각에서 볼 때 충족되어야만 할, 새로운 해석에 대한 수요가 발생한다. 17) 적용논의에서는 주어진 사례에 단지 적용가능한 후보일 뿐인 일정 수의 논증된 규범들 중에서 각기 그 경우에 "적절한" 규범이 선별된다. 이때 이 적절한 규범은 주어진 상황적 특징에 비추어 구체화되고, 반대로 그 사례는 해당 규범규정들에 비추어 기술된다는 해석학적 통찰이 관철된다. 어쨌든 도덕적 지식은 적용문제의 해결과 내적으로 연관되어 있다는 점에서 경험적 지식과 구분된다.

행위의 정당화와 사건의 설명 간의 이 뚜렷한 비대칭성은 모든 지식에 해당되는 오류가능주의적 유보로는 설명되지 않는다. 잘 논증된 규범도 반드시 보완을 필요로 한다는 의미에서만 타당한 것으로 간주해야 한다는 독특한 유보의 이유는 미래의 보다 나은 지식에 대해 유한한 정신이 갖는 보편적인 인지적 국지성(局地性) 때문이 아니라, 행위맥락 자체의 역사적 가변성에 대한 이른바 실존적인 국지성 때문이다. 정당하게 규제된 간인격적 관계들과 상호작용들의 상징적으로 구조화된 세계는 관찰가능한 사건과 상태의 객관적 세계와는 다른 방식의 역사적 구성을 갖기 때문에, 보편적 규범은 개연적으로 나타나는 전형적 상황이 예견될 수 있는 정도까지만 ― 즉, 원칙적으로 불완전하게 ― 미래의 행위를 규정할 수 있다.

다른 한편 도덕적 지식과 경험적 지식 간의 이러한 차이는 진리와 올바름 간의 유사성 자체를 의문시하는 문화주의적 해석과 잘 들어맞

17) K. Günther, *Der Sinn für Angemessenheit*, Frankfurt a. M. 1988, 23~100; 이에 대해서는 J. Habermas, *Erläuterungen zur Diskursethik*, Frankfurt a. M. 1991, 137~142.

는다. 그래서 가령 신(新)아리스토텔레스주의적 입장과 후기 비트겐슈타인주의적 입장은 가치판단이 진위(眞僞)가 가능한(*wharheitsfähig*) 명제와 일치하는 문법적 형식과 인지적 호소력을 갖는 것을 간주체적 삶의 형식과 공동의 말놀이에 뿌리박고 있는 배경적 합의로부터 설명한다. 동일한 언어공동체의 구성원들은 자신들의 가치평가적 어휘에 비추어 그들 자신에 대한 규범적 표상과 스스로가 자신들과 동일시하는 삶의 형식에 대한 규범적 표상만을 발전시키는 것이 아니다. 이들은 일상적 상황 속에서 자신들의 마음을 끄는 것과 거부감을 일으키는 것을 발견하는데, 이들은 그것들에 대해 어떻게 반응해야 할지를 "알지" 못한다면 그것들을 이해할 수 없다. 경우에 따라 무자비하거나 다정스럽거나 혹은 체면을 손상시키는 것으로 "지각"되는 것들에 대한 "촘촘한 윤리적 기술(記述)들"은, 공동으로 소유하는 삶의 형식으로서 습득된 말놀이의 비강제적 수용을 바탕으로, 객관성을 획득한다. 하지만 윤리적 지식이 확산된 수용이라는 의미에서 사회적 환경의 "객관정신"으로부터 점차 부여받게 되는 이 객관성은 합리적 수용가능성이라는 의미의, 진리와 유사한 타당성과 혼동되어서는 안 된다.[18]

문화인류학과 정신과학적 역사주의에서는 이미 오래전부터 도덕적 판단은 단지 간주체적으로 공유된 세계상의 가치기준과 해석만을, 즉 각각의 문화에 따라 특유한 역사적 구성만을 반영한다는 견해가 지배적이었다. 이로써 가치평가를 감정과 사유태도와 같은 정신적 사건들이 아니라, 문화적 맥락으로 환원하는 제 2단계의 경험주의가 작동하게 된다. 예를 들어 슈웨더(R. A. Shweder)는 이 상대주의적 시각에서 콜버그의 도덕적 보편주의를 비판하고 있다.[19] 그런데 문화적 구성주의는 여기서 멈추지 않고 진리문제에 있어서도 상대주의적 시각을 취함으로

---

18) B. Hooker (Hg.), *Truth in Ethics*, Cambridge 1996, 19~34에 실린 B. Williams의 논문 참조.
19) R. A. Shweder, *Thinking through Cultures*, Cambridge, Mass., 1991.

써, 극단적인 역사주의의 경향을 갖는데, 이에 따르면 상이한 전통과
삶의 형식 및 문화에는 상이한 도덕과 가치기준만이 아니라 각기 고유
한 합리성기준이 내재한다.[20] 오늘날 큰 영향력을 행사하는 맥락주의
는, 올바름주장에 대해서와 마찬가지로, 진리주장에 대해서도 절대적
[정언적] 의미를 부인한다.

　이러한 논변상황에 직면하여 우리는 이성의 이론적 사용마저도 아무
문제가 없는 것으로 전제할 수는 없게 되었다. 뿐만 아니라 이론이성
과 실천이성 간의 관계 문제를 인식론적 관점이나 논증이론적 관점에
서, 즉 전면적으로 접근하지 않는 것이 좋다고 생각한다. 피아제와 콜
버그의 가정에 대한 논의는 "도덕판단의 인지주의적 이해는 어느 정도
까지 '올바름' 개념을 '진리' 개념에 동화시킬 것을 요구하는가"라는 효
력[타당성]이론적 물음의 적실성을 보여준다. 독일어로는 도덕판단의
"타당성"(Gültigkeit) 보다는 "효력"(Geltung)이란 말이 더 잘 사용되는
데, 이로써 사실적으로 인정을 받는 판단의 "효력"과 참이기 때문에 간
주체적 인정을 받을 만한 가치를 갖는 판단의 "타당성" 간의 명확한 구분
이 흐려지게 된다. 이 언어사용은 당위적 타당성과 진리타당성의 무조
건적 동일시(Analogisierung)에 대한 일정한 유보적 태도를 드러내 보
인다. 도덕적 타당성을 진리와 유사하게 보는 이해는, 비교를 위해 원
용한 진리개념의 존재론적 함축이 약하면 약할수록, 보다 더 설득력을
얻게 될 것이다. 명제와 사실 간의 대응이라는 관념 없이도, 우리와는
독립적으로 존재하는 하나의 세계에 대한 실재론적 직관에 충실한 구
상은 진리와 올바름이 서로 유사하면서도 동시에 서로 구분되는 측면
들을 해명하려는 계획에 잘 들어맞는다.[21]

---

20) A. MacIntyre, *Whose Justice? Whose Rationality?*, Notre Dame, Ind.,
　　1988.
21) 나는 라이트의 논변전략도 이와 같은 것으로 이해한다. C. Wright, "Truth
　　in Ethics," in: Hooker (1996), 1~18.

나의 지침이 되는 직관은 다음과 같이 특징지을 수 있다. 한편으로 도덕판단의 올바름은 기술적 진술의 진리성과 동일한 방식으로 판명된다. 바로 논변을 통해서이다. 우리는 도덕규범의 보편적 인정의 조건과 마찬가지로 진리조건 역시 근거제시를 통하지 않은 채 직접적으로 파악할 수 없다. 즉 두 경우 모두에서 진술의 타당성은 오직 제시가능한 근거라는 매개체를 논의적으로 통과함으로써만 입증될 수 있다. 다른 한편 도덕적 타당성주장에는 진리주장에 특징적인 세계연관이 결여되어 있다. "진리"는 정당화를 초월하는 개념이며, 이상적으로 정당화된 주장가능성이라는 개념과도 일치시킬 수 없다.22) 오히려 진리개념은, 말하자면 실재 자체에 의해 충족되어야만 하는 진리조건을 적시하고 있다. 이와 달리 "올바름"의 의미는 이상적으로 정당화된 수용가능성과 전적으로 일치된다. 왜냐하면 우리는 잘 질서 잡힌 간인격적 관계의 세계를 구성함으로써 스스로 도덕적 판단 및 규범의 타당성조건의 충족에 기여하기 때문이다. 하지만 이〔간인격적 관계의 세계의〕구성은 우리 마음대로 할 수 없는 제약하에 놓여 있다. 그렇지 않다면 도덕적 **통찰**을 운운할 수도 없을 것이다. 존재론적 함축의 부재가 보편적 혹은 무조건적 타당성에 대한 주장을 약화시켜서는 안 된다. 이 주장의 잣대는 모든 참여자에 의해 마땅히 정당한 것으로 수용될 만한 상호인정의 사회적 상황과 관계이다.

'정당화'와 '진리'의 관계에 관한 논의에 이어서, 나는 우선 논의이론적 진리개념 (*Diskursbegriff der Wahrheit*) 을 도입할 것이다(Ⅲ). 그런데 우리가 진리와 규범적 정당화 간의 차별화에 착수할 수 있으려면, 그

---

22) 이 점에서 나는 크리스핀 라이트와 견해를 달리 한다. 라이트는 인식적 진리개념에 만족하며, 일정한 맥락 속에서 정당화되어 주장될 수 있는 진술이 미래의 정보 및 반론에 개의치 않고 계속 주장가능한 경우, 이를 "초과주장가능성" (*superassertibility*) 이라고 말한다. C. Wright, *Truth and Objectivity*, Cambridge, Mass. 1992 참조.

전에 먼저 이 인식적 진리개념을 실용주의적으로 해석해야 할 필요가 있다(Ⅳ). 이러한 배경하에서 '올바르다'는 술어는, 진리술어와는 달리, 그 의미가 전적으로 '이상적으로 정당화된 수용가능성'과 일치한다는 것이 밝혀지게 될 것이다. 도덕적 진술의 당위적 타당성에는 진리 타당성의 존재론적 함축이 결여되어 있는 반면, 객관세계에 대한 정당화 초월적 연관 대신에 타인을 잘 질서 잡힌 간인격적 관계의 포용적인 ― 그리고 그런 점에서 보편적인 ― 세계 안으로 상호 포용한다는 규제적 이념이 자리한다(Ⅴ). 이 단일한 도덕적 세계의 구상은 합리적 논의의 의사소통 전제조건에 뿌리박고 있다. 왜냐하면 근대의 세계관적 다원주의의 조건하에서 정의의 이념은 논의를 통해 획득된 동의의 불편부당성 개념으로 승화되었기 때문이다(Ⅵ). 논의윤리학의 실재론적 해석방식에 대한 비판적 논의를 통해, 나는 왜 우리가 "올바름"을, 그것의 정당화내재적 의미에도 불구하고, "진리"와 유사하게 무조건적 타당성으로 이해해도 좋은지를 보여주고자 한다. 실천적 논의의 참여자들에게 공동의 자기비판적 불편부당성의 시각을 만들어낼 것을 요구하는 까다로운 의사소통조건은 이러한 설명에 적절한 열쇠를 제공한다(Ⅶ). 그러나 인지주의적 도덕이해의 가능성을 입증하는 것만으로는 우리가 왜 세계관적 다원주의의 조건하에서 여전히 도덕적 지식의 개념을 고수해야만 하는지를 설명하기에는 충분하지 않다. 우리가 〔올바름을〕 진리와 유사하게 봄으로써 좋음〔선〕의 차원에 2가적(二價的) 도식화를 부과하고, 이로써 비로소 정의로움을 좋음으로부터 분리해낸다는 점에서, 도덕적 타당성의 정언적〔절대적〕 의미에 약정적(約定的) 요인이 들어오는 듯이 보인다. 그러나 이 "자유에의 결단"은 우리의 뜻에 달린 것이 아니다. 왜냐하면 의사소통적 삶의 형식에 각인되어 있는 도덕적 말놀이는 다른 방식으로는 온전하게 유지될 수 없기 때문이다(Ⅷ).

III

　진리, 지식, 이성 같은 개념과 결합된 실재론적이고 보편주의적인 직관에 대한 맥락주의적 회의는 인식의 객관성의 척도를 체험 주체의 사적 확실성으로부터 의사소통공동체의 공적 정당화실천으로 바꿔놓은 언어철학적 전회의 결과이다. [23] 언어와 실재가 우리로서는 풀 수 없는 방식으로 상호 착종되어 있다는 데 대해서는 오늘날 대체로 의견이 일치한다. 우리는 오직 사실진술에 의존해서만 무엇이 사실인가를 설명할 수 있고, 오직 참인 것에 의존해서만 무엇이 실재적인 것인가를 설명할 수 있다. 의견과 명제의 진리성은 다시금 다른 의견과 명제를 통해서만 논증되거나 논박될 수 있기 때문에, 우리는 ― 반성적 존재로서 ― 언어의 영향권에서 벗어날 수 없다. 이러한 사정은 반(反)토대주의적 인식개념과 전체론적 논증개념을 설득력 있게 부각시킨다. 그리고 오직 정합설적 진리개념만이 이 둘과 조화될 수 있는 것처럼 보인다. 그래서 "진리"와 "정당화" 간의 적절한 구분문제를 논의할 수 있으려면, 그 전에 먼저 진리개념 자체에서도 맥락으로부터 독립적인 타당성의 의미가 보존될 수 있을지가 해명되어야 할 것이다. [24]

　우리는 우리의 명제를 그 자체로 이미 언어적으로 삼투되어 있지 않은 그런 실재적 현실과 직접 대면시킬 수 없다. 그런 까닭에 "그 자체로" 스스로를 정당화하고, 그로써 하나의 선형적인 논증사슬의 처음이나 끝으로 이용될 수 있을 어떠한 토대명제의 집합도 특별히 규정해낼 수 없다. 그러나 의미론적이고 연역적인 논증개념이 효력이 없다면,

---

23) R. Rorty, *Philosophy and the Mirror of Nature*, Princeton 1979.

24) 이하의 서술은 로티와 퍼트남 간의 논쟁과 관련된 것으로서, 여기서 나는 이 논쟁과 관련된 인용처를 상세히 밝히지 않을 것이다. 그러나 이와 관련하여서는 이 책의 제 5장 "진리와 정당화" 참조.

오류가능한 진술의 타당성은 언제나 오직 하나의 공중에게만 논증된 타당성으로 입증될 수 있을 뿐이다. 그런 까닭에 "진리"를 인식적 타당성 개념으로, 즉 3항적 타당성 개념으로 설명하려는 시도가 설득력을 갖게 된다. 진리란 오직 합리적으로 수용가능한 것의 형태로서만 접근가능한 것으로 보이게 되는 것이다. 이로써 그처럼 인식화된 진술의 진리성이 과연 제각각의 정당화 맥락과는 독립적인 "가치"를 가지고 있느냐라는 물음이 불가피하게 제기된다.25) 언어철학적 패러다임 내에서 진술의 진리성은 어쨌든 더 이상 "세계 속의 어떤 것과의 일치"로 파악될 수는 없다. 만일 그럴 수 있다면, 우리는 언어를 가지고 언어로부터 벗어날 수 있어야 할 것이다. 우리는 추정상 "최종적인" 명증성에 대한 언어적 표현을 해석되지 않은 혹은 "적나라한" 실재적 현실의 일부와 — 즉 언어에 사로잡힌 우리의 검사를 벗어나는 지시대상과 — 정말이지 비교조차 할 수 없다. 한 진술의 진리성은 오로지 다른 진술들과의 정합성에 의해서만 보증될 수 있는 것처럼 보인다.

그러나 이미 수용된 의견과 참인 의견의 "정합성"이라는 조건은 불충분하다. 오로지 논증의 연쇄고리를 통해서만 형성되는 정합성은 왜 아주 멋지게 정당화된 주장들도 그릇된 것으로 판명될 수 있는지를 해명하지 못한다. 우리는 "진리"를 분명 진술의 "불가결한" 특성으로 간주한다. 예를 들어 "참"이라는 술어의 "경고적" 사용은 최상의 근거들도 나중의 명증적 사실들에 비추어 볼 때 무효화될 수 있다는 사정을 상기시킨다. 그런 까닭에 우리는 다음과 같은 불편한 물음을 회피할 수 없다. 즉, "왜 우리의 믿음들이 서로 연관되어 있다는 사실은, 그것들이 정말 그렇다고 하더라도, 그것들이 참이라는 것을 조금도 나타내주지 않는가?"26) 우리는, 진리술어를 모든 가능한 정당화를 초월하는 절

---

25) R. Rorty, "Sind Aussagen universelle Geltungsansprüche?," in: *Dtsch. Z. Philos.*, Heft 6, 1994 참조.

26) M. Williams, *Unnatural Doubts*, Princeton, 1996, 232.

대적 의미로 사용함에도 불구하고, 한 진술의 진리성을 확신하는 데 있어 정당화 근거 이외에는 다른 어떤 것도 가지고 있지 않다는 딜레마에 직면해 있다. 우리의 정당화 실천관행은 각기 통용되는 표준들과 더불어 변화하는 반면, "진리"는 확보가능한 모든 명증성을 넘어서는 요구와 결합되어 있다. 이 실재론적 가시는 우리가 "진리"를 "정당화된 주장가능성"으로 축소하는 언어관념론을 받아들이는 것을 저지한다.

그럼에도 불구하고 진리와 정당화 간에는 내적 연관이 있음이 분명하다. 진리가 성공개념은 아니지만, 우리는 우리의 잣대에 비추어 성공적인 'p'의 정당화가 'p'의 진리성을 말해준다는 입장에서 출발한다. 그리하여 다음과 같은 문제가 제기된다. 즉 "오로지 우리가 세계에 관해 믿고 있는 것에 대한 지식과 어떻게 우리의 믿음들이 서로 정합적인가에 대한 지식만이 주어져 있다고 할 때, 우리는 어떻게 저 믿음들이 참일 것이라는 것을 보일 수 있는가?"[27] 첫눈에 보기에 그럴듯한 방책은 이상적인 정당화조건을 가정함으로써 "진리"를 단순한 수용가능성과 구분하는 데 있다. 이때 참인 것은 이상적인 인식조건하에서 (퍼트남), 혹은 이상적인 의사소통공동체 내에서(아펠), 내지는 이상적 발화상황 속에서(하버마스) 정당화된 것으로 수용되는 것이다. 여기서 우리가 직관적으로 진리주장과 연관시키는 무조건성이라는 계기는 국지적 맥락들을 넘어선다는 의미로 해석된다. 우리의 기준에 비추어 정당화된 진술은, 각기 다른 맥락 속에서 정당화된 진술이 가능한 모든 맥락 속에서 정당화될 수 있을 진술과 구분되듯이 그렇게, 참인 진술과 구분된다.

하지만 가정된 이상적 **상태**들을 가지고 작업하는 — 퍼스로부터 연원하는 — 이 제안의 변종들은[28] 난점에 직면한다. 이러한 목적론적 구성들은 "진리"의 정의와 정당화된 주장가능성 간의 격차를 지나치게 넓

---

27) M. Williams (1996), 249.
28) K.-O. Apel, *Der Denkweg von Charles S. Peirce*, Frankfurt a. M. 1975.

게 규정하거나, 아니면 충분한 정도로 넓게 규정하지 않기 때문에, 그 목표를 달성하지 못한다. 논변행위의 목적이 아니라 그 형식적 특성과 과정적 특성을 이상화하는 논의이론적 진리개념은 이러한 반론들을 빗겨간다. 이 해석방식에 따르면, 검증의 심급으로 도입된 논변실천은 그 진행과정 속에서 특정한 이상적 요구조건들을 충족해야 한다. 의사소통의 형식은, 올바른 주제에 대하여 기여하는 모든 중요한 견해들이 말로 표현되고 최선의 논변이 결정적인 영향을 미칠 수 있도록 하기 위해서, 모든 당사자들의 완벽한 포용과 등권적(等權的)이고 비강제적이며 상호이해 지향적인 참여를 보장해야 한다. 따라서 한 진술은 정확히 합리적 논의의 까다로운 의사소통조건하에서 모든 반박의 시도들을 이겨낼 때에 참이다.[29]

그러나 이 제안 역시 근거 있는 반론에 직면한다. 그렇게 시험을 거친 진술이, 그것이 갖는 논의상의 생존능력을 근거로 또는 그 결과, 참이라고 하는 것은 반(反) 직관적이라는 반론이 그것이다. 분명 인식적 진리개념들은, 해석되지 않은 진리조건을 직접적으로 파악하는 길이 우리에게는 막혀있기 때문에, 우리는 논란의 대상인 진리주장에 직면하여 전적으로 보다 나은 근거들에 의존할 수밖에 없다는 언어철학적 통찰에 부응하고 있다. 그러나 한 진술의 진리성은, 우리가 오직 정당화를 통해서만, 즉 해당 진리주장의 논의적 이행을 통해서만 (우리가 각기 적절한 종류의 근거들에 비추어 해석해야만 하는) 진리조건이 충족되어 있는지를 확정할 수 있다는 것 자체만으로 이미, 인식적으로 매개된 사태가 되지는 않는다. 진리와 정당화 간의 틈새는 또한 현재의 정당화과정의 조건들을 이상화하는 것으로 메워지지도 않는다. 시간 속에서 진행되는 모든 실재 논의들은 미래의 학습과정에 비해서 편협한 상태에 머물기 때문에, 오늘 우리에게 거의 이상적인 조건하에서

---

29) 라이트(C. Wright)의 "초과주장가능성" 개념이 이에 상응한다. 앞의 주 22) 참조.

정당화된 것으로 보이는 진술들이 미래에 무효화 시도들에 대항하여 실제로 관철될 수 있는지를 우리는 알 수 없다. 그럼에도 불구하고 우리는 진리성에 대한 충분한 증거로서 가능한 한 가장 이상적인 조건하에서의 합리적 수용가능성에 만족해야만 한다. 따라서 논의이론적 진리개념은 그 자체로 그릇된 것은 아니지만 불충분하다. 이 진리개념은 무엇이 우리에게 이상적으로 정당화된 것으로 가정된 진술을 참이라고 여길 수 있는 **권한을 부여하는**지를 아직 해명하지 못하고 있다.[30]

인식적 진리이론들이 일반적으로 시달리고 있는 난점은 진술의 진리성을 논변의 말놀이에서, 즉 의문의 대상이 된 진리주장이 **명시적으로** 논의의 주제가 되는 곳에서 찾는다는 것에 있다. 그러나 진리주장은 그것들이 작동하는 일상적 맥락으로부터 분리되어 작동이 중지된 연후에야 비로소 논란의 가설적 대상이 된다. 이와 달리 내가 아래에서 적

---

30) 그밖에 피아제 역시 뒤르켐(Durkheim)에 기대어 사회적 진리개념에 도달하고 있다. "외부나 내부의 절대적인 것에 대한 어떠한 연관 설정도 거부한다면, (실험적 혹은 형식적) 진리기준으로서 남는 것은 오직 정신들 간의 의견일치뿐이다"(Piaget, 1973, Ⅲ, 237). 피아제 또한 인식의 객관성에 대한 요구가 어떻게 인식적 진리개념과 조화될 수 있는가라는 문제에 직면한다. "사람들은 진리가 정신들 간의 의견일치에 근거한다는 것으로부터 정신들 간의 모든 의견일치가 진리를 만들어낸다고 추론하였다. 마치 과거나 당대의 역사가 집단적 오류의 실례들로 넘쳐흐르지 않는 듯이 말이다." 그런 까닭에 피아제는 자신의 발생적 인식론에 비추어 합리적 수용가능성과 진리 간의 내적 연관관계를 —덧붙이자면 퍼스가 그의 종합적 추론 이론을 가지고 행했던 것과 유사하게 — 실재적 현실과 사회적으로 매개된 실천적 교류에 뿌리박고 있는 형식적 조작방식들을 가지고 설명한다. "따라서 정신들 간의 진리논증적 의견일치는 공동의 의견의 정적인 일치가 아니다. 그것은 공동의 사유도구의 사용으로부터 귀결되는 동적인 수렴이다." 피아제는 여기서 모든 인지적 진보가 "사유의 사회화에서의 진보", 즉 인식주체의 관점들의 계속적 탈중심화와 연관되어 있다는 실용주의적 가정에 의지하고 있다. "이성의 발전에 대한 연구는 논리적 조작방식들의 발생과 일정한 공동작업 형식들의 형성간의 긴밀한 상관관계를 보여준다."(같은 책, 237f.)

어도 그 윤곽이라도 그리려고 하는 실용주의적 견해는 생활세계 내에서의 진리주장의 작동을 고려한다. 논의이론적 진리개념은, 우리가 언어철학적 전회 이후에도 여전히 "사실의 포착"과 연결짓는 약한 존재론적 함의를 제대로 고려할 수 있기 위해서는, 이런 방향에서 보완되어야 한다. 우리는, 이 해석방식으로, 우리에게는 오로지 진리주장의 논의적 이행을 통해서만 접근가능한 진리에 대한 이해를 아직도 각인하고 있는 무조건성의 계기를 보존하게 된다. 이 행보를 통해 나는 진리와 올바름 간의 비교를 위한 토대를 얻게 된다. 실용주의적으로 해석된 사태의 "존립"은 도덕규범의 "인정합당성"(認定合當性)의 의무론적 의미를 부각시키는 대비적 배경을 이룬다.

IV

실용주의는 일상적 실천이 진리에 대한 원칙적 유보를 배제한다는 점을 일깨워준다. 숙달된 실천관행의 그물망은 우리가, 간주체적으로 공유하거나 충분한 정도로 중첩되는 확신들로 이루어진 광범위한 배경 하에서, 참이라고 간주하는 — 정도의 차이는 있으나 — 암묵적인 견해들에 의지한다. 일상적 관행과 익숙한 의사소통은 행위를 이끄는 확실성들을 통해 작동된다. 이 수행적으로 주장된 "지식"은 우리가 "진리들"을 가지고 — 그 진리조건이 충족되어 있는 명제들을 가지고 — 작업한다는 플라톤적 함의를 갖는다. 그러한 확실성들은, 코르셋처럼 꽉 짜인 생활세계적 자명함의 틀 안에서의 발판을 상실하고 〔아무런 의심도 없는〕 순진한 상태로부터 쫓겨나자마자, 같은 수만큼의 불확실성들로 바뀐다. 행위에서 논의로의 이행과정에서 먼저 순진하게 참이라고 간주되었던 것은 행위확실성의 양태를 상실하고, 그 대신 가설적 진술의 형태를 갖게 되는데, 이 가설적 진술의 타당성은 논변적 검토의 결과가 나올 때까지는 미정인 상태로 있게 된다. 논변의 차원을 넘어서는 시선은 행위확실성과 정당화된 주장가능성 사이에 그토록 추구하던 내적 연관을 만들어내는, 야누스처럼 양면적인 진리의 **화용론적** 〔실용적〕 **역할**을 포착한다.

왜냐하면 동요된 행위확실성을 단순한 가설로 전환시키는 궤도는 합리적으로 수용가능한 주장을 행위확실성으로 다시 번역하는 것 또한 가능하게 만들기 때문이다. 부분적으로 동요된 지식을 복원하기 위해 단지 **일시적으로만** 논변참여자의 반성적 태도를 취하는 행위자의 시각에서 볼 때, 타당성주장의 논의적 이행은 생활세계의 순진함으로 되돌아가는 것에 대한 인가(認可)라는 의미를 획득한다. 나는 시각변경 그자체에서 내가 기대하는 설명력을 이끌어낼 수 있다고 생각한다. 즉,

논변참여자의 내부 시각에서 볼 때에는 목적 자체인 것이, 세계에 잘 대처해야만 하는 행위주체의 외부 시각에서 볼 때에는 다른 목적을 위한 수단이 되는 것이다. 지식이 의문의 대상이 됨으로써 발생하는 행위불확실성의 "제거" 기능은, 논변참여자들이 관련된 모든 정보를 인지하고 중요한 모든 근거를 헤아려본 후에, 'p'에 대한―내지는 'p'를 'q'로 대체하는 것에 대한―반론들이 모두 소진되었다는 것을 확신한 경우, 왜 그들에게―결코 완전히 정지되지는 않은 행위주체로서의 역할을 갖고 있는 그들에게―논변행위를 지속하는 것이 더 이상 의미가 없는 것인가를 해명해준다. 논의가 뿌리박고 있는 생활세계에서의 행위에 대한 수요는 내부 시각에서 볼 때의 "끝없는 대화"에 잠정적인 쉼표를 찍을 것을 강요한다. 그런 까닭에 합리적 논의를 이 생활세계의 소용돌이로부터 격리시키고, 예를 들어 학문체계에서처럼 가설적 사유가 항구화되도록 독립시키기 위해서는 고도로 인공적인 보호장치가 요구된다. 제도화된 학문에서야 비로소 가설을 가지고 작업하는 것에 만족할 수 있고, 생활세계의 자연적 플라톤주의를 상쇄하는 근본적인 오류가능주의의 채택이 가능하게 된다.

다른 한편 바로 생활세계의 독단주의적 성격이야말로 자신들이 잘 논증된 의견의 경우에서조차 틀릴 수 있다는 것을 고려하는 논변참여자들의 오류가능주의적 의식의 필요조건이다. 왜냐하면 논의 속으로 어느 정도 뻗쳐들어와 있는 생활세계는, 그 자체의―행위확실성에 의거한―강한 진리 및 지식 개념의 플라톤주의와 함께, 맥락독립적인 진리주장의 지향을 위한―정당화를 초월하나 행위 속에 언제나 이미 전제되어 있는―척도를 제공한다. 여기서는, 즉 논의 안에서는, 그렇게 산출된 진리와 정당화된 주장가능성 간의 차이가 오류가능성의 의식을 생생하게 유지시키는 동시에, 논변참여자들로 하여금 이상적 정당화조건에 자기비판적으로 접근하도록 강제한다. 즉 그들 각각의 정당화공동체를 계속해서 더욱 더 탈중심화하도록 강제한다.

　나아가 야누스처럼 양면적이며 생활세계와 논의 사이를 매개하는 일
상적 진리개념의 실용적 뿌리는 우리가 주장의 단언적 의미와 연결시
키는 존재론적 함의를 해명해준다. 참인 명제로 우리가 표현하고자 하
는 것은 특정한 사태가 "주어져" 있거나 "존립한다"는 것이다. 그리고
그러한 사실들은 다시금 ─ 그것들에 관해 사실을 진술할 수 있는 ─ 대
상들의 총체로서의 "유일한 세계"(die Welt)를 적시한다. 존재론적 말
하기방식은 진리와 지시 간의 연관관계를, 즉 진술의 진리성과 그것에
관해 무엇인가 진술되는 것의 "객관성" 간의 연관관계를, 창설한다.
"객관세계" 개념은 언어능력 및 행위능력을 갖는 주체가, 그들의 개입
및 창작에도 불구하고, "스스로 만들지 않은" 모든 것을 포괄한다. 그
리하여 그들은 상이한 기술들 하에서도 동일한 대상들로서 확인이 가
능한 대상들을 지시할 수 있다. 세계의 **처분불가능성**〔우리 마음대로 할
수 없음〕과 **동일성**은 "대처"(Coping)의 경험으로부터 설명되는 "객관성"
의 두 규정이다. 행위에서의 경우 믿음은 논의에서와는 다른 어떤 것
을 통해 "확증되는" 것이다.

　논변에서, 의문의 대상이 된 믿음이 합리적으로 수용가능한 것으로
입증되는지의 여부는 오로지 적절한 근거들에 달려 있다. 이때 참여자
들은 정당화를 초월하는 진리주장을 지향점으로 삼는다. 왜냐하면 이
들은, 참인 견해와 관련하여 생활세계의 실천에서는 그 사정이 논의에
서와는 다르다는 것을 논변참여자로서도 잊지 않기 때문이다. 이들이
아직 행위하고 있던 동안에는, 선(先)반성적인〔반성 이전의, vorreflex-
iv〕"세계에 대한 대처"만이 어떤 믿음이 작동하는지 아니면 의심의 소
용돌이 속으로 빠져들어 가는지를 결정했었다. 말놀이와 실천관행은
계속적인 "작동"에 의해서, 즉 성공적 수행 자체를 통해서 입증된다.
실패하는 경우, 그것은 세계가 더 이상 기대했던 방식으로 협조하지
않는다는 것을 뜻한다. 실패란 세계가 협조할 용의를 수행적으로 철회
하는 것인데, 실패가 말해주는 부인(否認)에 대한 이 실천적 경험을

통해 객관성 개념이 형성된다. 이 개념은 한편으로 우리의 조작에 반하여 고집을 부리는 처분불가능한 세계의 저항을 포함하며, 다른 한편으로 모든 이에게 공통된 세계의 동일성을 포괄한다. 행위주체들은 상호협력하면서 서로에 대해 각자가 자신의 시각에서 하나의 동일한 세계를 준거로 삼는다는 것을 가정하기 때문에, 세계는 오직 단수로서만 "존재한다."

물론 이 확인의 심급은 행위의 부담을 벗어난 — 오로지 근거만이 효력을 갖는 — 논의의 차원에서는 유보된다(또는 그 결과가 단지 여러 논변들 중의 하나로서만 효력을 갖는 실험을 위해서 가동된다). 참여자가 세계로부터 객관화하는 시선을 거두고 수행적 태도로 반대자의 반론을 대하는 간인격적 차원에서는 해석들만큼이나 많은 세계들이 서로 경쟁할 수 있다. 그러나 이 경우에도 논변참여자들은 아직도 **무조건적** 진리주장의 논의적 이행이라는 목적에 "사실의 포착"이라는 함의를 연관시키며, 이러한 간접적 방식으로 객관세계를 시야에서 놓치지 않고 간직한다. 이들은, 자신들의 해석싸움을 마치고 생활세계로 돌아오자마자, 행위자로서 다시 공동으로 **하나의 동일한** 세계를 준거로 삼을 것이라는 것을 잊지 않는 것이다.

이러한 실용주의적 방식으로 우리가 진술의 진리성과 진술의 대상이 되는 것의 객관성 간의 연관관계를 정리하게 되면, 도덕적 타당성을 진리와 **같은 것**으로 받아들이는 이해가 갖는 난점이 비로소 명확해진다. 이제는 두 타당성주장간의 유사성 외에 그 차이도 뚜렷이 드러난다. 한편으로 두 타당성주장은 논의적 이행에 의존적이며, 이로써 — 참여자들이 진술의 "이상적으로 정당화된 수용가능성"을 넘어설 수 없다는 것을 알면서도 "유일하게 올바른 답"이라는 이념을 지향하는 — 정당화 실천에 의존적이다. 다른 한편 이 비유는 오직 논변의 차원에서만 성립한다. 이 비유는 의견에 대한 선(先)반성적 "입증"의 차원으로 전용될 수 없다. 왜냐하면 도덕적 믿음의 실패는 모든 참여자에 의해 동일한 것으로 가정된 객관세계의 저항이 아니라, 공동의 사회적 세계 내에서의 적수들 간의 규범적인 의견불일치의 해소불가능성에서 기인하기 때문이다.

　물론 도덕적 믿음은, 경험적 믿음이 객관세계에 대한 목적지향적 개입을 제어하는 것과 유사한 방식으로, 규범적으로 조절된 사회적 상호작용을 제어한다. 그러나 도덕적 믿음은 〔경험적 믿음과는〕 암묵적으로 다른 방식으로 ─ 즉, 제멋대로 진행되는 과정들의 성공적 조작을 통해서가 아니라, 간주체적으로 공유된 규범적 믿음들이라는 배경하에서만 성공할 수 있는, 행위갈등의 합의적 해결을 통해서 ─ 입증된다. 여기서 입증은 논의와는 잘 구분된 실천 속에서 일어나는 것이 아니라, 애초부터 언어적 의사소통을 매개로 일어난다. 비록 도덕적 〔규범〕 위반의 결과를 일단 먼저 "체감"하지만 말이다. 행위를 이끄는 확실성의 실패에 대해 판정하는 것은, 기대를 저버리는 상황의 제어되지 않은 우연성이 아니라, 서로 어긋나는 가치지향을 갖는 사회적 적수들의 반박이나 절규이다. 저항은 극복되지 않은 객관적 여건들로부터 나오는 것이 아니라, 다른 이들과의 규범적 의견일치의 결여로부터 나온다. 낯선 정신의 "객관성"은, 〔우리를〕 놀라게 하는 실재의 객관성과는 그 바탕이 다른 것이다. "객관적 정신"의 저항을 극복하는 것은, 다투는 당파들로 하여금 각기 자신의 사회적 세계를 확장하여 ─ 자신들의 갈등을 일치된 평가기준에 비추어 판단하고 합의적으로 해결할 수 있는 방식으로 ─ 서로를 공동으로 구성한 세계 속으로 포용하도록 하는 도덕적 학습과정이다.

V

　도덕적 타당성주장에는 진리주장에 특징적인 객관세계에의 연관이 결여되어 있다. 그러므로 도덕적 타당성주장에는 정당화를 초월하는 준거점이 박탈되어 있다. 이 세계연관 대신에 사회적 공동체의 경계 확장 및 가치에 관한 합의의 확장에 대한 지향이 자리한다. 우리가 올바름과 진리 간의 차이를 보다 정확하게 규정하고자 한다면, 다른 주장과 다른 사람들에 대한 이 계속적인 확장적 포용의 지향이 결여된 세계연관을 과연 보충할 수 있는지, 그리고 그렇다고 한다면 어떻게 보충할 수 있는지를 검토해야 한다.

　합리적 논의는 언제나 회귀적으로 폐쇄된 논변의 순환과정 속에서 움직인다. 〔사실〕기술적(記述的) 문제에 대해서든 도덕적 문제에 대해서든 진술의 합리적 수용가능성은 논란이 되는 타당성문제를 결정짓기에 충분해야 한다. 그러나 논의를 통해 획득된 합의는 진술의 진리성의 경우와 도덕적 판단 및 규범의 올바름의 경우에 각기 다른 함의를 갖는다. 거의 이상적인 조건이 전제된 상황에서는 모든 확보가능한 논변들이 고려되고 모든 중요한 반론들이 빠짐없이 검토되기 때문에, 논의를 통해 획득된 동의는 우리에게 해당 진술을 참이라고 간주할 수 있는 권한을 부여한다. 그러나 진술의 진리성은 객관세계와 관련하여서는 동시에 하나의 〔실재적〕 사실(Faktum)을 ─ 한 사태의 존립을 ─ 의미한다. 사실들의 사실성(Faktizität)은 그것들이 〔우리의〕 기술(記述)과는 독립적으로 존재하는 (우리가 그에 관해 사실진술을 행하는) 대상들의 세계 속에 뿌리박고 있다는 사정에서 기인한다. 이 존재론적 해석은, 어떤 진술이 아무리 잘 논증되고 그 진술에 대하여 아무리 세심하게 합의를 이끌어냈다 할지라도 그 합의는 새로운 명증적 증거들에 비추어 그릇된 것으로 판명될 수 있다는 것을 함축한다. 도덕적 타당성주장의 경우에는 바로 이와 같은 진리와 이상적으로 정당화된 주장가능성 간의 차이가 희미해진다. 왜냐하면 도덕적 타당성 쪽에는 진리타당성의 존재론적 해석에 상응하는 것이 없기 때문이다. 사실문제 차원에서의 학습성과는 동의를 결과로 가질 수 있는 반면, 도덕적 학습성과는 그와 같이 근거들을 가지고 이끌어낸 합의의 포용적 성격을 기준으로 측정된다.

　모든 가능한 당사자들이 실천적 논의를 통해 조정을 필요로 하는 소재와 관련하여 특정한 행위방식이 모든 사람들에게 다 같이 좋다 라는 믿음에 함께 도달했다고 한다면, 이들은 이 실천방식을 구속력이 있는 것으로 간주할 것이다. 논의를 통해 획득된 합의는 참여자들에게는 비교적 최종적인 성격을 갖는다. 그 합의는 사실을 확정하는 것이 아니라, 규범을 "논증적으로 창설하는데"(*begründen*), 이때 이 규범의 "본질"은 간주체적 인정을 "받을 만하다는" 것 이외의 다른 것이 아니다. 그리고 참여자들은 거의 이상적인 합리적 논의의 조건하에서 바로 이 점을 확인할 수 있다는 입장으로부터 출발한다. 우리는 어떤 규범적 진술의 타당성을, 어떤 사태의 존립이라는 의미로서가 아니라, 우리가 실천의 토대로 삼아야 할 해당 규범의 인정합당성으로 이해한다. 인정을 받을 만한 가치를 지닌 규범은 "협조"하기를 거부하는 "세계"에 의해서 부인될 수 없다. 인정합당성이 이상적으로 정당화된 규범에는 물론 사실적 인정이 결여될 수 있다 — 또는 다른 실천방식과 세계해석이 정착되어 있는 사회에 의해서 사실적 인정이 박탈될 수 있다. 그러나 도덕적 타당성주장에는, 객관세계에의 연관이 결여됨으로써, 논의를 훨씬 넘어서며 참여자 자신의 의지에 대한 통찰적 자기구속을 초월하는 심급도 상실된다.

　규범이나 행위에 관하여 이상적 조건하에서 논의를 통해 획득된 동의는 단지 권한을 부여하는 힘만을 갖는 것이 아니다. 이 동의는 도덕적 판단의 올바름을 보장한다. 이상적으로 정당화된 주장가능성은 바로 우리가 도덕적 타당성으로 의미하는 바 그 자체이다. 그것은 논란이 되는 타당성주장과 관련된 찬반이 모두 검토되었다는 것만을 의미하는 것이 아니라, 그 자체로 인정합당성으로서의 규범적 올바름의 의미를 완전히 담고 있다. 규범의 이상적으로 정당화된 주장가능성은 ─ 정당화를 초월하는 진리주장의 경우에서처럼 ─ 논의의 한계를 넘어서 인정합당성의 확증과는 무관하게 "존립"할 수 있는 어떤 것을 암시하지 않는다. "올바름"의 정당화 내재성은 의미비판적 논변에 의존한다. 곧, 한 규범의 "타당성"은 그 규범이 이상적 정당화조건하에서 수용될 것이라는 것에, 즉 타당한 것으로 인정될 것이라는 것에 있기 때문에 "올바름"은 인식적 개념이다.

그러나 결코 이 견해는, 우리가 우리의 각기 가능한 최상의 도덕적 통찰이 오류불가능성을 가진다고 간주해야 한다는 것을 함축하지 않는다. 도덕적 근거정립논의와 적용논의(*Begründungs- und Anwendungsdiskurse*)라는 "두 단계"를 통해 획득된 동의는 오히려 이중의 오류가능주의적 유보하에 놓여 있다. 우리는 나중에 돌이켜볼 때 우리가 가정했던 논변의 전제조건에 대해 잘못 알았다는 것을 깨우칠 수도 있고, 우리가 중요한 사정을 예견하지 못했다는 것을 깨우칠 수도 있다.

우리가 합리적 논의에서 행하는 정당화조건의 이상화는 우리의 정당화공동체가 각각 성취한 탈중심화 정도에 대해서 언제나 활성화가 가능한 유보의 잣대를 형성한다.[31) 왜냐하면 우리의 정당화공동체는,

---

31) 절차의 이상화에 근거한 오류가능성에의 유보는 니노(C. S. Nino, *The Constitution of Deliberative Democracy*, Yale U.P., New Haven, 1996, 113)가 나에 대해 제시한 대안을 근거 없는 것으로 만든다. 합리적 논의는, 사실상 획득된 각각의 동의를 도덕적 판단의 진리성 내지 올바름의 판정기준으로 승격시키지 않으면서도, 도덕적 통찰에의 ─ 단지 "가장 유망하거나" 또는 "가장 신뢰할 만한" 통로로서만이 아니라 ─ "유일한" 통로로 특별히 내세워질 수 있다. 간주체주의적으로 해석된 "합리적 수용가능성"은, 이상적 절차에 의존적인 것으로 되면, 간주체적으로 획득된 수용과 일치하지 않게

앞으로 상론하겠지만, 도덕적 문제와 관련하여 단지 인지적인 종류만이 아닌 특별한 종류의 난점들에 직면하기 때문이다. 당사자들이 참여에서 배제되거나, 어떤 주제들이 금지되거나, 관련된 의견의 개진이 억압되거나, 해당 이해관계가 솔직하게 표출되지 못하거나 설득력 있게 표현되지 못하고, 타인들의 타자성이 존중되지 못한다면, 우리는 합리적 동기를 갖는 입장표명이 관철되지 못하거나 심지어는 발언조차 되지 못할 가능성을 고려해야 한다. 이 오류가능성은, 우리가 적절하든 적절하지 않든 간에 충분히 이상적인 정당화조건하에서 성취된 것이라고 상정한 동의가 우리에게 갖는 최종적 성격과 얼마든지 모순되지 않을 수 있다. 우리가 오류를 수정할 수 있는 것은 정말이지 오직 "옳음"과 "그름" 간에 근거 있는 결정을 내릴 수 있는 가능성을 전제하고서 양가(兩價) 원칙을 토대로 한 가운데 유일하게 올바른 "해답"을 목표로 지향할 때뿐이다. 다른 종류의 오류가능성은 이미 언급한 대로 타당하다고 인정된 모든 규범들이 — 그것들이 아무리 잘 논증된 것들이라 할지라도 — 적용논의를 통해 보완되어야만 한다는 것으로부터 설명된다. 적용논의에서, 예상치 못한 사정이나 혁신적 요인이 소급적으로 규범논증의 문제를 다시 제기하도록 하는 수정을 불가피하게 만드는 것으로 밝혀질 수 있기 때문이다. 그러나 근거정립논의에서 상정한 상황이 뚜렷하게 역사에 의해 부인되지 않는 한은, 미래에 비추어 본 이 실존적 국지성에 대한 의식 때문에 우리의 도덕적 믿음이 동요되어야 할 필요는 없다.

하지만 도덕적 의견형성 및 의지형성의 구성적 의미가 과연 "올바른" 도덕적 판단을 위한 정당화 초월적 준거점의 결여를 상쇄할 수 있는지, 있다면 어떻게 상쇄할 수 있는지는 해결되지 않았다. 칸트는 도덕적 의무의 절대적 구속성을 도덕적 판단의 정언적 타당성으로 번역했다.

된다.

그런데 이제 올바름 개념이 진리 개념에 그 존재론적 함의를 부여하는 정당화 초월적 발판을 상실한다면, 어떻게 올바름에 대한 주장에 이 무조건성의 계기가 보존되는가 하는 물음이 불가피하게 제기된다.

타당한 진술에 대하여 우리는 보편적 타당성을, 즉 단지 국지적 맥락 속에서만이 아니라 모든 맥락 속에서의 인정을 요구한다. 참일 수 있는 진술 'p'와 관련하여 우리는 이 문장을 실재론적 의미에서 왼쪽에서 오른쪽으로 읽는다. 즉, 'p'가 참이면, 그 진술은 무조건적으로 타당하고, 모든 이에 의해서 마땅히 참이라고 인정받을 만한 것이다. 'p'가 실제로 이 보편적 인정을 받기 위해서는 모두가 이 진술의 진리성을 확신할 수 있어야만 하며, 'p'라는 사실을[that 'p'] 알아야 한다. 이러한 앎[지식]은, 참인 진술은 잘 논증될 수 있기 때문에 (그리고 그럴 수 있는 한), 다시금 'p'의 진리성에 의지할 수 있다. 이 생각은 진리와 지식 간의 잘 알려진 연관관계에 근거한다. 즉 어떤 사람이 'p'라는 사실을 아는 것은 그 사람이 (a) 'p'를 믿고, (b) 그 믿음에 대한 충분한 근거를 가지고 있으며, (c) 'p'가 참일 때이다. 우리가 "올바름"을 인식적 타당성주장으로 이해할 경우, 도덕적 지식은 이 조건들을 충족시킬 수 없다. 왜냐하면 이 경우 비(非)인식적 요구인 (c)가 충족될 수 없기 때문이다. 그런데 도덕적 판단이 더 이상 타당성의 비인식적 조건과 관련하여 논증될 수 없다면, 규범적 올바름은 어떻게 아직도 양가적 코드를 갖는 무조건적 타당성주장의 의미로 이해될 수 있겠는가?[32]

이 문제와 관련해서는 이미 언급한 바 있는 관찰, 즉 도덕적 판단의 타당성은 갈등하는 당파들 사이에서 획득된 규범적 동의의 **포용적 성격**에 의해 **측정**된다는 관찰이 유용하다. 우리는 도덕적 논쟁에 있어서도 "유일하게 올바른 해답"을 목표로 지향함으로써, 타당한 도덕은 모든

---

32) 라폰트(C. Lafont)는 인식적 진리개념들에 대한 자신의 ―설득력 있는― 비판으로부터 인지주의적 도덕이해는 오직 도덕적 실재론의 의미에서만 가능하다는 결론을 이끌어낸다.

주장 및 사람들을 똑같이 포용하는 유일한 사회적 세계와 관계한다는 것을 상정한다. 하지만 이 세계는 칸트의 "목적의 왕국"처럼 주어져 있다기보다는 〔과제로서〕 "부과되어 있다"(aufgegeben). 잘 정돈된 간인격적 관계들의 완전히 포용적인 세계라는 기획은, "우리에 의해 만들어진 것이 아니며", "모든 이에게 동일한" 객관세계 개념과는 두 규정 중 하나만을 공유한다. 즉 처분불가능성은 공유하지 않고, 동일성만을 공유한다. 하지만 이 동일성은 형식적으로 상정된 객관세계의 "동일성"을 모델로 설정된 것이 아니다. 도덕적 세계가 "모든 이에게 동일하다"는 것은 정당화를 초월하는 진리지향에도 반영되어 있는, **동일한 방향성을 갖는** 세계연관에 의한 상이한 관찰자시각들의 조정 덕분이 아니다. 오히려 참여자들은 사회적 차원에서 **상호간의 시각의 수용**을 통해 포용적인 '우리의 시각'을 성취해내야 한다. 이것을 미드(G. H. Mead)는 가역적(可逆的)인 시각교환의 점진적 확장과정으로 기술하였다. 피아제는 점진적인 탈중심화를 이야기한다. 즉, 각각의 자기 시각은, 상호간의 시각의 교차과정이 완전한 포용의 한계치에 더욱더 가까이 다가가면 갈수록, 그만큼 더 강력하게 "탈중심화"된다는 것이다.

　이 구성주의적 견해를 따르면, [33] 도덕적 타당성주장의 무조건성은 **창출되어야 할** 타당성영역의 보편성으로 설명이 가능하다. 즉, 오직 해당 사안과 관련된 모든 사람들의 요구주장을 균등하게 고려하는 포용적 관점하에서 모든 당사자가 적절한 근거에서 수용할 수 있는 판단과 규범만이 타당하다. 자유롭고 평등한 인격체들의 자기입법의 세계에 대한 설계는 도덕적 진술의 정당화에 **이 시각의 제약들을** 부과한다. 우리가 도덕적 진술의 올바름을 이러한 보편주의적 관점에서 검토하는

---

33) 롤즈 역시 이런 의미에서 "도덕이론에서의 칸트적 구성주의"를 말하고 있다. "Kantian Constuctivism in Moral Theory," *The Journal of Philosophy*, Vol. LXXVII, 1980, 515 ff.; 같은 이, *Political Liberalism*, Columbia U. P., New York, Lecture III, 89 ff. 참조.

한, 정당하게 조절된 간인격적 관계들로 이루어진, 이상적으로 설계된 사회적 세계라는 준거점은, 도덕적 행위갈등을 추정컨대 이성적으로 해결함에 있어, 결여되어 있는 객관세계의 제약들에 상응하는 것을 제공할 수 있다.

하지만 이로써 입증해야할 부담은, 정당화에 내재하는 타당성주장의 무조건성이 어떻게 설명될 수 있는가라는 물음으로부터 도대체 왜 우리는 "도덕적 타당성" 개념을 보편주의적 프로그램과 연결시키는가라는 물음으로 전이된다. 그러므로 나는 보편주의적 문제제기가 불가피하게 등장하는 사정을 간략하게나마 논의해야 할 것이다. 이것은 어떻게 정의의 이념이 이 문제제기에 비추어볼 때 그 이념이 들어있는 구체적 맥락으로부터 포용적이고 불편부당한 판단형성의 형태로 복귀하는가를, 즉 절차적 형태를 갖게 되는가를 보여주기 위해 그렇다. 이를 통해 정의의 시각은 합리적 논의의 참여자들이 일반적으로 취하는 시각과 일치된다. 이러한 일치는 우리에게 모든 인격체의 요구주장을 균등하게 포용하는 도덕적 세계에 대한 기획이 임의로 선택된 준거점이 아니라는 점에 대한 주의를 환기시켜줄 것이다. 이 준거점은 오히려 논변행위 일반의 일반적인 의사소통 전제조건의 투사(投射)에 근거하여 얻어진 것이다.

VI

우선 우리는 도덕적 판단 일반에서 핵심이 되는 문제를 명백히 인식해야 한다. 도덕의 근본문제는 어떻게 간인격적 관계가 정당하게 조절될 수 있는가에 있다. 여기서 문제는 사실의 재현이 아니라, 인정받을 만한 가치를 지닌 규범의 인증(引證)이다. 이 규범들은 그것들의 수신자들 사이에서 인정을 받을 만한 가치를 지닌 규범들이다. 물론 이러한 종류의 정당성은 각각의 사회적 맥락에 따라 정의로운 것으로 여겨지는 것에 대한 현존 합의에 의해 측정된다. "정의"에 대한 각각의 지배적인 해석은 어떤 행위방식이 과연 "모든 구성원들에게 동등하게 좋은" 것인가를 매번 판정하는 시각을 규정한다. 왜냐하면 그럴 경우에만 그러한 실천방식이 일반적 인정을 받을 만한 가치를 지니게 되며, 그 수신자들에게 의무를 부과할 수 있는 성격을 획득할 수 있기 때문이다. 이러한 배경적 동의를 바탕으로 해서 서로 다투는 "당파들"간의 갈등이 양측 모두에게 설득력을 갖는 근거를 가지고, 즉 말 그대로 "불편부당하게" 해결될 수 있다.

정당성에 대한 믿음은 다양한 실체적 정의관에 따라 각기 달리 나타난다. 역사적으로 고찰해 보건대, 〔한 사회의〕 실천방식들이 모든 구성원들에게 "동등하게 좋을" 것이라는 기대가 진실로 처음부터 **평등주의적** 의미에서 이해되거나, 더욱이 **보편주의적** 의미에서 이해됐던 것은 결코 아니었다. 이 두 함의는 포괄적인 세계상과 삶의 형식들 속에 들어있던 구체적인 정의개념들로부터 점차 발전해 나오게 된다. 증대하는 사회적 복잡성을 처리하는 과정 속에서 비로소, 지속적으로 추상화되어온 정의의 이념을 해명하는 기능이 적용문제에서 근거정립문제로 전환된 "불편부당성"에 점차 더 부과되게 된다. 처음에 개별 사례의 불편부당한 판정을 가능케 했던 구체적 정의관들은 이 과정을 통해 불편

410

부당한 판정에 대한 절차적 개념으로 승화되며, 이 절차적 개념은 다시금 정의를 규정하게 된다. 내용과 형식 간의 애초의 관계는 이 발전 과정 속에서 역전된다. 처음에는 정의에 관한 내용적인 개념들이 갈등의 판정에 토대가 되는 규범의 인정합당성을 측정하는 척도였다면, 나중에는 거꾸로 불편부당한 판단형성의 조건에 의해 정의로운 것이 측정된다. 이것은 다음과 같은 생각을 통해 도식적으로 설명될 수 있다.

위계질서적 구조를 갖고 있으며 (오늘날의 잣대에 비추어 볼 때) 억압적이고 착취적인 성격을 지닌 사회의 이미 발전된 유형으로부터 출발해보자. 그런데 동시에 〔이 사회의〕 구성원들은 공동체적 에토스와 현존하는 권한분배 및 역할분배를 그들에게 납득이 가는 방식으로 정당화하는 세계상을 공유해야 한다. 이에 해당되는 기술들 하에서는 사회구조를 유지시키는 모든 것이 "공익"의 재생산에 기여하는 것으로 설명된다. 그리고 이 공익은 정의(定義)상 모든 이에게 동등하게 좋은 것을 표현하기 때문에, 이런 상황에서 모든 사람은 각자 자신의 기능과 위상에 있어 — 권력, 위신, 복지 및 생존가능성의 불평등한 분배에도 불구하고 — 평등하게 대우받고 있다고 느끼게 될 것이다. 이제 전통사회에서 근대사회로의 이행을 가상해보자. 물적 자원과 인적 자원의 활발한 동원은 생활관계를 급격히 변화시키는 사회의 기능적 분화를 초래한다. 그 결과의 하나로 결국 더 많은 사람들이 더 빈번하게 다른 사람들을 다른 역할과 상이한 상황 속에서 점점 더 친숙하지 않은 상대로서 만나게 될 것이다. 이들은 서로 낯선 사람들로서, 종류가 다르고 출신이 다른 사람들로서 마주한다.34) 이 변화는 다시금 집단적 삶의 형식과 개인적 인생설계의 다양성을 인지하게 됨으로써 이 다양성

---

34) 사회적 복잡성의 압박하에 처하게 된 상호작용의 현상학에 대해서는 C. Offe, "Moderne 'Barbarei': Der Naturzustand im Kleinformat," in: M. Miller, H. G. Soeffner (Hg.), *Modernität und Barbarei*, Frankfurt a. M. 1996, 258~289 참조.

이 정도의 차이는 있으나 동질적인 공동체에서 일반적 구속력을 갖는 구체적 에토스의 경직된 틀과는 더 이상 조화될 수 없게 되는 결과를 낳는다. 간주체적으로 공유된 세계상이 산산조각이 나고 전통적 삶의 형식이 와해되는 동안, 이 둘과 밀접히 연결되어 있던 집단적 선〔좋음〕은 의심의 대상이 된다.

세계관의 다원주의와 와해된 공동체 에토스라는 시나리오는, 왜 근대사회의 구성원들이 근본적인 가치기준들에 대해서도 당연히 의견의 불일치가 있을 수 있다는 것을 자각하게 되고, 왜 자신들이 공동으로 정의로운 공동생활의 규범에 대해 합의하기 위하여 스스로 노력해야만 하는 과제에 직면하게 됐는가를 상기시키려는 것이다. 도덕적 세계는, 주어진 것이라는 존재론적 가상을 상실하고, 구성된 것으로 통찰되게 된다. 동시에 삶의 형식과 인생설계의 다원주의는, 본래부터 미리 세세한 사례들에 맞추어져 있지 않은, 보다 추상적이고 일반적인 규범에 대한 합의를 강요한다. 그러나 이 규범들은 그 전제상, 오직 스펙트럼도 넓어지고 편차도 더 커진 생활환경과 선택지들을 모든 당사자들의 균일한 이해관계에 맞게 조절하는 한에서만, 정당성을 주장할 수 있다. 아무리 늦어도 이 시점에서 정의의 평등주의적 함의가 등장하게 된다. 탈전통적인 근거정립의 필요성은 도덕적 판단형성에 대한 기대를 증대시키는 동시에 불편부당성의 척도 자체를 변화시킨다.

공동체적 에토스가 공동의 삶의 형식을 반영하는 동안에는 독자적 도덕 판단은 단지 개별 사례에 대해서만 요구되었다. 저 에토스는 전형적인 행위갈등과 관련하여 서로 다투는 당파들이 — 필요할 경우 "불편부당한 제 3자"의 도움을 받아 — 합의할 수 있었던 "올바른" 해결책에 대한 설득력 있는 근거들을 제공하였다. 이미 존재하는 — 그리고 개별 사례에 맞추어 특화된 — 법을 적용하는 재판관의 논의는 불편부당한 판결행위의 모범으로 간주되었다. 그러나 적용되어야 할 규범 자체가 근거정립을 필요로 하게 되는 즉시, 불편부당성 개념은 이 모델과 분리될 수밖에 없다. 이로써 규범의 근거정립과 규범의 적용의 단계가 서로 분화된다. 갈등하는 당파들에 대한 재판관의 중립성은 —정의의 여신 유스티티아의 안대(眼帶)는 —이제 요구되는 논증실천의 모델이 되기에는 불충분하다. 왜냐하면 이 논증실천에는 모든 구성원들이 잠재적 당사자로서 동등한 권리를 가지고 참여해야만 하기 때문이다. 그럼으로써 특권적인 제3자와 해당 사안의 당사자들 간의 역할분리는 사라지게 된다. 이제는 모두가 동등하게 보다 나은 논변을 위한 경쟁 속에서 서로 상대를 설득하고자 하는 당파적 당사자가 된 것이다.

물론 근대 자연법에서 아직 얼마 동안은 그래도 적용에 있어 토대가 되는 규범들조차 선〔좋음〕에 대한 포괄적인 개념의 단순한 적용으로부터 나온다는 생각이 유지될 수 있었다. 실제로 민주적 헌정질서를 갖는 국민국가들의 실례는 공동의 국민적〔민족적〕 삶의 형식과 그 속에 구현되어 있는 집단적 선이 내부적으로 평등주의적 질서를 갖는 사회의 평등규범에 적어도 일정한 영향을 미친다는 점을 보여준다. 그러나 추상적이고 일반적인 규범이 각기 그 안에 자리잡고 있는 좋은 삶에 대한 이 구체적 개념들은, 아무리 늦어도 상이한 문화적 삶의 형식들 간의 마찰이 —그 마찰이 국제적인 것이든 국내적인 것이든 간에 —조정을 필요로 하는 갈등을 초래하게 되면, 그 당연성을 상실한다. 그렇게 되면 문화 간 논쟁 속에서 재차 새로운 반성과 추상화의 봇물이 터져 나오고, 이것은 이제 정의의 보편주의적 함의까지도 출현하게 만든다.[35]

가치에 관한 선행적 합의의 실체가 증발하면 할수록, 정의의 이념 자체는 규범의 불편부당한 근거정립(과 적용)이라는 이념과 더욱더 많

---

35) J. Habermas, "Inklusion —Einbeziehen oder Einschließen?," in: 같은 이 (1996), 154~184.

   옮긴이 주: 하버마스, 《이질성의 포용》(황태연 역, 나남, 2000), 제5장 "Inclusion은 포용인가 유폐인가"(159~186).

이 융합된다. 자연발생적 정의관의 침식이 더욱더 많이 진척될수록, "정의"는 더욱더 강력하게 절차적인 — 그렇다고 해서 결코 그 요구주장의 수준이 더 낮아지지는 않은 — 개념으로 정화된다. 오로지 "모두에게 동등하게 좋은" 규범만이 인정받을 만한 것이다 라는 정당성에 대한 기대는 이제는 오직 모든 잠재적 당사자들을 포용한 상황하에서 모든 관련된 이해관계를 균등하게 고려한다는 의미에서의 불편부당성을 확보해주는 과정을 통해서만 충족될 수 있다.

합리적 논의의 의사소통 전제조건이 그러한 과정의 요구조건을 충족시킨다는 것은 그다지 놀라운 것이 아니다. 왜냐하면 도덕적 지식은 경험적 지식과는 달리 **본래부터** 비판과 정당화를 목적으로 사용되기 때문이다. 도덕적 지식은 생활세계에서 나타나는 행위갈등의 합의적 해결을 위해 비축된 설득력 있는 근거들로 이루어져 있다. 그런 까닭에 논란이 되는 진술에 대한 협의와 근거정립을 위한 의사소통적 장치는 포괄적인 세계상과 윤리의 와해 이후 단지 형식적으로 포용적인 정당화공동체의 의견형성 및 의지형성의 불편부당성으로서만 표출될 수 있는, 탈전통적으로 정화된 정의의 이념에 잘 들어맞는다. 실천적 논의에서는 비판가능한 타당성주장의 논의적 이행이라는 의미에서의 "불편부당성"과 탈전통적 정의의 이념으로서의 "불편부당성"이 일치한다.

기대에 어긋나는 상황의 우연성에 의해서가 아니라 상충하는 가치지향을 갖는 사회적 적수의 반박에 의해서 촉발되는 도덕적 학습과정의 모형을 상기하면, 합리적 논의의 의사소통형식이 구체적 정의관을 평등주의적 보편주의로 전환시키는 데에 이바지하는 특별한 기여를 보다 잘 이해하게 된다. 모든 이에게 동등하게 좋은 규범의 확인은 서로 타인인 (그리고 경우에 따라서는 서로 타인으로 남고자 하는) 사람들의 상호 **포용**과 또한 이들의 이해관계의 균등한 고려에 달려있다.[36] 이것은

---

36) J. Habermas (1996), 56 ff〔옮긴이 주: 하버마스 (2000), 64쪽 이하〕.

정확히 논변행위참여자가 거의 이상적인 조건하에서 진술의 합리적 수용가능성을 검토하고자 한다면 결국 취해야 하는 인지적 시각을 요구한다.

논변놀이에서는 콜버그가 도덕적 문제와 관련하여 "사회초월적 시각"(*prior-to-society perspective*)으로 기술한 바 있는 시각이 구성된다. 이것은 각각의 구체적 공동체에의 귀속성이 갖는 사회적·역사적 한계와 각각의 구체적 공동체에 각인되어 있는 "사회구성원 시각"(*member-of-society perspective*)을 넘어서는 시각을 말한다.[37] 논변행위의 불가피한 전제조건이 갖는 부드러운 힘은 참여자들에게서 **모든** 타자의 시각을 인수하고 **모든** 타자의 이해관계를 균등하게 고려할 것을 요구한다. 이렇게 질서가 잘 잡힌 간인격적 관계들의 세계가 갖는 보편성은 — 논변행위의 목적인 도덕적 세계의 설계는 — 논변행위참여자들이 자신들의 시도가 그 인지적 의미를 상실하지 않으려면 언제나 이미 받아들이고 있어야 하는 평등주의적 보편주의의 반영에 의해 설명된다.

---

37) "사회도덕적 시각들"에 관한 구상에 대해서는 Kohlberg (1984), 170~180 참조.

Ⅶ

앞에 간략히 스케치한 탈형이상학적 정당화의 필요성에 대한 계보학
은 탈전통적 정의의 관점이 어떻게 합리적 논의의 의사소통형식에 관
여된 시각과 일치하는지를 보여준다. 그리고 이 이상적 준거점은 도덕
적 타당성주장에 ― 진리주장이 그것의 정당화 초월성이 갖는 존재론적
함의 때문에 갖게 되는 ― 맥락독립성과 보편성을 확보해준다. 이런 측
면에서 도덕적 세계의 **설계**와 객관적 세계의 **상정**은 기능적 등가물을
형성한다. 그러나 우리는 이 때문에 도덕적 세계를 객관적 세계에 동
화시키는 오류를 저질러서는 안 된다. 그러나 라폰트(C. Lafont)는 바
로 이런 방식으로 논의윤리학의 인지주의적 주장을 논증하려고 시도한
다. 라폰트는 우리가 실천적 논의에서도 경험적 혹은 이론적 논의에서
와 유사한 존재가정을 행한다고 주장한다. 이 흥미로운 제안의 간략한
비판적 분석은 우리에게 실천적 논의가 갖는 독특하게 구성적인 성격
과 특수한 인식적 역할을 분명하게 보여줄 수 있을 것이다.

"유일하게 올바른 답"을 지향함으로써 우리는 "참"과 "거짓"의 양자택
일을 고려하여 존재론적으로 해석하는 양가원칙을 전제한다. 즉, 한
진술의 진리성은 그 진술에 의해 재현된 사태가 존립하는가 아닌가에
달려있다. 그런데 라폰트는 우리가 도덕적 진술의 올바름이나 그릇됨
과 관련해서도 동일한 원칙을 유사한 방식으로 도식화한다고 주장한
다. 한 규범의 올바름은 그 규범이 각자 모두의 균일한 이해관계에 맞
는 것인가에 달려 있다는 것이다. 이때 우리는 모든 사람들에게 동일
한 방식으로 귀속시킬 수 있는 일반적 이해관계의 영역이 "존재한다"는
전제로부터 출발한다. 이 존재가정은 존재하는 사태들의 객관세계에
대한 존재론적 가정과 유사한 역할을 수행한다는 것이다. "객관세계
내의 사태들의 존재에 대한 가정이 진술의 진리성에 대한 의미 있는

416

토론의 가능성의 조건인 것처럼, 일반화가 가능한 이해관계의 영역의 존재에 대한 가정은 규범의 도덕적 올바름에 관한 의미 있는 토론의 가능성의 조건이다. 존재가정이 실천적 논의에서 불가피한 이유는 모든 인간들 간에 그러한 영역이 존재한다는 것이 반드시 사실이어서가 아니다. 그 이유는 우리가 이 가정이 이치에 맞지 않는다는 결론에 (이는 분명 아직 해결되지 않은 경험적 문제이다) 도달하게 된다면 사회적 규범의 도덕적 올바름에 관한 토론이 의미 없는 것이 되어버릴 것이기 때문이다."38) 이 제안에 대해서 여러 가지 반론들이 불가피하게 제기된다.

먼저 나로서는 어떻게 사람들에 대해 — 다시 말해 우리가 객관세계 내에서 지시할 수 있는 어떤 것으로서의 사람들에 대해 — 타당해야 할 특정한 사실이 그 자체로 비록 객관세계의 가정과 동일한 효력범위를 갖지는 않으나 그와 동일한 기능을 갖는 지시연관체계를 가질 수 있을 것인지가 완전하게 이해되지 않는다. 객관세계의 가정 없이는 "일반화가 가능한 이해관계의 영역"이란 것 또한 말이 되지 않는다. 그러한 "영역"은 객관세계와 유사한 것이면서 동시에 객관세계의 한 단면일 수는 없다. 공유된 이해관계의 존재라는 하나의 **특정한** 사실은 "올바름"이 갖는 타당성의 의미를 해명함에 있어서, 마치 사실개념이 "진리"가 갖는 타당성의 의미를 존재론적으로 해석함에 있어서 행하는 것과 똑같은 기능을 수행할 수 없다.

그 다음, 의무론적 측면에서 사태의 "존립"의 존재론적 의미에 해당하는 것은 규범의 "인정합당성"이다. 이미 언급한 탈전통적 조건하에서는 이런 의미의 인정합당성은 더 이상 실체적으로 일반적 이해관계의 "존립"을 가지고는 논증될 수 없으며, 오직 불편부당한 판단형성의 절

---

38) C. Lafont, "Pluralism and Universalism in Discourse Ethics," in: A. Nascimento (Hg.), *A Matter of Discourse. Community and Communication*, Hampshire, Averbury, 1997.

차를 가지고서만 설명될 수 있다. 이로부터 다른 설명순서가 귀결된
다. 39) 정의가 "각자 모두의 이해관계의 균등한 고려"라는 설명은 처음
에 놓이는 것이 아니라, 마지막에 놓이는 것이다. "인정합당성"의 절차
적 의미는 먼저 논의원칙에 의해서 해명된다. 이 논의원칙에 따르면
오직 논의참여자로서의 모든 당사자들의 동의를 얻을 수 있을 규범만
이 타당성을 주장할 수 있다. 이 생각이 어떻게 작동가능하도록 구체
화될 수 있느냐라는 물음이 문제가 될 때에야 비로소 보편화원칙과 함
께 라폰트가 처음부터 또 하나의 대상영역의 구성을 위해 도입하는,
일반화가 가능한 이해관계에 관한 생각이 영향력을 발휘하게 된다.

　　보다 심각한 것은 일반화가 가능한 이해관계의 존재론화이다. 여기
서 요구되는 이해관계 일반화는 참여자 시각에서 수행돼야 하는데, 이
존재론화는 이 참여자 시각을 관찰자의 대상화하는 시각에 동화시키는
행보이다. 정당한 질서를 갖는 간인격적 관계들의 세계는 ― 현행 규범
이 오직 2인칭 인격체들에게만 그 수신자들이 "위반할" 수 있는 어떤
것으로 인지될 수 있는 것처럼 그렇게 ― 오로지 수행적 태도를 취하는
자의 시각에서만 개창(開創)된다. 규범적 의도에서 논의주제로 삼게
된 이해관계는 개개의 인격체들이 자신의 특권적 접근가능성을 근거로
인식적 권위를 주장할 수 있는 그런 소여(所與, 주어진 것)가 아니다.
욕구의 해석은 사유물이 아닌 공공의 언어의 표현들을 통해 수행되어
야 한다. 욕구의 해석은 (그 가능한 결과와 부작용을 고려하여 순위가 매
겨지는) 경합하는 이해관계들의 평가와 마찬가지로 논의적 논쟁의 협
동과제이다. 공동의 이해관계나 일치된 이해관계는 그것들이 구현될
수 있는 실천관행과 규범들에 비추어서야 비로소 드러나게 된다. 일반
화가 가능한 이해관계의 존재론화는 인정받을 만한 가치를 지닌 규범
들의 세계를 **창출**하는 계기를 놓치고 있다. 통찰과 구성은 이해관계의

---

39) J. Habermas (1996), 56~64에서의 나의 서술 참조〔옮긴이 주: 하버마스
　　 (2000), 64~72쪽 참조〕.

논의적 일반화 속에서 서로 착종된다. 왜냐하면 규범의 인정합당성은
객관적으로 확인된, 주어진 이해관계의 일치에 근거하는 것이 아니라,
참여자들이 1인칭 복수의 시각에서 수행하는 이해관계의 해석과 평가
에 달려있기 때문이다. 참여자들은, 오직 모든 당사자들의 가역적(可
逆的) 시각교환에 의해 **구축되어야** 하는 '우리의 시각'에서만, 공동의
이해관계가 구현되어 있는 규범들을 생성시킬 수 있다.40)

이것은 (육체적 온전함과 건강, 활동의 자유와 기만, 모욕 및 고독으로
부터의 보호에 대한 욕구와 같이) 인간학(人間學)상 저변에 위치한 욕구
에 대한 가정과 모순되지 않는다.41) 모든 문화권에 존재하는 핵심적인
도덕적 자명성들은 분명 어떤 당사자이든 간에 어렵지 않게 자신의 이
해관계와 합치된다는 것을 알 수 있는 그런 이해관계들로부터도 연원
한다. 그러나 의심스러운 경우 도덕적 견지에서 "중요하게 헤아려야"
하는 각각의 모든 이해관계는, 논의공론장(Diskursöffentlichkeit)에서 일
반적 이해관계로서 고려될 수 있으려면, 그전에 이미 실천적 논의에
참여하는 **당사자들의 시각에서** 설득력 있게 해석되고 논증되어야 하며,
이와 관련된 요구주장으로 번역되어야 한다.

끝으로 도덕적 세계를 객관세계에 존재론적으로 동화시키는 것은 실
천적 문제와 관련하여 합리적 논의가 추가적으로 떠맡아야 하는 기능
을 향한 ─ 즉 참여자들이 각기 다른 이들의 세계이해 및 자기이해에
대하여 서로 예민한 감수성을 발휘하는 데 대한 ─ 시선(視線)을 차단
한다. 논변행위의 필수적인 전제조건에는 당사자들의 완전한 포용, 논

40) 존재론화에 대한 반론은 투겐트하트의 생각에도 해당된다. 그의 생각에 따
르면 "우리"는 ─ 중립적 관찰자나 철학자로서 ─ 어떤 주어진 규범체계가 모
든 참여자의 균일한 이해관계에 맞는지를 확인할 수 있다. 그리고 이것은
모든 사람들이 그와 같이 구성된 행위방식을 수용하여 행할 합리적 동기를
가질 경우에 성립한다는 것이다. E. Tugendhat (1997), 42 f. 참조.
41) M. C. Nussbaum, "Human Functioning and Social Justice," Pol. Theory
(20), 1992, 202~246.

변의 권리 및 의무의 평등한 분배, 의사소통 상황의 탈(脫) 강제성 그리고 참여자들의 상호이해 지향적 태도가 속한다. 요컨대 이 까다로운 의사소통조건하에서 〔사안에〕 적절한 문제를 선택하고 상론하고 해결하는 데 중요한 모든 동원 가능한 제안, 정보, 근거, 자명한 사실 및 반론들은 최상의 논변들이 활발히 개진되고 각기 보다 나은 논변이 결정적 역할을 하도록 작용해야 한다. 이 인식적 기능은 가능한 논의주제의 선별과 이와 관련된 **중요한 의견개진**〔기고(寄稿)〕들의 활성화와 관련된 것이다. 참여자들에게서는 오직 이 의견개진들에 대한 정직하고도 편견 없는 검토만이 기대된다.

그러나 이 마지막 전제조건, 즉 무언가에 대해 서로 상대방을 설득시키기 위하여 논변적 논의에 들어오는 사람들은 **진실하고 공평무사하다**는 전제조건은 오직 사실문제가 문제가 되는 동안에만 문제성이 없는 것이다. 이에 반해 실천적 문제를 둘러싼 다툼은 자신의 이해관계 및 타인의 이해관계와 직접 관련된다. 그런 까닭에 이 다툼은 모든 참여자에게서 자기 자신에 대해서도 정직할 것과 또한 다른 이들의 자기해석 및 상황해석에 대해서도 공평무사할 것을 요구한다. 실천적 논의에서는 참여자들이 동시에 당사자들이기 때문에, 논변들을 정직하고 공평무사하게 검토해야 한다는 비교적 심하지 않은 전제조건은 **자기 자신에 대해서 정직하게 행동하고 서로에게 공평무사하게 대해야 한다**는 보다 가혹한 요구로 바뀐다. 각자가 말하자면 자기 자신과 연루된 소재들에 직면한 상황에서, "정직성"은 자기 자신에 대해 기꺼이 거리를 취하는 자세와 자기기만에 대한 비판력을 요구한다. 그리고 이 물음의 실존적 중요성을 고려해볼 때, 논변들에 대한 "공평무사함"은 〔다음과 같이〕 까다로운 종류의 불편부당성을 의미한다. 즉, 모든 사람은 각자 다른 모든 이들의 처지를 역지사지하여야 하며, 그들의 자기이해 및 세계이해를 자신의 것과 마찬가지로 진지하게 받아들여야 한다.

따라서 도덕적 문제와 관련하여 의사소통조건은 더 이상 단지 〔해당

사안에 기여하는〕 모든 중요한 의견들이 개진되어 올바른 논변행위의
수로들을 통과하게 된다는 인식적 의미만을 확보해주는 것이어서는 안
된다. 참여자 **자신들**에 적용된 의사소통조건은 직접적으로 하나의 **실천**
적 기능을 수행한다. 물론 이 실천적 기능은 간접적으로는 또한 인식
적 의미도 갖고 있다. 하지만 일반적으로 공개성과 균등한 포용, 탈강
제성과 투명성을 보장해주고, 토론상의 기여〔의견개진〕의 측면에서 보
다 나은 논변이 관철되도록 해야 하는 합리적 논의의 구조는 여기서
논변참여자들로부터 자기비판적 태도와 해석상의 시각들의 역지사지적
(empathisch) 교환을 요구하는 기안(企案, Design)으로 기능한다. 42)
이런 측면에서 실천적 논의의 의사소통형식은 또한 **해방적** 장치로도 이
해될 수 있다. 이 장치는 자기인식 및 타자인식을 탈중심화하고, 참여
자들로 하여금 행위자에 독립적인 근거들에 의해 ― 다른 이들의 합리적
동기에 의해 ― 촉발되어 영향받을 수 있도록 해주어야 한다. 이 이상
화(理想化)하는 선취는 단지 통찰을 불러일으키는 중요한 근거와 정보
들의 자유로운 흐름을 위한 **운동공간**(Spielraum)만을 산출하는 것이 아
니라, 동시에 의지를 타율적 규정들로부터 ― 아무리 잠정적이라 할지
라도 ― 정화할 수 있는 **자유공간**(Freiraum)을 산출한다. 물론 도덕적
통찰은 칸트가 의지의 통찰적 자기구속으로 파악한 자율성을 가능하게
해준다. 그러나 동시에 실천적 논의에서 기대되는, 타율성의 일시적
극복은 또한 도덕적 통찰의 획득의 필요조건이다. "자유와 진리 간에는
본질적 연관성이 존재하는 것이다."

이 점은 왜 논의상황에서 가정된 불편부당성이 인지적 측면과 함께
똑같이 동기부여적 측면도 갖는지를 이해할 수 있게 해준다. 논변참여

---

42) 나라면 이와 같은 방식으로 니노(C. S. Nino, 1996, 112 f.)가 언급한 다
음과 같은 "존재론적 테제"를 논증할 것이다. "도덕적 진리는 협력의 성취와
갈등의 회피를 지향하는 논의적 실천의 형식적 혹은 절차적 전제들의 충족
에 의해서 구성된다."

자들은 "자유의 왕국" 속의 행위주체로서 목하(目下) 자신들에게 요구
되고 있는 협력적 자기입법을 머릿속에 미리 선취할 것을 요구받고 있
다. 참여자들에게 구조적으로 요구되는 이 선취는 다시금 왜 우리가
이상적으로 정당화된 수용가능성과 전적으로 일치되는 "올바름"을 그
럼에도 불구하고 — 정당화를 초월하는 진리에 빗대어 — 무조건적 타
당성으로 이해해도 좋은지를 해명해준다. 왜냐하면 논의는 규범적 내
용으로 충만한 그 자체의 의사소통 전제조건 덕택에 정당화 실천에 도
덕적 세계의 설계와 함께 부과되는 저 제약조건들을 그 자체로부터 산
출해낼 수 있기 때문이다. 우리는 도덕적 명령의 정언적 구속성을 확
인하기 위해서 우리 자신의 정당화〔실천〕의 지평 너머에 있는 세계와
접촉할 필요가 없다. 논의의 "탈(脫)세계적" 공간을 보측(步測)하는 것
으로 충분하다. 왜냐하면 우리는 참여자시각에서 잘 질서 지어진 간인
격적 관계의 포용적 공동체라는 준거점을 — 즉 우리가 논변행위에 들
어가는 즉시 더 이상 우리의 처분에 맡겨져 있지 않은 준거점을 — 지향점
으로 삼기 때문이다.

VIII

　우리의 처분에 맡겨져 있지 않은 것, 그것은 바로 우리가 언어능력
및 행위능력을 지닌 주체로서 "언제나 이미" 그 안에 들어있는 — 그리
고 우리로 하여금 도덕적 문제들에 대해 근거를 가지고 다투도록 강요
하는 — 의사소통적 삶의 형식이다. 도덕적 말놀이는 이미 일상생활 속
에서 근거를 대면서 다투는 싸움 속으로 우리를 휩쓸려 들게 한다. 이
경우 통상 문제가 되는 것은 오직 어떻게 갈등이 우리가 공유하는 규
범적인 기본확신들에 비추어 판정되어야 하는가 하는 문제이다. 그러
나 싸움이 이 공동의 배경에까지, 규범 자체의 인정합당성에까지, 그
리하여 공동의 이해관계의 형성에까지 미치게 되는 즉시, 우리는 논변
실천을 **속행함**으로써 동시에 우리에게 모든 당사자들의 주장을 균등하
게 포용할 것을 요구하는 전제조건들과도 관여하게 된다. 이 합리적
논의 속에 들어오게 된 준거점은 우리의 처분에 맡겨져 있지 않다. 하
지만 이것은 다음과 같은 조건하에서 그렇다. 즉, 우리는 도덕적 문제
를, 배후에 있는 공동의 윤리적 확신들의 생활세계적 기반이 소진된
경우에도 여전히, 지식에 관한 문제로 이해해야 한다는 것이다.

　오직 이 조건하에서만 우리는 도덕적 원칙문제들에 관한 지속적인
다툼에 직면해서도 논의적 합의를 이끌어내는 희망찬 시도를 행할 수
있다. 과연 이것이 가능한가라는 문제가 여기서 우리의 관심을 끈 것
은 논증이론적 관점에서가[43] 아니라 진리이론적 관점에서였다. 우리
의 고찰은 도덕적 진술의 타당성이 — 도덕적 명령의 인정합당성을 존
재론화하지 않고, 그로써 "올바름"을 "진리"에 동화시키지 않으면서도

---

43) J. Habermas, *Moralbewußtsein und kommunikatives Handeln*, Frankfurt
　　a. M. 1983; 같은 이, *Erläuterungen zur Diskursethik*, Frankfurt a. M.
　　1991.

― 진리와 유사하게(wahrheitsanalog) 이해될 수 있다는 것을 보이는 것이었다. 그러나 우리는 도덕적 진술의 타당성을 이렇게 이해해야만 하는가? 무엇이 우리로 하여금 도덕적 타당성주장을 진리주장에 빗대어 이해하도록 강제하는가? 우리는 철저한 가치다원주의라는 탈전통적 조건하에서도 계속해서 도덕적 지식을 운위할 의무가 있는가? 물론 도덕적 말놀이는 우리에게 여전히 진리와의 유사성을 보지 않을 수 없게끔 부각시킨다. 하지만 이러한 문법적 사실들의 배후에 숨겨져 있는 것이 단지 습관에 불과했던 경우가 어디 한두 번이었던가?

우리는 우리의 도덕적 질서를 어느 면에서는 우리 스스로 구성하기 때문에, 실천적 논의는 동시에 의지형성 및 의견형성의 장소이다. 우리가 논의를 통한 이해관계의 일반화에 이르기까지 추적하였던, 구성과 통찰의 착종은 도덕적 타당성의 정언적 의미에 관습의 흔적을 남긴 것은 아닐까? 칸트의 경우에도 실천이성 개념과 자유의지 개념은 상호의존적으로 해석된다. 그러나 이것은 예지적 세계에서 그렇지, 실제 논의가 정말로 행해지는 시공간적 경계 내에서는 그렇지 않다. 우리의 월하(月下)의 세계에서는 도덕적 타당성의 무조건성은 ― 예를 들어 적용논의가 갖는 수정주의적 힘에서 드러나는 ― 미래에 대한 저 실존적 국지성과 조화되어야 한다. 실천적 논의는 경험적 또는 이론적 ― 또한 도덕이론적 ― 논의와는 다른 방식으로 생활세계적 맥락 속에 편입되어 있다. 일상 속에서의 상호작용상의 갈등을 조정하는 도덕적 태도와 감정은 내적으로 근거 및 논의적 논쟁들과 연결되어 있기는 하다. 그러나 이 논의들은 일상적 실천을 중단시키는 것이 아니라, 오히려 일상적 실천의 한 구성요소를 형성한다. 이것은 한편으로는 도덕적 판단의 직접적인 사회적 효력을 해명해주나, 다른 한편으로는 도덕적 판단의 맥락독립성을 혹독한 시험대 위에 세운다. 이렇게 〔실천적 논의가 일상적 실천 속에〕 편입되어 있다는 사실을 볼 때, 모든 도덕적 문제에 대해 지금 여기에서 원칙적으로 "유일한 올바른 해답"을 찾는 것이 가능하다는 가정은 적어도 위험스럽다. 도덕에 관한 인지주의적 견해가 **가능하**다는 것은 단지, 우리가 더 이상 합의를 이끌어낼 수 없는 선〔좋음〕에 대한 개념들의 광범위한 스펙트럼으로부터 **마치** 진리문제처럼 2가적 (二價的) 코드를 따르는, 뚜렷하게 구분된 정의(正義) 문제들을 **단호히** 분리해내고자 할 때, 어떻게 우리의 공동생활을 정당하게 조절해야 하는지를 알 수 있다는 것만을 의미한다.

　진리문제의 2가적 코드화는 이미 적시한 바와 같이 — 우리가 행위자로서 그에 "대처"해야 하는 — 객관세계에 대한 존재론적 가정에 의해 그 동기가 부여되었다. 그러나 사회적 세계에는 가치차원에서 저 진리문제의 2가적 코드화에 상응하는 코드화의 근거가 될 수 있을 처분불가능성이 결여되어 있다. 2가적 도식화는 그대로는 "올바름"의 정당화 내재적 의미와도 조화될 수 없다. 실천적 논의에서는 타당성조건의 충족을 위한 정당화 초월적 준거점 없이도 근거들이, 그 이념에 비추어 보아도, 최종적 발언권을 갖는다. 그런데 존재하는 것은 언제나 보다 나은 혹은 보다 못한 근거들일 뿐, 결코 "유일하게 올바른" 근거란 존재하지 않는다. 정당화과정은 오로지 근거들에 의해서 이끌어지기 때문에 다소간 정도의 차이는 있으나 어쨌든 "좋은" 결과들을 기대할 수는 있지만, 어떠한 명백한 결과를 기대할 수는 없다. "옳음"과 "그름" 간의 양자택일은, 우리가 다소간 정도의 차이는 있으나 어쨌든 "좋은" 논변들 가운데에서 〔가장 좋은 논변을〕 헤아려보는 일이 더 이상 사태의 존립이라는 정당화 초월적 준거점을 기준으로 행해질 수 없기 때문에, 선명하지 못하게 되는 위험에 처한다. 여기서 요구되고 있는 2가적 결정의 명백성은, "올바름"이 "합리적 수용가능성"과 전적으로 일치된다는 전제하에서는, 일정 정도 확정(Festsetzung)의 성격을 갖게 된다. 분명 "좋음"〔선〕은 — 나 혹은 우리에게 좋은 것은 — 일련의 가치들의 연속체를 형성하며, 이것은 결코 **본래부터** 도덕적으로 "올바르다"거나 "그르다"는 양자택일을 시사하고 있지 않다. 그러나 그렇다면, 우리는 가치평가문제에 2가적 도식을 덮어씌워야 한다.

이 맥락에서, "정의로운 것"과 "좋은 것"의 경계설정은, 강력한 전통의 해체를 초월하여, 도덕규범의 의무부과적 힘을 진리에 빗댄 도덕적 타당성의 이해를 통해 구제하겠다는 이른바 "결단"에서 기인한다는 점을 뒷받침하는 현상이 불가피하게 부각된다. 우리는 특정 행위들을 의무초과적(*supererogatorisch*)이라고 부른다. 왜냐하면 어떤 것을 행하는 것이 "올바르다"는 의미에서의 "좋은" 행위들은 매우 훌륭한 행위들에 의해 능가될 수 있기 때문이다. 그 일례는 콜버그가 말하는 다음과 같은 구명보트 딜레마(*lifeboat-dilemma*)이다. 비록 세 명의 조난자는 자신들 중 오직 두 사람만이 살아남을 수 있다는 것을 알지만, 이들 중 어느 누구에게도 스스로를 희생할 것을 도덕적으로 **요구**할 수는 없다. 계몽주의 도덕은 희생(*sacrificium*)을 철폐하였다. 그러나 의무초과적 행위는 의무에 따른 행위와 동일한 차원에서 "좋은" 행위로, 실로 **특별히 좋은** 행위로 자리매김 된다. 의무초과적 행위는, 그것이 단지 **일반적으로** 요구될 수 있는 것이 아니라는 이유 때문에만, 바로 ─ 어떤 것을 행하는 것이 "올바른" 것이라는 의미에서의 ─ "올바른" 행위의 예증이 되지 않는 것이다. 의무초과적 행위의 높은 도덕적 가치에도 불구하고, 그러한 행위의 이행에 대해서는 타당한 규범을 근거로 한 청구소송이 제기될 수 없다. 의무초과적 행위는 모든 사람에게 똑같이 요구될 수 있는 것이 아니기 때문에, 어느 누구도 그렇게 행위해야 할 의**무를 갖지** 않는다. 만일 갖는다고 한다면, 탈전통적 정의(正義)의 평등주의적 의미가 ─ 불평등한 대우의 금지가 ─ 훼손되게 될 것이다.

따라서 의무초과적인 것이란 현상은 마치 올바른 행위란 다소간 정도의 차이는 있으나 어쨌든 좋은 것일 수 있다는 인상을 불러일으킨다. 이에 반해 "올바름"은 가치개념처럼 그 **정도가 증대될** 수 있는 것이 아닌 타당성개념으로서 관철되어야만 한다. 이 점은 도덕적으로 명령된 행위와 의무초과적 행위의 구분에는 말하자면 올바름을 진리와 유사한 타당성개념으로서 2가적(二價的)으로 코드화하는 "확정"이 그 토대로서 깔려있다는 가정을 뒷받침한다. 이것은 마치 사실로서의 다원주의(롤즈)가, **어떻게** 우리가 우리의 공동생활을 정당한 방식으로 조절할 수 있는가가 논증될 수 있기 전에, 먼저 도덕적 말놀이를 유지하고 정의로운 관계를 창출하고자 하는 결단을 도발하는 것처럼 보인다. 사실 익숙한 실천관행의 암시력에도 불구하고, 배경적인 윤리적 확신과 규범이 일단 논란의 대상이 되게 된 경우, 우리가 "유일하게 올바른 해답"이라는 목표를 고수해야 하고 우리의 사회적 상호작용에 2가적 코드를 가지고 일정한 질서를 **부과해야** 한다는 것을 철저한 회의주의자에게 설득시키는 것은 성공하지 못한다.

그러나 이러한 생각은 약정주의(*Konventionalismus*)나 결단주의 혹은 실존주의로 되돌아가는 것이 아니다. 근대적인 세계관적 다원주의의 조건하에서도 실천적 문제의 진리가능성을 고수하려는 "결단"은 실용적 동기 및 윤리적 동기와 착종되어 있기는 하다. 우리는 끈질긴 행위갈등에 직면하여 폭력이나 협박, 매수나 기만보다는 강제 없이 이끌어낸 동의, 즉 합리적 동기에 의한 동의를 선호하기에 충분한 좋은 근거들을 가지고 있다. 44) 그럼에도 불구하고 "결단"과 "확정"을 운위하는 것은 그릇된 방향으로 이끌게 된다. 근거를 가지고 **논증된** 도덕적 기대와 비난 및 자책의 말놀이로부터의 탈피라는 회의적 선택지는 단지 철학적 반성에만 존재할 뿐, 실천에는 존재하지 않는다. 이 선택지는 의사소통적으로 행위하는 주체들의 자기이해를 파괴할 것이다. 상호협력적으로 행위하는 주체들이 실재적 현실과의 교류에서 사실지식에 의존하는 것과 마찬가지로, 사회화된 개인들은 일상적인 상호교류에서 순진하게 타당한 것으로 받아들인 가치에 관한 "지식"에 의존하기 때문에, 이들은 사라진 전통지식의 도덕적 핵심내용을 자신들만의 힘과 통

---

44) 투겐트하트 역시 같은 견해를 피력하고 있다. E. Tugendhat (1997), 85 f.

찰로부터 재구성해낼 것을 요구받고 있다. 그러나 이들이 세계관의 뒷받침 없이, 내재적 근거에 의해 구속력을 가짐으로써 제재수단으로 무장한 관철을 필요로 하지 않는, 보편적 구속력을 갖는 규칙체계를 특정하고자 하는 즉시, 이들에게는 **오로지** 논의를 통해 이끌어낸 동의를 향한 길만이 주어진다. 논의수단을 통한 의사소통행위의 속행은 우리가 어떠한 다른 대안도 없이 처해 있는 의사소통적 삶의 형식에 속하는 것이다.

우리의 현행 상호작용에 시공간적으로 집중되어 있는 생활세계의 전망적 구조는 어느 면에서는 심지어 도덕적 실재론이라는 선험적 가상까지도 만들어낸다. 45) 우리가 규범상 문제가 없는 말놀이와 실천관행에 참여하는 한, 도덕적 믿음은 그 **구조상** ─ 도덕적 가치지향에 우위성을 부여하는 "비중"에 의해서가 아니라면 ─ 다른 가치지향들과 구분되지 않기 때문이다. 우리가 논변참여자로서 반성적 태도를 가지고 서로 다투는 대상인 가설적 원칙과 규범은 말하자면 논의로부터 생활세계로의 재번역을 통해서 구속력을 갖는 가치 (*Wertbindungen*) 로, 즉 행위의 지침이 되는 가치확신으로 다시 바뀌며, 이 가치확신은 각각의 특수한 삶의 형식의 가치평가적 어휘체계 속에 침전된다. 이 어휘체계에 비추어 인격체와 행위 및 상황의 각기 관련 있는 특징들이 "좋은" 속성 또는 "나쁜" 속성으로 지각되고, 직설법 문장의 문법형식으로 표현된다. 46)

이 관찰은 오늘날까지 원칙지향적인 의무윤리학에 대한 의구심을 조장하는 일상의 현상학에 속한다. 하지만 탈관습적인 논증논의 속에 축적된 원칙에 대한 지식은 그 사이 구체적 가치확신들의 그물망이 이 추상화 물결에 영향을 받지 않을 수 없을 정도로 그렇게 깊게 생활세

---

45) 나는 악셀 호네트(Axel Honneth)의 비판적 지적에 대해 감사하며, 아래의 논의는 이를 수용한 것이다.

46) J. McDowell, *Virtue and Reason*, Monist, 62, 1979.

계 속에 이미 침투해 있을지도 모른다. 그럼에도 불구하고 우리의 논의 맥락에서 도덕적 일상에 대한 아리스토텔레스적 기술(記述)은 의사소통적으로 구성된 모든 생활세계에 각인되어 있는 도덕적 말놀이의 필수불가결성에 대한 하나의 중요한 시사점을 제공한다. 우리가 과연 도덕적 판단을 2가적으로 코드화하고 올바름을 진리와 유사한 타당성 주장으로 파악하기를 원하는지는 우리의 뜻에 달린 것이 아니다. 왜냐하면 탈형이상학적 사유의 조건하에서 도덕적 말놀이는 다른 방식으로는 온전하게 유지될 수 없기 때문이다.

제 8 장   이론과 실천의 관계에 관한 재론

이론과 실천의 관계에 관한 재론

철학의 의미와 존재근거에 대한 회의는 철학 자체에 속하는 것이다. 이 회의는 고정되지 않은, 특정 방향의 궤도를 좇지 않는 사유의 매체를 형성한다. 철학이 실천적으로 될 수 있는가라는 물음은 철학 자체만큼이나 오래된 것이다. 이 물음은 공론장과 정치, 교육과 문화의 맥락 속에서 어떤 역할을 수행할 수 있는가? 이에 대해 고전적 전통은 두 가지 — 오늘날에는 더 이상 전적으로 설득력을 갖고 있지는 않은 — 답변을 준비해 놓고 있는데, 나는 먼저 이를 상기시키고자 한다(1). 그 뒤에 탈형이상학적 사유의 조건하에서 이성법과 역사철학은 이론과 실천의 관계에 관한 다른 견해를 낳게 되었다(2). 이 세 번째 답변과 결부되었던 정치적 기대에 대한 실망은 상반된 반응을 불러일으켰다. 한편으로는 철학이 실현할 수 있는 것에 대하여 종교를 모범적인 모델로 삼은 이해 쪽으로 방향을 설정하는 것이고, 다른 한편으로는 복잡사회의 노동분업적 구조 속에서 각성된 철학의 자기상대화 쪽으로 방향을 설정하는 것이었다(3). 보다 겸손한 이〔두 번째의〕 자기이해는 철학이 과학화된 문화의 틀 안에서, 그리고 기능적으로 분화된 사회

속에서, 그리고 개성화의 압박 속에 들어 있는 개별적 인격체에 대하여 떠맡을 수 있는 역할의 상세한 특화규정과 결부되어 있다(4). 마지막으로 나는 근대사회의 문화적·정치적 공론장 속에서 철학적 계몽에 부과된, 보다 영향력 있는 지식인역할을 인권의 해석에 관한 최근의 논쟁을 예로 들어 조명할 것이다(5).

(1) 철학의 실천적 작용에 관한 물음에 대한 플라톤의 답변은 이론 자체보다 더 실천적인 것은 없다는 것이다. 플라톤에게 우주(코스모스)의 직관 속으로의 관조적 침잠은 궁극적으로 학문적 의미가 아니라 종교적 의미를 갖는 것이었다. 이론은 인식의 길과 구원의 길이 하나로 통합된 도야(陶冶)과정을 약속한다. 이론은 심성(Gemüt)의 전환을, 정신의 구원적 회심(回心)을 낳는 카타르시스를 촉발한다. 이데아로의 상승 속에서 영혼은 저열한 이해관계와 열정들로부터 자신을 정화하기 때문이다. 이데아의 노에시스적 포착으로의 고양 속에서 영혼은 물질과 결별하고, 육체의 감옥으로부터 해방된다. 마찬가지로 아리스토텔레스적 전통에서나 스토아적 전통에서나 이론적 삶의 형식은 활동적 삶(vita activa)보다 우위를 점한다.

그런 까닭에 고대 헬레니즘에서는 관조하는 데 자신의 삶을 바친 현자가 삶의 모범으로서 존경받았다. 그러나 유랑 설법자와 은자 및 승려 같은 인물들과는 달리 현자는 배타적인 구원의 길을, 따라서 오직 소수의 교양인만이 갈 수 있는 구원의 길을 대표하였다. 이 엘리트적 성향 때문만으로도 철학은 대중적 영향력을 가진 구원종교와 보조를 같이 할 수 없었다. 고대 말기 이래로 그리스 철학은 기독교 교회와 긴밀한 공생관계에 들어가게 되고, 신학의 학문적 도구가 되어 독자적 구원의 의의를 상실하게 되었다. 《철학의 위안》같은 제목을 단 책들은 더욱 드물어진 반면, 종교는 철학으로부터 위안의 과업과 함께 또한 도덕적 교육의 과업도 빼앗아가게 되었다. 교회는 실존적 고난과 빈 곧, 질병과 죽음을 극복하는 데 도움을 주었고, 경신(敬神)의 삶 속에서 종교적 가르침을 주었다. 그 사이 철학은 속세적 이성의 대리자로서 더욱더 인식적 과업에 침잠하였고, 좋이 아리스토텔레스적으로, 이론을 구원에의 길이 아니라 인식으로의 길로 이해하였다.

이미 아리스토텔레스에서 철학의 실천적 작용에 대한 물음은 다른 답변을 낳았었다. 이론은 오로지 실천철학의 형태로서만 실천적 의의를 획득하게 된다는 것이다. 엄밀한 의미의 이론과는 분리된 이 철학분야는 분별 있는 생활의 영위에 대한 문제들만을 전문적으로 다루었다. 이 철학분야는 저 세 가지 고전적 요구를 포기하였다. 종교적인 구원의 약속 대신에 좋은 삶에 대한 세속적 지침이 등장하였다. 그러나 이러한 삶의 지향은 이론적 지식의 확실성을 포기하여야만 하였다. 그리하여 인륜적 통찰은 결국 도야과정의 동기형성적 힘마저도 상실하게 되었다. 인륜적 통찰은 이미 그 수신자들이 성품의 도야를 성공적으로 마쳤다는 것을 전제해야만 했다.

근대의 탈형이상학적 사유의 조건하에서 철학적 윤리학은 그 실체적 내용마저도 포기하게 된다. 철학적 윤리학은 이미 정당성을 획득한 세계관의 다원주의 앞에서 더 이상 특정한 성공적 삶의 모델을 특별히 부각시켜서 이를 본받을 것을 권장할 수 없기 때문이다. 자유주의 사회에서는 각자가 좋은 삶 또는 그릇되지 않은 삶에 대한 자신만의 생각을 발전시키고 추구할 권리를 갖는다면, 윤리학은 형식적 관점에만 국한되어야 한다. 실존철학으로서 윤리학은 겨우 의식적 내지 진정한 삶의 영위의 조건과 방식만을 해명할 뿐이다. 해석학으로서 윤리학은 전통의 체득을 통해 이루어지는 자기이해 확보를 연구한다. 그리고 논의이론으로서 윤리학은 자기 자신의 정체성을 명확히 하는 데 반드시 필요한 논변과정을 추적한다. 칸트와 키르케고르 이래로 근대 윤리학은 더 이상 공적으로 인정된 어떠한 모범적 삶의 모델도 특별히 내세우지 않는다. 근대 윤리학은 개개의 사인(私人)에게 진정한 삶의 영위라는 목적을 가지고 특정한 형식의 반성을 행하라는 조언을 제시한다.

(2) 진정으로 근대적인 실천철학의 형태들은, 칸트식의 이성법과 의무론적 도덕이론은, 아리스토텔레스적 전통의 윤리학과는 그 사정이 다르다. 이 근대적인 실천철학의 형태들은 전체적으로 볼 때 무엇이 나에게 좋은 것인가에 대한 실존적 물음을 모두에게 똑같이 좋은 정의로운 공동생활의 규칙에 대한 도덕적·정치적 물음으로 대치한다. 정의로운 것으로 여겨지는 규범은 바로 각자 모두의 균등한 이해관계에 들어맞고, 그런 까닭에 이성적 주체의 보편적 동의를 얻을 수 있을 규범들이다.

이때 자연이나 세계사 속에 구현된 객관적 이성의 개념은 행위자의 주관적 능력으로 바뀌게 되었다. 본래 평등한 행위자들은 자신들의 공동생활을 자율적으로 조절하고자 한다. 칸트와 루소는 자율성을, 각자 모두에게 똑같이 좋은 것에 대한 통찰에 의해서 모든 이가 채택할 수 있는 법률에 자기 자신의 의지를 구속시키는 능력으로 파악하였다. 이 평등주의적 보편주의로 철학은, "오로지 이성에 의거하여", 거대한 폭발력을 갖는 이념들을 창출하였다. 프랑스혁명은, 이미 헤겔이 말했다시피, "철학으로부터 출발하였다." 이성법을 가지고 철학은 "인간이 머리로 서서, 즉 사상을 바탕으로 서서, 현실을 이 사상에 따라 구축"[1] 하라는 미증유의 요구를 제기하였다는 것이다. 자연법과 혁명의 내적 연관관계[2]는 우리가 처음에 제기한 문제에 대한 세 번째 답변을 허용한다. 즉, 철학이 사상을 통해 선취하는 정의로운 사회는 "변혁적" 실천이라는 정치적 방식을 통해 실현된다는 것이다. 그러나 이 이론과 실천의 관계 역시 그 사이 미심쩍은 것이 되어 버렸다.

---

1) Hegel, *Werke* (Suhrkamp), Bd. 12, 529.
2) J. Habermas, *Theorie und Praxis*, Frankfurt a. M. 1971, Kapitel 2, 3 und 4.

먼저 18세기에 탄생한 역사철학적 사유가 이성법적 규범주의를 지지하는 데 동원돼야 했다. 물론 정의로운 정치공동체나 올바로 구축된 사회에 대한, 이성적으로 논증된 이념들의 비판적 기능이 과소평가 되어서는 안 된다. 이 이념에 비추어서 현존하는 불의를 고발하고, 보다 정의로운 상태를 정치적으로 요구할 수 있었던 것이다. 그러나 당위적으로 실현되어야 할 것을 논증하는 규범적 이론은 당위적인 것이 어떻게 실천적으로 성취될 수 있는가에 대해서는 아무 것도 말해주지 않았다. 헤겔은 경멸조로 "당위의 무기력"을 운위하였다. 그런 까닭에 규범적 이념에 마치 자연발생적으로 합치하는 듯한 경향들을 역사 속에서, 즉 변화된 역사의식의 결과로 이미 새로운 중요성을 획득한 영역 속에서 찾으려고 했던 것은 어쩌면 당연한 것이었다. 칸트는 역사 속에서의 이성의 실현이라는 이 주제를 다시 받아들였고, 마침내 이 주제는 헤겔로 하여금 칸트에게서는 아직 역사의 저편에서 작용하던 이성의 활동을 자연과 역사를 **관통하는** 이성의 생성이라는 과정개념들로 옮기도록 만들었다.

헤겔은 자신의 변증법적 역사철학으로, 칸트의 경우 역사철학적 사유를 통해 단지 고무되기만 하였던 개인들의 인륜적 실천에 내맡겨졌던, 저 이성적 규범과 비이성적 현실 간의 간격을 메웠다. 하지만 그 후에 청년헤겔파는 역사적으로 행위하는 주체들 자신에게 책임을 지울 수 있는 실천에 자리를 마련하기 위해서 이러한 논리적으로 사전에 확정된 역사가 갖는 숙명론을 다시 벗어 던져야만 하였다. 자신들의 스승의 철학적 체계에 매료됨과 동시에 거부감을 가졌던 포이어바흐와 맑스는 철학의 관념론적 형식을 비판하였으나, 그 이성적 내용은 간직하고자 하였다. "실천파"(*Partei der Tat*)는, 헤겔이 화해되지 않은 채 존속하는 사회적 현실을 유화적인 철학적 사유를 매개로 단지 변용(變容)하기만 하였을 뿐이라고 보았기 때문에, 이제 철학을 **실현**하기 위하여 철학을 **지양**하고자 하였다. 이로써 이론과 실천의 고전적 관계는 역전되게 된다. 이제 철학은 이중의 형태로, 즉 허위의식이자 비판으로서 등장하게 된다. 그러나 두 경우 모두 이론은 사회적 생활맥락에서의 실천 속에 편입되게 되었고, 이 실천에 의존적인 채로 남게 된다. 하지만 비판으로서 철학은, 스스로를 독립적이라고 착각한 이론이 무의식적으로 사로잡혀 있었던 맥락에의 의존성을 간파한다. 자신의 사회적 뿌리를 인식하는, 비판적이 된 이론은 이중적 방식으로 반성적이 된다. 즉, 이 이론은 자기 자신의 역사적 발생연관을 반영하면서, 동시에 그 속에서 이 이론이 주는 비판적 통찰에 고무되어 해방적 실천에 나서게 될 수신자(受信者)를 발견하게 된다.[3]

이렇게 맑스는 헤겔의 이론을 사회적 토대의 실천적 변혁을 불러일으킬 경제학적 비판으로 번역해낸다. 맑스는 이 실천을 철학의 지양이자 동시에 철학의 실현으로 이해한다. 끔찍했던 소련의 실험의 기괴한 좌절에 의해서야 비로소 이 과도한 사상이 부인된 것은 아니다. 이러한 방식으로 철학을 실천적으로 실현하는 것은 이미 서구 맑시즘 자체의 전통 내에서도 비판되었다. 이에 대해서 중요한 점 세 가지를 언급하고자 한다.

첫째, 이 비판은 역사철학적 배후가정을 겨냥하고 있다. 역사철학은 형이상학의 총체성 사유와 결코 결별한 것이 아니라, 목적론적 사유도식을 단지 자연으로부터 세계사 전체로 옮겨 놓았을 뿐이다. 그러나 과학의 오류가능주의적 의식은 그 사이 철학에도 침투하여 철학의 역사적 사유로부터 형이상학적 잔재들을 제거하였다. 역사의 익명적 운명과 구조변동 속에는 더 이상 어떠한 숨겨진 의도도 현시되지 않는다. 둘째, 이러한 맥락에서 저 비판은 실제보다 거대한 행위자들을 세계사라는 은막(銀幕)에 투사하는 것을 겨냥하고 있다. '사회계급', '문화', '인민' 혹은 '민족(인민)정신' 같은 정리개념들은 거대규모의 주체

---

3) J. Habermas (1971)의 서론(9~47) 참조.

들과 같은 것을 암시한다. 그러나 개별 주체들의 의도는 기껏해야 간주체적인 의견 및 의지 형성과정을 통해 결정적인 사회적 발전에 대한 의식적 개입으로 묶이게 된다. 끝으로, 사회변혁의 프로젝트는 저 비판으로 하여금 비판하는 이성 자체의 월권(越權)에 대해 불신하도록 하는 전제 하나를 드러내 보인다. 마음대로 할 수 없는 우연적인 사회적 역사를 통제하고자 하는 관심이 억압된 수난의 역사의 반복강박으로부터 벗어나고자 하는, 수긍이 가는 동인(動因)을 대체하였다는 것을 의식하게 된 것이다. 이〔사회적 역사를 통제하겠다는〕생각은 인간 정신의 유한성을 무시하고, 의사소통적으로 행위하는 주체들의 '예'와 '아니오'에 의해서 지탱되는 실천의 다원주의적 성격을 오인하고 있다. 이 생각은 사회화된 개인들의 간주체적으로 습득된 **실천**을 집단적으로 자기 자신을 주장하는 주체의 **기술적**(技術的) 개입과 혼동한다.

(3) 아도르노 또한 이론의 실천화에 대한 헤겔 이후의 갈망에서 단지 도구적이기만 한 이성의 전체주의적 본질을 발견하였다. 그렇다면 도대체 철학이 실천적으로 될 수 있느냐라는 질문은 잘못 제기된 것이란 말인가? 내가 보기에 이러한 결론은 너무 성급한 것이다. 단지 과학이기만 한 철학, 그리하여 공적 계도(啓導)에 대한 욕구에 대해 눈을 감는 철학을 볼 때, 우리는 여기에 본질적인 계기 하나가 결여되어 있다는 곤혹스런 감정을 갖게 된다. 상아탑 속의 학문분과로 전락한 철학이 더 이상 결코 철학이 아니라는 느낌을 물리치기는 어렵다. 총체화하는 사유의 결여, 존재하는 것 전체에 대한 사변의 결여를 우리가 그렇게 결핍으로 느끼는 것은 아니다. 이성으로부터 성취되어야 할 형이상학적 의미부여는 현대에는, 특히 우리〔이십〕세기의 대참사를 볼 때, 더 이상 회복할 수 없을 정도로 사라지게 된 듯이 보인다. 학문분과로 전락한 상아탑 속의 철학의 위축된 형태에 결여되어 있는 것은 다른 것이다. 그것은 바로 철학의 진술에 비로소 삶의 방향을 계도하

는 힘이 되살아나도록 하는 전망이다.

이론의 그릇된 실천화의 대실패 이후 예전의 ─ 칸트가 강조했던 ─ 강단철학과 세계철학 간의 대립은 오늘날 새로운 형태로 나타나고 있다. 외향적(*exoterisch*) 사유방향은 금욕적인 분과학[으로서의 철학]과는 차별성을 갖는데, 이 사유방향은 과학적 토론 자체로부터 생겨나는, 스스로 규정한 문제들에만 답변하지 않는다는 장점을 갖는다. 이 사유방향은 개인적인 삶이나 사회적 삶으로부터 철학에 대해 제기되는 문제들에 대해서도 정면대응한다. 이러한 입장들은 자력으로 규범적 자기이해를 형성하고자 하는, 유례없는 근대의 욕구에 대해 반응한다. 근대[성]에 관한 철학적 논의에는 탈근대적 비판자들과 함께 근대의 옹호자들도 ─ 미셸 푸코나 자크 데리다 또는 리처드 로티와 함께 또한 한스 블루멘베르크(Hans Blumenberg)와 칼오토 아펠도 ─ 참여하고 있다. 나는 여기서 누가 이성의 자기비판을 올바른 방식으로 수행하고 있는가 하는 이 논쟁의 내용에 대해서는 상론할 수 없다. 그러나 철학이 오늘날에도 실현시킬 수 있다고 자신해도 좋은 것과 연관하여 볼 때, 이 철학에 대한 종말론적 자기이해와 실용주의적 자기이해 간의 논쟁에서 생겨난 긴장이 내게는 흥미로워 보인다.

하이데거는 니체를 좇아서 서구의 문화와 사회의 역사를 플라톤주의와 헬레니즘화된 기독교의 역사로 파악한다. 하이데거는 근대의 휴머니즘적 자기이해의 극복이라는 목적을 가지고 형이상학의 역사를 해체한다. 그리하여 자기 스스로를 장악하는 주체성 대신에 내맡김(*Ge-lassenheit*)이 자리해야 한다는 것이다. 동시에 그는 이 형이상학비판적 기도(企圖)에 관조가 갖는 본래의 종교적 의의를 연상시키는 의미를 부여한다. 하지만 존재에 대한 철학적 "회념"(*Andenken*)은 개인적 구원보다는 시대적 불행을 "견뎌내는 데"(*Verwindung*)에 복무해야 하는 것이다. 후기 하이데거는 스스로 진리의 사건에 대한 특권적 접근통로를 가지고 있는 선택된 사상가의 태도를 취한다. 그는 신비적인 색채를 띤 사유에 아직 이루어지지 않은 서구의 구원을 촉진할, 마술적으로 압박하는 힘이 있다고 간주한다. 하이데거는 "사상가"에게 어쨌든 신에게 버림받은 근대의 운명에 개입하는 예지적 작용을 기대한다. 변증법적 철학은 혁명적 실천을 통해 세계사와의 연관성을 확보하고자 했다. 하이데거는 철학 자체가 갖는 사유의 힘의 의사(擬似) 종교적 가치절상을 통해 철학에 이와 유사한 운명적 연관성을 확보, 유지한다.

이 묵시록적 해석방식에서 철학은 여전히 세계의 역운(歷運)을 자신의 어깨에 짊어지고 있는데, 이것은 바로 이 철학이 근대를 근대에 적합하게 개념화함으로써 그렇다. 이 점에서 평등주의적 보편주의로의 근세적 전회와는 양립할 수 없는 플라톤적 전통의 한 특징이 계속 유지되고 있는 것이다. 조직된 학문〔과학〕연구체제에 한쪽 발을 계속 담그고 있고자 하며, 과학의 오류가능주의적 의식을 버릴 수 없는 철학은 손에 열쇠를 쥐고 있는 자와 같은 자세를 버려야 하며, 보다 덜 극적인 방식으로 생활세계의 계도에 힘을 다해야 한다. 이러한 방식을 통해 철학은 근대사회의 분화된 질서 속에 스스로를 자기지시적으로 자리매김함으로써 보다 겸손하고 현실주의적인 자기이해를 획득하게 된다. 실용적이 된 철학은, 주제넘은 권력으로서 근대세계 전체에 대적하는 자세를 취하는 대신, 동시에 자기 자신에 의해 해석된 것이기도 한 이 세계 속에서 기능적으로 분화된 상이한 역할을 떠맡아서 특유한 기여를 행할 수 있도록 자신의 위치를 설정한다.

(4) 내가 아래에 개괄하고자 하는 철학의 대외적(*exoterisch*) 역할은 다른 곳에서 이미 그 논거를 제시한 바 있는, 근대사회에 대한 특정한 이해로부터 귀결된다.[4] 이 이해에 따르면 **생활세계**는 의사소통적으로 행위하는 주체들이 공동으로 자신들의 일상적 문제들을 잘 해결하고자

---

4) J. Habermas, *Theorie des kommunikativen Handelns*, Frankfurt a. M. 1981.

440

수행하는 상호이해실천의 지평을 형성한다. 근대의 생활세계는 문화와 사회 그리고 인격이라는 세 영역으로 분화되었다. 문화는 진리문제, 정의문제 그리고 취향문제의 타당성 측면에 따라서 과학과 기술, 법과 도덕, 그리고 예술과 예술비판의 분야로 나뉘게 된다. 그리고 (가족, 교회 및 법질서 같은) 사회의 기본제도들로부터 (근대 경제와 국가행정처럼) 고유한 소통매체(화폐와 행정권력)를 통해 일정한 독자적 작동방식을 발전시키는 기능체계들이 형성되어 나왔다. 끝으로 인격구조(Per-sönlichkeitsstrukturen)는 성장하는 세대들에게 이러한 복잡세계에서의 독자적 방향설정능력을 갖추어 주는 사회화과정으로부터 나온다.

문화와 사회 및 인격은, 생활세계의 사적 영역과 공적 영역 역시 그러하듯이, 철학이 현대 사회에서 수행할 수 있는 기능들의 기준지표로 제시된다. 물론 밖으로부터 행해진 사회과학적 역할부여와 역할담당자의 철학적 내부시각에서 보는 것 사이에는 긴장이 존재한다. 철학적 사유에 각인되어 있는 총체성과의 관계는, 가령 그것이 단지 모호한 생활세계적 배경 전체와의 관계라 할지라도, 모든 종류의 기능적 전문화에 반발한다. 철학은 자신의 역할이 어떤 것이든 간에 하나의 역할에 전적으로 포섭될 수 없다. 철학이 어떤 특정한 역할을 수행할 수 있는 것은 오로지 그와 동시에 그 역할을 초월함으로써만 가능하다. 뚜렷이 규정된 분업적 작업의 이미지에 전적으로 부합하는 철학은 철학이 가진 최상의 유산, 즉 고정되지 않은 사유라는 무정부주의적 유산을 박탈당한 것이 될 것이다.

법과 도덕 및 예술에 관한 학문의 분화는 문화 전체 내에서의 철학의 위치를 변화시켰다. 지식의 전문화는 중세 말까지는 근본학으로서의 철학의 틀 내에서의 분화로서 이루어졌었다. 철학은 방법적으로 수행되는 근세의 물리학에 대해서조차도 여전히 모든 지식의 정초에 대한 권한을 주장하였다. 그러나 헤겔 이후 최종근거를 논증하는 인식론도 사후적인 과학이론으로 물러서게 되었고, 철학은 독립적이 된 과학

들의 독자적인 발전에 대해 단지 반응만을 할 수 있을 뿐이다. 그럼에
도 불구하고 철학은 대학 내에, 즉 과학들 곁에 자신의 제도적 위치를
유지하고 있는데, 이것은 단지 관습 때문에만 그런 것이 아니라, 체계
상의 이유 때문에 그런 것이다. 철학은 플라톤 때부터 개념분석의 아
남네시스〔*anamesis*〕적 방법을 연습해왔다. 그리하여 철학은 오늘날에
도 여전히 이론 이전의 사용지식의 재구성을 통해 인식하고 말하고 행
위한다는 것의 합리적 토대를 해명하고자 노력한다. 이때 철학은 토대
주의적 요구를 갖지 않은 채, 오류가능주의적 의식을 가지고 다른 과
학〔학문〕들과 협력한다. 빈번히 철학은 단지 강한 보편주의적 문제설
정을 갖는 경험적 이론의 자리지킴이 (*Platzhalter*) 일 뿐이다. 5) 철학은
과학들과 마찬가지로 여전히 진리문제를 지향점으로 삼는다. 그러나
과학들과는 달리 철학은 법과 도덕 및 예술과의 내적 연결을 유지한다.
철학은 규범적 문제와 가치평가적 문제들을 이 문제들에 고유한 시각
에서 탐구한다. 철학은 정의문제 및 취향문제의 논리와 도덕적 감정
및 미적 경험의 고유의미에 관여함으로써, 이 논의에서 저 논의로 이
행하고 이 전문어에서 저 전문어로 번역하는 독특한 능력을 유지, 보
존한다.

　여기서 우리는 철학으로 하여금 타당성 간의 차이들을 제거하지 않
으면서도 서로 갈라진 이성의 계기들 내에서 통일성을 유지할 수 있도
록 해주는 다(多)언어성이라는 독특한 특징과 만나게 된다. 철학이 다
원화된 이성의 이 형식적 통일성을 견지할 수 있는 것은 결코 그 내용
이 완전히 규정된 존재자 전체나 보편적 선〔좋음〕에 대한 개념 덕분이

---

5) J. Habermas, "Die Philosophie als Platzhalter und Interpret," in: 같은
　이, *Moralbewußtsein und kommunikatives Handeln*, Frankfurt a. M. 1983,
　9~28〔옮긴이 주: 우리말 번역은 다음과 같다. 하버마스, "자리 지키는 자
　와 해석자로서의 철학," in: 같은 이, 《도덕의식과 소통적 행위》, 황태연
　역, 나남출판 1997, 17~41〕.

아니라, 전체론적인 배경적 맥락에 대해서도 민감한 상태를 유지하는
동시에 언어 및 논의들 간의 경계를 넘나들 수 있는 해석학적 능력 덕
분이다. 6) 다른 한편으로 과학들과의 협력을 끊고서 과학 저편의 영역
을—그것이 철학적 신앙이든 "생명"이나 실존적 자유 혹은 신화나 생
기(生起) 하는 "존재"이든 간에 그러한 영역을— 고집하는 것은 철학에
결코 도움이 되지 않는다. 과학과의 접촉도 없고 전문분야 내에서 생
겨난 문제들에 대한 연구활동도 하지 않는다면, 철학은 대외적 역할을
수행하는 데 필요한 독자적 통찰을 상실하게 된다.

공적 지식인의 흥미로운 역할에 대해 상론하기 전에 나는 (a) 과학적
전문가의 역할과 (b) 치료학적 의미매개자의 역할에 대해 논의하고자
한다. 물론 철학적 지식은 이 두 역할 중 어떤 것에 대해서도 독점적
인 접근통로를 가지고 있지 않다. 모든 곳에서 철학적 지식은 출처가
다른 여러 종류의 지식들과 경쟁하고 있다.

(a) 사회의 기능체계들은 무엇보다 전문가들로부터 공급받고 있는
전문화된 지식에 의존하고 있다. 전문가들은 응용자의 시각에서 자신
들에게 제기되는 문제들에 대해 자신들의 전문지식을 가지고 정보를
제공해야 한다. 이러한 "기술적"(技術的) 문제들에 적합한 지식은 우선
해당 자연과학 및 사회과학의 응용중심적 지식이다. 이와 관련하여 정
신과학의 역사적·해석학적 지식이 대개 그렇듯이 철학적 지식이 효력
을 발휘하는 일은 드물다. 그렇지만 경계에 걸친 물음들에 대해서는,
생태학이나 유전공학의 방법적이고 과학비판적인 물음들에 대해서는,
그러나 무엇보다도 규범적 물음들에 대해서는, 일반적으로 새로운 테
크놀로지의 투입에 따른 위험부담과 후속문제들에 관한 물음들에 대해
서는 그래도 철학자들의 견해가 청취된다. 드물기는 하지만 정치적-윤

---

6) J. Habermas, "Edmund Husserl über Lebenswelt, Philosophie und Wissen-
   schaft," in: 같은 이, *Texte und Kontexte*, Frankfurt a. M. 1991, 34~48.

리적 자기이해의 확보에 관한 물음들, 가령 타도된 정권의 정치적 범죄행위에 대해 의회가 사후적으로 처리하는 경우에 생기는 물음들에 대해서도 그렇다. 하지만 이제는 널리 보급된 윤리위원회들, 가령 의학의 경계영역들에서의 지난한 결정문제들에 관한 윤리위원회의 예를 생각하면, 어느 정도의 당혹감을 떨쳐버릴 수 없다. 구속받지 않는 철학적 사유방식과 그러한 전문가 역할의 제도화가 갖는 제약 간에는 분명 인식상의 부조화가 존재한다. 철학자는 전문가로서의 역할을 수행할 때 자신의 지식의 도구화에 응수하여 모든 전문가적 견해가 갖는 한계에 대한 의식을 생생하게 유지할 경우에만 자신을 부정하지 않아도 될 것이다.

(b) 반면 철학은 개개의 — 그리고 점차 개별화되어 가는 — 사람들의 사적인 의미추구 욕구에 대해서는 잘 준비되어 있는 듯이 보인다. 그러나 철학은 이 기대 또한 유보조건 없이 충족시킬 수는 없다. 정당성을 확보한 세계관의 다원주의 안에서 철학자들은 보편적으로 인정된 형이상학적 뒷받침 없이는 더 이상 개개인의 삶의 계획의 본질적 내용에 대해 찬성 또는 반대의 입장을 취할 수 없다. 탈형이상학적 사유의 조건하에서 철학자들은 이미 상실한 종교적 신앙의 확실성이나 우주론적 존재위치 확인에 대한 세계관적 대용물을 가지고 계도를 필요로 하는 근대의 아들과 딸들을 만족시켜서는 안 된다. 철학자들은 신학자들에게 실존적 한계상황에서 위로를 제공하는 일을 넘겨주어야 한다. 철학은 신학적 구원지식에도 임상적 전문지식에도 의지할 수 없으며, 그런 까닭에 종교나 심리학처럼 "삶에 도움주기"(Lebenshilfe)를 행할 수 없다. 윤리학으로서 철학은 — 나는 누구이며 어떤 사람이고 싶은가 하는 — 정체성 문제에 있어서 이성적인 자기이해 확보에 대한 **지침을 줄** 수는 있다. 그러나 오늘날 철학적 윤리학의 "치료사적" 역할은 **의식적으로** 삶을 영위하도록 고무하는 것이 전부이다. 개인적 삶의 의미에 대한 반성을 당사자 스스로에게 맡기는 철학적 "상담"은 "의미매개"와

444

관련하여 절제적 태도를 취한다.

   (5) 철학자들이 보다 더 포괄적이고, 그 틀이 보다 더 정확히 한정되고, 역사적으로 더 잘 입증된 영향력행사의 가능성을 갖는 것은 전문가와 의미매개자의 역할보다는 근대〔현대〕 사회의 공적인 자기이해 확보과정에 참여하는 지식인의 역할을 취할 때이다. 근대〔현대〕 사회에서는 공간적으로 분화되고 사안에 따라 전문화된 많은 공론장들이 중첩되며, 이 공론장들은 일국적(一國的) 차원에서는 대중매체를 통해 매개된 문화적·정치적 공론장으로 수렴된다. 동시에 일국의 공론장들은 전 세계적인 의사소통 흐름들에 의해 교차되고 보완된다. 이 공적 공간은 자기지시적으로 완결된 기능체계들의 시각에서는 더 이상 지각될 수 없는 전체사회적 문제들의 공명판(共鳴板)을 형성한다. 즉 시민사회에 뿌리박고 있는 공론장의 분산된 그물망은 고도의 복잡사회가 그래도 스스로에 대한 의식을 형성해내고 자기 스스로에 대해 정치적 영향력을 행사하지 않을 수 없게끔 만드는 문제들을 처리할 수 있는 장소이다. 물론 많은 행위자들이 논의주제와 〔이 논의에〕 기여하는 의견들을 공급한다. 하지만 우리가 관심을 갖는 것은 **위임받지는 않았지만 요청받지 않은 채 공동의 주제들에 대해 논증된 의견**을 제시할 수 있는 자신들의 특별한 직업적 능력을 활용함으로써 두각을 나타내는 일단의 행위자들이다. 기껏해야 이 지식인들은 정도의 차이는 있으나 어쨌든 각기 모든 중요한 관점들을 **불편부당하게** 그리고 모든 이해관계들을 **균등하게** 고려하겠다는 야심적인 요구주장을 이행함으로써 획득하는 권위에 의지할 수 있을 뿐이다.

   철학자들은 몇 가지 문제들에 대해서는 다른 지식인들보다 — 이들이 작가이든 전문인이든 혹은 과학자이든 간에 — 더 잘 준비되어 있다. 첫째, 철학은 근대〔현대〕 사회의 시대진단적 자기이해에 무언가 특유한 기여를 할 수 있다. 왜냐하면 근대에 관한 논의는 18세기 말이래로 주로 이성의 자기비판이라는 철학적 형태로 행해졌기 때문이다. 둘째, 철학은 철학 자체가 가진 총체성과의 연관 및 다언어성을 일정한 해석을 위해 유익하게 사용할 수 있다. 철학은 상식에 대해서와 마찬가지로 과학에 대해서도 밀접한 관계를 유지하고 있고, 실생활에 뿌리박은 일상언어만큼이나 전문가 문화의 특수언어들을 잘 이해하고 있기 때문에, 예를 들어 과학과 기술, 시장과 자본, 법과 관료제의 침투에 의해 공동화(空洞化)되는 생활세계의 식민화를 비판할 수 있다. 셋째, 본래부터 철학은 규범적인, 특히 정의로운 정치적 공동생활의 근본문제들을 다룰 수 있는 능력을 가지고 있다. 철학과 민주주의는 단지 역사적으로만 동일한 발생맥락으로부터 기인할 뿐 아니라, 구조적으로도 상호 의존적이다. 철학적 사유의 공적 작용은 각별한 정도로 사상과 의사소통의 자유의 제도적 보호를 필요로 하는 반면, 반대로 항시 위험에 처해 있는 민주주의적 논의는 또한 이 합리성의 공적 수호자의 경계(警戒)와 개입에 의존하고 있다.

유럽 근대사에서 정치철학은 루소에서 헤겔과 맑스를 거쳐 존 스튜어트 밀과 듀이에 이르기까지 상당한 공적 영향력을 행사하였다. 철학적 해명에 대한 정치적 수요를 보여주는 최근의 예는 현재 논란의 대상이 되고 있는 인권에 대한 해석이다.

오늘날 점차 통합되고 있는 국제공동체는 알다시피 더 이상 국가간의 교류를 조정해야 할 필요성만을 과제로 갖는 것이 아니다. 오히려 그것을 넘어서서 국제법을, 사람들이 국내 교류에서도 믿고 의지할 수 있고, 경우에 따라서는 자신들의 정부에 대해서조차도 이의제기의 근거로 삼을 수 있는 세계시민법으로 바꾸어야 할 필요성이 부각되고 있다. 이를 위해서는 여러 가지 선언들의 형태로 법제화되어 있는 인권이 적합하다. 1989년 이래 보다 적극적으로 추진된 유엔의 인권정책을 배경으로 하고 비정부기구[NGO]의 전세계적인 이니셔티브에 감명 받아서 인권에 대한 올바른 해석을 둘러싼 논쟁이 첨예화되었다. 소련의

446

붕괴 이후 사회체제 간의 견해차이가 뒷전으로 물러나기는 하였다. 하지만 그 대신 문화 간의 대립이 불거져 나왔다. 특히 한편으로는 세속화된 서양과 이슬람의 근본주의 세력들 간의 대립이, 다른 한편으로는 개인주의적인 서양과 아시아적 전통 간의 대립이 불거져 나왔다.[7]

이 논쟁 또한 여기서 상론할 수는 없다.[8] 그러나 이 예는 철학이 어떻게 직접 정치적으로 영향력을 가질 수 있을지를 보여준다. 끝으로 나는 철학적 해명이 바람직할 뿐만 아니라 또한 가능하다고 여기는 세 가지 핵심 관점들을 언급하고자 한다.

- 먼저 나는 상이한 문화적 배경을 가진 참여자들 간의 인권논의의 해석학적 출발상황에 대해 성찰할 것을 제안하고자 한다. 이를 통해 우리는 상호이해를 목적으로 하는 각각의 모든 논의의 암묵적인 전제가정들 속에 이미 포함되어 있는 규범적 내용에 주목하게 될 것이다. 왜냐하면 문화적 배경과는 무관하게 직관적으로 모든 참여자들은, 의사소통참여자들 간에 대칭적 관계가 — 상호인정의 관계, 서로간에 상대방의 시각을 받아들이는 관계, 자신의 전통을 이방인의 시각에서도 바라보고, 서로에게서 배우려고 하는 등 참여자들이 서로에 대해 그러리라고 함께 가정하고 있는 기꺼운 태도가 — 존재하지 않는다면 확신에 근거한 합의가 불가능하다는 것을 아주 잘 알고 있기 때문이다.
- 그 다음에 나는 인권 사상에 사용된 주관적 권리 개념에 대한 반성이 유용하다고 생각한다. 이를 통해 개인주의자들과 집단주의

7) J. Habermas, "Vom Kampf der Glaubensmächte," in: 같은 이, *Vom sinnlichen Eindruck zum symbolischen Ausdruck*, Frankfurt a. M. 1997, 41~58 참조.

8) J. Habermas, "Zur Legitimation durch Menschenrechte," in: 같은 이, *Die postnationale Konstellation*, Frankfurt a. M. 1998, 170~192.

자들 간의 논쟁은 하나의 이중적 오해를 분명하게 드러내줄 수 있을 것이다. 왜냐하면 서양적인 소유개인주의는 주관적 권리가 오로지 선행적으로, 보다 정확히 말하자면 간주체적으로 인정된 권리공동체의 규범들로부터만 도출될 수 있다는 것을 인식하지 못하고 있기 때문이다. 물론 주관적 권리는 개개의 법인격의 성립요건에 속한다. 그러나 주관적 권리의 담지자로서의 법인격의 지위는 오직 상호인정에 근거한 공동체의 맥락 안에서만 성립될 수 있다. 그러나 온갖 공동체의 성립 이전에 선천적 권리를 가진 개인들이 존재한다는 그릇된 테제와 함께, 권리공동체의 주장이 마땅히 개인의 권리주장보다 우선한다는 그 반대테제 역시 고려의 대상에서 제외되게 된다. 사람들은 일반적으로 오직 사회화 과정을 통해서만 개인화된다는, 개인화 과정과 사회화 과정의 역(逆) 방향적 통일성을 간주체주의적 입장의 근본개념들 속에 받아들이게 되면, 저 두 이론전략 사이의 양자택일은 쓸데없는 것이 된다.

- 끝으로 당위명제와 가치진술의, 규범적 표현과 가치평가적 표현의 상이한 문법적 역할에 대한 해명이 중요할 것이다. 왜냐하면 권리와 의무에 대한 의무론적 고찰이 가치선호에 대한 가치론적 고찰과 같은 것으로 되어서는 안 되기 때문이다. 상이한 삶의 형식과 전통 속에서 자신들의 정체성을 형성한 〔분쟁〕 당사자들 간의 합의는 ─ 그 합의가, 국제적 차원에서, 상이한 문화들 간에 이루어져야 하건, 아니면 한 국가 안에서, 상이한 하부문화적 삶의 형식 및 집단들 간에 이루어져야 하건 간에 ─ 삶의 지향들이 실존적으로 양립할 수 없는 경우에는 항상 어렵다. 그런 만큼이나 (상호간의 권리와 의무를 준수하도록) 의무를 부과하는 규범에 대한 합의는 문화적 성취와 생활양식에 대한 상호간의 가치평가에 달린 것이 아니라 오로지 모든 인격체는 인격체로서 동일한 가치를 갖는다는 가정에 달려있다는 통찰은 더욱더 도움이 된다.

454

Jürgen Habermas

위르겐 하버마스

Theorie des kommunikativen Handelns 1·2

의사소통행위이론 1·2

1권 행위합리성과 사회합리화 2권 기능주의적 이성 비판을 위하여

위르겐 하버마스 **지음** 장춘익(한림대) **옮김**

4년여에 걸친 번역작업으로 완성된 현대사회이론의 이정표.
지금까지 한국에 소개된 하버마스는 서장에 불과하다. 《의사소통행위이론》으로
우리는 진정한 하버마스 사상의 본령(本領)에 들어서게 된다.

나남출판이 발간한 《공론장의 구조변동》, 《사실성과 타당성》
《도덕의식과 소통적 행위》 등에 이은 하버마스 저작의 최고 결정판!

신국판 양장본 | 각권 592, 672면 | 각권 35,000원

나남 nanam 경기도 파주시 교하읍 출판도시 518-4
tel. 031)955-4600 www.nanam.net